공병호의 인생 이야기

나는 탁월함에 미쳤다

공병호의 인생 이야기

나는 탁월함에 미쳤다

공병호 지음

21세기북스
www.book21.com

세월이 갈수록 부모(공태종, 이정순)의 희생과 헌신 때문에

살아갈 수 있음을 감사하며,

늘 열심히 살아야 할 이유를 생각하게 하는

가족(서혜숙, 공민수, 공현수)에게 고마움을 표한다.

인생의 반환점에 서서

나이를 먹어가는 일은 편안하고 좋은 일이다. 물론 거리를 활기차게 걷는 젊은이들의 모습을 보며 '아, 나도 저런 날이 있었는데……'라는 아쉬움을 느낄 때도 있다. 게다가 노안(老眼)으로 안경을 꼈다 벗었다 해야 한다거나, 흰머리 때문에 이따금 염색을 하지 않을 수 없는 상황, 예전보다 눈이 쉬 피로해지는 것 등 나이를 먹어감에 따라 불편한 점들도 있다. 하지만 감정적인 기복이 젊은 날에 비할 바 없이 적어지는 것, 타인과 세상을 더 부드럽게 바라볼 수 있는 것, 충동으로부터 크게 자유로워진 것은 나이듦이 가져다준 선물이다. 게다가 자신이 점점 더 마음에 드는 모습으로 변화해가는 것을 지그시 바라볼 때마다 행복을 느끼게 된다.

사람들은 누구나 타인에 대해 '그 사람은 아마도 이런 사람일 것이다'는 식의 근거 없는 가정을 가지고 있다. 내가 인터뷰 때문에 만난 사람들은 어김없이 나에 대해 '거의 기계적으로 살아갈 뿐만 아니라 엄청나게 차갑고 합리적인 인물'이라는 선입관을 갖고 있었다. 하지만 그런 분들일수록 직접 만나보면 내 소탈함과 구김살 없음에 대해 놀랄 뿐 아니라, 이런저런 대화를 나누던 끝에는 대개 "아, 내가 정말 편견이 심했군요"라는 이야기를 털어놓았다. 또한 상당수의 분들은 '공병호는 아주 부유한 집에서 태어나 큰 걱정 없이 성장한 사람'이라 생각하기도 했다. 누구나 자신만의 역경 극복기가 엄연히 존재함에도 불구하고 말이다.

실상 이 책을 쓰게 된 계기는 나 스스로를 알고 싶다는 욕심에서 출발했다. 버락 오바마 대통령이 34세가 되던 1995년에 쓴 책을 읽으면서 나도 지금까지의 내 삶을 정리하고 매듭짓는 책을 한 번 쓰고 싶다고 생각했던 적이 있었다. 또한 2009년 3월 무렵에는 한 기자분과 인터뷰를 하면서 '정말 많은 분들이 내 진짜 모습을 모르고 계시는구나'라고 생각하기도 했다.

사실 지금까지 90여 권에 달하는 책을 썼지만 그중 내 삶이 깊숙이 드러나는 책은 한 권도 없었다. 하지만 이제 나는 50대에 접어들었고, 기대 수명을 90년 정도로 가정하면 지금이 인생의 반환점을 도는 시점이라 할 수 있으니 그간의 삶을 정리해보는 것도 의미 있는 작업일 것이다. 내 인생에도 나름대로 격랑의 시기가 많았다. 그 시기 동안 다른 선택을 했더라면 인생의 항로도 크게 달라지지 않았을까 싶다. 게다가 결정적인 몇 번의 정체성 위기를 극복해냈던 과정을 머리에 떠올릴 때면 다른 길을 걷지 않고 그나마 이렇게 선전해온 나 자신에 대한 자부심과 자랑스러움도 느낄 수 있다.

나는 내가 걸어온 삶의 빛과 그림자, 아쉬움과 자랑스러움을 조명해보고 그것들로부터 스스로 교훈을 얻기 위해 이 책을 썼다. 정신없이 앞을 향해 내달릴 수도 있지만 가끔은 잠시 멈추어 서서 자신이 인생 항로를 제대로 잡고 나아가고 있는지를 점검해볼 필요가 있기 때문이다.

또한 내 아이들이 이 책을 통해서 젊은 날부터 중년기에 이르기까지 질풍노도처럼 뛰어온 아버지의 삶에서 무언가 배울 수 있기를 소망하는 마음도 있다. 어느 사람의 것이든 도전이 있었던 삶은 그 자체가 이야기책이고, 그것을 기록으로 남겨두는 것은 자신뿐 아니라 후인들을 위해서도 반드시 필요한 일이다.

모험과 도전은 내 아버지의 삶에서도 매우 큰 비중을 차지했는데, 애석하게도 그것에 대한 기록은 남아 있지 않다. 내가 인생의 기록이 가지는 중요성을 깨달았을 때 아버지는 이미 의사소통이 원활하지 않은 상태에 계셨고, 그것은 지금까지 내내 안타까운 일로 남아 있다. 어쩌면 내가 이렇게 내가 걸어온 50년을 한 번은 정리하고 넘어가야겠다고 생각한 것도 그 때문일 것이다.

　마지막으로 다른 한 가지 소망이 있다면 시골에서 나서 자라 자신의 길을 당차게 개척해왔고 지금도 그렇게 살고 있는, 한 사람의 부단히 노력하는 삶의 역정에서 같은 시대를 살아가는 많은 분들이 큰 위안과 격려를 얻음과 동시에 삶의 지혜를 배울 수 있었으면 한다. 모든 인간의 삶에는 그만의 진정한 스토리가 있지만, 내 삶에는 어느 누구의 특별한 도움 없이 자기 힘으로 자신의 길을 개척해온 한 청년의 구김살없는 휴먼스토리가 숨어 있다. 독자 여러분의 건승을 기원한다.

2011년 3월, 만 51세가 되는 초봄에

공병호

| 차 |
례

제1부

그로 인해
모든 것이 달라졌다

마흔 전후에 경험한 '정체성 위기'는 탄탄대로를 달릴 것만 같았던 삶을 크게 뒤흔들고 말았다. 그 사건으로 말미암아 나는 전혀 예상치 못했던 인생의 길에 들어서게 되었다. 삶이란 본래 그렇게 불확실한 것이기 때문에 우리는 이따금 길을 벗어날 수도 있고 넘어질 수도 있다. 중요한 것은 스스로 포기하지 않고 계속해서 나아가는 'Keep Walking' 정신을 갖고 있느냐는 것이다.

1장

남자 나이 마흔,
정체성의 위기

서른아홉 살이 거의 끝나갈 무렵, 위기는 슬며시 그리고 갑자기 찾아왔다. 앞으로만 마냥 뻗어나갈 것만 같았던 장밋빛 미래는 캄캄한 어둠으로 탈바꿈하고, 중년의 위기는 아무 사전 경고도 없이 오고야 말았다. 마치 어느 날 갑자기 바람이 난 중년의 남자처럼 말이다.

처음에는 나이 마흔의 목전에 닥친 극심한 감정 기복, 그것이 의미하는 심각성을 깨닫지 못했다. 그저 그동안 이따금 경험해왔던 '기분이 나쁜 상태'가 이번에는 지나치게 오래 지속된다는 정도로 받아들였을 뿐이다. 만일 당시 그 심적 변화가 중년의 위기의 한 현상임을 알았다면 내가 어떻게 대응했을지, 그리고 그에 따라 이후 삶의 길이 어떻게 달라졌을지는 알 수 없는 일이다.

특별한 머리, 특별한 집안, 특별한 학벌을 갖추지 못한 대부분의 사람들처럼 나는 착실히 하나하나 벽돌을 쌓듯 인생을 만들어왔다. 그토록 염원했던 하나의 큰 목표에 막 다다랐던 정점의 순간, 그 모든 것들을 송두리째 날려버릴 정도로 거친 폭풍우가 가슴에 들이쳤다. '이건 아니! 이렇게 사는 게 인생의 전부는 아니라고!' 하는 단말마의 비명은 그렇게 불시에 찾아왔다. 평생에 걸쳐 추구하기로 맹세했던 가치는 더 이상 내게 의미 없는 것으로 탈바꿈하고 말았다. 세상에서 바뀐 것은 하나도 없었다. 다만 내 자신이 의미 있다고 여겼던 가치가 크게 변화한 것뿐이었다. 어떻게 사람이 한순간에 그처럼 바뀔 수 있을까?

그것이 바로 '중년의 위기(Midlife Crisis)'와 함께하는 '의미의 위기(Meaning Crisis)'임을 알아차린 것은 9년이라는 오랜 시간이 흐른 뒤, 내면세계에 대한 공부를 할 때였다. 청소년들은 사춘기를 전후하여 정체성의 위기를 경험하지만, 40세를 전후한 중년의 사람들 역시 정체성에 있어 대단한 혼란을 경험한다고 한다. 또한 개개인에 따라 강도와 타이밍 그리고 지속되는 기간이 다르긴 하지만, 일반적으로 어린 나이 때부터 신체의 변화를 민감하게 알아차리는 여성들보다는 남성들이 상대적으로 중년의 변화에 큰 타격을 입는다는 사실도 알게 되었다.

만일 당시의 내가 그런 사실을 이미 잘 알고 있었다면 어땠을까? 어쩌면 지금과는 다른 인생 항로를 선택했을지도 모른다. 그러나 나는 아무런 사전 지식도 없이, 급속도로 휘몰아치는 중년의 위기를 짧은 시간 동안 격렬하게 겪었다. 그 경험은 나로 하여금 그전까지 전혀 예상하지 못했던 삶의 길을 선택함은 물론 무모한 도전까지 감행하게 했고, 그 결과로 나는 지금의 인생을 살고 있다.

남자 나이 마흔

나이 마흔 전후의 시기는 여자와 남자 모두에게 중요하지만, 특히 남자에게는 이후 10년가량의 경력 관리에 있어 중요한 토대를 확실히 굳힐 수 있는 시기에 해당한다.

마흔 무렵 나는 당시 재단법인 자유기업센터의 초대 소장이었다. 이 연구소는 미국의 헤리티지 재단이나 미국기업연구소(AEI), 케이토(CATO) 연구소와 마찬가지로 개인적 자유와 책임, 자유시장경제, 자유민주주의, 작은 정부, 자유기업, 규제완화 등과 같은 보수주의적인 가치를 옹호 및 전파하는 싱크탱크였으나, 기존의 그것들과 달리 연구는 물론 홍보 기능까지 광범위하게 수행했다. 이 조직이 출범해서 성장·발전하기까지는 물심양면으로 많은 분들의 도움이 있었지만 아이디어를 만들고 그것을 가능하게 했던 키맨(key-man)은 나였다. 다시 말해 내가 없었다면 그 조직의 출범과 성장은 불가능했을 것이다.

우리나라에서는 이따금 용어의 혼란이 일어나기도 하지만 자유기업센터가 중시했던 '보수주의적 가치'란 미국에서 통용되는 표현으로, 유럽 국가들에서 이야기하는 '자유주의적 가치'와 그 의미가 상통한다. 우리나라를 기준으로 보면 참여연대 등과 같은 진보적 시민사회단체들의 주장과 정반대에 서 있는 주장이나 의견, 생각의 틀이라고 보면 된다.

자유주의는 흔히 모든 영역에서 개인적 선택의 폭을 넓히고 사회적 선택의 폭을 좁히자는 주장이나 믿음, 사상적 토대를 말한다. 개인이 선택할 수 있는 힘을 더 많이 부여함과 더불어 더 많은 책임 역시 지게 함으로써 개인의 성공과 사회의 번영을 모색하는 이 철학에 크게 공감해왔던 나는 이를 확산하는 연구소의 발전에 대해 사명감을 갖고 있었고, 그것을 실행에 옮기는 중이었다. 때문에 당시 창립 3주년을 맞은 조직이 어느 정도 안정세에 접어들었음에도 불구하고 불가능해 보이는 프로젝트를 열심히 추진하고 있었다. 조직의 운영비를 부담하던 재계

이익단체인 전국경제인연합회(약칭 전경련)로부터 독립하여 재정적으로 자립할 수 있는 기관을 만드는 것이 그것이었다.

자유롭고 번영된 세상을 만들기 위해 사람의 생각을 바꾸고 제도를 고치는 일은 공공재에 해당한다. 그렇기에 타인이 그 일을 위해 돈을 내주면 좋지만, 누구도 선뜻 자기 돈을 내려 하지는 않는다. 대학에 돈을 기부하면 이름이 남지만 이런 일에 돈을 기부하는 것은 표가 나지 않는 일이니, 어느 누가 귀한 돈을 내려 하겠는가? 재정적으로 전경련에 크게 의존하지 않고 독립된 재단법인을 만들기 위해서는 무엇보다 기부금을 받는 것이 필수적이었다. 그럼에도 불구하고 그 아이디어를 주변 사람들에게 이야기하면 하나같이 "누가 돈을 내겠어요?"라는 반응을 보였고, 단 한 사람도 그런 아이디어가 성공할 것이라고 말해주지 않았다.

지금도 그렇지만 내가 가진 큰 강점 가운데 하나는 좀처럼 다른 사람의 이야기나 통념을 아무런 비판 없이 그대로 수용하지 않는다는 것이다. 남이 아닌 나 스스로 생각할 수 있는 힘이야말로 한 인간이 가진 강력한 무기라 여기기 때문이다. 때문에 당시 주변 사람들이 다들 내 기분을 고려해서 "아이디어는 훌륭하지만 현실적으로 그건 어렵습니다"라고 답했음에도 불구하고 나는 불가능 그 자체를 받아들이지 않았다. 남이 가지 않는 길을 가야 성공할 가능성이 있지 남들이 모두 다 가는 길에서 어떻게 성공의 기회를 잡을 수 있느냐는 것이 나의 습관적인 사고방식이자 행동 원칙이다. 이것은 얼마 전 내가 트위터에 올린 짧은 단상에도 잘 반영되어 있다.

"인간의 성장? 불가능해 보이는 일, 누구도 해보지 않은 일들을 하나하나 이뤄가면서 자긍심과 자신감과 실력을 만들어가죠. 그러면서 신화창조의 주역으로 자신을 만들어가게 되죠. 요령부리고 잔머리를 굴리면서 살면 좋은 날도 없어요."

상식적으로 생각해보면 특정 조직의 산하에 속해 있던 조직이 분리되어 떨어져나가는 것을 반가워할 사람은 없을 것이다. 그러나 연구소의 분리 작업에 영향을 미칠 수 있는 사람들을 만나 착실히 프로젝트를 진행하던 끝자락인 1999년 9월 24일, 마침내 전경련 회장단 회의가 끝나갈 무렵 자유기업센터의 분리 독립안에 대한 의견을 개진할 수 있는 결정적인 기회가 주어졌다. 사실 주어졌다기보다는 집요하게 졸라서 얻어낸 결과라고 보는 편이 더 정확할 것이다.

나는 본능적으로 이 모임에서 설득하지 못하면 더 이상 기회는 오지 않을 것임을 직감했고, 그렇기에 주변 사람들이 눈총을 주건 말건 회장단 개개인의 마음속에 '이 젊은 친구를 믿고 허락해야겠다'는 확신을 심어줘야 한다고 생각했다. 늘 그렇듯이 인생에는 기회가 오지만 그 기회를 알아차리고 확실히 잡을 수 있는가 하는 것은 그것과 전적으로 다른 문제다. 다시는 결단코 이런 기회가 오지 않을 것이라는 사실을 알게 된다면 과연 어떻게 행동하겠는가? 이런 순간이 오면 나는 거의 모든 것을 걸고 던지는 것에 무척 익숙해져 있었다. 머릿속에는 오로지 그 기회를 잡아야 한다는 일념 외에는 아무것도 없었다. 주요 그룹 회장 10여 명이 참석한 자리에서 나는 이렇게 말했다.

"물론 전경련의 하부 기관으로 활동해도 큰 문제는 없습니다. 그러나 그런 경우에는 우리가 무슨 주장을 하더라도 전경련의 대변인으로밖에 여겨지지 않을 것이고, 그렇기에 늘 수위를 조절해야 한다는 어려움이 따를 것입니다. 이처럼 특정 이해단체의 주장을 그대로 전달하는 기관이라는 인식을 바꿀 수 없다면 활동이 성과를 거두기는 힘들기 때문에,

보다 넓은 시각에서 미국의 기업연구소나 헤리티지 재단처럼 독립된 재원으로 운영되는 조직으로 거듭나야 합니다. 그리고 이런 일들이 이루어지려면 초기에 필요한 종잣돈을 기부해주시는 것만으로 충분하다고 저는 생각합니다. 장기적으로 기업 활동에 대한 우호적인 환경은 사람들의 생각과 제도 개혁에 크게 의존하게 됩니다. 이 점을 깊이 헤아리셔서 현명한 선택을 내리셔야 합니다."

반발이나 제지는 없었다. 그러나 지나치다고 할 정도로 격하게 자신의 주장을 토로하는 나로 인해 회의를 주관한 분들은 다소 불편함을 느꼈을 수도 있다. 그래서 중간에 "이 정도로 하면 어떨까?"라는 의견을 개진하는 분들도 있었으나, 나는 마치 듣지 못한 것처럼 내가 하고 싶은 이야기를 속사포처럼 쏟아냈다. 다시는 그런 기회가 주어지지 않을 것이라는 점을 너무나 잘 알고 있었기 때문이다. 나는 매사 그런 식이었다. '지금이 기회다'라는 판단이 서면 마치 마지막인 것처럼 그것을 잡기 위해 내 전부를 거는 데 익숙했고, 당시에도 그렇게 행동했다.

기 회 를 잡 는 일 도 연 습 이

아는 것과 실행하는 것 사이에는 늘 커다란 간극이 존재한다. '이것이 기회다'라고 판단하고 그것을 잡기 위해 행동할 수 있는가 하는 것은 이성이나 논리 혹은 지식의 문제만이 아닌, 본능적인 반응에 가깝다.

평소에 작은 기회들을 포착해 내 것으로 만드는 데 익숙하지 않은 사람들이라면 큰 기회가 오더라도 잡기가 쉽지 않다. 살아오면서 그간 여러 번의 기회를 잡았던 내 경험에서 얻을 수 있는 교훈이 있다면 바로 '충분히 연습이 되어 있는 사람이 기회를 잡는다'는 것이다. 작은 기회라도 잡는 훈련을 일상에서 행하는 이들만이 중간 기회도 잡을 수 있고 큰 기회도 잡을 수 있기 때문이다. '그때 그걸 잡았어야 했는데……' 하는 아쉬움을 반복하는 사람이라면 평소에 작은 기회를 잡는 일에도 그다지 익숙지 않을 가능성이 크다.

언젠가 바르샤바의 유태인으로 태어나서 일가친척 110명이 홀로코스트에서 사망한 대재앙 속에서도 살아남은 마르틴 그레이(Martin Gray)의 자서전을 읽을 기회가 있었다. 그의 아버지는 아들이 처하게 될 위기의 순간을 예견이라도 하듯, 10대의 아들에게 반드시 살아남아야 함을 누누이 강조한다. 그가 아들에게 반복해서 들려준 인생의 진리는 다음과 같다.

절대로 잡히지 마라. 하지만 만일 그들에게 잡혔을 때는 오직 한 가지만 생각해라. 네가 옴짝달싹도 못할 정도로 겁을 먹었다 해도 탈출해라. 그들에게 잡혀 있으면 기회가 없다. 탈출하고 나면 늘 희망이란 게 있는 법이다. 절대로 기다리지 마라. 첫 번째 기회가 언제나, 예외 없이 최고의 기회다.[1]

'탈출하면 늘 희망이란 게 있는 법이다'라는 문장을 읽으며, 나는 인생에서 도전을 하고 나면 또 다른 기회가 열린다는 사실을 떠올렸다. 모든 것이 완벽하게 준비되어 있지 않는 상태에서라도 일단 일을 저지르고 나면 그다음의 길은 열린다는 것이 내 믿음이다. '이게 더 나아지면, 저게 더 나아지면 그때 하지' 하는 생각은 눈앞까지 온 기회라 해도 놓치게 한다.

'절대로 기다리지 마라. 첫 번째 기회가 언제나, 예외 없이 최고의 기회다'라는 문장도 인상적이다. '다시는 이런 기회가 오지 않아'라는 믿음 덕분에 나는 기회를 잡기 위해 나서는 것을 주저하게 만드는 여러 심리적 방해물을 넘어설 수 있었다. 비록 아버지로부터 배운 삶의 진실은 아니지만 나는 경험 혹은 본능적으로 기회란 결코 다시 오지 않는다는 사실을 늘 스스로에게 말하고 또 말해왔다. 그렇기에 항상 'Never, never come again'이라는 구호를 되새기며 기회를 잡기 위해 행동하도록 자신을 독려하곤 한다.

사람들은 저마다 자신만의 타고난 재능이 있다. 이제까지 여러 사람들을 만나고 나 자신을 관찰하면서 깨우친 사실은 모든 재능을 타고난 사람은 없다는 것이다. 물론 여러 방면에서 다재다능한 사람들이 있긴 하지만 그런 이들은 정말 소수일 뿐, 대개의 사람들은 어떤 특별한 분야에서 뛰어난 재능을 보인다. 손재주가 뛰어나 무언가를 만들어내는 능력, 남을 설득하는 능력, 새로운 것을 기획하는 능력 등 세상에는 수많은 재능들이 존재한다. 그러나 그것은 그냥 발견되는 것이 아니라 다양한 실험을 해보면서 스스로 자신의 재능을 찾으려는 사람에게만 드러난다. 전문가들이 자신의 이모저모를 세심하게 관찰하는 자기관찰(self-observation)을 강조하는 이유도 그것 때문이다.

새로운 일들에 계속 자신을 노출시키면서 재능을 찾고 확인해가는 과정은 마치 실험실 안에서 다양한 조합으로 실험을 하는 것과도 같다. 다양한 시도를 하지 않으면 재능을 확인하기도 어렵다. 그렇기에 조금이라도 새로운 기회가 주어지면 그전까지 전혀 해보지 않았던 것이더라도 시도해야 하고, 새로운 기회가 주어지지 않으면 자꾸 그런 기회를 만들기 위해 노력해야 한다. 그래야만 자신이 어떤 재능을 갖고 있는지 깨닫게 된다.

또한 자신의 재능을 찾아가는 과정에서 필수적인 것은 시행착오를 감내해내야 하는 것임을 기억해야 한다. 그냥 교과서나 책을 읽고 깊이 성찰하는 행위만으로 자신의 가능성을 발견한다는 것은 여간 힘든 일이 아니기 때문이다. 중요한 것은 도전하고 행동하는 것, 그것이 재능을 발견하는 데 있어 가장 큰 도움을 준다는 사실이다.

강점, 타인을 설득하는 능력

나는 다른 사람을 설득하는 능력을 조금 갖고 있는 편이다. 자랑처럼 들릴 것 같아 여간 조심스러운 것이 아니지만 내가 갖고 있는 얼마 되지 않는 강점을 이야기하며 이 부분을 들지 않을 수는 없다. 어쩌면 이 능력 덕분에 오늘날 작가로서, 또 강연자로서 살아가는 것이 가능해진 것일 수도 있기 때문이다.

자신이 가진 장점은 때로는 자신보다 제3자의 눈에 더 뜨일 때도 있다. 나를 오랫동안 알아왔고 한때 같은 조직에서 활동했던 재단법인 자유기업원의 김정호 원장은 월간 〈신동아〉와 가진 인터뷰에서 "공 소장을 알고 지낸 지 17년째다. 그 긴 시간이 지났음에도 그는 여전히 경이로운 존재다. 결심을 하면 이루어내고 마는 사람, 대화 상대를 감동시켜 결국 얻고자 하는 것을 얻어내고 마는 사람이다"라며 나라는 사람을 묘사한 적이 있다. 그리고 내 그런 능력은 결정적인 기회가 주어지는 타이밍과 장소에서 빛을 발했다. 나는 자신의 주장이나 의견을 거침없이 열정적으로 내세움으로써 자신이 뜻하는 바를 얻어내는 과정에서 하나하나 강점을 깨우치기도 하고, 또 만들기도 했다.

세월이 가면서 인생이란 참으로 미스터리하다는 것, 그리고 운(運) 혹은 운명(運命)이 삶에서 차지하는 무게를 느낄 때가 점점 잦아진다. 지금처럼 제법 알려진 작가나 강연자의 삶을 살아갈 수 있게 된 것도 어느 날 세운 정교한 계획에 따라 만들어진 것이 아니라, 우연한 기회가 주어졌을 때 자신을 마음껏 실험할 수 있는 자유를 발휘할 수 있었기에 가능했던 일이라고 생각한다. 찰스 린드블롬(Charles Lindblom)은 처음부터 정교한 목표와 계획에 따라 움직이는 것이 아니라 '현재 상황을 토대로 한 단계씩, 조금씩 발전해 가는 방식'을 '그럭저럭 헤쳐가기(Muddling Through)의 과학'이라 부르기도 했다. 그래서 나는 지금도 "당신 인생에서 실험할 수 있는 자유를 허(許)하라!"라는 말을 즐겨 사용한다.

어쨌든 그날 회의 후, 주변 분들의 많은 도움으로 자유기업센터는 내가 주도해서 받은 후원금을 토대로 전경련으로부터 재정적으로 분리되는 프로젝트를 추진하기로 결정했다. 마침내 그간 내가 가져왔던 염원, 즉 독립된 재단법인을 통해서 한국 사회가 번영의 길로 달려갈 수 있는 지적 토대를 구축하는 사업을 평생 동안 마음껏 추진할 수 있는 가능성의 문이 열린 것이다.

내가 꿈꾸었던 인물들은 현재 미국의 헤리티지 재단의 창업자인 에드워드 퓨러너(Edward Feulner), 케이토 연구소의 창업자인 에드 크레인(Ed Crane)처럼 자신이 추구하는 신념의 실현을 위해 일생을 기꺼이 바친 사람들이다. 40세의 초입에 그 기본 토대를 막 완성할 수 있는 결정적인 기회를 만들어냈고, 이후 탄탄대로를 달려가며 한평생을 살 수도 있었다. 얼마나 벅찬 일인가? 누구의 지시도 없이 자신의 믿음대로 조직을 운영하면서 한국 사회에 큰 영향력을 발휘할 수 있는 연구소의 창업자가 될 수 있었으니 말이다.

그러나 인생은 생각하는 것만큼 그렇게 만만치 않았다. 삶이란 정해진 항로를 반듯하게 달려가는 것이 아니라 지그재그 길이 될 수 있음이 알아차리는 데는 오랜 시간이 걸리지 않았다.

새로운 만남이 새로운 길을

"완전히 새로운 형식의 인터뷰를 만들어볼까 하는데 어떠세요?"

"어떤 형식의 인터뷰요?"

"시대의 변화를 정확히 읽고 부를 축적하는 데 성공한 젊은 기업가들을 심층 취재해보는 건 어떨까요? 독자들에게 큰 도움을 줄 수 있을 것 같은데요."

1999년 9월 초순, 〈월간중앙〉의 한 분과 주고받은 전화 내용이다. 당시는 인터넷과 정보통신벤처의 열기가 세상을 크게 바꾸어놓을 것처럼 기세등등하고, 디지털경제가 굴뚝경제를 대체해가는 거센 바람이 몰아치던 시기였다. 이런 시대적인 분위기 속에서 나는 창업에 성공한 젊은 부호들을 만나 그들의 성공 신화와 관련된 인터뷰를 기획했다. '공병호의 Success Bank'라는 제호의 이 특집 기사는 부를 축적하는 데 성공했거나 성공의 문턱까지 도달한 젊은 기업가들의 출생과 성장 과정, 자신만의 노하우 등을 아홉 페이지에 걸쳐 싣는 독특한 인터뷰였다. 당시 이 인터뷰에서 다룬 이들은 비트컴퓨터의 조현정 사장, 한국유나이티트제약의 강덕영 사장 등을 비롯한 몇몇 젊은 기업인들이었다.

이 인터뷰는 일반적인 것들과 달리 세 개의 파트로 구성되어 있었다. 첫 번째 부분은 다른 인터뷰와 비슷하게 내가 질문하면 인터뷰에 응하는 사람이 답하는 형식으로 이뤄졌고, 질문의 초점은 '어떻게 성공했는가'에 집중시켰다. 'My Life'라는 소제목이 붙은 두 번째 부분에서는 인터뷰에 응한 사람의 인생에서 가장 기념비적인 사진들을 열 장 정도 골라 그것으로 스토리를 구성해서 들려주었다. '벤치마킹 포인트'라는 제목의 세 번째 부분에서는 그들로부터 배울 수 있는 점을 6개 내외로 간단명료하게 정리했다.

어느 누가 내게 요구한 적도 없었지만 나는 이런 인터뷰가 필요하다고 생각해서 아이디어를 냈고, 잡지사에 제안했다. 나는 매사를 이런 식으로 해왔고 지금도 그렇다. 다시 말해 내 머릿속에는 '최소한 10개를 해야 한다면 15개를 해야 하고, 20개를 해야 한다면 30개를 해야 한다'는 생각이 분명하다. 어떤 일을 함에 있어 남들과 같은 평균 수준 정도로만 한다면 결코 내가 원하는 삶을 살아갈 수 없다는 굳건한 믿음이 있었고, 그것은 곧 내 인생 전반을 지탱해줬다.

해묵은 과거의 이야기를 새삼 꺼낸 까닭은, 아마도 잡지사에 그런 요구를 하고 실행에 옮기지 않았더라면 지금의 나와는 완전히 다른 삶을 살아갈 수도 있었을 것이기 때문이다. 그만큼 삶의 순간순간에서 사소하게 보이는 일들을 어떻게 결정하고 행동하느냐에 따라서 삶의 궤적은 크게 달라진다. 그렇기에 인생에 있어 사소한 일은 결코 없다. 다만 사소하게 받아들이는 사람이 있을 뿐이다. 이런저런 시도를 하다보면 예상하지도 못하는 행운을 만나는 것이 삶이다. 모든 행위의 결과를 자로 잰 듯 명확히 예상할 수 있는 것이 아니라는 뜻이다.

우연히, 정말 우연히 시작한 인터뷰는 내 인생에 커다란 변화를 가져왔다. 소설가 양귀자 씨는 자신의 글에서 인생에 있어 결정적인 순간을 회고하며 "작은 실금에도 불현듯 둑은 무너지고 물은 범람한다. 깃털 같은 눈송이도 쌓이면 지붕을 가라앉히고 거목을 쓰러뜨리듯 우리들 삶은 늘 하찮은 것으로부터 커다란 것을 일궈낸다"라고 했다. 큰 물질적인 성과가 주어지는 것도 아니었지만 호기심 반 부지런함 반에서 시작된 새로운 시도가 새로운 길로 인도할 실마리를 제공하리라는 것을 난들 어떻게 예상할 수 있었겠는가?

똑똑하고 계산이 빠른 사람은 자신이 꼭 해야 할 일만 하기 쉽고, 그것이 현명한 삶의 방식이라고 생각한다. 하지만 비록 지금은 손해 보는 것 같고 쓸모없어 보이는 것 같은 일도 부지런히 해야 할 때가 있다. 특히 젊은 날 자신의 분야를 찾거나 실력을 쌓기 위해 동분서주할 때라면 더욱더, 조금이라도 내게 도움이 될 성 싶은 일이라면 저지를 수 있어야 한다. 당장 이익이 되지 않더라도 말이다

《보랏빛 소가 온다》와 같은 베스트셀러의 저자로 유명한 세스 고딘(Seith Gordin)은 내가 좋아하는 작가 중 한 명이다. 그러나 나는 최근에서야 그가 무려 100권이나 되는 책을 집필한 작가임을 알고 무척 놀랐다. 그 역시 '무수한 시도 끝에 기회를 잡을 수 있다'는 신념을 가진 사람이었음을 나는 다음과 같은 그의 글에서 알 수 있었다.

> 어떤 일을 마무리했다고 그것이 곧 걸작이 되는 건 아니다. 나는 책을 100권 이상 만들어냈다. 물론 모든 책이 잘 나가지는 않았다. 하지만 그 책들을 쓰지 않았다면 나는 이 책(《린치핀》)을 쓸 기회를 갖지 못했을 것이다. 피카소는 1000점 이상의 그림을 그렸다. 그렇기 때문에 사람들은 피카소의 그림을 3개 이상 알고 있는 것이다.[2]

마음에 미세한 파동이

잡지사에 제안했던 기획 인터뷰를 통해 나는 현장에서 직접 부를 축적

하는 많은 사람들을 만났다. 그리고 그들이 살아온 이야기를 들으며 내 마음에서는 두 가지 조용한 변화가 일어나기 시작했다.

하나는 내가 몸담고 있는 연구직은 평생 동안 조연의 위치에 머물 수밖에 없는 한계가 있다는 것이었다. 무대에서 열연하는 사람은 주연이고 조연은 결국 그들의 활동을 돕는 사람일 뿐이기에, 아무리 잘해도 그 한계를 벗어날 수는 없다는 생각이 든 것이다.

다른 하나는 다음과 같이 다소 불경스럽기(?) 짝이 없는 의문이었다.

'당신이 아주 열심히 일하고, 그로써 수천억 원의 기부금을 모아 막강한 재단을 만들고 엄청난 영향력을 행사하며 한국 사회가 번영으로 나아가는 토대를 확고하게 굳히는 데 성공했다고 가정해보자. 그래서 뭐가 어떻다는 거지? 당신에게 남는 것은 뭘까? 그걸 생각해봤어? 결국 남 좋은 일만 시키는 거라고. 젊은 한때를 나라와 사회를 위해 바친다는 것은 근사하게 보일 수도 있겠지만, 당신의 것은 없어. 물론 명성이야 남을 수도 있겠지만 말이야. 한번 깊게 생각해봐. 좋은 날이 다 가고 난 다음에 후회하지 말고.'

그전까지는 연구소를 통해 훌륭한 공공재를 만들어 나라의 번영에 일익을 담당하겠다는 확고한 신념이 있었지만, 젊은 사업가들을 만나며 자꾸 고개를 드는 이런 회의감은 마치 바닷가의 파도처럼 잔잔히 밀려와 내 가슴을 적신 다음에 달아나버리곤 했다. 하지만 '이제 다른 길을 가기에는 너무 늦었어. 이미 많이 와버렸잖아. 지금 내가 가는 이 길이 내게 맞는 길일 거야' 하는 말로 스스로를 타이르며 아무 일도 없었던 것처럼 마음속의 그 목소리를 무시하고 넘어가려 했다. 그렇지 않으면 그동안 내가 '올바를 뿐만 아니라 전부'라고 생각했던 것들이 결코 전부가 아닐 수도 있다는 사실과 마주해야 할지도 몰랐기 때문이다.

이 책을 쓰기 얼마 전에 아름다운재단의 박원순 변호사가 자신의 인생에서 결정적이었던 순간에 대해 쓴 글을 읽었다. '탐욕이라는 이름의 열차에서 내리고 나서'라는 제목의 글에는 당시 내 마음을 흔들었던 그 사건과 비슷한 내용이 실려 있다.

이러한 나의 변신(유학을 다녀온 이후 참여연대의 사무처장을 거쳐 아름다운 재단을 만들고 '1퍼센트 나눔 운동' 및 민간연구기관인 희망제작소를 만들기 시작한 움직임)을 보고 놀라는 분들이 많다. 그런데 내가 처음부터 어떤 작정을 하고 있었던 것은 아니다. 나 역시도 내가 이렇게 여러 가지 일들을 하게 될 줄 몰랐다. 굳이 설명을 해야 한다면, 나를 에워싸고 있는 상황이 나에게 그런 일을 시켰다고 말할 수밖에 없다.

나는 내가 어떤 단체를 만들었다고 해서 내가 주인이라고 생각하지는 않는다. 만일 그렇다면 많은 재물을 모으려는 탐욕과 다를 바가 없지 않은가. 누가 만들었든 그 단체는 그 단체와 관련이 있는 모든 사람들의 것이다. 나는 그 안에서 내가 할 수 있는 일을 충실히 해낼 뿐이다. 앞으로 내가 또 어떤 일을 시작하게 될지 나도 잘 모른다. 하지만 분명한 것은 '탐욕'이라는 이름의 열차에는 올라타지 않을 것이라는 점이다. 내가 살아온 길이 이미 내게 그런 기회를 허락해주지 않을 것이고, 나 또한 그럴 생각이 추호도 없으니까 말이다.[3]

솔직히 말하자면 나는 박원순 변호사와는 완전히 다른 길에 대한 유혹에 흔들리기 시작했다. 그는 탐욕의 열차에서 내렸지만 나는 올라타는 형국이 벌어졌기 때문이다. 박원순 변호사는 사기업에서 공공부문으로 방향을 틀었지만 나는 공공부문에서 사기업으로 방향을 막 전환하려는 순간을 맞고 있었다. 이를 어떻게 해석하는 것이 좋을까?

여기에서 잠시 생각해볼 것이 있다. 인간의 정체성이란 본래부터 유전자 안에 갖고 태어나는 것일까, 아니면 시간이 흐르면서 변화하고 발전해나가는 것일까? 연구자들은 이른바 '본능(nature)'과 '훈련(nuture)'을 두고 격렬한 논쟁을 벌이기도 하지만 내 경험에 의하면 인간은 누구나 저마다의 유전자를 타고나며 예상보다는 유전자의 영향이 큰 힘을 발휘한다. 부모는 물론 그 윗세대의 까마득한 조상들로부터 물려받은 유전자의 유산이라는 것이 커다란 영향력을 행사함을 부인할 수는 없다.

인간은 누구나 사적인 이익을 추구하고자 하는 본능을 가지고 있다. 그러나 그 정도나 강도 면에서 박원순 변호사와 나는 차이가 있다. 그가 공익에 치우친 사람이라면 나라는 사람은 좀 더 사익에 치우친 사람이라고 보는 것이 정확하고, 이것은 타고난 기질이나 유전자의 특성에 기인하는 바가 크다고 생각한다. 하지만 당시에는 이런 사실을 알 수 없었다. 나 자신에 대한 이해의 정도가 낮았으니 말이다. 세월이 흘러 내가 걸어온 길을 성찰해보면서 '나는 이런 인간이구나'라는 사실을 새삼 깨우치게 되었다. 나에 대한 새로운 발견이라고 보면 되겠다. 어쩌면 이런 책을 쓰게 된 동기도 자신에 대한 그런 발견을 더 체계적이고 종합적으로 하고 싶은 욕망에서 나왔다고 할 수 있다. 젊은 날부터 자신의 내면세계를 더 깊숙이 들여다볼 수 있었더라면 이런 사실을 더 일찍 그리고 더 정확하게 알아차릴 수 있었을 것이다. 그래서 자신을 제대로 아는 일은 정말 중요하다.

앞에서 잠시 소개한 마르틴 그레이가 홀로코스트에서 가까스로 목숨을 건진 뒤 할머니와 외삼촌이 살고 있던 뉴욕에 도착한 것은 1947년, 그의 나이 25세가 되던 해였다. 영어를 모르는 그가 할 수 있는 일이란 허드렛일 정도였다. 조카의 앞날을 걱정한 외삼촌은 아는 사람을 통해 직장을 소개해줬고, 그레이는 그곳에서 포장된 물건을 푸는 일을 맡아서 했다. 당시 뉴욕에 막 도착한 대부분의 이민자들은 그 일부터 시작해서 바이어, 영업사원, 점장 등으로 착실히 승진의 사다리를 올라가곤 했다. 그러나 그레이는 본능적으로 그것은 자신의 길이 아님을 알아차렸다. 그의 유전자 속에는 스스로의 운명을 통제하려는 강한 욕망이 꿈틀거리고 있는 덕분이었다. 불과 20대 중반이었던 그가 자신의 기질과 인생에 대해 내린 다음과 같은 결정은 나에게 놀라움으로 다가왔다.

> 나는 행인들과 지하철 승객들을 관찰하면서 그들의 태도나 눈에 지치고 피곤한 기색을 보았다. 그들은 삶의 시작에서부터 끝까지 남들이 자기들을 이끌도록 내버려두었으며 시간표와 장소에 얽매여 있었다. 그러나 나는 그렇게 살지 않을 작정이었다. 나만의 법을 만들고 나만의 지도를 만들 작정이었다. (중략) 나는 내가 기꺼이 받아들이기로 한 구속만을 받으며 자유로운 상태로만 살아갈 것이다.[4]

어떻게 20대 중반에 그런 깨달음을 얻었을까? 어린 나이에 바르샤바의 게토에서 살아남고 이후 다양한 장사를 하면서 자신이 누구인지, 무엇을 잘하는지 깨달았기에 젊은 나이에도 자신의 특징을 정확하게 반영하는 인생의 길을 선택할 수 있었을 것이다. 그리고 나는 30대의 끝자락에서 그와 비슷한 경험, 즉 내 운명을 타인의 손에 맡기지 않고 스스로 주인공이 되겠다는 강력한 욕망을 느끼기 시작했다.

자신의 기질이나 유전자적인 특성으로 인한 호오(好惡)를 정확히 파악하는 일은 누구에게나 중요하다. 왜냐하면 그것을 알아야 자신의 기질에 맞는 분야에서 경력을 관리해나갈 수 있고, 세속적인 성공과 인생에 대한 만족도 역시 그에 달려 있기 때문이다. 공적 분야에 몸을 담고 있으면서 '만일 내가 이 정도의 노력을 내 자신에게 투자했더라면 얼마나 좋았을까?'라는 생각이 자꾸 떠오른다면 결코 행복한 삶을 살아가거나 최고의 성과를 발휘할 수 없을 것이다.

이제 와서 생각해보면 내 유전자 속에는 공익을 위해서 평생 동안 헌신할 수만은 없는 특성이 분명히 있는 것 같다. 그런 기억은 유년기부터 시작해서 40대의 어느 날까지 수없이 많이 끄집어낼 수 있다.

일례로 연구소의 소장으로 활발하게 활동하던 시기에도 나는 내 이름 석 자를 분명히 내세울 수 있는 활동을 무척 좋아했다. 다시 말하면 내가 어느 연구소의 누구라는 사실은 받아들일 수 있지만, 내가 누구인가가 가려지는 지점이 있다면 그에 대해 본능적인 거부감과 아울러 심리적 불편함을 느끼곤 했다.

어쨌든 우연히 시작한 인터뷰에서 자신의 손으로 직접 부를 만들어내고 있는 신흥 기업가들, 즉 시장에서 행동하는 사람들을 직접 만나면서 나는 '어쩌면 내가 잘못된 길을 가고 있을지도 모른다'는 회의감을 처음으로 느끼기 시작했다. 39세에 마음에 생긴 변화의 불씨는 얼마 지나지 않아 내 삶에 커다란 영향을 미쳤다. 그런데 다른 사람도 아닌 나 자신의 이런 특성들을 30대 후반이라는 늦은 나이가 되어서야 깨우치게 된 까닭은 무엇일까?

한국 사회는 진로의 선택과 관련해서 상당 부분이 단일화·동질화되어 있다. 몇 살이 되면 학교를 졸업하고, 언제 결혼해서 언제 아이를 낳으며, 그 이후에는 어떻게 살아가야 한다는 정형화된 가정(假定)이 강한 사회라는 뜻이다. 게다가 지나치게 오랜 시간 동안 입시나 준(準)입시 공부를 하면서 성장하는 사람들은 가족이나 사회가 규정한 인생의 진로를 자신이 선택한 것으로 착각하는 경우가 적지 않다. 이런저런 이유로 자신에게 꼭 맞는 인생의 경로를 일찍부터 고민하지 못한다는 것은 훗날 인생의 큰 위기와 맞닥뜨리는 중요한 요인이 된다. 그렇기에 젊은 날부터 부모가 원하는 것 또는 사회에서 대체적으로 좋은 길이라고 여기는 것과 자신이 진정으로 원하는 것이 무엇인지를 정확히 알고 구분한다면 나처럼 40대를 전후해서 격렬한 혼란에 빠져드는 경험을 줄일 수 있을 것이다.

남자 나이 마흔이면 가정에서나 사회에서나 이미 자신이 짊어져야 할 책임이 매우 무거워진 상태인 경우가 많고, 그렇기에 '이게 아닌데……' 하는 한탄을 하더라도 어찌할 수 없는 상황에 놓이는 경우가 대부분이다. 나 역시 안전하고 탄탄한 넓은 길과 불확실하고 위험하기 짝이 없는 좁은 길을 두고 선택의 기로에 서게 되었다.

2장
몸으로 배우기

'어떻게 하면 기부금을 더 많이 모을 수 있을까?'

1999년 9월부터 12월까지 내 머릿속은 자유기업센터의 독립에 필요한 기부금 모으기 프로젝트의 아이디어로 가득 차 있었다. 이 시기는 '질풍노도(疾風怒濤)'라고 할 수 있을 정도로, 내면의 밑바닥으로부터 솟아오르는 강력한 열망과 추진력을 화산처럼 뿜어내며 돈 모으기 프로젝트를 추진했던 때이기도 하다. 그 힘이 어디에서부터 나오는지, 나 자신도 그 실체를 정확히 알 수 없을 정도였다. 이 기간은 '신념의 힘'을 다시 한 번 깊게 체험할 수 있는 귀한 기회를 주었을 뿐만 아니라 시간은 결코 길이가 아닌 밀도에 의해 좌우됨을 확인하게 해주었다.

공부를 잘하는 것과 일을 잘하는 것 사이에는 커다란 간극이 있다. 공부에는 해답이 이미 정해져 있지만 일에는 해답이라는 것 자체가 없다. 오로지 높은 성과를 내기 위한 다양한 선택이 있을 뿐이다. 또한 그곳에 이르는 구체적인 방법을 가르쳐주는 책이나 선생을 만날 수도 없기에 감각과 상식, 경험과 지혜를 조합해가면서 자신만의 독특한 방법을 만들어야 한다. 그뿐인가. 설사 그러한 방법을 갖고 있더라도 용기가 없으면 성과를 이룰 수 없다. 세상의 귀한 일들은 대부분 이런 속성을 갖고 있다. 세스 고딘은 이러한 진실을 다음과 같이 멋지게 표현하고 있다.

> 지도는 없다. 지도자가 되는 법을 알려주는 지도는 없다. 예술가가 되는 법을 알려주는 지도는 없다. 나는 (거의 모든 장르의) 예술에 관한 책, 예술을 하는 방법에 관한 책을 수백 권 읽었지만 지도에 관한 실마리를 알려주는 책을 하나도 보지 못했다. 그런 지도는 없기 때문이다.[5]

고딘의 이야기처럼 용기를 갖고 스스로 지도를 만들어 그것을 따라 나아가는 길 이외엔 다른 방법이 없다. 그래서 공부를 잘하는 것과 일을 잘하는 것 사이엔 엄연히 차이가 있다는 것이다.

내게 있어서 최선의 방법은 불확실함 속에서도 가능할 것이라는 믿음을 갖고 도전해보는 것이었다. 한 번 두 번 도전해가며 기부금 모으는 방법을 수정 보완했고, 계속해서 새로운 버전의 방법을 만들어갔다. 물론 내가 설득하지 못한 이들도 많았지만, 성공 경험이 차곡차곡 축적됨에 따라 돈을 모으는 요령이나 방법에서 커다란 발전이 이루어지고 있음을 스스로 깨달을 수 있다. 이런 경험은 내게 '직접 경험해보는 것'의 가치를 가르쳐주었고, 이런 깨달음은 이후 내 삶의 방식에도 큰 영향을 미쳤다. 머리로만 이것저것 잔뜩 생각하기보다는 어느 정도 준비가 되면 직접 실천해보면서 배우는 방법에 대한 믿음을 갖게 한 것이다.

기부금을 모으는 일뿐만 아니라 창업 등 스스로 위험을 감수하면서 가치를 만들어내는 일을 하는 사람에게 가장 필요한 것은 '나는 어떠한 불확실성 속에서도 잘해낼 수 있을 것'이라는 자신감이다. 그런 자신감은 어느 날 갑자기 생겨나는 것이 아니라 그러한 용기를 발휘해야 할 시점까지 어떻게 살아왔는가, 즉 자신감을 쌓는 활동을 얼마나 충실히 해왔는가에 달려 있다. 한 번도 해보지 않은 기부금 모으는 활동을 해나가며 내가 새삼 깨우친 것은 '나는 이제까지 잘해왔고, 지금도 잘하고 있으며, 앞으로도 잘해낼 것이다'라는 자신감이 인간에게 매우 중요하다는 사실이었다.

'인생에는 리허설이 없다'는 말은 진리다. 작은 일이든 큰일이든 매 순간마다 열심히 달려들어 착실히 성공 경험을 축적해온 사람만이 자신감을 가질 수 있고, 그것은 개인적인 자산이 되어 결정적인 순간이 왔을 때 힘을 발휘한다. 돈이든 자신감이든 건강이든 용기든, 중요한 것은 무엇이든 꾸준히 축적해가는 일이다. 인생에는 결코 대박이나 요행이 없기 때문이다.

지금도 그렇지만 내가 일하는 방식은 조직적이고 체계적이라서, 늘 마감시간 내에 무엇을 달성해야 할 것인가를 스스로에게 약속한 뒤 크고 작은 여러 일을 추진한다. 기부금 모으기 작업에 대해서도 마찬가지였다. 나는 마감시간이 4개월로 주어진 프로젝트를 수행한다고 생각하며 차분히 계획을 세웠다.

'어떤 사람을 어떻게 공략할 것인가?'

이 질문에 떠오르는 모든 것을 백지 위에 하나하나 적기 시작했다.

도움을 줄 수 있는 사람들을 모두 찾아낸 뒤, 우선순위를 매기고 그중에서 도움을 받을 수 있는 사람들을 순서대로 분류한 뒤 차근차근히 접근해나갔다. 그들 중 누군가와 만날 약속이 잡히면 그 사람의 인적 사항부터 지인관계와 선호도 등 내가 모을 수 있는 모든 정보를 정리하는 등 원활하게 대화를 이끌 만반의 준비를 끝냈다.

어떤 일이나 프로젝트를 수행할 때 몸만 분주해선 곤란하다. 프로젝트를 성공시킬 결정적 요인들을 정확하게 찾아내 확실히 공략하지 못하면 몸만 바쁠 뿐 성과는 내기 힘들다. 일하는 데 있어 말만 잔뜩 떠벌이고 몸을 분주하게 해서 함께 일하는 동료들을 정신없게 만드는 사람들을 종종 만나곤 한다. 그러나 결과적으로 그들은 성공의 본질적인 부분을 놓쳐 성과 창출에 실패한다. 이들이 가진 더 큰 문제는 자신의 업무 처리 습관이나 방법을 면밀히 관찰하고 그것을 하나하나 개선해나가는 데는 무척 서툴기 때문에, 시간이 흐르더라도 똑같은 실수를 반복함은 물론 일을 처리하는 능력에서도 큰 발전을 보이지 못하는 경우가 많다. 그러므로 그들에게는 성공에 필요한 거점을 확실히 공략하고, 승리로 향하는 교두보를 확보하는 것이 반드시 필요하다.

기부금을 모으는 프로젝트의 교두보에 해당하는 것은 '큰돈을 낼 수 있는 사람들'이었다. 참여하는 사람들의 수가 1000~2000명 정도 된다 해도 큰돈을 내는 이들이 없다면 결코 목돈을 만들 수 없기 때문이다. 동시에 타인에게 신뢰를 줄 만한 기업으로부터 상당한 액수를 받지 못하면 다른 곳에서 아무리 큰 성과를 거두더라도 소용없는 일이었다. 따라서 그런 기업의 협조를 이끌어내는 것이 내게는 가장 중요했다.

때문에 중요한 기부자들로부터 몇 건의 성공 사례를 만들어내는 것을 단기적인 목표로 삼았다. 타인을 설득할 때는 "누가 얼마를 이미 기부하기로 약정했거나 이미 입금했습니다"라는 근거를 제시하는 것이 효과적이다. 때문에 나는 전경련 회장단에 속한 5대 그룹에 몸담고 있는 이들이 목돈을 낼 수 있을 것이라고 판단, 그들로부터 우선적인 성공 사례를 이끌어내기로 결심했다.

당시 전경련의 상근 부회장으로 재임하고 있었던 손병두 부회장(전 서강대 총장)은 내게 여러모로 큰 힘이 돼주었다. 나는 그의 도움으로 5대 그룹 기획조정실의 실력자들을 만나 기부금을 받는 순서를 차근차근 진행했고 그 성과물을 갖고 전경련의 부회장단에 속해 있던 그룹사를 방문, 형편에 따라 각각 수억 원의 돈을 기부받는 작업을 병행했다.

그 무렵 가졌던 한 만남은 지금까지도 생생히 기억에 남아 있다. 크리스마스 분위기가 거리 곳곳에서 물씬 풍기던 1999년 12월 20일 월요일 오후 3시 무렵, 나는 어느 회장과의 미팅을 위해 집무실을 찾았다.

"공 박사, J 회장은 얼마를 약정했습니까?"

"○억 원을 기부하기로 약속했습니다."

"공 박사가 수완이 좋은 모양입니다. 그 정도를 내놓을 양반이 아닌데 놀랍군요. 그럼 내가 얼마나 내야 할지 한번 생각해보세요. 잠시 화장실 다녀올 테니 잘 생각해서 나에게 요구하기 바랍니다."

오후 3시에 이렇게 시작된 대화는 저녁을 먹고 와인을 마시며 이런저런 대화를 나누다가 다음 날 새벽 5시 무렵이 되어서야 끝났다. 두 사람이 앉아 대화하며 보낸 시간이 무려 15시간에 이른 셈이다. 새벽 1시 무렵에는 와인 잔에 손을 살짝 베어서 피가 흘렀지만 그것조차 모를 정도로 나는 대화에 몰입했고, 그날 그 만남에서 예상 이상의 거액을 받을 수 있었다. 기쁜 마음으로 로비로 나섰을 때, 건물에서 일하는 아주머니들이 크리스마스트리 주변을 청소하고 있었다.

그랬다. 나는 '미쳐서 일을 한다'는 표현이 무리가 아닐 정도로 돈을 모으기 위해 필사적으로 뛰었다. 누가 천금을 주며 그렇게 열심히 하라고 해서 할 수 있는 일은 분명 아니었다는 생각이 지금에 와서 든다. 그때는 내가 믿어 의심치 않는 대의명분을 달성하기 위해 거의 모든 것을 걸고 나 자신을 밀어붙였던 시기였다. 자신이 하는 일에 확신을 가지고, 자신이 파는 상품에 대해 굳건한 믿음을 가졌기에 그런 일들이 가능했던 것이다.

그날 그분과 대화를 나누면서 들었던 단상 가운데 하나는 '세일즈란 물건이나 서비스를 판매하는 것이 아니라 바로 자기 자신을 판매하는 것'이라는 사실이었다. 다시 말해 타인을 설득하는 일은 결국 자신이 파는 것의 모든 것을 이해했을 때에만 가능하다는 뜻이다. 그분과 솔직담백한 대화를 나눌 수 있었던 것은 내가 갖고 있는 연구소 독립에 대한 신념 덕분이기도 했지만, 과거부터 현재까지 내가 쌓고 만들어온 총체적 경쟁력을 바탕으로 상대를 설득했기 때문이었기도 했다. 풍부한 지식과 상식, 경험은 결정적 시기에 경쟁력을 높이는 데 큰 도움이 된다는 또 하나의 사실을 나는 그날 깨우쳤다.

기부금 프로젝트에서 배운 것들

그러나 아무리 마음을 굳게 먹고 실력자를 만나 설득한다 해도, 어느 경우에나 변하지 않는 것은 돈을 주는 사람과 돈을 받는 사람 사이에는 갑과 을의 관계가 확연하게 성립된다는 점이었다. 물론 기부받은 금액에서 내가 개인적인 용도로 사용한 것은 한 푼도 없었다. 그럼에도 불구하고 내 마음에는 미묘한 감정이 일었고, '평생 동안 타인이 주는 돈의 꼬리표로부터 벗어나기는 쉽지 않겠구나'라는 생각이 문득문득 떠오르곤 했다. 기부금 약정을 위해 내가 내세우는 명분이 아무리 훌륭하더라도 말이다. 세상에는 돈을 버는 사람과 돈을 사용하는 사람이 있다. 그리고 나는 후자에 속했다. 1999년 11월 20일, 나는 국내 대표적 그룹의 실력자와 다음과 같은 대화를 나눴다.

"얼마나 필요합니까?"

"○○억 원 정도 도움을 주셨으면 좋겠습니다."

"다들 돈을 받을 때하고 돈을 받고 난 뒤가 많이 다르더군요. 공 박사는 그렇게 하지 않으리라 보지만 제대로 해주시기 바랍니다. 그 돈이 얼마나 큰돈인지는 잘 아시지요?"

"잘 알겠습니다. 도와만 주신다면 최선을 다하겠습니다."

사무적인 짧은 만남을 마치고 나오는 길에 나는 이런 생각이 들었다.

'돈의 힘이란 진짜 대단하구나. 그래도 지금은 내가 젊으니 별 문제가 없지만 나이 먹어서도 이렇게 돈 받으러 다니는 것은 정말 만만한 일이 아닐 것 같다.'

그다지 상큼한 기분은 아니었고 그 일 이후에도 저자세로 사람들을 대하는 과정에서 오래 기억에 남을 일들을 겪었다. 하지만 당시의 나는 젊었고 '목표 기부금 달성'에 워낙 몰두한 나머지 그런 미묘한 감정 변화에는 신경을 쓸 겨를이 없었다.

그러나 점차 낮에는 열심히 돈을 모으기 위해 사람을 만나러 다니고 저녁에는 짬을 내서 하루 일과를 정리하는 시간을 가지면서 조금씩 마음이 흔들리기 시작했다. 이렇게 연구원의 소장으로 사는 삶은 조직이 아무리 성장하더라도 결국 돈을 번 사람들의 도움에 의존할 수밖에 없는 '을의 인생'이라는 사실을 깨닫기 시작한 것이다.

재정적인 면을 기준으로 보면 세상에는 분명히 '갑의 인생'이 있고 '을의 인생'이 있기 마련이다. 갑의 인생이 아닌 한 을의 인생은 약간의 비굴함과 불편함 그리고 저자세를 감수해야 한다. 치열하게 돈을 버는 사람은 당당하게 그 돈을 소비하거나 투자할 수 있지만 돈을 받아 사용하는 사람은 그런 마음가짐이나 자세를 갖기 힘들다는 점에서 보면 어느 정도 공평하다 할 수도 있겠다. 어쨌든 이런 경험들은 나로 하여금 '경제적 자유가 없는 것은 인생의 자유가 없는 것과 같다'는 생각을 갖게 했다.

더불어 나는 기부금을 얻기 위해 사람들을 만나면서 예상치 못했던 성과도 얻을 수 있었다. 바로 자신에 대한 지식, 즉 '자기지식(self-knowledge)'을 더 많이 갖게 된 것이다.

막연하게나마 '나는 이러이러한 사람이다' 혹은 '내게는 이런 능력이 있다'라고 여겼던 가설들은 실전에서 성과를 올리기 위해 노력하는 과정을 통해 가설이 아닌 진실로 자리 잡게 된다. 일반적인 가설들이 엄격한 검증 과정을 통해서 법칙으로 인정받는 것과 마찬가지로, 자신이 갖고 있는 장점이나 기질, 특성에 대한 막연한 믿음은 현장에서 검증 과정을 거치면서 확신으로 탈바꿈한다. '아, 나는 타인들을 설득하거나 남들에게 세일즈를 잘하는 능력을 가지고 있구나' 하는 확신 말이다.

직접 해보지 않으면 무언가를 알아가는 데 있어 반드시 한계가 있다. 물론 책을 통해 배울 수도 있지만, 몸으로 부딪히며 배우는 것은 그 자체로 생생하게 살아 있는 지식이 된다. 인생의 모든 일들은 자신에게 어떤 형식으로든지 흔적을 남긴다. 자신을 착실히 갈고닦다보면 능력이 성장하고, 결정적인 시기에 그것을 발휘할 수 있는 기회를 갖게 된다. 누구도 자신의 인생에 어떤 일들이 벌어질지 알 수 없다. 하지만 한 인간의 삶을 크게 바꾸어버릴 수도 있는 큰 기회가 우연히 찾아왔을 때, 그것을 자신의 것으로 만들어낼 수 있는 이는 오로지 '미리 준비한 사람'뿐이다.

사실 누구든지 꾸준하게 무엇인가를 해나가는 끈기와 추진력, 책임감을 갖고 있다면 성공의 크기만 문제가 될 뿐 보통 수준 이상의 성취는 이룰 수 있다. 하지만 이것은 말이 쉽지 실제로는 결코 쉬운 일이 아니다. 주변 사람들의 소리에 귀 기울이지 않고 세상의 유혹에 미혹되지 않으며 꾸준히 일정 기간 동안 전력을 기울이는 것이 어찌 보통 일이겠는가? 그러나 분명한 사실은 대다수 사람들이 어려워하기 때문에 시도할 만한 가치가 있다는 것이다.

이렇게 열정적으로 모은 기부금을 바탕으로 2000년 1월, 재단법인 자유기업센터는 마침내 자유기업원으로 새단장하고 3년 동안 둥지를 틀었던 여의도의 전경련 빌딩을 떠나 마포의 한 빌딩으로 이전할 수 있었다. 만약 내가 그 길로 계속 나아갔다면 이 책을 쓸 만한 스토리는 나오지 않았을지도 모른다. 하지만 그 무렵, 내 신상에는 커다란 변화가 일어나기 시작했다.

공익보단 사익을

'그래, 이렇게 해서 다음에 남는 건 뭔데?'

질주하듯이 달려가는 중에도 그런 생각이 문득문득 떠올랐다. 당시에는 이렇게 스치는 생각들을 단순히 사적인 욕심, 즉 사익과 공적인 의무감 사이의 갈등 정도라 여기며 가볍게 받아들였다. 하지만 훗날, 그런 갈등은 단순히 욕심과 의무감 사이에서 일어나는 갈등이 아니라

40세를 전후하여 누구든지 경험할 수도 있는, 앞에서 말했던 '가치의 위기'임을 알게 되었다.

가치의 위기가 비단 기부금을 모으는 시기에 시작된 것은 아니었다. 나뿐만 아니라 시골에서 나서 자란 대다수의 사람들은 입신출세에 큰 뜻을 두기 마련이다. 어렵게 부모들이 뒤를 닦아주고 이를 토대로 관직 등을 통해서 자신의 이름을 드높이는 것은 내 연배나 그 윗세대들이 특별히 부탁이나 주입을 받지 않았어도 자연스럽게 공유하는 가치였기 때문이다.

내가 학창시절을 보내던 시기만 하더라도 대다수 학생들의 머릿속에는 개인적인 편안함보다 민주화 등과 같은 사회적 어젠다가 자리 잡고 있었다. 더불어 내 경우에는 물질적으로 조금 손해를 보더라도 자신이 자리나 위상, 이름을 드높일 수 있다면 그것으로 족하며, 오히려 그런 일이 더 가치가 있을 것이라는 믿음을 갖고 대학시절 이후의 삶을 끌어왔던 것 같다. 그 믿음은 내게 있어 검증받아야 할 가설이 아니라 불변의 진리 중 하나였기에 그에 대해 근본적으로 고민해본 적도 없었다. 어쩌면 한 번도 실험하거나 검증하려고 시도한 적조차 없었다고 말하는 것이 정확한 표현일 것이다.

졸업 이후에 곧바로 취업을 선택하지 않고 학위를 위해 미국으로 유학을 떠났던 것 또한 그것이 내 미래를 위한 수단이라고 여겼기 때문이다. 지금 성장하는 젊은이들은 자신이 좋아하거나 자신에게 꼭 맞는 일이 무엇인지를 두고 고민하지만, 1970년대와 1980년대를 살았던 젊은이들 중 그런 고민을 한 이들의 수가 얼마나 될지 의문스럽다. 특히 시골에서 자란 대부분의 남자라면 자신이 무엇을 해야 할지를 두고 크게 고민하지 않았을 것이다.

얼마 전, 50대 후반에 들어선 차범근 감독의 기고문에서 이와 비슷한 재미있는 표현을 발견했다. 그의 아들인 차두리 선수는 축구를 즐기지만, 차 감독 자신은 걸출한 선수였음에도 불구하고 축구를 즐기지는 못했다고 한다. 그는 단지 자신에게 있어 축구란 자신의 앞날을 위해 반드시 해야 하는 것임을 받아들였다는 것이다. 그와 마찬가지로 나는 물론이고 그 시대를 살았던 사람들의 대부분은 의무감이나 책임감을 바탕으로 진로를 선택했을 것이다.

자기가 하고 싶은 일을 젊은 날부터 찾아내는 데 성공한 사람이라면 중년의 나이에 가치의 위기를 경험할 가능성은 낮다. 목표를 찾는 것은 곧 이런저런 것들을 경험함과 동시에 자신의 재능을 다양하게 실험하며 자신을 모색하는 과정이기 때문이다. 그러나 내게 있어 직업은 그런 과정 없이 '나는 반드시 성공해야 한다'는 막연한 바람을 성취하기 위한 수단으로서만 의미 있는 것이었다. 때문에 자신을 제대로 모색하는 기간은 없었고, 그냥 쉼없이 앞을 향해 달렸을 뿐이다.

고등학교와 대학 입시, 유학 준비, 학위 취득, 취업 등 숨 가쁜 질주 속에서도 틈틈이 나를 갈고닦기는 했지만, 내가 추구하는 가치가 진정 올바른 것인지에 대해서는 그리 깊이 고민하지 않았다. 자유기업센터를 만들어 그것에 헌신했던 이유도 생각해보면 내게 꼭 맞는 일이었기 때문이 아니라 그것이 내 앞날에 서광을 밝혀줄 것이라는 큰 확신 때문이었던 것 같다.

그러나 젊은 날 자신이 추구하는 직업과 일에 대한 가치 판단의 문제가 밀도 있게 다루어지지 않으면 그것은 언젠가 반드시 문제가 되고 만다. 젊은 날에 가능한 한 다양한 경험을 해두는 것이 길게 보면 인생에 도움이 되는 일인데, 우리 사회의 구성원들을 보면 대부분 정해진 틀에 맞춰 깊은 고민 없이 일직선으로 달려가고 있는 것 같아 안타깝다.

내적인 갈등을 별로 경험하지 않고 중년을 쉽게 넘어서는 사람들도 많다. 어떤 전문가들은 이른바 중년의 위기를 경험하는 사람들은 전체의 10퍼센트 이하라고 말하기도 한다. 반대로 비율은 상당히 높지만 사람마다 그 정도가 다를 뿐이라고 주장하는 사람들도 있다. 분명한 건 나는 그 위기를 심하게 겪은 한 사람이었다는 것이다.

어쩌면 자유기업센터를 분리 독립시키기 위해 새로운 시도를 하지 않았더라면 별 문제 없이 넘어갔을지도 모른다. 시간이 더 흘러 40대도 무난히 넘긴 뒤에야 '아, 이 길은 내가 진정으로 원하는 길이 아니었구나' 하며 후회했을 가능성도 있다. 만일 그랬다면 내가 걸어온 길에 대한 아쉬움이 생기더라도 나이를 고려해서 적당한 자기 합리화로 스스로를 위안했을 것이다. 하지만 내 안에 깊이 잠복하고 있었던 내면세계의 갈등은 심층 인터뷰를 위해 젊은 기업가들을 접하는 과정에서 바깥으로 폭발했고, 덕분에 나는 중년의 홍역을 치르게 되었다.

자신을 더 중요하게 여기는 생물학적 특성

이 책을 준비하면서 나는 나 자신이 어떻게 해서 문제를 일으키는 사람이 되었는지를 찬찬히 되돌아봤다. 제일 먼저 꼽을 수 있는 이유는 자신을 중시하는 특성이 강하다는 것이다. 사실 누구나 자신을 중시하긴 하지만 내 경우에는 그것이 조금 더 심한 것 같다. 나는 특히 내 이름을 드러내는 것에 유난히 큰 의미를 둔다. 때문에 이름이 드러나지 않는 성취들, 예를 들어 어떤 조직의 기관장이나 CEO라는 자리에는 크게 매력을 느끼지 않는다. 다시 말해 어떤 경우에서든 조직의 이름보다는 자신의 이름이 남겨지는 행위에 대해서 과도할 정도의 의미를 두기 때문에 그렇지 못한 활동의 중요성은 상대적으로 낮게 평가하는 경향이 있다. 성장 과정에서도 이런 특징들이 종종 드러났음을 생각해보면 이는 후천적으로 만들어진 기질이라기보다는 본래 내가 타고난 부분인 것 같고, 이런 면에서 지금의 일은 내 본성과도 잘 맞는 것 같다.

그런 기질이 강하지 않은 사람이라면 연구원이란 조직에서 자신에게 주어진 일을 마무리하는 수준의 업무에서도 얼마든지 행복함을 느낄 수 있다. 그러나 나는 초창기부터 누가 시키지 않았는데도 신문과 잡지에 많은 기고를 하거나 책을 집필하는 등 내 이름을 남길 수 있는 활동에 큰 비중을 두었다.

문제는 조직이 성장해나감에 따라 내 업무는 이런 기질과 점점 멀어졌다는 것이다. 연구원이 작은 조직이었을 시기에는 '연구원(研究院)=공병호'라는 등식이 성립했다. 그러나 조직이 점차 성장해나가면 기관장은 돈을 모으거나 구성원들에게 동기를 부여하며 연구원이 조직으로서의 성과를 최대한 올릴 수 있게 하는 행정적 업무에 더 많은 시간을 투자해야 한다. 기부금을 모으는 것이 그러한 업무의 대표적인 예였다. 물론 그 일은 내게 새로운 것이었음과 동시에 조직을 위해서도 필요한 일이었기에 즐겁고 유쾌하게 해나갔다. 다만 내 본래 기질과 매우 동떨어진 종류의 일이었고, 그것이 내 주된 업무가 되어야 한다는 사실에 대해 무의식적으로 반발하기 시작했던 것 같다. 때문에 내게 있어 중년의 위기는 기질에 맞지 않는 일에 대한 고민을 통해 스스로 성장하는 과정에서 필연적으로 발생한 일이라 생각한다.

이름을 남기는 일을 좋아한다는 것은 다른 말로 하면 창조적인 활동을 좋아한다는 뜻이기도 하다. 그런데 조직을 이끄는 기관장이 하는 일의 상당 부분은 사실 일상적인 업무다. 그래도 새 조직을 만드는 2~3년 동안은 창조에 버금갈 정도로 새로운 일들이 많다. 때문에 조직을 이끄는 일이나 창조하는 일이나 일견 비슷해 보이기도 한다. 하지만 조직이 어느 정도 자리를 잡게 되면 창조적인 업무보다는 일상적인 업무에 확연히 무게 중심이 치우치게 된다. 이를 기꺼이 받아들일 수 없었던 시점이 바로 마흔을 전후한 시기였다.

나의 경험은 여러분에게도 의미 있는 메시지를 던져준다.

어떤 이는 조직을 관리하거나 다른 사람들을 이끄는 일에서 더 큰 행복을 느끼는 반면, 또 어떤 이는 스스로 새로운 것을 만들어서 자신의 이름을 드높이는 일을 행복하게 여긴다. 전자는 '조직형 인간', 후자는 '창조형 인간'이라 할 수 있는데 후자에 속하는 사람들은 주로 예술가적인 특성을 가진다. 그런 사람이 조직형 인간으로 살아가야 한다면 외부적으로 나타나는 업적이 아무리 뛰어나다 해도 개인적 차원에서의 행복도는 크게 떨어질 것이다. 마치 내가 그랬던 것처럼 말이다. 그렇기에 젊은 날부터 자신이 어느 쪽에 가까운 유형인지를 면밀히 살피는 일의 중요성은 아무리 말해도 지나치지 않다. 조직형 인간이든 창조형 인간이든, 자신의 유전적 특성을 정확히 이해한 바탕 위에 진로나 직업을 선택한 사람은 세월이 흘러도 후회가 없기 때문이다.

인생의 경로의존성

마흔을 전후해서 안정된 자리를 박차고 나온 데는 결정적인 만남도 큰 역할을 했다. 다른 세계를 보지 못했다면 내가 사는 세계가 전부라고 생각하고 살았을 것이다. 물론 40대 중후반이 되어서도 '이게 전부가 아니구나'라고 생각할 수 있겠지만, 그 나이에 새로운 것을 시도한다는 것은 더욱 리스크가 큰 모험이어서 선뜻 나서기 어려웠을 것이다.

나와 전혀 다른 세계에서 자신의 부를 축적하는 사람들과의 만남이 없었다면 나는 내 일과 삶에 대한 근본적인 질문들과도 마주할 수 없었을 것이다. 나와 비슷한 혹은 불과 몇 년 앞선 사람들이 노력의 결과물을 모두 자신의 이익으로 만든 이야기를 접하는 과정에서 '내가 사는 모습과 방식이 과연 전부일까? 그렇지 않을 수도 있는 것 아닐까?'와 같은 질문들이 생겨났다. 그리고 그 질문들은 점차 내 내면을 뒤흔들기 시작했다.

'결국 나는 조연이 될 수밖에 없다. 역사의 주역은 바라보는 사람에 따라서 다를 수 있다. 그러나 결국 자본주의에서는 자신의 능력으로 부를 축적하는 사람들이 주인이고 나머지는 조연일 수밖에 없다. 내가 그것에 만족할 수 있을까? 내가 가진 그 귀한 시간과 에너지를 조연이 되는 일에 투입하고도 과연 후회하지 않을까?'

이런 질문은 나로 하여금 새로운 결론에 도달하게 했다. 두 번 산다면 각각의 삶을 한 번씩 선택해서 살 수도 있겠지만, 꼭 한 번만 주어진 삶의 선택권은 자신에게 있다. 당시에는 그저 막연하게 가진 믿음이었지만 10여 년이 지난 지금 생각하면 그때 나와 만났던 젊은 기업가들이 본의 아니게 내게 선사한 선물이었던 것 같다. 고민 끝에 내가 어렵게 얻어낸 잠정적인 결론은 다음과 같았다.

'그 자리가 어떤 자리이든, 남이 만들어준 자리는 덧없는 것이다. 스스로 내 자리를 만들어내야 한다. 그것이 인생이다.'

부디 이 말을 오해하지 말기 바란다. 오늘날 대부분의 사람들은 남이 만들어준 자리, 즉 조직의 일원으로 인생의 중요한 시기를 살아간다.

그것이 절대로 잘못되었다는 이야기는 아니다. 다만 중년의 위기 한복판에서 가졌던 내 직업에 대한 근본적인 회의감을 극복하기까지는 저러한 생각의 과정이 있었다는 것을 말하고 싶은 것이다.

경제학에는 경로의존성(path dependence)이란 용어가 있다. 특정 국가의 진로는 우연히 주어지는 초기값에 크게 의존한다는 것을 뜻하는 말인데, 한 사람의 인생도 마찬가지다. 필연이든 우연이든 출발선에서 주어지는 어떤 조건이나 특성과 같은 초기값이 이후의 삶을 전혀 다른 방향으로 이끌기 때문이다. 우리들 대부분이 이런 인생 저런 인생을 모두 살아볼 수 없는 것은 바로 그 초기값 때문이다.

이미 자유기업센터에 상당한 투자를 했던 나는 그것을 통해서 얼마든지 그 길에서 성과를 거둘 수 있는 자리에 있었고, 그렇기에 전혀 새로운 길을 선택한다는 것이 더욱 어렵게 느껴졌다. 그러나 운명은 또 다른 방향으로 나를 인도하게 된다. 두 가지 길 가운데 나는 잘 알려지고 익숙한 길이 아닌, 거칠고 불확실성으로 가득 찬 길을 가기로 결정했다. 로버트 프로스트의 그 유명한 '가지 않는 길'을 읽을 때면 늘 그 시기의 선택을 생각하게 된다. 그 시의 한 구절처럼 나는 사람이 적게 간 길을 택했고, 그것으로 인해 모든 것이 달라졌기 때문이다.

가지 않은 길

로버트 프로스트(Robert Frost)

노란 숲 속에 길이 두 갈래 갈라져 있었습니다.

안타깝게도 나는 두 길을 갈 수 없는 한 사람의 나그네라 오랫동안 서서

한 길이 덤불 속으로 꺾여 내려간 데까지,
바라볼 수 있는 데까지 멀리 보았습니다.

그리고 똑같이 아름다운 길을 택했습니다.
그럴 만한 이유가 있었습니다.
거기에는 풀이 더 우거지고 사람이 걸은 자취가 적었습니다.
하지만 그 길을 걸음으로 해서
그 길은 거의 같아질 것입니다만.

그날 아침 두 길에는 낙엽을 밟은 자취가 적어
아무에게도 더럽혀지지 않은 채 묻혀 있었습니다.
길은 다른 길에 이어져 끝이 없었으므로
내가 다시 여기 돌아 올 것을 의심하면서.

훗날에 훗날에 나는 어디에선가 한숨을 쉬며 이야기를 할 것입니다.
숲 속에 두 갈래 길이 갈라져 있었다고
나는 사람이 적게 간 길을 택했고
그것으로 해서 모든 것이 달라졌다고.

3장

안전지대 벗어나기

"결국 다 남을 위하는 일인데, 꼭 그렇게 살 필요가 있습니까?"

빠른 속도로 부를 축적한 한 기업가가 '가능한 한 서둘러 연구원을 그만두고 우리 회사로 자리를 옮기라'며 나를 설득하던 중에 짧고 단호한 충고를 던졌다. '결국 다 남을 위하는 일입니다'라는 문장은 10여 년이 지난 지금까지 귀에 생생하게 남아 있다.

안전지대를 벗어나는 일은 작고 우연한 기회로 시작된다. 기부금을 모으면서 평소에 친분관계를 맺었던 사람들의 모임에서 약간씩의 기부금을 구했는데, 그중 한 신문사의 논설위원으로 있던 분이 주도하는 모임이 있었다. 그분과 개인적인 친분이 있었던 나는 사람들과의 교분도 넓힐 겸 1999년 2월부터 모임에 참여하기 시작했다.

그곳에서 만난 여러 사람들 가운데 한 사람이 당시에 벤처투자로 한창 뜨고 있던 젊고 유능한 오너인 K사장이었다. 그에 대한 세간의 평가는 크게 엇갈리지만 나는 여러 차례의 모임을 통해 그가 새로운 트렌드를 읽고 현명하게 투자 활동을 벌이는 대단한 사람이라는 생각을 갖게 되었다. 그의 능력을 높게 평가했기 때문에 K씨가 대주주로 있던 한 기업에 다른 이들과 함께 투자하기도 했다.

호의의 대가

기부금을 모으는 사람에겐 작은 인연이라도 매우 소중하기 때문에 어떻게 해서든 그것을 활용하기 마련이다. 나 역시 기부금을 모으는 과정에서 K씨에게 도움을 청했다. 그해 2월부터 모임에 참여하여 몇 번의 대화를 나눈 인연이 큰 도움을 주었음은 물론이다.

K씨는 가장 빨리 도움의 손길을 내밀었던 사람들 중 한 명이자, 기꺼이 기부금을 약속하고 가장 빠르게 돈을 내준 사람 중 한 명이기도 했다. 그렇게 신속히 기부금을 내놓은 그가 어떤 의도를 가지고 있었는지는 정확히 모르겠다. 아마도 신념을 실현하기 위해 열정적으로 뛰어다니는 내게 호감을 가졌던 것이 아닐까 추측할 뿐이다. 그런데 예상하지 못한 상황이 찾아왔다. 1999년 12월 19일 오후, 기부금을 약정받고 이를 실행해달라고 요청하러 간 자리에서 K씨는 내게 자신이 투자해서 만든 벤처기업의 사장을 맡아달라는 제안을 던진 것이다.

처음에는 일언지하에 거절했다. 이제 막 기부금을 모아 연구소를 새 단장하고 출범시킬 시점에서는 그런 제안을 받아들일 수도 없고, 받아들여서도 안 된다는 것을 분명히 알고 있었기 때문이다. 그러나 그 이후로도 그는 다음과 같은 이유로 내게 너댓 차례 정도 지속적으로 전직을 권유했다.

"공 박사가 하는 일은 한국 사회를 더 나은 사회로 발전시키기 위해 자유시장경제를 널리 알리고 그 토대를 닦는 일이라는 것을 나도 인정합니다. 그리고 그렇게 믿는 사람들도 있겠지요. 그러나 그 일이 결국 재벌의 이익을 위하는 일이라는 오해까지 없앨 수는 없을 것입니다. 아무리 노력한다고 해도 그런 이미지를 없애기는 힘들겠지요.”

그런 요지의 주장에서 내 마음을 결정적으로 흔들어놓은 대목은 ‘결국 재벌을 위한 일일 뿐이다’라는 것이었다. 여기에서 내 인생의 큰 변화를 불러일으킨 세 가지 요소가 동시에 만나게 된다. 하나는 내 유전적인 특성이자 기질이고, 다른 하나는 젊은 기업인들을 만나면서 갖게 된 가치관의 흔들림이며, 마지막은 매우 구체적인 이직 제의를 받았다는 것이다. 특히 마지막의 스카우트 제의는 내적으로 휘청거리는 나를 굴복시킨 결정적인 요인이 되었다. 한마디로 모든 위기는 내부로부터 시작됐지만, 내부가 흔들릴 때 외부에서 주어진 유혹이나 충격은 예상외로 빨리 또 강한 효과를 발휘한다. 당시의 상황은 조직을 떠난 다음 얼마 되지 않아서 가졌던 〈신동아〉 인터뷰에 잘 그려져 있다.

이나리 기자 왜 하필 그 회사였습니까. 이왕 벤처행을 결심했다면 다른 업체를 선택할 수 있도 있었을 텐데. K사장과 특별한 인연이라도 있었는지요.

공병호 소장 같이 나가는 모임이 있었습니다. 무슨 포럼인데, 거기서 K사장을 만났죠. 자유기업원 독립자금 모으느라 한참 정신이 없을 때였어요. 근데 K사장이 선뜻 도와주겠다는 거예요. 액수보다 대기업이 아닌 벤처 쪽에서 적극 참여해준다는 점이 고마웠습니다. 그때 K사장은 자기 회사의 새 CEO를 물색중이었습니다. 저보고도 사람을 좀 추천해달라고 하더군요. 그래서 노력해봤는데 마땅한 인물을 찾을 수 없었어요. 지지부진한 가운데 K사장이 제게 불쑥 파격적인 제안을 했습니다. 당신이 직접 와달라는 거였어요. 지금 생각해보면 사람을 물색해달라 뭐 그런 건 다 해본 말이었고 처음부터 목적은 저였던 겁니다.

이나리 기자 그렇다면 K사장의 권유로 인해 처음 기업행을 생각하게 된 거로군요.

공병호 소장 처음엔 당연히 펄쩍 뛰었습니다. 어쨌거나 이제 한번 제대로 해보겠다고 돈 모으러 다닐 땐데……. 한데 K사장이 이런 말을 하는 거예요. "당신 그렇게 열심히 해봐야 재벌 대변자밖에 더 되겠냐!" 정신이 번쩍 들더군요. 그때부터 이런저런 생각들이 꼬리를 물고 일어나기 시작한 겁니다. 애써 덮어두려 했던 회의나 무력감, 지루함, 불안감, 그런 것들도 다시 고개를 들었고요.[6]

학문의 세계에 있는 사람과 사업의 세계에 있는 사람들이 격돌하면 누가 이길까? 자신의 리스크를 감당하고 살아보지 않은 사람들은 백전백패할 수밖에 없다. 타인을 설득하는 능력에만 국한해서 봐도, 사업 세계에서 산전수전을 겪은 사람들이 프로페셔널이라면 학문의 세계에서 살아온 사람들은 아마추어인 셈이기 때문이다. 사업가란 한마디로 '사람을 어떻게 다루어야 할지를 알고 있는 사람'이다. 누군가가 자신에게 필요하면 사업가들은 어떻게든지 그를 설득해서 끌어들여야 하고, 그것은 사업가의 중요한 능력 가운데 하나다.

어느 날 K씨와 나를 태운 차가 여의도를 출발해서 올림픽대로를 달리고 있었다. 뒷좌석에 나란히 앉은 내게 K씨는 자신이 그리는 원대한 세상과 꿈, 비전을 열정적으로 풀어놓았고, 나는 결국 그에게 설득되고 말았다. 과거가 어떠했든 고용 관계로 두 사람이 만나게 되면 결국 '갑의 인생'과 '을의 인생'으로 나뉜다는 것을 조용히 느낄 수 있는 순간이었다.

마음이 원하는 대로

상대방의 강한 설득이 외부의 적이라고 볼 때도, 내 내부가 굳건하다면 그 적의 공격에 충분히 맞설 수 있다. 그러나 이미 내부가 흔들리는 상황이라면 작은 공격에도 속절없이 무너져 내릴 수밖에 없다. 이제 와서 생각하면 계약서 한 장 없이 이루어진 구두 제안만으로 직장을 옮길 순진한 이가 어디 있겠는가 싶지만 당시의 내가 딱 그런 사람이었다. 게다가 옮겨갈 사업의 미래 전망이나 사업체의 현재 상황에 대한 꼼꼼한 조사도 없이 덜컥 결정을 내려버렸으니, 초보 중에서도 가장 초보였던 셈이다.

이성이나 합리는 얼마든지 감정이나 열정에 눌릴 수 있지만, 때로는 그와 반대로 그것들을 옹호하는 데 동원될 수도 있다. 전직을 결정하는 과정은 바로 이런 사실을 경험한 시간에 해당했다. 오랜 기간 동안 쌓아온 신뢰를 한꺼번에 날려버릴 수 있는 상황임에도 불구하고 일단 요동하기 시작한 마음을 진정시킬 수 있는 방법이 내게는 없었다. 고민이 너무 깊어지자 아내는 "당신이 나이를 좀 더 먹으면 이런 도전을 할 수 없을 거예요. 당신이 꼭 하고 싶다면 내가 쌀을 살 수 있을 정도의 돈은 벌고 있으니까 한번 해보세요" 하며 용기를 주기도 했다. 더불어 K씨의 지속적인 설득 작업에 결국 나는 이직하기로 마음의 결정을 내렸다. 아무런 준비가 되지 않은 상태에서 기업 세계, 그것도 한치 앞을 내다볼 수 없는 초기 단계의 벤처기업으로 첫발을 내딛게 된 것이다.

하지만 가장 큰 문제는 나를 믿고 기부금을 내준 사람들이었다. 사람은 결국 믿음으로 사는 존재인데, 기부금을 모으다 말고 연구원을 독립시킴과 동시에 다른 직장으로 옮긴다는 내 결정은 그들에 대한 배신이

나 마찬가지였을 것이다. 지금 와서 생각해보면 참으로 얼굴이 화끈거리는 일이 아닐 수 없다.

후문으로 들으니 나를 믿고 거금을 내주었던 전경련 회장단의 일원들이 무척 황당해했음은 물론이고 회장단 회의에서 집중적인 성토 또한 있었다고 한다. 당시 나를 믿고 지지를 아끼지 않았던 손병두 전경련 부회장의 입장이 얼마나 난처해졌을지 생각하면, 아무리 개인적인 선택이었다 해도 도의상 저질러서는 안 되는 일을 저지른 것과도 같았다. 전직에 대한 소문이 일부 언론을 타고 흘러나가자마자 당시 한국경제연구원에 근무하고 있었던 대학 동기 이승철 박사(현 전경련 전무)가 급히 전화를 걸어왔다.

"병호야, 진짜 큰일 났다. 신문 기사가 나가고 나니 안팎으로 야단법석이야. 빨리 연구원으로 복귀해서 사실무근이라고 하고 사태를 수습해라. 아무래도 이 사태를 그냥 놔두면 걷잡을 수 없이 커질 것 같다. 빨리 와서 해명해라."

그 전화를 받았던 장소가 지금도 눈에 선하다. 광릉수목원 근처에 있는 어느 절의 안뜰이었다. 내 휴대전화는 이미 일파만파로 번져가는 전직 관련 기사를 접한 취재 기자들로 인해 쉬지 않고 울리고 있었다.

패닉과도 같은 당황스러운 시간을 지나 나는 결국 퍼붓는 비난의 소리 속에서 전직했다. 당시 나를 아껴주셨던 많은 분들은 '왜 꼭 그곳에 가서 사업을 해야 하냐'며 아쉬움을 표했지만 일단 '마음이 동한 것'을 막을 수는 없었다. 때문에 내게 기대를 가졌던 이들에게서 안 좋은 소리도 참 많이 들었다. 그 전직 때문에 10여 년이 지난 지금까지도 나를 원수처럼 대하거나 '믿음을 헌신짝처럼 버리는 친구'라고 비난하는 사람들이 있을 정도니 말이다. 그러나 치열하게 고민함과 동시에 결정적인 실책을 저질렀던 경험을 통해 나는 이후 굵직굵직한 스카우트 제안들에도 담대하게 대처하는 노하우를 얻을 수 있었다.

"고민이 많이 되겠지만 살다보면 이런저런 경험을 할 수도 있어요. 내면의 목소리가 원하는 대로 하면(Follow your heart) 됩니다."

서울 시내가 내려다보이는 작은 사무실. 내게 기부금을 주었을 뿐 아니라 늘 따뜻한 격려를 아끼지 않았던 한 원로 기업인이 내가 이직 사유를 설명하자 해준 말이다. 그분의 말처럼 내 결정은 이성이 아닌, 내 내면의 목소리가 원했던 것이었다.

스카우트로 말미암아 젊은 오너 K씨 역시 한바탕 홍역을 치렀다. 기업계의 어느 유력한 인사는 그에게 "일 잘하는 사람을 그대로 일하도록 내버려둬야지, 그 사람을 자기 기업에 데리고 가면 도대체 뭘 어떻게 하자는 것입니까?"라며 쓴소리를 건넸다고 한다. 이러한 반발, 그리고 '신의를 저버린 인물'이라는 오명을 내가 뒤집어쓸 것이라는 예상은 그조차 하지 못했던 것이었다.

아무튼 나는 그 하나의 판단으로 말미암아 당시 내가 갖고 있던 신뢰나 인맥이라는 자산의 90퍼센트 이상을 잃어버렸다. 대단한 베팅이었다. 게다가 그렇게 이직을 해서 잘 되었다면 별반 문제가 없었을 수도 있었겠지만 결과는 그렇지 못했다.

이 사건을 경험하면서 나는 사회적으로 어느 정도 알려진 사람이 어떤 의사결정을 하게 될 때는 합법성만으로 충분하지 않다는 점을 깨달았다. 합법적이어도 얼마든지 비난받을 수 있음을 깨우친 사건이었음과 동시에, 다른 면으로 인간이란 실수를 쉽게 범할 수 있는 존재임을 확인한 계기이기도 했다.

타인이 준 신뢰에 먹칠을 하면서 직장을 옮긴 경험을 통해, 나는 인간이 가진 약한 면에 대해 정말 많은 것을 배웠다. 냉철하고 굳건하게 보이는 사람이라도 막상 결정적인 선택의 순간이 오면 얼마든지 실수를 범할 수 있다. 아마도 인간적인, 너무나 인간적인 이런 약점 때문에 주기도문에 '시험에 들지 말게 하옵시고'라는 표현이 들어 있는 것인지도 모른다.

누구든 살아가면서 가능한 한 실수를 저지르지 않으려 애쓰지만, 사람이라는 존재가 어디 그렇게 완벽한가? 마흔 정도의 나이가 되었고 공부도 비교적 할 만큼 했으며 어느 누구보다 열심히 살아온 사람이라 할지라도 이성의 눈으로 감정을 제어하는 것은 보통 어려운 일이 아니다. 이따금 사회적으로 어느 정도 인정을 받아온 중년의 사람들이 턱없는 실수로 그동안 쌓아온 부, 명성, 영향력, 체면 등을 한꺼번에 날려버리는 경우를 보곤 한다. 그럴 때면 그를 맹렬히 비난하기 이전에, 인간이라면 누구다 갖게 마련인 인간적인 약점에 대한 연민이 생긴다. 그때 당시 내가 내렸던 어설픈 결정과 그 뒤를 이은 실수 때문이다. 그 사건은 두고두고 내게 여러모로 귀한 경험이 되었다.

4장

정체성을 찾는 여행길

살아간다는 것은 자신의 정체성을 찾아가는 여행과도 같다. 내가 누구
인지, 왜 존재하는지, 무엇을 위해 사는지 등과 같은 질문에 대한 답을
확실히 하지 않는 한 삶은 늘 흔들리기 마련이다.

삶의 굽이굽이마다 정체성을 찾는 일이 중요하지만 이 가운데서도
유독 사춘기와 중년기의 정체성 위기는 오랫동안 전문가들의 관심을
받아온 주제였다. 우리는 늘 자신의 정체성을 찾아 나서지만, 직접 체
험해보기 전까지는 그것이 삶에서 얼마나 중요한 비중을 차지하는지를
알기 어렵다.

40대 초에 경험한 정체성 위기를 스스로 분석해볼 수 있는 여유를
갖기 시작했을 때, 인생을 회고하는 찰스 핸디(Charles Handy)의 글을 본
적이 있다. 이런 글 또한 직접 경험한 바가 없으면 그저 '그런가보다' 하
고 무심코 넘어갈 수 있지만, 스스로 그런 뼈아픈 경험을 해본 까닭에
유독 눈에 띄었다.

지금 생각해 보면(작가의 나이 일흔 살 무렵_편집자 주) 삶이란 자신의 정체성을 찾는 과정에 다름 아니라는 생각이 든다. 자신이 진정 어떤 사람인지, 진정 어떤 일에 재능이 있는지를 끝내 모른 채 죽는다면 참으로 서글픈 일이다. 삶이란 정체성이라는 사다리를 오르는 과정이고, 우리는 사다리를 오르면서 서서히 자신의 정체성을 증명하고 발견해간다. (중략) 첫번째는 생존의 단계다. 둥지를 떠난 새가 스스로 날 수 있는가? 돈을 벌고 가족을 부양하고 일자리를 지킬 수 있는가? 생존이 보장되면 스스로를 표출하고 주장하고 싶어진다. 어떤 의미에서는 다른 사람과 분리되는 자신만의 독립된 정체성을 구축하고 싶은 욕구라고 볼 수도 있으리라. 대부분의 사람들에게 중년의 성공이란 사다리에서 이런 단계에 도달했다는 의미다. 하지만 사다리는 여기서 끝나지 않는다.[7]

우리네 삶이 가진 본질을 이보다 더 정확하게 지적할 수 있을까? 중년은 먹고사는 문제를 어느 정도나마 해결하는 시기임과 동시에 자아실현이란 내재한 본능이 분출되는 시기이기도 하다. 내가 40대 초엽에 경험한 정체성 위기 또한 아주 특별한 것이 아니라 누구든지 경험할 수 있는 일이었다. 다만 그 정도가 단시간에 걸쳐 조금 강렬하게 다가왔을 뿐이다. 탄탄대로로 보였던 기존의 인생 로드맵을 따라서 무작정 나아가기를 거부한 것은 마흔이라는 나이에 도달할 때까지 내가 추구했던 삶의 길이 전부가 아니라는 깨달음 때문이었다.

물론 먹고사는 문제를 부여잡고 고민하는 사람들에게 있어 '이게 아니야'라는 깨달음은 무용지물이다. 누구에게든 생존 욕구란 그 밖의 모든 욕구들을 앞서는 것이기 때문이다. 그러나 인간은 늘 자신의 존재 이유를 찾는 동물이기 때문에, 먹고사는 문제가 어느 정도 해결될 즈음이면 그러한 깨달음과 마주칠 가능성이 있다.

우리가 윗글에서 특히 주목해야 할 부분은 "하지만 사다리는 여기서 끝나지 않는다"라는 마지막 문장이다. 정체성을 찾아가는 일은 중년뿐 아니라 그 이후의 시기에도 계속된다. 특히 정년 이후의 삶이 날로 길어지고 있는 시대임을 고려하면 앞으로 은퇴한 뒤의 삶에서 정체성을 찾는 것은 중년기의 그것 못지않게 중요한 자리를 차지할 것이다. 젊은 날부터 스스로 정체성을 찾는 데 관심을 가져야 하는 이유가 바로 이것이고, 차근차근 다져가듯이 삶을 살아야 할 이유 역시 여기에 있다.

튼튼한 '아이덴티티'의 토대

학교를 다니는 것, 입시를 준비하는 것, 직장을 구하는 것, 직장에서 자리를 잡기 위해 노력하는 것, 직장을 넘어서서 사회에서 자신의 존재감을 확인하는 것들은 모두 한 인간이 정체성을 찾아가는 과정과 깊이 연결되어 있다. 정체성, 즉 '아이덴티티(identity)' 연구에 큰 획을 그었던 에릭 에릭슨(Eric Erikson)에 의하면 아이덴티티란 "그저 그렇게 생각한다거나 때로는 그런 느낌을 가지는 것이 아니라, 자기의 밑바탕에서 항상 무엇을 하든 그것이 아니면 인생의 모든 것을 볼 수 없게 될 정도로 개인에게 강한 영향력을 갖고 있는 것"이다. 한 인간을 건축물이라 한다면 그 토대에 해당하는 것이 바로 아이덴티티라 할 수 있다. 때문에 이러한 토대인 아이덴티티가 굳건하지 않다면 그 건축물, 즉 인간은 언제든지 사상누각처럼 무너져 내리고 만다. 인간은 자신의 아이덴티티가 확실할 때 매 순간을 열심히 살아야 하는 이유를 찾는다.

우리가 지나온 길을 되짚어보자. 학생일 때에는 '나는 ○○학교의 학생이다'라고 자신을 이해했고, 직장생활을 할 때에는 'ㅇㅇ회사에서 △△직책을 맡고 있는 사람'으로, 가정에서는 누구누구의 아버지 혹은 어머니라고 자신을 정의하며 살아오지 않았는가. 이러한 아이덴티티가 확실하지 않으면 30대 후반의 내가 그랬던 것처럼 '왜 이렇게 열심히 살아야 하는가?' 하는 근본적인 회의감을 갖게 된다.

30대 이후 내가 부지런히 자신의 삶을 개척해나갈 수 있었던 것은 '공익을 위하는 삶을 산다'는 목표와 신념이 있었기 때문이었다. 그런데 그것에 균열이 생기며 위기를 겪기 시작했다. 공적인 이익을 위한 삶이 과연 전부인가? 그런 삶이 내가 생각하는 것만큼 가치 있는 것인가? 그 삶이 내게는 무슨 의미가 있고 이익이 있는가? 아이덴티티의 위기를 의미하는 수많은 질문들이 머릿속을 채웠다.

자기 자신에게 솔직해지기

우울증과 같은 마음의 병이 그렇듯이 중년에 맞는 정체성 위기 또한 스스로 자신의 입장을 정리하지 못하는 한 약물 등과 같은 방법으로 치유하기가 쉽지 않다. 때문에 다들 병 같지 않은 병으로 여기거나 쉬쉬하며 그냥 넘겨버리곤 하지만 때로는 강한 파열음을 내면서 외부에 그 진실이 알려지기도 한다. 이런 점에서 보면 나도 부드럽게 그 문제를 극복하지 못하고 돌출 행동과 주변 사람들의 기대를 저버리는 파열음을 낸 다음에야 해결했던 셈이다. 비도덕적인 사건은 아니었지만 내가 속해 있던 집단의 사람들이 가졌던 믿음을 여지없이 배반해버린 결과를 낳았기에 물의를 일으킨 것은 사실이다. 나는 내 변신을 합리화하는 다음과 같은 논리도 만들었다.

'나는 전경련 하부조직이었던 자유기업센터를 이 정도까지 성장시켰다. 그러나 앞으로는 내가 아무리 노력한다 해도 특정 집단의 이익을 대변하는 사람 혹은 단체라는 이미지를 완전히 지울 수는 없을 것이다. 그 멍에로부터 벗어나려면 자유기업센터가 전경련으로부터 분리되어 자유기업원이란 조직으로 다시 태어나는 순간, 나 스스로 그 자리를 물러날 필요가 있다.'

이런 논리로 보면 내가 자유기업원을 떠나는 것은 얼마든지 정당화될 수 있었고, 중장기적으로 봤을 때에도 그 조직이 독립적인 위치에서 한국 사회의 발전에 이바지할 것으로 생각되었다. 당시 나의 심정을 비교적 잘 이해하고 있었던 자유기업원의 김정호 박사는 《자유기업원 10년사》에서 이렇게 이야기한 적이 있다.

2000년 1월이었다. 그런데 여기서 자유기업원은 또 한 번의 우여곡절을 겪는다. 공 박사가 자유기업원을 그만두게 된 것이다. 당시 나는 미국에 머물러 있었고, 자유기업원의 소식은 전화로만 전해 듣고 있었다. 회사의 성격이 완전히 바뀌어버리는 와중에 가만히 있을 수만은 없다고 생각해서 2000년 1월말 한국으로 돌아왔다. 오자마자 공 박사는 내게 그만두겠다는 의사를 전해왔다. 벤처기업을 경영해보겠다는 것이다. 더 큰 물로 가서 경험을 해보고 다시 복귀하겠으니 자유기업원을 대신 맡아보라는 것이다. 본래 공 박사는 도전을 좋아하는 성격이다. 늘 새로운 것들을 찾아 나선다. 그가 그러는 데에는 뭔가가 있을 거라고 생각했다. 자유기업원의 장래에 대해서 걱정은 있었지만, 나는 그의 새로운 도전에 동의했다. 그때만 해도 나는 그의 행동이 그렇게 큰 파장을 가져오리라고는 상상하지 못했다. 그의 벤처행은 엄청난 반발을 불러왔다. 그를 믿고 재단에 출연을 했던 분들이 비난을 해대기 시작한 것이다. 자유기업원을 마치 태어나지 말아야 할 사생아처럼 보는 분위기가 형성되었다. 일부는 돈을 되찾아가기도 했고 많은 사람들이 돈을 돌려달라고 최소한 요구는 했다. 당시 공 박사는 이런 구상을 갖고 있었던 것 같다. 자신이 떠나고 그 후임으로 객관적 이미지를 가진 인물이 책임자가 되면 얼마든지 자유기업원이 재벌의 앞잡이란 이미지를 벗어던지고 발전할 수 있다는 것이다. 그러나 여전히 한국은 법치보다 인치의 성격이 강하였다. 당시에 K교수가 거의 후임자로 결정되었는데, 결국 이너서클 내부의 정치로 말미암아 공 박사의 의도는 좌절되고 말았다.

이는 나의 벤처행을 둘러싼 논란을 이해할 수 있는 논리였다. 그러나 나를 보고 돈을 제공했던 사람들에게는 그저 내 비겁한 행동을 합리화하려는 궤변으로밖에 들리지 않았을 것이다. 나 역시도 그 위험했던 선택의 과정을 겪으며 사람이란 역시 자신의 이익에 충실한 존재라는 사실을 다시 한 번 확인했다. 다른 사람들뿐 아니라 나 자신까지도 포함해서 말이다. 언제든 상황이 바뀌면 자신의 행동을 합리화하고 자신의 이익에 충실하게 행동하는 것이 인간이라는 사실을 스스로의 행동을 통해서 재인식하게 된 셈이라 할 수 있다. 아무튼 내게 있어서 중년의 위기는 그간 온힘을 다해 만들어왔던 모든 것을 거는 위험한 도박이자 사회적인 비난을 감수하는 행위였다. '대책 없이 저질렀다'라는 표현이 정확할 것이다.

중년의 위기는 '준비되고 계획되지 않은 도박'이라는 점에서 매우 위험하다. 객관적으로 봤을 때 승산의 가능성이 너무나 낮은 일을 저지르는 것으로 나의 40대는 시작되었다. 만일 그 이후의 이야기가 성공의 경험으로 가득 채워졌다면 이렇게 굳이 내 지난 과거사를 들추어낼 필요도 없었을 것이다. 그러나 참담함이라는 단어로밖에는 표현할 수 없을 정도로 큰 실패가 뒤를 따랐다. 이에 대해서는 제5부에서 이야기할 것이다.

중년의 위기

사람은 누구나 다른 이들에게 드러내고 싶지 않은 것들이 있다. 지극히 사적인 이야기에 해당되는 중년의 위기도 아마 그중 하나일 것이다. 하지만 두 해 전에 우연히 접한 《마흔의 심리학》에서 나는 자신에게 찾아온 중년의 위기를 찬찬히 털어놓는 한 남자를 만났다.

그는 27세부터 줄곧 일해오던 업종을 떠나 39세에 전혀 다른 업종으로 전직했다. 내가 그랬듯이, 그 역시 새로운 곳에서 자신의 기량을 발전시키며 중년의 위기를 극복하고자 했을 것이다. 그러나 그곳의 조직 문화는 자신이 기대한 것과 완전히 달랐고, 끝내 적응하지 못한 그는 결국 직장을 그만두고 말았다. 전직을 전후한 당시의 상황을 그는 이렇게 묘사한다.

시간이 갈수록 초조한 증세는 더해졌다. 나중에는 가만히 앉아 있을 수조차 없었다. 하다못해 방 안이라도 서성거려야 했다. 삶은 고요했지만 내 안에서는 안정을 찾지 못하고 무언가가 요동치고 있는, 그런 날들의 연속이었다.[8]

그에게는 분명히 자신이 하고 있는 일에 보람을 느끼고 더 나은 미래를 위해서 열심히 일하던 시기가 있었을 것이다. 그러나 나이 마흔을 막 넘어서는 길목에서 그는 까닭 없는 무기력함에 시달리게 된다. 세상은 변한 게 없는데 그의 내면에서는 실체를 알 수 없는 허무감과 공허함이 요동쳤고, 컴컴한 골방 한구석에 버려진 것 같은 심정을 느끼기도 했다. 심지어는 새로운 날을 위해 일어날 때조차도 '오늘 하루는 또 어떻게 살아야 하는가' 싶은 생각이 들었고, 천근 같은 몸을 일으켜 회사로 향할 때면 천장이라도 무너져 내리기를 바랄 정도로 무기력함에 시달렸다. 그 끝에서 그가 선택한 것은 종합심리검사였고, 그 결과는 다음과 같았다.

심리검사의 결론을 말하자면, 나는 에너지가 거의 소진된 상태에서 심각한 우울증을 앓고 있었다. 그것을 놓고 두 번에 걸쳐 상담사와 상세한 상담을 했다. 상담사와 마주 앉은 자리, 내 속을 빤히 들여다보고 있는 것 같았지만 마음은 의외로 홀가분하고 편안했다. 그에게 내 속마음을 털어놓았다.

압착기에 머리가 꽉 끼어버린 것 같은 기분, 압착기는 점점 더 죄어오고 있는데 어디로 피할 수가 없는 내 입장, 내가 진짜 하고 싶은 일들을 하지 못하고 있는 시간들, 마음 편하게 얘기를 나눌 상대가 없다는 사실, 어느새 내 나이 마흔이 되었다는 자괴감, 아이들은 점점 더 커가고 돈 들어갈 데는 더욱더 많아지고 있다는 냉혹한 현실……. 여기서 생을 끝내고 싶었다는 말을 할 때는 나도 모르게 눈물을 왈칵 쏟았다. 상담사 앞에서 한참 울었다. 그때는 부끄럽다는 생각도 들지 않았다. 그렇게 울고 나니 속이 좀 후련해졌다. 하지만 그것이 근본적인 해결책은 아니었다. 여전히 나는 극도의 스트레스와 심각한 우울증, 무모하고 강한 충동에 시달리고 있었다.[9]

언제부터인가 '오늘도 출근해야 하나?' 혹은 '어디론가 떠나버리고 싶다'라는 생각에 시달린다며 고민을 토로하는 40대 전후의 직장인들을 나는 그간 제법 만나왔다. 이런 고민을 주변의 지인들에게 털어놓아도 대부분은 그저 배부른 고민 정도로 간주하고 말지만, 이것이 심해지면 병이 될 수도 있다.

그렇다면 이런 정체성의 위기는 어떤 사람들에게 자주 일어나는가? 일상생활이 주로 육체노동으로 이루어져 있다면 이런 위기를 경험할 가능성은 낮다. 열심히 일한 뒤에는 건강한 피로감이 덮치기 때문에 이것저것 생각할 겨를이 없는 것이다. 그러나 정신노동을 주로 하는 사람들이라면 정체성의 위기를 경험할 가능성이 한층 높아진다. 또 현대인의 삶은 대부분 머리를 사용하는 일들로 채워져 있기 때문에, 과거의 사람들보다 정체성 위기를 겪을 가능성은 훨씬 높아졌다.

그렇다면 정체성 위기는 산업화가 시작되고 나서 생긴 새로운 현상일까? 꼭 그렇지만은 않다. 다만 과거에는 육체노동에 종사하는 사람들이 다수를 차지했기 때문에 큰 문제로 대두되지 않았을 뿐이다. 괴테의 어느 책에는 중년의 나이에 도달한 자신이 겪었던 심적 상태를 그린 대목이 등장하는데, 그것을 보면 오늘날처럼 세상이 복잡해지기 이전의 시대에서조차 정신노동을 주로 하던 사람들이 정체성 위기를 심심치 않게 겪었다는 것을 알 수 있다.

중년 위기의 원인들

주로 어떤 요인이 중년의 위기를 초래할까? 여러 가지가 있겠지만 그중 큰 비중을 차지하는 것은 아마도 상실감일 것이다.

상실감은 여러 가지 형태를 띨 수 있다. 하나는 부모, 자식, 형제, 친구들처럼 가까이 지내던 사람들의 죽음을 보면서 느끼는 삶의 덧없음과 허무감이다. 이런 감정은 위기가 시작되는 단초를 제공하거나 이미 위기를 경험하고 있는 사람의 증세를 더욱 심화시킬 수 있다.

상실감의 또 다른 형태는 성적(性的) 기능을 포함한 육체적 기능의 쇠퇴에 따른 막연한 불안감이다. 젊은 날에는 자신의 인생이 아무런 한계 없이 마냥 죽죽 뻗어나갈 것이라 여겼는데, 중년을 전후해서 남성다움이나 여성다움을 상실하는 증상들이 하나둘 늘어나면 '아, 이제 나는 예전의 내가 아니구나' 하고 생각하게 된다. 아울러 자신의 미래에 대한 걱정도 늘면서 현재를 부정적이고 불안하게 바라본다. 중년에 이르러 새로운 이성에게 눈길을 주다가 급기야 가정까지 버리는 경우 역시 이러한 상실감으로 인해 맞닥뜨린 중년 위기의 사례 중 하나라 할 수 있다.

자신이 몸담았던 조직의 직책이나 직위에서 느껴지는 자신감의 상실 역시 상실감의 또 다른 형태에 해당한다. 특히 경쟁이 치열한 시장에서 활동하는 이들은 지속적으로 등장하는 신진 인력들로 인해 자신이 무대의 중심에서 밀려나고 있음을 느끼기 쉽다. 연예인이나 예술가에게 흔히 관찰될 수 있는 증세 중 하나가 바로 이것일 것이다. 자신의 업적이나 성취가 곧 자기 자신이 될 수는 없음에도 불구하고 대중의 인기를 구하는 사람들은 흔히 '자신과 성취를 동일하게 여기는 덫'에 빠질 수 있다.

상실감과 함께 중년의 위기를 초래하는 또 다른 요인으로 과도한 책임(over commitment)이 있다. 가족의 부양과 더불어 날로 커가는 아이들의 교육비 등에 필요한 경제적 여건을 더 많이, 더 빨리 마련해야 한다는 책임감을 온전히 혼자 떠안은 채 스스로를 심하게 밀어붙이다가 지쳐버린 상태에서 중년의 위기를 맞는 사람들이 적지 않다. 이런 사람들은 자기가 생활을 주도적으로 이끄는 것이 아니라 생활이 자신을 주도해가고 있음을 어느 날 불현듯 깨닫고, '어디로든지 그냥 도망치고 싶다'는 조바심에 시달리기 쉽다.

자신이 진정 원하는 일을 하고 있는지와 관련된 요인도 있다. 에릭 엘릭슨은 《청년 루터(Young Man Luther)》라는 책에서 이러한 위기가 "진짜 자기 일이 아닌 것에 지나치게 숙명적으로 종사하고 있다는 것을 그가 반쯤 자각했을 때 비로소 닥쳐온다"라고 표현했다. 이것은 무언가를 성취하기 위해 미친 듯 앞만 보며 질주해온 사람들이 흔하게 경험하는 현상 가운데 하나라 하겠다. 생존을 위한 수준은 넘어섰지만 한숨이 절로 나오고 어느 정도 자신이 걸어온 길을 되새겨볼 시점이 되면 '내가 제대로인 길을 가고 있는가?' 혹은 '앞으로 이 길이 내게 어떤 결과를 가져다줄 수 있을까?' 등과 같은 질문을 스스로 던지게 된다. 그리고 그간 전력투구해서 행해왔던 일들이 진정으로 자신이 원하는 일은 아니라는 사실을 발견할 때 중년의 위기가 시작되는 것이다.

마지막으로 삶에 대한 통제감을 상실해버린 경우에도 중년의 위기를 경험할 가능성이 높다. 이런 면에서 보면 스스로 힘으로 사업을 일구어온 사람들은 하루 종일 자신의 일에 몰두하느라 매우 바쁜 데다가, 자신의 시간이나 에너지를 배분하는 데 있어 스스로 통제력을 발휘할 수 있기에 그러한 위기를 경험할 가능성이 낮은 편이다. 그러나 일정한 봉급을 받는 사람이라면 어떤 직책에 있든 자신이 행사할 수 있는 통제력의 영역은 어느 정도 제한적일 수밖에 없다. 이렇게 '내가 어찌할 수 없는 일'이라는 표현을 많이 사용하는 상황에 처한 사람이 중년의 위기를 경험할 가능성은 한층 높아진다.

지금까지 이야기한 것 외에 다른 요인들도 많을 것이다. 생리적·심리적 변화에서 유전자적인 요소가 가지는 비중이 적지 않음을 생각해보면 가족의 내력도 중년의 위기를 초래하는 데 상당한 역할을 할 것임을 알 수 있다. 또한 개인적으로 자기 성찰적인 특성을 강하게 지닌 사람들이라면 위기에 더욱 민감하게 반응할 가능성이 높고, 그로써 위기를 경험하게 될 가능성도 한층 높아질 것이다. 한마디로 생각을 많이 하거나 생각이 깊은 사람, 그리고 정신노동을 하는 사람들이 중년의 위기라는 덫에 빠질 가능성이 높다 하겠다.

5장

만약 다시 그 시간이 온다면

'만약에 내가 그렇게 하지 않았더라면 어땠을까?'

이런 질문은 사실 실없는 것일지도 모른다. 이미 '만약'이라는 것은 없기 때문이다. 하지만 이따금 우리는 그 질문과 함께 과거에 걸어온 길을 되돌아볼 수 있다. 40대를 전후해서 중년의 위기를 경험하지 않았더라면 내 삶은 어떻게 전개되었을까? 구체적으로 지금 어떻게 살고 있을까? 아마도 나는 수백억 원이 넘는 기부금을 모아서 가장 영향력 있는 재단 가운데 하나를 운영하면서, 정치 혹은 준정치 분야에서 맹렬하게 활동하고 있었을지 모른다. 그러나 나 개인의 내부적인 변화로 말미암아 조직을 떠나 '1인 기업가'로 완전히 다른 삶을 살아가고 있는 지금을 생각하면 한 사람의 선택이 자신이나 가족뿐 아니라 사회적으로도 얼마나 중요한가를 새삼 깨닫게 된다.

만일 40대 전후에 그런 위기를 경험하지 않았다면 그 이후의 내 삶은 어땠을까? 위기를 겪지 않았다 해서 계속 평탄했을 것 같지는 않다.

어쩌면 내게 맞지 않는 일을 하는 데서 오는 더 많은 심적 고통을 경험하지 않았을까 싶다. 더불어 내가 걸어가고 싶었던 분야에서 일하는 사람들을 만날 때마다 '나도 저렇게 살았어야 했는데……' 하며 가지 않은 길에 대한 아쉬움을 자주 느꼈을 것이다. 만일 더 많은 세월이 흐른 다음 새로운 길을 모색하기 위해 나섰다면 나 개인은 물론 내가 맡고 있었을 조직에게 더 큰 비용을 지불하게 했을 수도 있다.

정체성 찾기는 계속된다

인생의 어느 단계에 있든 그 단계에서 요구되는 일은 착실히 마무리하고 넘어가야 한다. 그냥 대충 얼버무리며 넘어가면 그로 인해 지불해야 할 비용이 언젠가 반드시 따르기 때문이다. 물론 그런 위기를 부드럽게 넘어가는 일은 자신이 하기에 따라서 얼마든지 가능한 일이라고 본다.

40대를 맞이할 때까지 생활 기반을 다지거나 사회적 토대를 마련하기 위해 열심히 사는 것은 누구에게나 필요한 일이다. 그러나 일과 동시에 자신의 내면세계를 가다듬는 일도 열심히 했다면 더 좋은 결과를 맞을 것이다. 만일 내가 다시 한 번 그 시절로 돌아갈 수 있다면 직업적 성취를 위해 헌신함과 동시에 내면의 성숙을 위해 시간과 에너지를 배분할 것 같다.

이런 경험담을 젊은 세대들이 읽는다면 '나는 예외'라고 생각할 수도 있다. 그러나 정도의 차이는 있을지언정 대다수 사람들의 경험은 거의 비슷비슷하다. 때문에 '나도 저런 경험을 할 수 있다'는 가정을 받아들이고 그것에 슬기롭게 대처할 수 있는 방안을 사전에 찾아서 그것에 꾸준히 투자해야 한다.

내적인 성찰을 더하는 것에는 명상이나 단전과 같은 것들도 도움이 될 수 있다. 그러나 자신의 삶과 진로에 대한 근본적인 질문을 던지고, 그것의 답을 스스로 생각해내도록 유도하는 데에는 어느 정도 사회적인 성취를 이룬 사람들의 자전적인 글들이 큰 도움을 줄 것이다. 아무리 업무가 바쁘더라도 가끔은 의도적으로 멈추는 시간을 가지고, 일을 떠나 스스로를 이해하려는 노력을 더하는 것 역시 자신을 위한 투자라고 생각해야 한다. 나의 30대 중반은 무척 분주할 수밖에 없는 시기였지만, 그 안에서도 자신을 되돌아보는 시간이나 경험을 가졌다면 마흔 전후에 다가왔던 중년의 위기에 더욱 슬기롭게 대처할 수 있었을 것이다.

더욱이 대부분의 사람들은 우연한 기회에 첫 직장을 잡게 된다. 그리고 그 일이 자신에게 맞는지에 대한 깊은 생각도 없이 절반 정도의 책임감과 절반 정도의 관성이 어우러져 40대까지 줄곧 줄달음친다. 남자의 경우라면 거의 70~80퍼센트 정도의 시간을 직업과 관련해서 보낼 것이다. 하지만 재미나 흥미를 느낄 수 없는 직장생활은 중년의 위기를 만들어내는 중요한 요인 가운데 하나가 된다. 이런 점에서 보면 자신에게 맞는 직업을 모색하는 시간을 젊은 날에 과감히, 많이 가지는 것이 중년 이후의 삶에서 경험할 수 있는 시행착오를 줄이는 방법이 될 것이다.

크라이슬러 자동차의 창업자인 월터 크라이슬러(Walter Chrysler)는 직업과 인생에 대해 "여러분의 일에 순수하게 흥분할 수 없는 사람에게 나는 참 안됐다고 말하고 싶다. 그런 사람은 결코 만족할 수 없을 것이며 또한 가치 있는 어떤 것을 성취할 수도 없을 것이다"라는 훌륭한 조언을 남긴 적이 있다. 중년 및 그 이후의 위기 가운데 상당 부분은 직업에 대한 만족도와 직간접으로 연결되어 있기 때문이다.

'안전한 것이 최고'라는 생각이 지배하는 사회에서 젊은 날 더 많은 모색의 기간을 가지라고 권하는 것은 일견 모순일 수도 있다. 그러나 그런 방황이나 모색의 시기를 거치지 않고 그냥 '이것이 내게 맞는 일'이라고 믿어버린다 해서 불일치의 문제가 완전히 해소되는 것은 아니다. 일시적으로는 해소된 것처럼 보여도 언젠가는 자신의 의지나 이상에게 반기를 드는 심적 장애가 만들어질 것이기 때문이다. 충분한 여러 가지 연구조사를 통해 확인해보면 다른 국가들에 비해 우리나라 직장인들의 직업 만족도는 그다지 높지 않은데, 이 역시 학창시절부터 중년에 이르는 동안 스스로를 모색하거나 탐색하는 절대적 시간이 적기 때문이라고 생각한다.

사회적인 기대나 책임감 때문에 자신이 수행할 수밖에 없는 일이 있는가 하면, 자신의 내면세계가 진정으로 원하는 일이 있다. 내가 겪은 위기는 사회가 요구하는 일이 내 천직이라고 믿고 열심히 뛰었지만 나이 마흔 전후에 궁극적으로 창조행위와 자율적인 삶을 원하는 내면의 목소리가 갈등을 일으키면서 생긴 흥미로운 사례에 속한다. 부디 내 경험이 여러분에게 참고가 되기를 바란다.

준비하는 인생

전문가들은 중년의 위기를 겪는 이들에게 흔히 '이상적으로 생각하기보다는 현실의 토대 위에서 의사결정을 내리라'라고 말한다. 이는 달리 이야기하면 '어지간하면 익숙한 길로 계속해서 나아가라'는 말이다. 그래서 대개는 현실과 타협하고 그냥 주어진 길을 가기로 결정하곤 한다.

하지만 초기에 충분한 비용을 지불하면 그만큼 훗날 시행착오를 거칠 가능성이 적다. 충분한 초기 비용을 들이지 않으면 훗날에 지불할 비용이 늘어날 가능성이 크다는 뜻이다. 젊은 시기에 충분한 홍역을 치른 다음 전열을 다시 정비해서 힘차게 인생을 살아가는 것이 멋진 선택인데, 그렇지 않은 경우에는 뭔가 미지근한 상태가 긴 시간 동안 지속될 것이다. 이는 인생 전반에서 봤을 때 결코 좋지 않다. 그런 상태라면 40대와 50대를 제대로 준비할 수 없을 것이고, 이는 곧 노년의 삶에 있어서도 부정적인 영향을 끼칠 것이기 때문이다.

삶이란 일련의 연속 과정이다. 중년의 위기에 미숙하게 대처하면 부부, 가족 및 사회적 인간관계에 균열이 생길 가능성이 높아진다. 반면 슬기롭게 극복하면 자신의 삶에 대한 정체성을 확보함과 더불어 스스로의 힘으로 어려움을 넘어서는 데 성공했다는 자신감이 더해지면서 삶을 통제하는 능력도 커진다. 이것이 멋진 중년 및 노년의 시기에 큰 힘이 되는 것은 두말할 나위가 없다. 이런 사람들은 훨씬 주도적인 인생을 살 수 있음은 물론, 이후에 다가올 수 있는 여러 위기에도 제대로 대처할 수 있게 된다.

중년의 위기가 닥친다면 어떻게 대처하는 것이 슬기로운 것일까? 주변 사람들 가운데서 비슷한 경험을 해본 선배가 있다면 도움이 되겠지만, 동료들에게서는 큰 도움을 받을 수 없을 것이다. 그런 위기를 경험하는 사람들의 대부분은 동년배들에 비해 더 지적이고 성찰적이라는 특징을 많이 가지기 때문이다. 그러므로 자신이 생각하기에 멋지게 인생을 차고 나가는 선배들이 있는지 찾아보라. 사회적인 성취만이 아니라 인간적으로도 나이를 제대로 먹어가는 사람들이라면 중년의 위기에 슬기롭게 대처했을 가능성이 높고, 그렇기에 경험자의 입장에서 자신의 이야기를 들려주며 힘이 되어줄 수 있다. 물론 서로 많은 대화를 해왔던 부부라면 배우자와 이야기를 나누는 것도 도움이 될 것이다.

그런데 가장 중요한 것은 조언을 해줄 누군가를 찾는 것이 아니라 왜 이런 문제가 내게 발생했는지, 전문가들은 무슨 처방을 내려주는지 등을 알아보며 자신이 앓고 있는 마음의 병을 이해하고 인정하는 것이다. 비록 나는 그렇게 하지 못했지만 중년에 겪는 위기를 병으로 여기고 그에 대해 각종 처방을 해온 전문가들의 이야기를 경청하는 것이 좋다. 또한 중년의 위기나 우울증 등에 관한 서적들을 집중적으로 탐색하다 보면 그곳에서 여러분들의 동지를 만날 수 있고, 그들이 자신과 비슷한 증세를 앓았음을 확인하는 것만으로도 큰 위안을 받을 것이다. 아마도 나 자신이 그런 경험을 했다면 슬기롭게 당시의 위기를 극복했을 것이다. '내가 갑자기 왜 이러지'라고 한탄할 것이 아니라 다른 사람들의 경험을 보면서 그런 일은 자신뿐 아닌 누구에게나, 얼마든지 일어날 수 있는 일임을 확인하라. 그리고 혼자서 끙끙거리지 말기를 바란다. 가장 위험한 것은 자기가 너무나 유별나고 특별한 증상을 겪는다는 생각, 그리고 그런 증세에 대한 무지함이다.

제2부

10대,
나를 발견하는 시간

이따금 나는 한 인간의 원래 모습이 과연 크게 바뀔 수 있는지에 대해 생각하곤 한다. 지금의 내 모습을 생각하면 예전에 비해 잘 다듬어진 부분들이 있긴 하지만, 내가 한 인간으로서 가지는 기질이나 특성은 이미 유년기와 청소년기에 대부분 존재하고 있었다. 다만 그 당시엔 자신의 내면을 들여다볼 수 있는 능력이나 노력이 부족했기 때문에 알아차릴 수 없었을 뿐이다. 나는 그 시절에도 바로 '나'였다.

1장
기억의 조각들

나는 1960년 5월, 경남 통영(統營)에서 네 명의 누나들과 두 명의 형에 이어 7남매의 막내로 태어났다. 우리 가족이 살았던 집은 지금은 퇴락한 구시가지가 되고 말았지만, 당시만 하더라도 수산업을 하던 선주(船主)들이 주로 살았던 중심지로 바닷가에 인접한 항남동(港南洞)이었다. 지명처럼 항구의 남쪽에 위치한 그곳의 좁은 골목골목에는 일본인들이 남긴 적산가옥(敵産家屋)들이 즐비했다.

나의 아버지 공태종(孔泰鍾)은 1924년생으로, 매일매일 이른 새벽에 일과를 시작해 오랜 시간 동안 일하는 무척 근면한 사업가였다. 살아계셨더라면 지금쯤 88세가 되셨을 것이다. 어머니 이정순(李貞順)은 딸만 다섯 명이었던 집안에서 셋째 딸로 태어났고, 수산업을 했던 내 아버지를 도와 억척스럽게 생활을 꾸리셨다. 넉넉하지 못한 시대에 많은 자식들을 데리고 생계를 이어나가야 했던 당시 부모 세대의 삶은 고단하기 짝이 없었을 것이다. 내 아버지나 어머니 역시 '더 이상 열심히 살 수 없다'는 문장으로 표현해도 무리가 없을 정도로 근면하게 살았다. 특히 어머니의 손은 가사와 어장의 일 때문에 마치 머슴의 손이 그러하지 않았을까 싶을 정도로 거칠었고, 어머니를 생각할 때면 항상 그 손이 먼저 떠오른다.

아버지를 생각할 때면 근면과 성실과 도전이란 세 단어를, 어머니를 생각할 때면 근면과 희생과 헌신이라는 세 단어를 떠올리게 된다. 내가 평생을 반듯하게, 열심히 살아가려 노력하는 이유는 바로 부모님이 보여준 '희생'과 '헌신'이란 두 단어를 늘 기억하고 있기 때문이다.

아버지와 나

아버지가 태어나서 자란 곳은 통영만에서 남동쪽에 위치한 학림도(일명 새섬)다. 정식 명칭이 통영시 산양읍 저림리인 이곳은 현재 60가구가 살고 있는 유인도로서 욕지도를 가는 길목에 놓인 섬이다. 통영을 방문하는 분들은 산양면 일주도로를 따라 한려해상공원에 점점이 떠 있는 섬들을 볼 수 있을 텐데, 이때 전망이 근사한 달아공원이란 곳에서 잠시 휴식을 취하곤 한다. 이 공원에서 바라다보이는 곳이 학림도와 그 바로 앞의 송도라는 작은 섬들이다. 학림도의 남쪽에는 연대도가 있고 섬의 서남쪽으로는 저 멀리 비진도가 아득히 보이곤 한다.

이곳에 사람이 거주하기 시작한 것은 임진왜란 이후의 일이라 한다. 김 씨와 원 씨, 두 성씨가 일가를 이끌고 정착하여 소나무를 심어 놓고 '학림'이라 불렀다는 것에서 학림도라는 지명이 유래하는데, 어떤 연유로 공 씨 일가가 섬에 자리를 잡게 되었는지는 알 수 없다. 할아버지와 할머니 및 일가친척들의 묘가 이곳에 있는 것으로 봐서 학림도에 정착한 시점은 할아버지 대였을 것으로 추측된다. 하늘에서 바라보면 마치 새가 날개를 펼친 모습으로 바다 위에 길게 드리워진 모습의 학림도는 아버지나 우리 가족, 나에게 무척 중요한 의미를 지닌다. 내 유년기와 소년기를 회상할 때면 기억 속에 가장 자주 등장하는 곳이기 때문이다.

아버지는 일가친척 가운데서 통영에 자리를 잡고 있던 집안어른인 공권수 씨의 도움으로 통영 시내에서 공부할 기회를 얻었고, 공부를 마친 뒤 직업전선에 뛰어들었다. 오래전 아버지는 "조금 더 뒷바라지가 있었다면 한 번 더 부산상고 입학시험을 치렀을 텐데……"라고 말씀하셨던 적이 있다. 만일 부산상고에서 학업을 계속했더라면 아버지의 삶은 크게 달라졌을지도 모른다. 이런 까닭 때문인지 아버지는 자식 교육, 특히 남자아이들의 교육에 대해서는 그것이 집안을 일으킨다는 확고한 생각을 갖고 계셨다. 아버지가 세상을 뜨신 지는 오래됐지만 나역시 그 생각에 대해선 추호의 의심이 없다.

그러나 아버지는 딸들의 교육에 대해서는 그만큼의 열의를 보이지 않으셨다. 당시 수준을 생각해보면 누나들도 웬만큼 교육의 기회를 가졌지만 최고의 환경은 제공받지 못했다. 그다지 넉넉하지 않은 살림이라 7남매 모두에게 골고루 기회를 주기는 쉽지 않았을 것이고 그렇기에 남자아이들에게 더 많은 지원이 돌아갔던 것 같다. 아버지는 노년에 이 점을 자주 후회하시곤 하셨다.

아버지가 통영에서 교육을 받고 생활 기반을 잡기까지는 당신의 강한 모험정신과 더불어 공권수 씨의 힘이 컸다. 그분은 할아버지께 "아이를 그렇게 섬에 내버려둬서야 되겠소. 힘들면 내가 당분간 데리고 있겠소"라고 말씀하셨는데, 그것 덕분에 아버지는 섬을 떠나 뭍으로 나올 수 있었다고 한다. 흔히들 인생에는 결정적 기회가 있다고 하는데,

아버지에게는 그것이 바로 그런 기회였다고 할 수 있다. 어쩌면 공권수 씨가 내민 도움의 손길 때문에 오늘의 내가 있는지도 모른다. 그분과 아버지의 작은 인연이 그 이후의 이야기를 가능하게 했다는 것을 생각하면 인생에는 정말 사소한 일이라는 것이 없는 것 같다.

그 때문에 우리 가족은 일찍이 조부모님과 외조부모님을 모두 여의었지만 공권수 씨 내외를 친할아버지와 친할머니처럼 여기고 살았다. 명절이나 방학이 되어 고향을 찾을 때면 어머니는 그분들께 꼭 인사를 드리고 오라 하셨다. 산양면장을 지냈고 라이온스 클럽의 회장 등으로 활동하면서 지역 사회에서 웃어른으로 존경을 받았던 그분들은 슬하에 자식이 없었기 때문에 늘 나를 친손자처럼 대해주셨다. 공권수 씨는 영국신사가 연상될 정도의 미남이셨고, 그분의 환한 웃음은 아직도 또렷이 내 기억에 남아 있다.

그분들의 도움으로 학업을 마친 아버지는 군청 서기를 지내다가 나와서 수산업을 시작하셨다. 군청 서기 봉급으로는 7남매의 의식주를 해결하기 어려웠기 때문도 있었을 것이고, 한편으로는 아버지가 정해진 월급을 받는 생활에 맞는 분이 아니셨기 때문이기도 했다.

아버지의 사업 인생

아버지는 정식 교육을 그다지 많이 받은 사람이 아니었다. 그러나 지금도 아버지가 남긴 장부들을 보면 참으로 대단하다는 감탄이 나올 정도로 셈에 밝고 무엇이든 똑 부러지게 처리하는 성향을 가졌다. 사업을 하면서도 항상 더 나은 방법을 생각하고 연구해서 실천에 옮겼던 아버지는 '영원한 학습자이자 혁신가'였다고 할 수 있다.

일제 시대에 군청에 잠시 근무하다 나온 아버지는 잠수기(일명 모구리)로부터 시작해서 기선권현망(멸치잡이) 등 연근해 어업에서는 해보지 않은 것이 없을 정도로 맹렬하게 사업을 하셨던 분이다. 사업이 본궤도에 오른 뒤에는 굴양식을 시도한 선두 그룹에 속하기도 했고, 제주도가 아닌 남해안 지방에서 파인애플 재배가 가능한지를 실험한 최초의 사람들 가운데 한 명이 되는 등 끊임없이 새롭고 다양한 일을 시도했다.

아버지가 사업 확장의 기틀을 마련한 것은 잠수기를 하면서였다. 아버지에 대한 기록을 찾는 과정에서 나는 1960년대에 잠수기를 운영했고 잠수기수협 전무를 지냈던 조삼준 옹(74)의 회고담을 접할 수 있었다. 통영 근해의 어패류가 맛있었기 때문에 일본인들은 패망할 때까지 다른 어업에 대해서는 어업 허가를 늘렸지만 잠수기 허가 통수는 남획을 방지하기 위해 엄격하게 규제했다고 한다. 당시 잠수기를 허가받는 것은 제1종 공동어업권(마을어업권)이 생기기 전까지 남해안 어디서든 해산물을 잡을 수 있음을 뜻하는, 대단한 특권이었다.

그런데 통영에서 잠수기어업이 제일 흥했단 말이야. 그래가지고 1962년 잠수기조합(수협)이 발족하는데, 울산 부산 거제 통영 삼천포가 제1, 2지구고, 남해 여수 고흥이 제2, 4지구라. 조합이 둘이지. 그런데 통영 사람 두 명이 동시에 조합장이 되는데, 그기 참 재밌다. 통영 거제 삼천포가 김계조 씨를 당시 제3, 4지구 조합장으로 당선시켜. 또 공태종(공인찬 부친) 씨가 여수 허가를 가지고 제3, 4구에 조합장이 된다 말이야. 통영이 얼마나 대단했는지 알겠나?[10]

수산업을 했던 아버지 인생에서 가장 큰 황금기는 잠수기에서 벌어들인 돈으로 일으킨 기선권현망을 했던 시절이었을 것이다. 당시의 상황을 박영규 통영수협 이사는 이렇게 전한다.

통영수협, 잠수기수협, 기선권현망수협 본소가 모두 항남동에 위치하니 자연스럽게 수산업으로 큰돈을 번 부자들이 항남동으로 속속 모였다. '한 명 한 명이 통영경제를 움직인다'는 말이 나올 정도로 대단한 거부들이었다. 항남동 1세대 부자들은 주로 해방~1960년대 권현망(오게들이)이나 잠수기(모구리)업을 경영했다. 대표적인 인물이 천명주 기선권현망수협 조합장(6, 9, 10, 11, 12대), 권현망의 전설 오혁진, 정한주, 공태종, 공모조 씨. 권현망 선주 김재도, 이분조 씨도 항남동을 주름잡았다. (중략) 박영규 이사는 "수산업 이외 다른 산업이 없던 통영에서 1980년대까지만 해도 바다 사업으로 큰돈을 만진 걸출한 인물들이 항남동에 살았다. 항남동에 산다는 것 자체가 자부심이었다"고 묘사했다.[11]

후일에 어머니에게 자주 들었던 이야기에 의하면, 아버지는 잠수기 사업을 정리하고 인천으로 이사할 계획이었다고 한다. 서울 인근이었으니 그곳에서 수산업을 하셨더라면 아버지의 부지런함과 사업가 기질이 합쳐서 큰 성공을 거둘 수도 있었을 것이다. 그런데 이사를 며칠 앞둔 시점에 어느 저녁 모임에 참석했던 아버지는 누군가로부터 설득을 당한 끝에 귀가해서 "기선권현망을 이곳에서 해야겠다"라고 말씀하셨다 한다. 우리가 수도권으로 옮겨갈 수 있었던 기회는 그렇게 날아갔고, 어머니는 이를 두고두고 애석해하셨다.

아버지가 원래 계획대로 인천행을 택했다면 그것이 우리 가족들의 삶에 어떤 영향을 미쳤을지는 사실 아무도 모른다. 하지만 내가 한 남자의 입장에서 아버지 인생을 되돌아보면, 아버지의 사업이 본궤도에 올랐을 때 좀 넓은 시야와 안목을 가졌더라면 큰 부를 축적하는 데 성공하지 않았을까 싶다. 그리고 수도권에 있었다면 더 많은 기회와 인맥을 가질 수 있지 않았을까 하는 아쉬움도 있다. 아쉽기는 하지만 어쨌든 아버지가 통영에 머물기로 결정함에 따라 나의 고향은 인천이 아닌 통영이 되었다.

바닷가, 기억의 조각들

아버지에 대해 다소 장황하게 이야기를 하는 데는 이유가 있다. 가족 구성원들 가운데서도 나는 가족들이 그리고 내가 스스로 생각하기에도 아버지가 가졌던 특성을 정말 많이 빼닮았기 때문이다. 내 현재 모습을 이해하는 데 도움이 되는 몇 가지 에피소드를 소개하면 다음과 같다.

내가 살던 집을 나와 골목길로 줄달음치면 바로 앞에 바닷가가 있었고, 그때나 지금이나 통영세관은 변함없이 그곳에 자리하고 있다. 세관 앞 해안도로변에는 잠수기조합이 있었는데 골목길이나 해안도로에서 놀았던 동네 아이들은 저녁 무렵이 되면 자연스럽게 조합에서 벌어지는 경매 현장 주변에 모여들었다. 1960년대니까 내가 초등학교를 들어갔거나 들어갈 무렵이었을 것이다.

아침 일찍 조업에 나갔던 잠수기들이 경매에 맞추어서 돌아오는 저녁 시간이면 항구는 사는 사람, 파는 사람, 구경하는 사람들로 인산인해를 이뤘다. 특히 멍게는 바닥에 한 무더기씩 쌓아 놓은 채 경매를 진행했는데, 이 혼란한 틈을 타서 몇몇 아이들은 멍게 한두 개를 발로 툭 찬 다음 그걸 쏜살같이 꿰차고 내달렸다. 걸리면 혼쭐이 났지만 아이들에게는 상당히 스릴 넘치는 장난이었다. 재미있는 것은 나는 한 번도 그 장난을 시도했던 기억이 없다는 것이다. 착해서라기보다는 어릴 때도 자의식이 무척 강했던 편이어서, 아이들과 함께 어울리기는 했지만 놀이에 푹 빠져 있었던 기억이 별로 없다. 어디에서든 '나'에 대한 의식이 강했다는 게 지금 되돌아보면 신기할 뿐이다.

한편 여름이 되면 아이들은 배가 오가는 바닷가에서 수영을 하곤 했는데, 바다 수영이란 상당히 위험한 것이어서 이따금 동네 어른들이나 순찰 중인 순경 아저씨에게 야단을 맞기도 했다. 내 아버지도 한 번은 자전거를 타고 일을 보러 나갔다가 바다에 빠져 허우적거리는 아이를 구해준 적이 있다. 그날 저녁에 그 아이의 부모가 귀한 물고기를 잔뜩 들고 와 감사의 뜻을 표했던 기억이 난다.

여름날 나는 이따금 동네 아이들과 함께 우다시(타뢰망, 打瀨網)가 있는 배에서 바다로 뛰어들기를 했다. 이 배는 앞과 뒤로 큰 돛이 달려 있고 선수와 선미에 장대(긴도리)를 뻗어 그물을 넓힌 다음 모래나 뻘 바닥을 그물로 긁어서 어획하는 배였다. 배의 선수에는 서양의 범선처럼 긴 장대가 삐죽 나와 있었는데 장난꾸러기들은 긴 장대의 끝까지 기어올라가 차례차례 바다로 뛰어들었다. 그 높이가 제법 아파트의 2~3층 정도에 이르렀기 때문에 역시 위험한 놀이였지만, 그랬기에 아슬아슬함을 즐기는 아이들에게 인기가 있었음은 물론이다. 그때도 나는 이런 놀이에 자주 가담하지 않았다. 위험하기도 했지만 체면 같은 것에 신경을 썼던 게 아닐까 싶다.

어린 시절에도 나는 타인들과 자신을 분명히 구분했기에, 무리 속의 한 명이 되어 이리저리 돌아다니는 일은 거의 없었다. 왜 그랬을까? 그때 내 나이가 불과 열 살 전후였다는 걸 생각해보면 '아마도 본래 그렇게 타고났는가보다'라는 대답밖에 할 수 없을 것 같다.

겨울철이 되면 아이들은 연을 만들어 날렸다. 바닷가에는 전봇대 같은 방해물이 없기 때문에 해안도로에서 통영항까지 연을 띄워 올릴 수 있었다. 강한 바람이 부는 바닷가에서 연을 날려야 하기 때문인지 통영의 연은 다른 지역의 것들보다 크기가 큰 편이다. 큼직큼직한 수많은 연들이 통영항 위 하늘에서 자태를 뽐내는 풍경, 생각만 해도 멋지지 않은가? 그런데 더 볼만한 것은 아이들이 연을 날리며 어느 연이 더 강한지를 겨루는 시합이었다. 어떤 아이들은 지극정성을 다해서 아교와 잘게 부순 유리가루를 연줄에 묻혔고, 이렇게 중무장한 연줄은 세찬 바람으로 함께 얽혀버린 다른 연줄들을 멋지게 끊어버렸다.

연날리기, 낚시, 장기, 바둑, 화투 등 여러 잡기를 즐길 수 있었음에도 불구하고 아버지는 그것들을 가까이하지 않았고, 내게도 엄격하게 금지시켰다. 짐작컨대 한창 배워야 할 시기 혹은 한창 일해야 할 시기에 잡기를 가까이하지 못하게 하겠다는, 아버지 나름의 교육 원칙이었던 것 같다. 그 영향도 있었겠으나 나 스스로도 본래 잡기를 별반 탐탁지 않게 여겼던 것으로 기억한다.

어린 시절의 기억들은 지금과 자주 맞닿게 된다. 이 글을 쓰고 있는데 조금 전 어떤 분이 트위터에서 "공 박사님은 매일 일만 하시나요? 궁금합니다"라는 메시지를 올렸다. 나는 "내게는 일하는 것과 노는 게 같을 때가 많아요. 그리고 일하면서 놀고, 놀면서 일하는 것이 함께 이루어질 때가 많습니다"라고 답했다. 이것은 할 수 없이 해야 하는 것이 아니라면 내 생활에 잡기가 비집고 들어오기 힘든 이유이기도 하다.

60~70년대 이래 한국인들의 살림살이는 비약적으로 성장해왔다. 나는 자료나 통계가 아닌 개인적인 체험으로 그 사실을 인정하는 편이다. 그렇기에 지금의 삶에 대해 말로만 감사하는 것이 아니라 온몸으로 '감사한 삶'을 받아들인다. 좀 더 극단적으로 말하자면 나는 우리 한국인은 툴툴거리면서 살아갈 자격이 없다고 생각하기도 한다. 과거에 비해 너무나 삶이 나아졌기 때문이다.

통영은 여수와 더불어 밀수가 무척 성행했던 곳이다. 70년대만 하더라도 통영에서 잡힌 장어의 대부분은 일본으로 수출되곤 했다. 일본인들이 장어를 무척 좋아했기 때문이다. 그래서 그 시기의 통영에서는 통발배로 장어를 잡아 일본으로 수출하며 큰 부를 축적한 사람들이 여럿 나오기도 했다.

통영항에는 일본에서 구입한 왜식의 중고 활어무역선이 항상 떠 있었다. 이들은 장어 등의 활어를 싣고 일본으로 떠났다가, 돌아올 때는 각종 생필품을 밀수해왔다. 양산, 화장품, 전기밥솥, 카시오 시계, 가죽잠바, 학용품, 녹용, 금괴 등 우리가 지금 상상할 수 있는 거의 모든 제품들이 일본으로부터 쏟아져 들어왔다.

이런 기억이 떠오를 때면 정말 한국이란 나라 그리고 한국인들이 장하다는 생각이 든다. 어린 마음에 일제 상품들의 현란한 색깔이나 멋진 디자인, 훌륭한 기능은 수십 년의 세월이 흐른 지금까지 뇌리에 꽉 차있을 정도로 인상적이었다. 그중 하나가 오사카에서 열렸던 '엑스포 70' 참석차 동업자들과 함께 난생 처음 외국 여행을 갔던 아버지가 가지고 왔던 푸른색 전기 토스트기와 흰색 전기 안마기다. 당시 한국은 자력으로 공산품을 만드는 기술이 없었던 나라였는데, 이제 그런 제품들은 동네 할인점에만 가도 수북이 쌓여 있지 않은가. 이것만 보더라도 한국은 그야말로 비약적인 발전을 해온 나라라는 것이 실감난다. 오랫동안 통영의 동충에서 살아온 박창훈 옹은 이런 말을 전한다.

당시 통영에서 일본으로 직항하는 활어무역선은 항시 30~40척이 통영항에 떠 있었지. 그 배가 밀무역선으로 둔갑을 마이 했지. 선원들은 갈 때는 빈손인데 올 때는 전부 일제 카시오 시계 차고 오는 기라. 침구 사이에는 자쿠(자크)를 가득 채워오고. 코끼리 밥통이나 비로드(벨벳)는 들키기가 쉬워서 그렇지, 갖고 오기만 하면 대박 아니더냐. 당시만 해도 우리나라 공산품 만드는 기술이 읊어서 가져만 오면 몇 배 장사가 되는 기라. 그 바람에 항남동에는 일제상품이 흔했지. 아들 연필이나 지우개까지 일제일 정도였으니까.[12]

내가 경제나 경영 쪽의 글을 쓰고 관심을 가지고 있어서인지 의식주 문제와 물질적인 성장에 대해서는 유독 눈길이 쏠린다. 어린 시절의 기억 중 이와 관련된 세 가지가 기억 속에 뚜렷하게 남아 있는 것도 그 때문일 것이다.

첫 번째는 고향에 처음으로 개업한 슈퍼마켓에 관한 것이다. 70년대 초반까지만 하더라도 다들 상점에서 주인에게 먼저 돈을 건넨 다음 직접 물건을 건네받았는데, 물건을 들고 계산대 앞에서 물건 값을 치른다는 것이 여간 신기하지 않았던 것이다. 그리고 시내 중심가에 있었던 설탕, 밀가루, 참기름 등 각종 생필수품을 팔던 가게가 호황을 누렸다. 모든 물자가 부족한 시대였기 때문이다.

두 번째 기억은 초등학생일 때 봤던, 학교 가는 길의 자전거 점포에 전시되어 있었던 짙은 초록색 자전거의 모습이다. 지금과 같이 그때에도 아이들을 위한 국산 자전거가 생산되었었는지는 정확히 알 수 없지만, 친구 중 유력 인사를 이모부로 둔 녀석 하나가 빨간 자전거를 타고 다니는 것이 꽤 부러웠던 것 같다. 나는 자전거 점포에 있던 그 자전거를 무척 갖고 싶었지만 아버지에게 "저거 하나 사주세요"라고 직접 말하는 것이 불가능했다. 때문에 어머니를 통해 수차례 간곡하게 부탁드렸지만 결국 그 자전거는 손에 넣지 못했다. 다른 것들은 다 망각에 묻히고 말았는데 유독 그 짙푸른 초록색 자전거가 아직도 기억의 언저리를 배회하고 있는 것을 보면 기억이란 편안하고 안락한 것들보다 애잔하고 절실했던 것을 더 강하게 붙잡는가보다.

　세 번째는 설빔과 관련된 것이다. 맞춤복이 흔하지 않았던 때였기 때문인지 아니면 비쌌기 때문인지 알 수 없지만 열 살 무렵쯤 어머니가 바지를 하나 맞춰주셨다. 통영항에는 좁은 포구들 사이를 운행하는 작은 나룻배가 있었는데 이 배를 타고 혼자서 바지를 맞추러 갔던 기억이 난다. 홀로 된 누나 친구의 어머니가 삯바느질을 하는 곳이었는데, 그분은 쑥쑥 크는 아이들을 너무 많이 고려해서 길고 큼직하게 바지를 지어주셨다. 마치 중년 부인들의 몸빼 바지처럼 말이다. 밑단을 잔뜩 접어 올려 입고 다녔지만 체면을 중시하고 자의식 강한 아이여서 그랬는지 어린 마음에 상흔(?)은 오래 남았다.

　요즘 젊은이들은 옷을 패션이자 유행을 따르는 상품으로 여기지만 우리 세대에게 있어 옷은 여전히 '아무거나 떨어질 때까지 입는 것'이다. 이제 우리 집에는 두 아들이 사 모은, 유행이 지난 티셔츠가 차곡차곡 쌓이고 있다. 떨어질 때까지 입는 것이라는 선입관이 강한 나는 지금도 아이들이 더 이상 입지 않는 옷을 부지런히 입고 있는데, 아마도 평생 내가 입기 위해 새 티셔츠를 사는 일은 없을 것 같다. 인간은 역시 자신의 과거로부터 완전히 자유롭기는 쉽지 않은 존재인가보다. "굳이 그렇게까지 할 필요가 있나요?"라고 묻는 이도 있겠지만 나는 그 어려웠던 시절을 잊지 않아야 한다고 말하고 싶은 사람 가운데 하나다.

어촌에서는 배를 갖고 있는 집이면 부자로 여긴다. 당시 우리 집에도 배가 있었기에 사람들은 우리가 부자라고 이야기하곤 했지만, 나는 한 번도 그런 생각을 해본 적이 없다. '사업우선주의'가 확고했던 아버지는 돈이 생기면 더 좋은 배를 모으고 더 빠른 엔진을 사는 데 급급했기 때문이다.

밖에서 보면 번듯한 사업을 갖고 있는 집이었지만 실상은 그다지 여유롭지 못했기에 애로사항 혹은 마음고생이라 할 일들도 있었다. 학교에서 필요한 각종 비용을 부모님께 요청하는 것이 나로서는 여간 힘든 일이 아니었다. 그냥 부모님한테 말씀드렸으면 됐을 텐데 왜 끙끙거렸는지 그 이유는 지금도 궁금하긴 하다. 아마 막내였음에도 불구하고 어리광이란 없었고, 지나칠 정도로 부모로부터 독립적이었고 부모에게 절대로 의존하지 않겠다는 생각이 강했기 때문이었을 것이다. 이런 부분들은 세월이 흘렀음에도 불구하고 없어지지 않은 채 지금까지도 내 삶의 근본을 형성하고 있다.

새벽 시간에 조용히 유년기의 기억을 정리하자니 이따금 눈시울이 뜨거워진다. 한창 글을 쓰던 중에 마침 한반도비전포럼 및 이명박 대통령이 초청한 만찬 모임에 참석한 아사히 신문 주필(主筆) 후나바시 요이치(船橋洋一)의 인터뷰 기사를 접했다. 이 대통령은 만찬 자리의 인사말에서 이렇게 말했다고 한다.

초등학교 2학년 때 미국의 어느 교회가 바지를 나눠준다고 해서 줄을 섰다. 꽤 기다려서 내 차례가 되었는데 이미 바지는 다 떨어지고 없었다. 하지만 미국의 원조 덕택에 한국인들은 살아남았다. "미국 사람들의 따뜻한 마음을 우리는 평생 잊지 않을 것이다"고 말했다고 전했다. 후나바시 주필은 "기분 탓이었는지는 몰라도 테이블을 사이에 두고 맞은편에 앉은 파월 전 장관의 눈이 젖어드는 것처럼 보였다"고 썼다.[13]

물론 잉여농산물을 제공한 것에 불과하기 때문에 그렇게까지 감사해할 필요가 없다고 말할 수도 있다. 그러나 나 역시 초등학교 시절, 미국이 자국의 잉여농산물인 옥수수를 한국에 제공해서 만든 큼직한 빵을 받았다. 또 큰누님이 교사였기 때문에 이따금 내게 건빵을 가져다줬는데, 그것 역시 잉여농산물 공여 프로그램의 일환이었다. 그들은 당시에 유·청소년기를 살았던 사람들의 기억 속에 또렷이 남아 있다. 모든 물자가 부족하고 살기가 힘들었던 시절이었다. 이런 어려움을 딛고 한국인들은 오늘을 이루었다. 물론 오늘의 한국 역시 고쳐야 할 것들이 많은 나라다. 그럼에도 불구하고 우리는 우리가 걸어온 날들에 대한 자부심과 앞서 살았던 세대들에 대해 감사한 마음을 가져야 하고, 더 나은 나라를 위해 노력해야 한다. 그런 믿음은 내 모든 활동에 짙게 깔려 있다. 실제로 이런 내 개인적인 경험들이 훗날 자본주의와 우리 역사를 긍정적으로 바라보는 데 일조했음은 물론이다.

시간이 정말 천천히 흘러갔던 시절

누구에게나 과거는 웬만하면 아름답게 채색된다. 시간은 마냥 느릿느릿 흘러가고 걱정으로부터 자유로웠던 그때가 언제였을까? 아마 내게 있어서는 학림도에서 보냈던 때가 그랬던 것 같다.

아버지가 나서 자란 학림도의 중간 부분에는 어막이 있었다. 어막은 멸치잡이 선단을 지원하는 각종 보급품을 보관할 뿐만 아니라 선단에서 잡아온 삶은 멸치들을 말리는 널찍한 건조장 터다. 초등학교 운동장의 몇 배 정도의 크기였던 학림도 어막은 비록 1979년에 부도와 함께 타인의 손에 넘어가긴 했지만, 그전까지는 동업자로부터 인수해서 넓히고 배들이 접안하기 좋도록 선착장들을 직접 건설하는 등 젊은 날 아버지의 투혼을 고스란히 간직한 곳이었다.

어막과 통영항을 오고가는 배가 있을 때는 편안하게 갈 수 있었지만 배가 없으면 통영항에서 욕지도행 배를 타고 학림도에 내려서 어막까지 걸어가곤 했다. 썰물 때에만 건널 수 있는 바닷가를 지나 마을의 공동묘지가 있는 좁은 산길을 넘고, 역시 썰물 때에만 드러나는 또 다른 바닷가를 지나야 비로소 어막터에 도착할 수 있다. 취학 전은 물론 초등학교 시절에도 나는 어김없이 그곳에서 한참을 머물렀다. 친구도 없이 혼자서 이리저리 다니며 한없이 높은 하늘과 그곳에 떠 있는 뭉게구름을 바라봤던 기억이 지금도 아련하다.

불볕더위가 기승을 부리면 한여름, 아버지는 시내에 일이 없으면 직접 현장에 근무하면서 인부들과 함께 멸치 말리는 일에 여념이 없었다. 멀리 바라다보이는 송도와 산양면 척포 사이로 이따금 배들이 지나가긴 했지만 조용하고 무료한 시간들이 한없이 흘러갔다. 혼자 놀다가 지치면 어막 뒤편에 몽돌 가득한 곳에서 멀리 있는 비진도를 바라보거나 간밤에 파도에 실려 온 각종 해초와 고기를 주우며 시간을 보냈다. 되돌아보면 그때가 부모 슬하에서 아무 걱정 없이 시간을 보냈던 때였던 것 같다.

아버지의 선단 이름은 '금정호'였고, 선단에 속한 배에는 금정 1호, 금정 2호와 같은 순서로 이름을 붙였다. 나는 이따금 선단에 선승해볼 기회도 가졌다. 선단의 지휘를 맡은 전파선에는 멸치잡이 모선의 움직임을 지휘하고 어떤 장소에서 어떻게 그물을 놓아야 할지를 결정하는 어로장(漁撈長)이 있다. 한번은 하룻밤을 배에서 지내고 이른 아침 먼동이 터오는 비진도 인근의 바다 한가운데에서 멸치어군을 잡기 위해 그물을 놓는 장면을 구경했던 적이 있다. 그물망에 걸려 올라오는 물고기들을 보는 광경을 언제 다시 볼 수 있을까?

내가 무척 어렸던 어느 가을날, 그때의 아버지가 아마도 내 기억 속에서 가장 오래된 아버지의 모습인 것 같다. 통영까지 들어오기에는 먼 거리였기 때문에 이따금 우리는 배를 이용해서 산양면의 삼덕항에 내리곤 했다. 깊어가는 가을밤, 아버지와 막내아들은 삼덕항에 내려서 30여 분 동안 산양면 면사무소 삼거리로 향하는 길을 걸어야 했다. 삼덕항의 고개를 막 벗어나자 밤바람에 스산하게 흔들리는 키 큰 나무들이 몸을 움츠리게 만들었다. 아버지는 아무 말 없이 걸었다. 한참을 걷다가 비로소 불빛이 보이는 삼거리에 다다르면 아버지는 숫자 다이얼을 빙빙 돌려야 하는 전화기를 이용해서 시발택시 한 대를 호출한 후 아들과 함께 홍시를 사서 먹었다. 택시를 타고 집에 가는 길에는 잠이 엄청나게 쏟아졌고 창 밖에서는 바닷가 물결에 비친 백열등 불빛들이 춤을 췄다. 수십 년의 세월이 흐른 지금 나는 그때의 아버지보다 나이를 먹었지만 그 장면이 마치 엊그제 일처럼 떠오른다. 이렇게 부모는 자식에게 무엇인가를 남기는 존재인가보다.

오늘날의 아이들은 어린 시절부터 너무나 바쁘게 산다. 어쩌면 그렇게 살아갈 수밖에 없는지도 모른다. 시대가 바뀌었기 때문에 과거의 방식을 기준으로 오늘을 평가할 수만도 없을 것이다. 그러나 교육이란 것에는 국어, 수학, 영어를 잘하는 것뿐만 아니라 그것 못지않게 반듯하게 사는 방법을 가르치는 것도 포함된다는 것을 생각하면 오늘의 세태를 다시 한 번 바라보게 된다.

요즘은 개천에서 용이 나오기가 힘들다고들 한다. 하지만 시골에서 나서 자라면 도회지 아이들이 접할 수 없는 것을 보고 느끼면서 클 수 있다. 또한 좀 어렵고 불편한 환경에서 성장한 아이들은 부유하고 편안하게 자란 아이가 누릴 수 없는 경험을 할 수도 있다. 긴 인생에서 보면 어디서 혹은 어떤 환경에서 자라는 것이 더 나은지는 알 수 없다. 자신이 어떻게 받아들이고 어떻게 활용하느냐에 따라 어떤 경험이든 특별한 경험이 될 수 있으니까 말이다. 모두가 자기 하기 나름이다.

2장
충동적 기질의 발견

아늑한 시기는 언젠가 끝나기 마련이다. 부모 슬하에서 큰 걱정 없이 지내던 시절은 중학교 2학년 여름, 고향을 떠나면서 끝났다.

더 넓은 곳으로 나가 공부하겠다는 생각을 갖게 된 것은 중학교 1학년 무렵이었다. 당시 나는 부산으로 가 공부하고 있던 친한 친구에게 특별히 부탁해서 각종 시험문제를 받아보곤 했는데, 이것도 부산행을 결정하는 데 약간의 영향을 미쳤다. 부산 학생들의 학업 수준은 통영의 그것과 많이 달랐기 때문이다. 1학년을 마칠 무렵부터 어떻게든 통영을 떠나야 한다는 마음을 굳힌 나는 부모님께 전학을 보내달라고 줄기차게 요구했다. 아버지는 너무 어린 나이에 아이들을 외지에 내놓는 것을 별반 탐탁지 않게 여겼지만 내 거듭된 부탁과 억지에 결국 손을 들고 말았다.

그냥 앉아서 기다리지 않고 무언가를 스스로 찾고, 그것이 자신의 판단 기준으로 봤을 때 올바르다고 생각되면 관철되도록 힘껏 노력하는 것도 어린 시절이나 지금이나 크게 변함없는 내 특성 중 하나다. 인간의 삶에 있어서는 후천적인 교육도 중요하지만 그 사람이 부모 혹은 그 선대로부터 무엇을 물려받았는지도 매우 중요하다. 그래서 나는 '삶은 처음부터 불공평한 것'이라는 사실을 받아들인다. 타고나는 것 자체만큼 불공평한 것이 또 어디에 있겠는가?

내가 타인의 삶을 기록한 자서전을 즐겨 읽는 데는 몇 가지 이유가 있다. 그중 하나는 타인의 삶에서 내가 평소에 갖고 있는 생각이나 믿음을 확인해볼 수 있다는 것이다. 월마트의 창업자 샘 월튼(Sam Walton)의 자서전은 수많은 자서전 가운데서도 오랫동안 기억에 남는 책이다. 그의 책 2장에는 "나로서는 무엇이 사람에게 야망을 갖게 하는지 알 수 없다. 하지만 세상에 태어날 때부터 내가 추진력과 야망의 축복을 받은 것은 사실이다"라는, 가슴에 남는 대목이 등장한다. 이것은 어느 누구도 빼앗아갈 수 없는 한 인간의 특성인데, 태어날 때부터 이 특징을 갖고 있다면 대단한 축복이자 가장 으뜸가는 무형의 유산을 받은 것이다. 어느 분야를 보더라도 유별함을 타고나는 사람들이 있기 마련인데 나도 이런 사람 가운데 하나이지 않을까 싶다.

텃세와의 만남

새로운 환경에 적응하는 일에는 늘 약간의 고통이 따른다. 중학교 2학년 때 부산으로 옮겨간 나는 지금의 동래여중 부근에서 바로 위의 형, 대학을 다니던 막내누나와 함께 자취생활을 시작했다. 당시 내 주변에는 부모가 작은 아파트를 얻어주면 그곳에서 형제끼리 함께 지내며 편안히 공부하는 친구들이 꽤 있었다. 내 아버지 역시 약간 무리하면 그렇게 해주실 수 있을 정도는 되었을 텐데, 최우선순위를 사업에 두셨던 분이기에 자금이 생기면 그에 투입하는 데 여념이 없어 그렇게 하지 않으셨던 것 같다.

자취집은 주인집 바로 곁에 있었던, 두 개의 방으로 구성된 별채였다. 한 번은 주인집 아저씨의 아들과 함께 어느 여름날 내원사에 캠핑을 간 적이 있다. 아들이라고 해도 나와 동년배는 아닌, 30대 초반의 분이었던 것으로 기억한다. 주인집 아저씨는 아들과 딸을 구분하지 않고 모든 자녀들에게 교육의 기회를 제공했지만 그것을 잡은 사람도 있었고 아닌 사람도 있었다. 따라서 형제 사이더라도 교육 수준의 격차가 심했고, 나와 함께 캠핑을 떠났던 그분은 그다지 공부에 취미가 없는 사람이었던 데다 결혼 생활에도 문제가 있는 것 같았다.

내원사 계곡에 달이 휘영청 밝게 떠오른 날, 그분은 술을 잔뜩 마시고는 내게 집안 이야기, 결혼에 실패한 이야기, 부모에 대해 서운한 이야기 등을 늘어놓았다. 중학교 2학년생이 감당하기에는 무척 어려운 주제들이었지만 나는 고개를 끄덕여가며 그분의 이야기를 열심히 들어드렸다. 그러면서 한편으로는 '사람이란 자칫 잘못하면 이렇게 될 수도 있구나'라는 마음과 동시에 '부모가 뒤를 봐주는 동안에는 자기 앞가림을 잘해나가야겠다'라는 생각도 들었다.

사실 나는 오늘날의 아이들이 경험하는 안락한 분위기와는 거리가 먼 환경에서 유년기를 보냈다. 어장을 하는 집은 늘 선원을 비롯한 많은 사람들이 오고가는 데다가 집이 곧 사업장이기 때문에 이곳저곳에서 걸려오는 전화들로 좀 어수선하다. 특히 물품 대금 등으로 끊었던 수표가 돌아오기 때문에 돈을 은행에 입금해야 할 즈음이면 매일같이, 마감시간 무렵 입금을 독촉하는 전화가 걸려왔다. 뿐만 아니라 아버지가 외상 거래를 했던 분들로부터도 수시로 독촉 전화가 왔는데, 그럴 때마다 아버지의 행선지를 적당히 둘러대야 하는 일이 내게는 여간 고역이 아니었다. 그런 경험은 분명히 내 심성이나 기질의 형성에 영향을 주었을 것이고, 실제로 '나는 사업을 해선 안 되겠다'라고 결심했던 이유가 되기도 했다.

그럼에도 불구하고 통영은 나의 홈그라운드와도 같았다. 늘 반장을 도맡았던 나는 단 한 번도 학교에서 내가 주역이 아니라고 생각한 적이 없었고, 초등학교 때부터 잘 알고 지내던 친구들이 주변에 포진되어 있는 등 내 자존감을 충분히 뒷받침해주는 환경에서 지냈다. 그에 비하면 부산의 환경은 완전히 새로운 것이었다. 부산에서의 나는 주연이 아닌 조연에 불과하다는 것을 곧 뼈저리게 깨달았고, 마치 나라는 나무의 뿌리가 뽑힌 것 같은 느낌에 사로잡혔다. 훗날 연구원을 떠나 생소한 사업 세계에 뛰어들었을 때에도 이와 비슷한 기분을 느꼈던 것 같다.

초량동의 한 중학교로 전학을 간 지 얼마 지나지 않아서는 호된 신고식을 치르기도 했다. 이제 막 새로운 구성원이 된 동급생들을 손보는 일은 어디에서나 있을 수 있다. 나 역시 예외의 대상이 아니었다. 주변 공터에서 친구들에게 둘러싸인 채 정식으로 태권도를 배웠던 친구에게 흠씬 얻어맞았지만 나는 아무에게도 이야기하지 않았다. 자존심도 자존심이었지만 부모님에게 폐를 끼치는 일이라고 생각했기 때문에 마치 아무 일도 없었던 것처럼 학교를 다녔다.

시멘트와 철근으로 만들어진 회백색 건물들만 있었던 그 학교는 무척이나 황량했다. 어쩌면 그 학교에는 그렇게도 나무가 없었던 걸까? 한창 감수성이 예민하고 정서가 풍부해질 시기에 나는 콘크리트 건물에서 배우고 다녔다. 부산이란 대도시가 가졌던 인상에다 학교의 황량

함까지 더해진 덕분에 중학교 시절은 그리 아름답게 기억되지 않는다.

역사가 있고 학교장의 생각이 좀 깊은 곳들을 제외한 대부분의 지금 중고교는 거의 이런 '회백색의 학교'의 모습인 것 같다. 실제로 내 큰아들이 중학교를 배정받아 학부모로서 학교를 방문했을 때, 내가 다니던 시절의 학교와 별반 차이가 없다는 느낌을 받았다. 그냥 건물만 덩그러니 세워져 있는 학교에 현대식 설비나 기자재를 채우는 것이 전부는 아닐 텐데 말이다. 아이들이 가장 많은 시간을 보내는 학교가 녹음으로 가득 우거질 그때는 과연 언제쯤이 될까?

아이들에게 있어서는 삶이 곧 성장이고, 성장이 곧 삶이다. 그 과정이 유쾌하고 즐거워야 함은 두말 할 나위 없다. 그렇기에 그들이 보고 느끼는 데서 행복감을 느낄 수 있는 환경을 조성해야 할 필요가 있다. 훗날 아이들에게 더 나은 교육 환경을 제공하리라고 마음먹은 데는 앞서 말한 내 개인적인 경험도 어느 정도 영향을 미쳤다. 물론 과거에 비하면 많이 나아진 것이 사실이지만, 아이들이 보다 더 아름답다고 느끼는 학교 환경을 만들 수 있지 않을까 하는 생각을 해본다.

하늘나라에 가장 가까운 고교 입학

우리나라에서 고교 평준화 정책이 전격적으로 실시된 것은 1974년부터였다. 그리고 나는 평준화가 실시된 지 두 해째에 추첨으로 고등학교 배정을 받았다. 그런데 운이 나쁘게도 당시 기준으로 학군 내의 최고 명문(?) 고교에 입학하게 되었다. 누구도 입학하지 않기를 소망했던 학교인데 딱 그곳에 걸리고 만 것이다. 학교에 배정되고 난 다음에 학교를 보러 간 자리에서 가장 놀랐던 점은 해발고도가 가장 높은 학교라는 것, 학교 교정이 벽 대신 철조망으로 둘러져 있다는 것 그리고 운동장이라 할 수 있는 공간이 거의 없다는 것이었다.

놀라움과 동시에 실망도 컸지만 달리 대안이 없었다. 고교 입학 당시는 이미 아버지가 일으킨 새로운 사업으로 가세가 기울고 있었기에 나로서는 잘되어야 한다는 일념 이외의 다른 것을 생각할 여유가 없었다. 내가 부모님께 해드릴 수 있는 최선의 것은 원하는 대학을 들어가는 것이었기 때문에 오로지 다부지게 공부를 했을 뿐이다. 개인과외나 학원 수업 등 그 어떤 도움도 없이 내 힘으로 모든 것을 해결해야 했고, 그를 위한 최선의 방법은 가장 밤늦게까지 학교에 머물러 공부하는 것이었다. 나는 무엇인가에 몰두하면 그것에 흠뻑 빠지는 스타일이었고, 누가 뭐라 하더라도 한 방향으로 매진하는 특성을 가졌기 때문에 주변을 둘러볼 필요가 없었다. 그때부터 나는 무엇인가를 결정하고 나면 우직하게 끝까지 밀어붙이는 훈련을 하고 있었던 것 같다.

부산에서 가장 높은 곳에 위치했던 학교라 등굣길도 꼬불꼬불한 골목길을 따라 마치 등산하듯 올라가야 했다. 밤에 교정을 나서 집으로 향할 때면 저 멀리 부산항 방파제 양쪽에 있는 붉고 푸른 조명등을 또렷하게 확인할 수 있었다. 또한 한겨울에는 부산항에서 불어오는 세찬 바람이 교실의 문을 두드렸다. 부실한 방한 시설 때문에 찬 기운은 교실의 온도를 한껏 낮추었다. 주로 같은 교실에서 공부했던 한 선배와 나는 추위 때문에 이따금 커튼천을 온몸에 두르기도 했다.

1학년부터 2학년 1학기까지 나는 꽤 공부를 잘했다. 최상위권에 속했기 때문에 모든 사람들이 내가 대학입시에서 선전하리라 기대했다. 하지만 위기가 닥쳤다. 이 위기는 지독히도 심한 사춘기와 맞물려 찾아왔고, 덕분에 내 고교 후반부는 하염없이 무기력하게 지나가버렸다. 지금 생각해보면 몇 가지의 원인을 짐작할 수 있다. 하나는 휴식 없이 지나치게 학업을 밀어붙였다가 지쳐버린 것이다. 그리고 또 다른 하나는 함께 생활했던 누나가 대학 졸업 뒤 자기 길을 가고 손위 형도 대학 입학 때문에 서울로 떠나면서 내게 찾아온 환경의 변화였다. 이모님 댁에서 잠시 지내다가 학교 주변에서 하숙 생활을 하게 되었던 것이다.

부끄러운 이야기지만 그때 나는 참으로 많은 방황을 했다. 술이나 담배에 손을 댔던 것은 아니다. 아마도 부모님 생각을 많이 했기 때문일 것이다. '이래서는 안 되는데……' 싶었지만 아무 하는 일 없이 그냥 부산의 남포동이나 광복동을 거닐거나 멍하게 앉아 있을 적이 많았다. 성적은 급강하했고 예비고사 성적은 모든 이들이 놀랄 정도로 뚝 떨어지고 말았다.

겉으로는 매우 평온하게 보이지만 나의 성정에는 참으로 격한 면이 많다. 충동이란 단어로 표현하는 게 적당하겠다. 사춘기뿐만 아니라 제2의 사춘기를 넘어설 때 지나치게 큰 홍역을 치렀던 것도 어느 정도 그러한 개인적인 특성이 작용했기 때문이었던 것 같다. 훗날 연구원 생활을 할 때 텔레비전 토론 등에 출연해서 상대와 투쟁의식을 불사를 정도로 일전을 치렀던 것도 이러한 격한 성정에서 비롯되었던 것으로 여겨진다.

아무리 주변 상황이 급변하더라도 스스로 그런 면을 잘 다스릴 수 있다면 문제가 없지만 나는 그렇지 못했다. 그래서 고등학교 2학년 가을부터 시작해서 가장 중요한 시기인 고등학교 3학년 시기까지 지나치다 싶을 정도로 많이 방황하며 시간을 날려버렸던 것이다.

일반적으로 충동이란 단어가 가지는 느낌은 부정적이다. 그러나 이런 충동조차도 잘 다스리면 삶을 크게 도약시키는 원동력이 되기도 한다. 소년 시절부터 청년기를 거칠 때까지 충동이란 단어가 내 삶에서는 큰 역할을 했다. 스스로 다행이다 싶은 것은 그 점을 잘 다스렸던 덕분에 자칫 약점이 될 수도 있었던 부분을 강점으로 만들어냈던 것이다. 만일 누군가 내게 '어렸을 때 혹은 젊었을 때로 되돌아갈 수 있다면 가겠는가?'라는 질문을 던진다면 아마 나는 '노'라고 대답할 것이다. 내 충동적인 면을 다스리는 것이 너무 힘겨웠기 때문이다.

나는 나의 그런 단점들을 내 아이들이 물려받지 않은 것에 대해 감사하게 생각한다. 자신의 감정을 잘 추스를 수 있는 능력은 무척 중요한데, 특히 자녀가 그런 특징을 갖고 있다면 부모는 꾸준한 관심을 갖고 지켜봐야 한다. 또한 자녀 스스로가 자신을 그러한 사람이라고 알게 하도록 도와줌과 동시에, 사춘기도 슬기롭게 지나갈 수 있도록 도와야 한다.

닉 태슬러(Nick Tasler)의 《스프링(The Impulse Factor)》은 인간의 충동적인 기질을 제대로 해부한 책이다. 충동적인 인간형에 해당되는 사람들은 전체의 25퍼센트 정도에 이르는데, 이들은 탐색을 추구하는 유전자가 상대적으로 다른 이들에 비해 강하거나 많다고 한다. 이들은 순응보다 예기치 않은 도전이나 모험을 선호하기 때문에 실패나 좌절을 맛볼 가능성이 높다. 하지만 저자는 "충동적일수록 개인적 · 직업적 성공과 만족도 역시 높아지는 것이 보였다"라고 결론 내렸다.

텍사스 대학의 스콧 딕먼(Scott Dickman) 교수는 1990년대에 충동성을 유익하고 좋은 충동을 뜻하는 '실용적 충동성'과 나쁜 충동을 뜻하는 '역기능적 충동성'이란 개념으로 나누어 제시했다. 전자의 대표적인 예에 해당하는 것은 빌 게이츠인데, 딕먼 교수는 게이츠에 대해 "그의 두뇌 회로에는 마치 잠재적 가능성을 향해 항상 불이 켜진 긍정적 신호와 재앙을 감지하는 음울한 신호가 공존하고 있는 것 같다"라고 말하기도 했다.

어쨌든 나는 아무에게도 말하지 않고 혼자 힘으로 그 힘든 시기를 견뎌내면서 비용 역시 톡톡히 지불했다. 앞서 말했던 가장 중요한 시기에 있었던 방황과 더불어 대학 입시에 실패한 것이 그것이다. 그러나 지나놓고 보면 인생에서 버릴 만한 경험이 없다는 생각이 든다. 비록 단기적으로 봤을 때에는 입시 실패로 큰 위기에 봉착했지만 홀로 그 힘든 시기를 이겨낸 경험들이 있었기에 훗날 긴 인생살이에서 한마디로 '자기주도적' 인생을 살아갈 수 있었다고 생각한다.

어떤 환경에서든 자존감을 잃어버리지 않는다면 재기의 기회는 얼마든지 있다. 다만 귀한 날들을 허송세월함에 따라 지나치게 삶의 무게가 무거워지지 않도록 방황의 강도와 진폭을 줄여주는 노력이 필요하다. 사춘기의 특성을 제대로 이해했더라면, 그리고 나만이 그런 어려움을 경험하는 것이 아니라는 사실을 알았더라면 힘든 시기를 더 슬기롭게 넘어갈 수 있었을 것이다.

이렇게 부모 슬하를 떠난 후에는 바람 잘 날이 없었지만 나는 내가 중요한 사람이라는 사실을 잊지 않았고 어려움에 빠졌을 때에도 넘어지지 않았다는 점이 자랑스럽다. 다만 내가 가진 충동적인 기질은 이후에 전개되는 청년기와 중년기까지 때로는 긍정적으로, 또 때로는 부정적으로 여러 영향을 끼치게 된다.

진로와 연결고리

입시에 실패한 나는 서울 세종문화회관 인근에 있는 재수학원을 다녔다. 1년 6개월 정도의 공백을 메우는 일이 쉽지 않았지만 뛰어난 교사들의 수업을 들으면서 내 실력은 하루가 다르게 향상되었다. 학원에서는 매달 과거시험의 방을 붙이듯이 1등부터 성적순으로 학생들의 이름과 순위, 점수를 기록한 공고를 붙였는데, 정말 쟁쟁한 친구들이 많았다. 재수 시절에 깨우친 명확한 사실 가운데 하나는 세상에 공부를 잘하는 사람들이 정말 많다는 것이었다. 물론 노력하면 잘할 수 있는 것이 공부이긴 하지만, 뛰어난 공부 머리를 타고난 친구들도 분명 있었다.

세상은 넓고 똑똑한 친구들은 많다는 사실을 자주 깨우치는 일은 바람직한 것이다. 그래야 자신의 수준을 가늠하고 어떻게 진로를 개척해야 할지에 대한 생각을 정리할 수 있기 때문이다. 그 무렵의 친구들을 아직도 이따금 만나는데, 사회에 진출한 뒤로는 그때의 성적 순서와 무관하게 앞길이 풀려나가는 것 같다. 타의 추종을 불허할 정도로 공부의 귀재였음에도 불구하고 사법시험이나 행정고시 등에 실패하면서 삶의 실타래가 엉켜버린 친구들을 만날 때마다 마음이 무겁다. 삶에서는 실력 외에 운명이란 요소 역시 중요한 변수인 것 같다. 아무튼 나는 재수 시절이 마지막 기회라고 생각하며 열심히 공부했고, 중간 중간에 고비도 있었지만 주위 사람들의 기대에 어긋나지 않게 안정적으로 고려대학교에 입학할 수 있었다.

처음에는 '이왕 고려대에 들어가는 것이라면 법대를 지원해야겠다'고 생각했지만 큰형의 만류로 경제학을 전공으로 선택했다. 진로는 이렇게 우연히 결정되는 경우가 많은 것 같다. 아마 법대를 갔으면 지금과 같은 꽃을 피우지 못했을 것이다. 논리적인 업무는 내게 그다지 맞지 않았을 것이기 때문이다.

오늘날과 달리 과거엔 뚜렷한 진로 지도가 없었다. 고교 3년을 앞두었을 때에는 수산대학교를 가서 아버지가 하는 일을 해보면 어떨까 생각해보기도 했다. 결과적으로는 그저 스쳐 지나가는 생각에 그치고 말

앉지만 스스로의 의지에 따라 결정하기 이전에 집안의 가업 등의 것과 연결고리를 맺는 일은 바람직하지 않다고 본다. 내가 만일 그 길로 갔다면 인생행로는 크게 달라졌겠지만, 많은 사람을 다루는 사업이 내 특성과 맞았을지에 대해서는 확신이 서지 않는다. 부모라 해도 조언을 해줄 수만 있을 뿐, 궁극적으로 자신의 진로는 자기가 선택하는 것이 후회가 없을 것이다. 고교를 마치고 대학을 간다는 것은 인생에서 하나의 큰 페이지가 마무리되는 것을 뜻한다. 그리고 삶에서 결정적인 순간 가운데 하나가 있다면 자신의 힘으로 좋은 대학에 입학 허가를 받는 그때일 것이다.

자식들에게

부모라면 누구나 자식들이 이렇게 젊은 날을 보내주었으면 하는 바람이 있다. 최근에 내가 쓴 '아들딸에게 보내는 부모의 편지'를 소개한다.

민수, 현수에게

너희가 다들 알아서 잘하고 있기에 아빠가 특별히 강조할 말은 없다. 하지만 내가 대학시절로 다시 돌아가서 너희들의 입장이 된다면 뭘 어떻게 해야 하는가에 대해 한번 생각해보았다.

인생에서 대충 넘어가는 것은 하나도 없다. 특정 시기에 반드시 마무리해야 할 일을 제대로 수행하지 못하면 인생의 어느 시점에선 그에 상응하는 비용 청구서가 날아오게 되어 있다. '뭐, 별일 있겠어'라고 생각하기 쉽지만 '반드시 별일이 생긴다'는 점을 꼭 염두에 두어라.

뿌린 대로 거두는 것이 삶이다. 이따금 요행도 있지만 그런 요행이 일어날 가능성은 매우 낮다. 아버지 나이가 되니 많은 사람들의 부침(浮沈)을 보게 된다. 반짝하다가 사라진 사람도 있고 무명(無名)인 상태에서 천천히 두각을 나타내는 사람도 있다. 이런저런 유형의 사람들을 보면서 '세상일의 어느 하나도 정말 건너뛸 수 있는 것은 없구나'라는 생각을 새삼하게 된다. 요행이나 행운에 기대지 말고 뿌린 대로 거두어들인다는 생각으로 학창시절을 보내기 바란다. 성실히 꾸준히 해나가는 사람은 반드시 이에 상응하는 결과를 얻게 된다.

삶의 어느 순간인들 중요하지 않은 시기가 있겠는가만, 생계(生計)에 대한 부담감을 갖지 않고 마음껏 미래를 준비할 수 있는 시기는 대학시절이 거의 마지막일 것이다. 물론 어디서 무엇을 하든 평생 배우고 익히는 일은 계속되어야 하겠지만 짧은 시간 안에 평생을 살아가는 데 토대가 되는 지적 인프라를 구축하는 절호의 시기가 대학시절이라 생각하기 바란다. 이런 귀한 기회를 놓치지 않도록 주의해야 한다.

세월을 아끼고 젊음을 아껴라. 아버지도 나이가 들면서 '나에게 남겨진 세월이란 것이 이제는 제한되어 있구나' 싶기도 하고, 마치 은행에 남아 있는 세월이라는 잔고(殘高)를 조금씩 빼서 사용하고 있다는 생각 때문에 더더욱 시간의 소중함을 느끼고 있다. 젊음은 금세 가버린다. 흘러가는 세월을 자신의 계획에 맞추어서 어떻게 사용하는가에 따라 인생의 큰 물줄기가 달라진다고 생각함과 동시에 어디에 자신의 젊음을 투자할 것인지를 명확히 하고 생활하기 바란다.

이런 인생, 저런 인생을 우리가 다 살아볼 수는 없는 일이다. 어떤 분야에서 무엇을 추구할지를 찾아내는 일은 앞으로 해내야 할 일 가운데서도 중요한 일에 속한다.

지나치게 유행에 휘둘리지 않았으면 좋겠다. 이런 분야가 뜨니까, 혹은 대다수 사람들이 선택하는 분야이니 나도 이 길로 가야겠다는 생각이 들 때면 다시 한 번 찬찬히 살펴봐야 한다. 혹시 사람들이 고정관념이나 선입견 때문에 그런 선택을 하는 것은 아닌지 생각해보기 바란다.

진로를 선택하는 일은 개인이 선택할 수 있는 최고의 전략적(戰略的) 판단 가운데 하나다. 앞으로의 가능성도 내다봐야 하겠지만 자신이 재능과 강점 있는 분야를 찾아내는 데 꼭 성공하기 바란다. 현명한 선택을 하는 일이 아주 힘들거나 어려운 일은 아니라고 본다. 선택해서 수강하는 과목들 하나하나에 관심을 갖고 자신과 과목 사이에 이루어진 상호관계를 유심히 관찰하다보면 자신의 재능과 강점을 찾아내는 데 있어서도 원하는 성과를 거둘 수 있을 것이다.

가끔 성취한 사람들과 그렇지 못한 사람들을 만날 때가 있다. 누가 자신이 원하는 바를 이루고 누가 그렇지 못한가를 살펴보면 여러 가지 요인들이 있기 마련이다. 그러나 그중에서도 가장 중요한 것은 승자(勝者)들의 경우 어떤 상황에서도 타인(他人)이 빼앗아갈 수 없는 자신만의 확고한 몇 가지 습관이 있다는 점이다. 그런 습관의 목록들은 젊은 날은 물론이고 평생을 가는 것 같다. 가능한 한 규칙적으로 생활함과 동시에 자신의 생활에 지속성을 더할 수 있는 군건한 습관들을 만들어내는 데 꼭 성공하길 바란다. 사람을 만드는 것은 결국 습관이다.

쉽게 공부하려 하지 말고, 꼭 들어야 하고 들어두면 크게 도움이 될 수 있는 학과목들은 과감하게 도전하기 바란다. 그런 도전들이 돌려주는 성과는 의외로 크다. 추상적인 과목들도 도움이 되겠지만 좀 더 구체적인 과목들, 그리고 세월이 가면 다시 배우기 힘든 과목들은 반드시 이수하도록 해라. 남들이 힘들다고 피하는 과목일지라도 스스로 도전하면서 거둘 수 있는 성과는 예상 외로 크다는 점을 명심해야 한다.

지금은 공부가 생활의 중심이 되어야 하겠지만 우연한 만남의 기회들이 삶에서 큰 역할을 하게 된다는 것도 기억해라. 클럽, 강연회, 교우 등 다양한 부분에 걸쳐서 접촉면을 넓혀가는 일도 미래를 위한 투자라는 점에서 퍽 도움이 될 것이다. 자신의 시간을 아끼는 일 못지않게 중요한 것이 자신의 몸을 아끼는 일이다. 바쁜 일과 속에서도 운동을 투자로 받아들이고 몸의 상태를 지속적으로 끌어올리는 일에도 많은 관심을 갖기 바란다.

이성 친구들을 사귈 때도 책임감 있게 행동해야 한다. 이성을 보는 눈은 세월 따라 크게 바뀌기 마련이다. 아직 시간들이 많이 남아 있기에 이성 친구들도 사귀겠지만 그런 활동이 지나쳐 학업에 지장을 가져오지 않도록 해야 한다. 뿐만 아니라 아직 자신의 성장이 계속 이루어지는 상황이라는 점을 기억하며 섣부른 의사결정을 내리지 않도록 주의해야 할 것이다.

우리가 자주 이야기해왔듯이 우리 모두는 각자의 길을 간다. 아버지는 아버지의 길을, 너희들은 너희들의 길을 간다는 뜻이다. 이따금 아버지가 도움의 손길을 내밀 수도 있겠지만 결국 자신의 삶의 대부분은 스스로가 만들어가는 것이다. 멋진 길을 걸어가기 바란다. 그 길에서 거둘 수 있는 영광과 기쁨의 순간들은 결국 너 자신의 것이다. 더불어 늘 자신이 누리고 있는 것을 당연히 여기지 말아야 한다. 자신이 누리고 있는 것은 좁게는 부모와 조부모, 넓게는 그 세대들의 헌신과 노고에 힘입은 바가 크다는 점을 늘 가슴에 새기고 감사해야 한다. 자신과 가족 그리고 사회에 크게 쓰이는 사람이 될 수 있도록 최선을 다하는 생활이길 기대한다. [14]

1. 충분히 공부하라 개인적인 상황에 따라 정도의 차이는 분명 있겠지만, 일반적으로 보통의 부모가 자식에게 도움을 줄 수 있는 시간은 대략 18년 정도다. 초등학교와 중고교를 합치면 12년, 여기에다 유치원을 합치면 14년, 마지막으로 대학의 4년을 더한 시간이 돈에 대해 크게 걱정하지 않고 공부할 수 있는 시기다. 물론 공부를 잘한다고 해서 훗날 모두가 성공하는 것은 아니다. 삶에는 늘 불확실성이 존재하기 때문이다. 하지만 평생을 살아가는 데 꼭 필요한 일은 바로 배워야 하는 시기에 충분히 배우는 것이다. 이 시기를 지나는 젊은이들은 부모보다 주변 친구들의 이야기에 더 많은 귀를 기울인다는 특징이 있다. 그래서 따분한 생활의 반복처럼 보이는 학교를 그만두거나 탈선하는 학생들도 더러 눈에 띈다. 그렇게 배움의 시기를 놓쳐버린 것이 자신의 인생 전체에 암울함을 드리운다는 것을 깨우치는 것은 보통 한참의 세월이 흐른 뒤의 일이다. 따라서 일단은 열심히 공부하는 것이 제일 우선시되어야 한다. 누구에게나 공부가 원래부터 즐겁고 유쾌한 일은 아니겠지만, 자신이 하기에 따라서 얼마든지 즐거운 일로 받아들일 수도 있다.

2. 대학은 평생을 함께하는 브랜드다 열심히 공부한다고 해서 모두가 명문대에 들어갈 수 있는 것은 아니다. 하지만 학창시절의 마지막 결정판은 어느 대학을 들어가는가 하는 것이다. 세상이 변화하면서 학벌의 중요성 역시 다소 변하겠지만, 사람들이 갖는 인식까지 변화시키기는 역부족일 것이다. 브랜드는 우리가 물건을 살 때 좋은 물건과 그렇지 않은 물건을 구분하는 기준이 되곤 한다. 마찬가지로 대학도 한 사람의 평생에 있어 브랜드 역할을 톡톡히 하게 된다.

강연자로 활동하면서 이따금 드는 궁금증이 있다. 청중들에게 강연자를 소개할 때면 항상 "이분은 ○○대학교를 졸업하고……"라는 말이 맨 먼저 등장한다. 내가 생각하는 올바른 순서는 지금 그가 하고 있는 일을 소개하고, 그다음으로 학교 졸업 뒤 어떠한 성취를 이뤄왔는지와 같은 내용을 소개한 뒤 시간적 여유가 있으면 출신 학교를 언급하는 것이다. 하지만 이런 경우는 거의 보지 못했다. 그만큼 한 사람의 삶에서 출신 대학이 차지하는 비중이 크다는 것을 뜻한다. 바람직하지 않지만 이것은 사실이다. 그 시절을 이미 뒤로한 사람들에게는 어쩔 수 없지만, 그것이 10대라는 중요한 시기를 보내고 있는 이들에게 평생을 함께하는 브랜드를 가지는 것의 중요성을 강조하고 싶은 이유이기도 하다.

4. 전공 선택에 있어 유행에 휘둘리지 않도록 하라 자기 자신에 대해 속속들이 알 수 없는 시기이고 미래를 정확히 예측할 수 없기 때문에 전공이나 진로를 선택하는 일에는 늘 불확실함이 따를 수밖에 없다. 일찍부터 자신의 장단점을 제대로 파악해온 사람이라면 자신이 걸어가야 할 방향을 선택하는 데 있어 큰 어려움을 겪지 않지만, 사실 10대에 이런 행운의 주인공이 되기란 결코 쉽지 않다.

자신이 공부하고자 하는 것을 확고히 정한 상태가 아니라면 전공 선택에 있어서는 적용 범위가 넓은 분야를 택하는 것이 바람직하다. 사람은 늘 변화할 수 있음을 염두에 두어야 하기 때문이다. 예를 들어 특정 전공의 경우엔 졸업 이후 반드시 그 분야의 직업을 구하게 하는 족쇄가 되기도 한다. 다시 말해 대학을 다니는 동안 진로에 대한 생각이 바뀐다면 그간 자신이 선택하고 공부했던 분야가 별 도움이 되지 않을 수도 있다는 뜻이다. 그렇기에 대체 가능성이 높은 분야를 선택하는 일이 바람직하다고 본다.

전공을 선택하는 일은 젊은 시기의 시간 중 많은 부분을 어디에 투자할 것인지를 결정하는 것이다. 졸업 뒤 추가적인 학위 과정을 염두에 두는 사람이라면 대학시절 동안 추상적인 과목을 많이 배우는 전공을 선택할 수 있지만, 대학시절이 정규 공부의 마지막 시기라면 좀 더 구체적이고 실용적인 지식에 더 많은 시간을 투사하는 것이 바람직하다고 본다. 추상적인 지식은 혼자 책을 읽으면서, 혹은 부전공 등을 통해서도 배울 수 있기 때문이다. 또한 뚜렷한 근거 없이 '지금까지 인기 있는 학과였으니 앞으로도 그렇겠지' 하는 식의 막연한 추측에 바탕을 두고 전공을 선택하지는 않도록 해야 한다.

4. 좋은 습관을 가져라 '세 살 버릇 여든까지 간다'는 말처럼 한 인간의 습관은 좀처럼 변하지 않고, 그렇기에 삶에 있어 대단히 중요하다. 평생 지니고 함께 할 좋은 습관을 10대에 가질 수 있다면 대단한 힘으로 삶을 살아갈 수 있을 것이다.

학력만을 지나치게 강조하는 오늘날에는 좋은 습관처럼 한 인간의 됨됨이를 만드는 요소들을 중시하는 경우가 상대적으로 적다. 하지만 현명한 부모라면 어릴 때부터 자녀들이 좋은 습관을 갖도록 도와야 한다. 누구에게나 고운 말을 사용하기, 누가 보든 보지 않든 반듯하게 앉기, 자신감 있되 겸손하게 행동하기, 도움을 받았을 때 감사 인사를 하기, 자신이 누리고 있는 것에 대해 항상 감사하는 마음 갖기, 부모 및 어른에게 존댓말을 사용하기, 타인뿐 아니라 자기 자신에게도 정직하기, 자기 물건을 챙기고 주변을 정리정돈하기 등과 같은 좋은 습관이라 할 수 있는 것들은 상당히 많다. 이러한 습관이란 특별히 의식하지 않은 상태에서 자연스럽게 행하는 것이기에 이를 반드시 자신의 것으로 만들어야 함은 물론이다.

5. 사춘기를 잘 넘어서라 감정이나 기분에 있어 격정의 파고가 밀어닥치는 시기가 사춘기다. 부모들은 이 시기에 이른 아이들의 변화 때문에 당황하는 경우가 생기고, 어떤 아이들은 부모의 바람과는 정반대의 방향으로 탈선해버리기도 한다. 사춘기를 무사히 넘긴 자녀의 부모들은 안도의 한숨을 내쉼과 동시에 아이에게 감사하게 될 정도로 이 시기는 감정적인 격동의 시기에 해당한다.

사춘기에 대해 제대로 알지 못해 피해를 보는 경우도 빈번하게 발생한다. 다른 이들은 겪지 않는 독특한 문제를 자신만 경험하는 것이라고 여기는 등 그 문제에 대한 정확한 정보를 갖고 있지 않다면 해결에는 더 큰 비용을 지불해야 한다. 때문에 사춘기는 인간의 성장 과정에서 누구든지 경험한다는 것을 인지함과 동시에 그 특성에 대한 이해도를 높일 수 있다면 슬기롭게 넘길 수 있을 것이다. 마치 어떤 수학 원리를 잘 이해하고 있을수록 그것을 묻는 문제를 더 잘 풀 수 있는 것처럼 말이다. 나만이 겪는 문제가 아니라는 점을 반드시 기억하고 사춘기의 특성을 이해하면서 미리 경험한 사람들에게 도움을 요청해보자. 그리고 '모든 것은 다 지나간다'라는 말도 꼭 염두에 두길 바란다.

6. 오락이나 재미에 길들여지지 마라 쾌락 가운데서도 특별한 노력을 기울이지 않고 누릴 수 있는 것, 그래서 자칫하면 중독으로 연결될 수 있는 쾌락에 특히 주의해야 한다.

오늘날은 쉽게 즐길 수 있는 오락이나 재밋거리가 도처에 널려 있기에 그런 것들로부터 자신을 보호하는 일이 쉽지 않는 시대이기도 하다. 자본주의는 그 특성상 끊임없이 무엇인가를 팔아야하는 체제이기 때문에 항상 오락이나 재미 등을 소비해줄 사람들을 찾으려고 한다. 이때 가장 공격적으로 노리는 이들이 바로 10대들이기 때문에 그들을 상대로 하는 각종 상품이나 서비스가 활성화되어가고 있다. 물론 그런 상품이나 서비스에는 당연히 오락이나 재밋거리가 들어 있음을 주지해야 한다.

게임의 유해성에 대한 논란이 심심치 않게 일어나긴 하지만, 스스로 절제할 수 있다면 사실 별 문제가 되지 않는다. 그러나 자제력을 상실해버리고 거의 중독 상태에 빠진 학생들을 만나는 일은 결코 드물지 않다. 중독의 문제가 어디 청소년들뿐이겠는가. 성인 중에서도 담배나 술처럼 중독성 물질을 가까이해본 사람들은 그것들이 가진 힘이 얼마나 강한지를 뼈저리게 느꼈을 것이다. 어른이든 청소년이든 해로운 것에 중독되는 것은 누구나 주의해야 하지만, 절제력이 성인에 비해 떨어지는 시기의 10대라면 특히나 자신의 시간과 에너지를 빼앗아버리는 중독으로부터 스스로를 보호하려는 노력이 반드시 필요하다. 이때 가장 확실한 중독 방지책은 해로운 대상을 절대 가까이 두지 않는 것이다.

7. 젊음을 소중히 여기고 잘되어야겠다고 결심하라 대다수의 어른들에게 '지금까지 살아오면서 가장 후회하는 것은 무엇입니까?'라는 질문을 던지면 어김없이 '학생이었을 때 좀 더 열심히 공부했어야 했다는 것'이라는 답이 돌아온다. 직장이나 가정을 갖는다는 것은 곧 누군가에게 책임을 지는 것이다. 이런 책임을 가지고 생활해야 하는 시기에는 폭발적으로 지식을 축적한다는 것이 결코 쉽지 않다. 공부에 기울일 수 있는 절대적인 시간의 양이 적기 때문이다. 때문에 10대 시절을 보내는 사람이라면 자신에게 주어진 그런 좋은 시기가 한시적이며 다시는 돌아오지 않는다는 것을 반드시 스스로 깨달아야 한다.

또한 운이 좋아 세상의 온갖 풍파들을 막아줄 보호막을 제공하는 부모를 가진 사람이라면 자신이 누리고 있는 것을 절대로 당연시하지 않아야 한다. 부모 덕분에 누리고 있는 그 좋은 시기에 자신을 열심히 닦고, 자신의 젊음과 세월을 아껴 귀한 곳에 사용할 수 있게 해야 한다는 뜻이다.

실력을 연마하고 공부하는 즐거움을 깨우치는 주체나, 몸을 튼튼히 하고 즉흥적인 쾌락을 멀리하며 시야와 안목을 넓히는 일을 수행하는 주체는 결국 자기 자신이다. 아무리 많은 기회가 주어진다 해도 스스로 얻은 깨달음이나 생각이 없는 사람들은 그저 열심히 하는 시늉만 하는 것에 머물고 만다. 물가까지 말을 끌고 갈 수는 있지만 물을 마실지의 여부는 결국 말이 결정한다. 10대의 젊은이들도 마찬가지다. 귀하고 좋은 일을 할 것인가, 아니면 낭비적인 것을 할 것인가를 선택하는 것은 결국 자신이고, 그 선택에 대한 책임을 두고두고 지는 것 역시 자기 자신임을 기억하기 바란다.

제3부

20대,
미래를 위한 준비

오늘날의 청년들은 불확실한 미래와 취업난 때문에 마음고생이 이만저만이 아니지만, 나와 같이 80년대에 대학문을 나섰던 졸업생들 역시 정도의 차이는 있었을지언정 그와 비슷한 상황을 경험했다. 다들 가능성이 없다고 손사래 치는 목표를 세우고 당차게 달성을 향해 줄달음치면서 자신의 운명을 실험해보는 것, 그것 이외의 다른 길은 내게 없었다.

1장

가슴이 나에게
어떻게 살지를 묻다

1979년 10월 26일, 박정희 대통령 시해 사건 이후 대한민국은 정치뿐 아니라 경제 사회 등 모든 면에서 극도로 불안한 상태에 빠졌고, 그 여파는 우리 집에도 밀어닥쳤다. 아버지가 과도하게 많은 돈을 끌어 모아 시작한 사업은 어황 부진과 더불어 박 대통령 시해 사건으로 자금 경색까지 겹치면서 결국 부도라는 막다른 골목에 내몰린 것이다. 아버지는 멸치잡이 전문 선단, 즉 기선권현망에서 벌어들인 돈을 이용해서 사업을 다각화하려 했으나 그 결과는 매우 참담했다.

아직도 궁금한 점은 늘 용의주도했던 아버지가 누구도 시도하지 않았고 큰 위험이 따르는 그 사업을 어떻게 시작하게 되었는가 하는 것이다. 아마 아버지는 이미 멸치잡이 사업을 속속들이 파악하고 있기 때문에 신규 사업이라 해도 그렇게 다르지 않다고 생각했을 것이다. 그러나 일본에서 대거 도입한 기계들을 당시 한국에서 일하는 인력들이 척척 사용하기란 어려운 일이었다. 아버지와 달리 본업에서 거둔 수익을 인근의 건물과 땅에 투자했던 사람들은 대부분 오랫동안 재산을 유지했다. 대부분의 사업가들은 안정적인 수익이 어느 정도 확보되면 사업 포트폴리오 재조정을 통해서 가능한 한 위험을 피하려 한다. 그러나 아버지의 노력들은 오히려 위험으로 되돌아왔고, 결과적으로 몰락의 씨앗이 되었다.

아버지의 부도가 준 무형의 유산

사업가에게 있어서 부도란 자신이 오랜 세월동안 만들어온 거의 모든 것을 잃어버린다는 것을 뜻한다. 훗날 어머니는 나와 대화를 나누시다가 아버지의 사업 실패를 두고 "너거(너희) 아버지가 딴 곳(예를 들어 여자나 도박 등)에 눈을 팔아서 재산을 잃어버린 것이 아니라 잘해보려고 노력하다가 그리 된 거라는 사실이 어려움을 딛고 다시 일어서는 데 큰 도움이 되었다"라고 말씀하셨다.

내가 대학에 입학했던 때는 1979년 봄이었다. 그로써 우리 집안의 대학생은 큰형과 작은형, 나까지 세 명이 되었다. 그리고 그해 겨울, 아버지의 사업이 부도났다. 한창 교육비가 들어가야 하는 시점에 맞은 부도는 우리 삼형제에겐 최악의 경우 학업을 중단해야 할지도 모른다는 것을 뜻하기도 했다.

부도는 아버지뿐만 아니라 우리에게도 물질적 빈한함과 더불어 정신적 상흔을 남겼다. 내가 평생 동안 더욱 열심히 앞을 향해 달음박질을 하듯이 달려가는 것, 그리고 내가 이룬 것에 대해서 좀처럼 안심하지 못하는 것은 아마 청년기에 경험했던 아버지의 부도 때문인 것 같다. 살면서 여간해서는 긴장의 끈을 풀 수 없고, 하나를 마치면 또다시 신발 끈을 조여 매고 달려나갈 준비를 하는 것은 아버지가 본의 아니게 물려준 무형의 유산일지 모른다. 때로는 그때의 정신적 상흔이 오늘을 사는 힘이 되었다고 생각한다.

언젠가 기업 인수에 있어 발군의 능력을 발휘하며 중소기업을 중견 그룹으로 일구는 데 성공한 오너와 대화를 나누다가 이런 이야기를 들었던 적이 있다.

"저를 두고 '용감하다'는 표현을 사용하는 사람들이 많습니다. 아마도 제가 매수합병을 통해서 기업을 잘 키워왔기 때문에 그렇게 생각하는 거겠죠. 그러나 저는 겁이 아주 많은 사람입니다. 부친이 사업에 여러 번 실패하셨거든요. 그래서 전 늘 조심조심 앞을 향해 나아가는 편입니다. 용감함과는 거리가 먼 사람이죠."

나는 그것이 마치 내 이야기인 것처럼 느껴졌다. 사람들은 내게 참 과감하고 용감한 사람이라 평하지만 나는 '주의, 주의 또 주의'라 생각하며 조심스러운 행보를 계속해왔다. 물론 결정적인 기회가 오면 지나치게 용감한 사람처럼 과단성 있게 행동하지만 내면세계의 대부분은 아버지의 부도가 남긴 상흔으로부터 평생 동안 완전히 자유로울 수 없을 것이다. 그만큼 젊은 날의 아픈 경험은 오래 지속되기 때문이다.

결국 세 사람 가운데 막내인 나만 남고 두 형들은 모두 휴학계를 내고 입대했다. 1학년을 마치고 돌아온 집의 정경은 을씨년스럽기 짝이 없었다. 농촌에서나 어촌에서나 겨울은 휴업기에 해당하기 때문에 경제적으로 쪼들리는 시기다. 때문에 나는 부산의 이모님 댁으로 가서 이종사촌 동생들을 가르치며 방학을 보냈고, 통영 집에는 가끔씩 오고갔다.

한 번은 부산에서 통영으로 돌아와 있었는데, 친구가 살고 있다는 남해를 꼭 가보고 싶어졌다. 그걸 아신 아버지는 내게 차비와 용돈을 챙겨주셨다. 한 푼의 돈도 나오지 않는 휴어기(休漁期)에 어떻게 아버지가 돈을 마련해서 손에 쥐어주었을까 하는 생각이 지금도 이따금씩 들곤 한다. 내가 그 무렵의 아버지 나이가 되어 당시의 아버지를 생각하노라면 숙연해지는 마음을 어쩔 수 없다.

재기하기 위해 안간힘을 썼던 아버지

부도가 나면 집이나 건물, 각종 시설물 등 그 사업자의 모든 재산은 채무자의 손에 넘어가버린다. '경남 충무시 항남동 150-26번지'에서 어머니는 우리 7남매를 낳고 키웠지만, 부도로 인해 수십 년을 살아온 집에서 버릴 것은 버리고 챙길 것은 챙겨서 근처의 셋집으로 살림살이를 옮겨야 했다.

세월이 흐른 뒤 어머니는 "그 집에서 너희를 키우고 자라게 했는데, 막상 집을 비워주려고 짐을 싸려니 눈물이 한없이 흘러서 어찌해야 좋을지 모르겠더라"라고 말씀하시기도 했다. 아마 당시 어른들에게 있어 집이란 재산 이상의 추억이 담긴 삶의 뿌리와 같은 것이었을 텐데, 그것이 송두리째 뽑혀버린 것이다. 막상 이렇게 지난날을 정리하는 작업을 하면서 당시 어머니의 마음이 얼마나 참담했을까를 생각하면 '어머니, 정말 고생하셨습니다'라는 말을 꼭 해드리고 싶지만 이미 부모님은 곁에 없다.

우리 집 주변은 온통 일제 시대 때 일본인들이 세운 집들로 빼곡했다. 새로 얻은 전셋집은 길가에 있었는데, 예전 집처럼 독립된 가옥이 아니라 큰 일본식 건물을 여러 집으로 나누어놓은 곳이었다. 방학이 되어 집을 찾아도 며칠 머물 수 없을 정도로 좁고 생소하기 짝이 없었다.

한번은 작은 이모부가 오셔서 하룻밤을 묵고 가신 적이 있었다. 어머니는 이모부를 위해 2층에 잠자리를 마련해두었으나 천정의 쥐들은 밤새도록 분주히 오고갔다. 크게 배운 것은 없었지만 예의범절과 체면을 무척 중요시했던 어머니는 이모부에게 무척 미안해하시며 어쩔 줄 몰라 하셨다. 가세가 기울어서 빈한해지자 경제적인 것은 물론 심리적으로도 많이 위축되는 것 같았다.

새로 옮겨간 집에는 담배 가게가 붙어 있었다. 당시는 담배 가게도 하나의 권리였고, 그래서 아마도 집을 빌리는 데에는 담배 가게를 계속해야 한다는 조건이 붙었던 것 같다. 그래서 어머니는 일을 하다가도 "담배 주세요" 하는 소리가 들리면 얼른 뛰어와 담배를 팔았고, 나 역시 방학이라 잠시 머물 때에는 그래야 했다.

비좁고 몸 씻을 곳도 마땅찮은 불편한 집에서 2년 정도 지낸 뒤, 우리는 경매에 넘어가기 직전의 집으로 옮겨갔다. 시내로부터 30~40분 정도 버스를 타고 가야 나오는 그 집은 철선을 만드는 조선소로부터 몇십 미터 떨어진 곳에 있었고, 집 장사들이 날림으로 지은 집이라 환경이 열악하기는 마찬가지였다. 신분 하락은 곧 중심부에서 주변부로 밀려남을 의미한다는 것을 강하게 체험했던 시절이었다.

방학 때마다 집에 내려가서 했던 일은 바로 손위의 형과 함께 리어카를 끌고 가서 물을 길어 오는 것이었다. 시내를 제외하면 물 사정이 그다지 좋지 않았고, 그렇게 길어놓으면 어머니의 힘든 일이 조금이나마 덜어지기 때문이었다. 출렁거리는 물탱크를 실은 리어카를 형님이 앞에서 끌고 내가 뒤에서 밀었다. 하지만 큼직한 물통을 실은 리어카를 뒤에서 밀고 가는 것이 내게는 별로 마음 편한 일이 아니었다. 체면이 깎이는 일이라면 좀처럼 하지 않는 지금의 성격처럼, 그때도 나는 남의 눈을 많이 의식하는 편이었다. 그래서 방학 때 잠시 내려가는 집이었지만 도착하자마자 무슨 수단을 강구해서라도 서울로 빨리 도망갈 궁리만 했다.

가난해지는 것은 고통스런 일

당시 집 근처에 있던 조선소 오너의 아들은 형님과 동갑내기로 중학교 동창이기도 했다. 집에서 시내로 나가기 위해서는 그 조선소 앞에서 버스를 기다려야 했는데, 자가용이 귀한 시절이었음에도 불구하고 기사가 모는 검정색 중형차를 탄 그 사람의 모습을 이따금 목격할 수 있었다. 자신의 동기동창이 검정색 자가용의 푹신한 의자에 몸을 묻고 다니는 모습에서 형이 어떤 기분을 느꼈는지는 알 수 없다. 하지만 나는 그때 '우리는 가난해졌다'는 점을 뼈저리게 느낄 수 있었다. 그리고 어머니는 통영시 끝자락에 놓였던 그 집을 벗어나지 못한 채 결국 이승을 하직했다.

2002년 무렵쯤, 휴식을 위해 막내아이만 데리고 중문의 신라호텔에서 며칠을 묵었던 적이 있다. 막내가 일찍 잠자리에 들었던 비 내리는 저녁, 나는 우연히 호텔 로비를 지나다가 최인호 선생이 쓴 《어머니는 죽지 않는다》라는 책을 빌렸다. 장성한 뒤에는 책을 읽다가 혼자 펑펑 울었던 적이 거의 없는데, 그날 나는 정말 많이 울었다. '어머니가 얼마나 외로웠을까'라는 부분이 눈에 들어오자 주체할 수 없이 감정이 북받쳐 올랐다. "너희들이 모두 다 커서 외지로 떠나 버리고 너거 아버지가 새벽부터 바깥에 나가서 사업하느라 뛰어다니니 혼자서 이곳에 앉아 있으면 적막강산이 따로 없다"라고 이따금 어머니가 말씀하셨지만 별반 귀담아 듣지 않았던 기억이 되살아왔다.

사교적이지 않았을 뿐만 아니라 사교적일 수도 없었던 어머니이지만 그래도 시내에서 살 때에는 몇몇 친구분들이 있었던 터라 이따금 그분들을 만나 이런저런 이야기를 나누며 위안을 얻으셨던 것 같다. 하지만 새로 이사한 동네는 지금 가봐도 정말 오지라는 생각이 드는 곳이니 어머니가 그 친구분들을 가끔씩이라도 만나기란 무척 어려운 일이었을 것이다.

대학 2학년 방학, 나는 시내버스를 타고 새로 옮겼다는 우리집을 찾아가고 있었다. 하지만 초행이어서 그랬는지 내려야 할 조선소 앞 정거장보다 한 정거장을 먼저 내려버렸다. 집을 찾아 언덕길을 내려오는데 갑자기 참담함과 슬픔이 몰려왔다. 선주집이니 다들 우리가 잘사는 집이라고 생각했지만 정작 나는 한 번도 그렇게 느껴본 적이 없었다. 그런데 이제는 '우리 집이 정말 망했구나' 싶은 생각이 분명히 들었다. 사업가가 부도를 맞는 일, 직장인이 실직하는 일 등을 지금도 나는 예사롭게 여기지 않는다. 그것이 자신뿐만 아니라 가족에게 어떤 영향을 미치는지를 너무나 잘 알기 때문이다.

세월이 흘러 결혼을 한 지 얼마되지 않았을 때 아내와 함께 경매로 나온 몇몇 아파트를 보러 다닌 적이 있었다. 그날 아내와 같이 찾은 곳은 말티고개 주변에 있었던 한 아파트였는데, 초인종을 누르니 한 학생이 나왔다. 부모님은 외출 중이라는데 그냥 돌아갈 수도 없어 학생에게 잠시 집 안을 둘러보겠노라고 양해를 구했다.

집에는 중학생 또래의 남매가 머물고 있었다. 사업하던 부모가 집을 내놓아야 하는 상황에 처한 것 같았다. 이 사람 저 사람이 자신의 보금자리를 차지하기 위해 방문하는 것을 보면서 이 아이들은 어떤 기분을 느낄까 안쓰러워지며 25년 전 무렵의 내 모습도 다시 떠올랐다. 개인이 잘사는 것에 대해 깊은 관심을 갖게 된 데는 내 사적인 경험이 한 몫을 차지하고 있음을 부인할 수 없다.

당시에는 청년기에 겪었던 그런 굴곡들이 훗날 작가와 강연자로 활동하는 데 도움이 될 것이라고는 전혀 예상하지 못했다. 독자 혹은 청중들의 심정과 상황을 이해하는 공감력이 커질 수 있었던 것은 바로 그러한 경험 덕분이었다고 생각한다. 물론 부유한 집안에서 태어나 큰 굴곡 없는 청년기를 보내는 것은 축복받은 일이고, 풍비박산(風飛雹散)이 난 집안에서 마음고생을 하는 것은 굳이 환영할 만한 일이 아닌 것이 사실이다. 그러나 그럼에도 불구하고 긴 인생살이에서 보면 그것들에서 얻는 계기와 도움 또한 분명히 존재한다. 아픔은 아픔대로, 슬픔은 슬픔대로 또 기쁨은 기쁨대로 생에서 만나는 모든 경험들은 그 나름의 가치를 가진다. 한때의 역경이나 좌절 때문에 자신의 삶에 큰 충격을 주는 사람들이 이따금 있지만 그것은 결코 현명하지 못한 일이다. 우리의 삶이 어떤 상황에 처하든 간에 삶은 끝까지 완주해야 할 만큼 가치 있는 것이기 때문이다.

어수선한 정국과 대학생활

경제상황이 악화되면서 부마(釜馬)사태를 비롯해서 제3공화국이 막바지로 치닫던 시절, 교정에는 '짭새'라 불리는 사복경찰관이 수시로 들락거리고 이따금 강의실에서 유인물을 뿌리던 친구들이 잡혀 가기도 했다. 하지만 나의 대학 1년은 여느 학생들과 마찬가지로 자유가 한껏 허용된 시기였다. 나는 몇몇 사회과학 동아리를 기웃거리는가 하면 아가

씨들을 만나는 미팅에 쫓아다니기도 했다.

비교적 긴 시간 동안 적을 두고 참여했던 모임은 서울 시내의 한 교회 대학부였다. 당시 교회 대학부의 사람들은 종교 활동보다 독재에 맞서는 이념 교육에 더 많은 관심을 두었다. 때문에 모임이 있는 날이면 으레 이념 서적을 읽었고, 모임 후에는 주로 대학로 부근에서 뒤풀이를 가졌다. 고향 친구의 권유로 참가한 모임이었는데 나는 그다지 길게 활동하지 못했다. 사람들과 어울려 무언가를 도모하는 모임의 성향이 내게는 잘 맞지 않기 때문이다. 혼자 있는 시간을 중시하고 다수의 의견에 매몰되지 않으려 하는 자유주의적 성향이 강한 나로서는 내적 거부감이 많이 들었던 것 같다.

세월이 흐른 다음 '당시에 내가 학생운동 쪽으로 방향을 틀었다면 어떻게 되었을까'라는 생각을 해볼 때가 있다. 당시에는 확실히 알지 못했지만 개인적인 자유와 책임을 중시하는 자유주의적인 성향을 그때부터 갖고 있던 것 같다. 하지만 나는 그런 성향을 일찍 알아차리거나 그것의 의미를 제대로 알지 못했다.

훗날 피터 드러커 교수의 자서전을 읽다가 그런 면에서 '어, 이건 바로 내 이야기잖아'라는 생각이 들었던 대목이 있어 이곳에 소개한다.

드러커 교수가 열네 번째 생일을 맞이하기 1주일 전은 1923년 11월 11일이었다. 이날은 합스부르크 왕가의 마지막 황제가 퇴위하고 공화정이 선포된 날이었고 빈(Wien) 사람들은 승리를 기념하기 위한 행사를 가졌다. 대다수가 사회주의자였던 그들은 청소년 당원들을 중심으로 하여 시내까지 각종 깃발을 들고 시가행진을 벌인 것이다. 행진 대열의 맨 앞에는 새로 가입한 어린 당원들을 세우고 그들로 하여금 '사회주의적 자유와 평등을 위한 학생'들임을 선언하는 붉은 깃발을 들게 했다.

그리고 피터 드러커는 그 주인공 가운데 한 명이었다.

그런데 행진 중에 무슨 이유에서인지 그는 자신의 뒤를 따르던 의과 대학생에게 한마디 말도 없이 깃발을 넘겨버리고 대열에서 나와 집으로 향했다. 집에 돌아온 그에게 어머니가 "어디 안 좋니?"라고 묻자 드러커는 "제 생에서 최고로 기분이 좋아요. 단지 제가 그들과 어울리지 않는다는 사실을 발견했을 뿐이에요"라고 답한다. 그는 그날을 두고 "그 차갑고 떠들썩한 11월의 어느 날, 나는 내가 구경꾼이라는 사실을 발견했다. 구경꾼은 만들어진다기보다 타고난다"라고 회고한다.

나 역시 그랬다. 내 나이 19세가 되던 해 나는 이미 내가 무리를 따라가는 그런 사람이 아니라는 것을, 그리고 나만의 길을 가야 한다는 것을 은연중에 알아차렸다. 당시 생각 깊은 사람들 가운데 일부가 선택했던 학생운동의 길로 가지 않은 중요한 이유는 '내게 맞지 않기 때문'이었다.

어떻게 살아야 하는가?

고려대 안암학사가 성북구의 개운사 기슭에 처음 문을 연 것은 1980년 봄 학기의 일이다. 하숙 생활을 청산하고 기숙사의 제1기 학생으로 들어가는 행운을 거머쥔 나는 이후 졸업할 때까지 3년간 기숙사에서 생활했다. 자연히 기숙사 생활은 내 대학시절에 있어 상당한 비중을 차지했다.

박 대통령 시해 사건 뒤 격렬한 시위들이 이어졌고, 그 끝에 정권을 잡은 이는 전두환 보안사령관이었다. 비상계엄이 내려졌던 5월 17일 새벽녘, 일어나자마자 켠 라디오에서는 조문곡 같은 음악이 장중하게 울려나왔다. 어수선한 정국 탓에 학교가 문을 닫게 되자 나는 당분간 학교가 다시 열리는 초가을까지 공부할 수 있는 다른 기회를 찾아야 했다.

1학년이 끝나갈 무렵부터 나는 내가 갖고 있는 시간이 얼마 되지 않는다는 사실을 뼈저리게 느꼈다. 더불어 재기를 위해 안간힘을 쓰고 계신 부모님으로부터는 큰 도움을 받을 수 없었기에 내 스스로 길을 찾아야 한다는 절박함이 컸다. 이 절박감은 어느 정도 생활이 정상적으로 자리 잡힌 30대 말까지 늘 나와 함께했다.

나는 '난 어떻게 살아야 하지?'라는 질문에 대한 답을 혼자 매우 깊이 고민했다. 그런 문제를 두고 타인과 깊이 대화를 나누는 스타일의 인간형이 아니라 내 나름의 방법을 찾기 위해 고심했던 것이다. 그리고 그 결과, 내가 선택할 수 있는 길은 대략 세 가지 정도라는 결론이 내려졌다. 하나는 대학을 마치고 대기업에 입사해서 회사원으로 인생을 살아가는 것, 다른 하나는 행정고시 등 당시 동기들 중 소수의 친구들이 선택하는 진로를 위해 대학시절을 꼬박 투자하는 것, 그리고 아주 극소수가 선택하긴 했지만 대학원에 진학해서 학위를 얻는 것이 그것이었다.

어떤 계기가 작용해서였는지는 모르겠지만 '평범한 인생'을 뜻하는 첫 번째 길은 전혀 내 안중에 없었다. 두 번째 길, 즉 고시를 준비하는 것은 내가 다녔던 대학교나 학과의 성격상 나쁘지 않았지만 나는 그것이 내 길이 아닐 뿐 아니라 장래 또한 그리 밝지 않을 것으로 판단했다. 지금도 숱한 젊은이들은 고시가 장래성 밝은 길이라 생각해서 자신의 젊은 날을 그것에 걸고 있는데 나는 왜 그것이 사양 직종이라고 생각했던 것인지 지금도 신기할 따름이다. 분명한 것은 누군가에게 묻고서 내린 결정이 아닌, 스스로의 판단이 그러했다는 것이다.

결국 남은 길은 대학원에 진학하는 것이었다. 대학원 진학에는 국내 대학원에서 학위를 따는 것과 미국으로 나가서 학위를 따는 두 가지 방법이 있었다. 사실 공부하는 것이 좋아서 학위를 받아야겠다고 결정한 것은 아니다. 다만 더 많이 공부한 뒤에는 무엇을 하든 더 많은 가능성이 주어질 것이고, 따라서 선택의 폭도 보다 넓어지리라 생각했다. 치밀하게 계산하고 내린 손익분석은 아니었지만 젊음을 투자하는 일에 대해 나름 주관적으로 내린 결정이었다. 이때부터 이미 나는 남들이 어떻게 생각하든 자기 생각을 갖고 사는 것이 중요함을 분명히 알고 있었다.

목표를 잡다

마지막으로 남는 문제는 '필요한 학비를 어떻게 충당하느냐'는 것이었다. 장학금을 받으면 되기야 하겠지만 그것은 그냥 가능성이 있는 일일 뿐 내게 확실한 방법은 어느 것 하나 없었다. 그럼에도 불구하고 나는 삶의 불확실성을 기꺼이 받아들이고 그것에 3년이라는 내 시간을 투자하기로 결정했다. '난 반드시 해낼 수 있어'라는 확신을 가지긴 했지만, 행운이 나와 함께할 가능성은 그다지 높다고 생각하지 않았다.

요즘 대학생들은 취업을 위한 스펙을 만들어내는 데 지나치게 많은 시간을 쏟는데, 내 경우에는 유학 준비에 지나치게 많은 시간과 에너지를 투입했던 것 같다. 솔직하게 표현하자면 '지나치게 투입'한 것이 아니라, 대학생활 자체가 유학 준비 및 장학생으로 선정되기 위한 일련의 준비과정이었다고 할 수 있다. 자유롭게 생활했던 1학년을 제외한 2학년부터 4학년까지, 나는 거의 빈틈없이 그 목표를 향해 달렸다. 지금 생각해보면 다양한 분야에 걸친 폭넓은 독서뿐 아니라 이런저런 경험들도 해보지 못하고 항상 시간에 쫓겨서 시험 준비를 해야 했던 점이

못내 아쉽다.

하지만 결국 무언가를 선택한다는 것은 그와 동시에 무언가를 포기해야 한다는 것을 뜻한다. 학교생활뿐 아니라 직장생활 그리고 그 이후의 삶에 있어서도 나의 이런 원칙에는 변함이 없다. 무엇인가를 얻기 원한다면 당연히 무엇인가를 포기할 수 있어야 한다. 이것저것 모두 다 잘한다는 것은 여간 힘든 정도가 아니라 불가능에 가까운 일이기 때문이다. 특히 귀한 것일수록 경쟁은 치열할 수밖에 없고, 그렇기에 그것을 얻기 위해서는 그 가치에 상응하는 것을 포기해야만 한다. 그래서 나는 성공적인 유학이라는 목표 달성을 위해 3년이라는 시간을 전력투구했다.

이런 점에서 나는 젊은 날부터 선택과 집중에 대한 훈련이 비교적 잘되어 있는 편이다. 처음부터 타고났던 것이라기보다는 스스로 그런 원칙들을 적용함으로써 성과를 보거나 심적인 행복감을 느끼는 경험이 쌓이며 점차 몸에 배어든 습관이라고 하는 것이 옳겠다. 계엄령 발표와 광주 민주화 운동이라는 위급한 상황이 한국 사회를 뒤흔들기 시작할 무렵, 나는 인생의 진로를 웬만큼 정하고 그것을 달성해나가는 방법에 대해 나름의 계획을 세우기 시작했다.

오늘날의 대학생이라 해서 그리 다른 것 같진 않다. 대학 초년부터 취업이란 문제를 두고 4년 내내 고민하고 준비해야 하는 상황이니 말이다. 언젠가 강의차 모교에 들렀을 때, 내가 예전에 공부하던 장소를 잠시 둘러봤던 적이 있다. 요즘은 무슨 공부를 하고 있는지 궁금해서 학생들의 책을 슬쩍 살펴보니 상당한 비중을 차지하고 있는 것이 고시와 영어 시험 준비서들이었다. 취업과 유학, 고시 등과 같은 것에만 지나치게 내몰려 있는 학생들이 안타깝게 여겨졌다.

이따금 젊은이들로부터 '20대의 전반기를 차지하는 대학생활에 있어 가장 중요한 것이 무엇이냐는 질문을 받을 때가 있다. 여러 가지를 들 수 있지만 딱 한 가지만 꼽자면 '부모의 지원'이 공식적으로 마감되는 시점을 정하고, 그때 어디에 서 있어야 하는지를 목표로 정한 뒤 도달할 수 있도록 준비하는 것이라고 말하고 싶다. 물론 목표지향적인 사람하고 그렇지 않은 사람 사이에는 20대를 바라보는 시각에서 차이가 있을 수 있다. 하지만 아무리 생각해도 홀로서기를 위한 첫발을 내디딜 수 있는 장소를 찾아내서 그곳에 도달하는 것만큼 20대에 중요한 것이 있겠는가? 물론 부모의 지원이 넉넉해서 마감시간이 연장되는 사람들은 다른 선택을 할 수도 있을 것이다. 그러나 중산층 출신의 자녀라면 대부분 부모의 지원이 늘 제한적임을 분명히 깨닫고 대학생활을 보내야 할 것이다.

그럼에도 불구하고 아쉬움이 아주 없는 것은 아니다. 공부하는 즐거움, 즉 새로운 지식을 익히고 배워가는 그런 즐거움을 대학시절에 깊이 체험해보지 못한 점은 아쉽다. 이는 지나치게 목적지향적인 삶을 살아갈 수밖에 없는 사람들이 지불하는 비용이기도 하지만 우리의 교육제도가 지나치게 시험 위주로 짜여 있기 때문이기도 하다. 이런 아쉬움은 훗날 성인이 되어 스스로 공부할 수 있는 시간을 갖게 되었을 때 내가 학습에 몰두했던 계기가 되기도 했다. 그런 기회를 갖게 된 것 역시 충분히 비용을 지불했던 젊은 날에 대해 세월이 준 선물이라 생각한다.

인생 초년에 좀 더 많은 비용을 지불할 것인가, 아니면 인생 중후반에 더 큰 비용을 지불할 것인가는 사실 각자가 알아서 결정해야 하는 부분이다. 하지만 나는 단연코 전반기에 가능한 더 많은 비용을 확실히 지불해야 한다고 생각한다. 인생경영에도 전략이 있다면 당연히 선택해야 할 것은 초반부에 더 많은 비용을 지불하는 것이다.

2장
중요한 결정과 소중한 만남

살다 보면 자꾸 생각나는 사람이 있다. 다시는 볼 수 없다면 더더욱 그리운 사람이 있다. 이효준 기자는 중앙일보의 주미 워싱턴특파원으로 일하다가 2003년에 뇌출혈로 약관 43세에 저세상으로 간 후배다. 무던히도 열심히 살려고 했고 살아 있었다면 더 많은 일을 할 수 있었던 재능 있는 후배 가운데 한 사람이었다. 대학을 졸업하고 한참 동안 소식을 주고받지 못하다가 세월이 몇 해 흘러서 기자와 취재원으로 그와 만난 적이 있었다.

"공 선배, 자명종 소리 때문에 진짜 새벽에 힘들었습니다. 어떻게 그렇게 소리가 요란하던지……. 아마도 같은 층에 있는 사람들 대부분은 늘 그 시간에 깼다가 다시 잠들었을걸요."

우리는 그런 이야기를 주고받으면서 웃었다. 나보다 두 해 뒤에 고려대에 입학한 이호준 기자는 내 방 바로 앞방에서 지냈다. 이 기자가 1년 남짓 기숙사 생활을 했음에도 불구하고 새벽잠을 설치게 한 자명종 소리를 생생하게 기억할 정도로 나의 자명종 사랑은 지극했다. 참고로 그 토록 오랜 세월을 함께했던 자명종은 스마트폰의 출현 뒤 더 이상의 존립 기반을 잃고 뒷방으로 물러나고 말았다. 이처럼 세상엔 영원한 것은 없고 모든 것은 변화한다.

중앙도서관에서의 전력투구

일단 무엇을 하겠다는 목표가 정해졌는데 주어진 시간은 3년이 채 되지 않았다. 그래서 늦여름 학기가 시작되자마자 무엇을 어떻게 준비해야 할 것인지를 차근차근 확인한 다음 본격적인 공부에 들어갔다. 공무원 시험이나 각종 자격증 시험에 매진하는 오늘날의 대학생들과 마찬가지로 나 역시 대학생활이 주는 소소한 즐거움을 2학년부터 멀리 했다. 그리고 규칙적인 생활을 철저히 지키며 하나하나 준비 작업에 들어갔다. 유학 준비 작업에서 중요한 것은 규칙적인 생활과 가능한 많은 시간을 확보해 큰 성과를 거둬들이는 일이었다. 나는 그때도 규칙적인 생활과 지속성에 대한 믿음이 무척 강했다. 무엇인가를 규칙적으로 할 수 있다는 것은 지속적으로 할 수 있음을 의미한다. 동시에 그렇게 할 수 있어야만 자신이 원하는 것을 성취할 가능성이 있다. 여기서 중요한 것은 가능성이다. 왜냐하면 세상의 다른 많은 일들이 그렇듯이 노력하더라도 간절히 소망하는 것을 얻지 못할 수도 있기 때문이다.

규칙적으로 생활하는 것에서도 나름대로 요령이 있다. 모든 것을 다 규칙적으로 할 필요는 없다. 몇 가지의 중요한 것을 집중적으로 공략하면 나머지는 그대로 따라오게 마련이다. 때문에 규칙적으로 해야 하는 것을 잔뜩 마련해서 모두 실천에 옮기려고 애쓸 필요도 없다. 몇 가지 핵심 습관을 정하고 이를 중심으로 생활이 돌아가게 만들면 되기 때문이다. 대학시절을 떠올려보니 사람의 특성이란 잘 변하지 않는다는 생각이 든다. 지금도 가능한 한 삶을 규칙적으로 만들어가려고 노력하는데 그런 토대는 이미 고등학교와 대학교생활을 거치면서 굳게 다져진 것 같다.

당시 시골에서 올라온 학생들 다수는 사법고시나 행정고시를 준비하는 데 대학생활을 바치곤 했다. 2학년 무렵이 되면 자신의 진로를 결정한 다음에 거의 모든 것을 걸다시피 했다. 시험에 합격하는 것을 목표로 공부 외에 다른 생활은 희생시키는 경우가 많았지만 열심히 한다고 해서 모두 시험에 붙을 수는 없었다. 나무랄 데 없이 열심히 했으니 반드시 사법고시에 붙을 것이라고 모두가 믿어 의심치 않았던 선배들 중 몇몇은 결국 자신의 꿈을 이루지 못했으니 말이다.

삶이란 모든 것이 불확실하다. 운명이 자신을 추운 거리로 내팽개친들 어떻게 하겠는가? 그것조차 삶의 한 부분임을 받아들여야 한다. 때문에 미래가 계획한 대로 척척 돌아가더라도 자신의 성취를 행운에 돌리는 겸손이 필요하며, 목에 힘을 줄 이유가 없다. 참고로 사회생활을 하면서 나에게 가장 오랫동안 나쁜 기억을 남겼던 사람들은 거만하거나 교만하게 보였던 사람들이다. 그들은 좀처럼 기억 속에 지워지지 않기에 누구든 사람과 사람의 만남에서 그런 인상을 주지 않도록 주의해야 한다. 타인으로부터 조금이라도 부러움을 살 수 있는 입장에 있는 사람이라면 특히 주의해야 하는데 이는 삶의 불확실함과 행운이 차지하는 비중에 대해 나름의 견해를 갖고 있으면 해결될 수 있다.

나는 특별한 날을 제외하곤 늘 4시에 일어나서 4시 10분에 방을 나섰다. 학교 기숙사와 도서관 사이의 거리는 도보로 20분 정도였다. 그 사이에는 두 개의 문이 있었는데 첫 번째는 기숙사 철제 대문이었고 그

다음은 고려대학교 후문이었다. 초겨울 무렵이 되면 후문은 열려 있지 않기 때문에 낮은 철제 대문을 요령껏 기어서 넘었다. 얼음처럼 차가운 대문의 촉감이 아직도 생생하게 느껴진다. 이렇게 두 개의 대문을 넘었다고 해서 끝이 아니다. 4시 30분이면 중앙도서관의 문은 당연히 잠겨 있다. 전날 밤 11시 30분에 학생들을 모두 퇴실시킨 다음에 이것저것을 살펴본 수위 아저씨들은 자정이 넘어서야 잠자리에 들었을 것이다. 그분들이 다시 4시 30분에 일어나는 것은 힘들고 성가신 일이었을 것임에 틀림없다. 그러나 나는 그분들의 상황을 별로 생각해보지 않았다. '그분들이 얼마나 힘들었을까?'라는 생각은 훗날 젊은 날을 회상했을 때에야 떠올랐다.

중앙도서관의 육중한 문을 흔들어대면 잠이 채 깨지 않은 나이 든 수위 아저씨가 "학생, 지금 몇 신데 문을 열어달라고 해!" 하며 짜증을 내셨다. 어린 시절이나 젊은 시절에는 주변을 생각할 여유가 없다. 세월이 가면서 주변을 둘러볼 여유나 타인을 배려하는 능력이 생기게 되지만 20대의 젊은 날에는 오로지 자신을 중심으로 생각한다. 이런 성향에는 집안의 구성원 중에서 몇 번째로 태어났는가가 큰 영향을 미친다. 장남이나 차남 정도로 태어나면 아무래도 일찍부터 주변을 배려하고 보살피는 데 익숙하다. 그러나 막내나 외동으로 태어난 사람들은 대체적으로 매사에 있어 자기 자신이 중심이다. 물론 이런 사고습관이 인생의 중후반기까지도 계속된다면 문제다.

당시 나는 타인의 입장을 배려하기보다는 내 앞가림에 급급했다. 지금은 그때 그런 태도가 바람직했다고는 생각하지 않지만 내게는 다른 대안이 없었다. 배려해야 한다는 생각도 없는 데다가 절박하기까지 했기 때문에 다른 사람들의 입장을 고려하기 힘들었다.

자기중심적 사고

사실 유학도 집안 형편을 봤을 때는 가능한 일이 아니었다. 유학 이야기를 들은 어머니는 이렇게 말씀하셨다.

"다른 집 아이들은 모두 대학을 졸업하고 취직을 해서 편안하게 사는데 너는 왜 그런 생각을 하니. 아버지 고생하는 것을 좀 더 깊이 생각해봐라."

옳고 그른 문제를 떠나서 당시 나의 생각은 분명했다.

'아버지 인생은 아버지의 것이다. 나의 인생은 나의 것이다. 아버지가 고생을 하는 것은 내가 잘 안다. 그렇다고 해서 내 인생을 아버지 때문에 이렇게 저렇게 맞도록 바꾸는 일은 옳지 않다. 나는 내 인생을 사는 것이고 내 인생은 딱 한 번밖에 없기 때문에 내가 옳다고 생각하는 대로 간다.'

나에게는 두 명의 형님이 있는데 그분들은 그런 생각을 할 수 없었을 것이다. 집안 사정이나 형편, 아버지의 재기를 보면서 가능하면 현실과 적절한 타협을 해야 한다고 생각했을 것이기 때문이다. '부모는 부모 인생, 나는 내 인생'과 같은 생각은 교육으로부터 오는 것일까? 아마도 이처럼 자신의 인생에 있어서 다른 견해를 갖는 것 또한 타고나는 부분이 상당히 차지하지 않을까 싶다. 진로와 관련해서 아버지는 한 말씀도 하시지 않았다. 이제 내가 아버지가 되어 생각하니, 시골에서 작은 기반을 마련하는 성과를 거뒀던 아버지는 이런 생각을 하셨을 것이다.

'사람은 배워야 한다. 나의 삶이 한 알의 밀알이 되더라도 자식들이 스스로 더 배우려고 하면 최대한 밀어주어야 한다. 집안이 일어서는 데 교육 이외에는 다른 대안이 없다. 내가 돈을 벌어서 이고 가겠는가, 아

니면 싸서 가겠는가. 자식들의 앞날에 영광이 될 수 있다면 내 인생은 없다고 생각해도 그만이다.'

당시 아버지는 수산업에서 크게 좌절을 하고 다시 일어서기 위해서 안간힘을 쓰고 있었던 시절임에도 불구하고 형편이 이러하기 때문에 그것에 맞추어서 인생의 높낮이도 조절해야 한다는 생각을 하지 않으셨다. 그것이 아버지와 어머니의 큰 차이였다. 이런 특성은 세대를 넘어서 나에게도 전달되었다. 나의 자식 교육관과 아버지의 그것은 크게 다르지 않다. '배움은 때가 있고, 스스로 더 배우기를 원한다면 아버지가 할 수 있는 한 도와주어야 한다'는 생각 말이다. 이는 어느 정도 차이는 있겠지만 대부분 한국인들이 보편적으로 공유하고 있는 자식의 교육관일 것이다.

아무튼 봄 여름 가을 겨울이 두 번 세 번 반복되도록 나의 새벽 도서관 행은 졸업까지 계속되었다. 도서관 자리 또한 3년 동안 거의 같은 자리였다. 수업을 듣기 위해 잠시 도서관을 나섰다가 수업이 끝나자마자 돌아와서 다시 정해진 일과에 따라 준비를 계속했다.

나는 지금의 고려대학교 중앙도서관 3층의 오른쪽 구석자리에서 주로 시간을 많이 보냈는데, 그 자리에 앉아서 보이는 벽면에는 고려대학교 산악부원들이 알래스카의 맥킨리봉 정상을 향해 등반하는 사진이 큼직하게 걸려 있었다. 중무장한 산악대원들이 순백색 눈으로 뒤덮인 산길을 한 발자국 한 발자국 내딛으며 오르고 있었다. 나는 인생도 이와 같다는 생각을 자주 했다. 힘이 들긴 하지만 정상을 향해서 차근차근 한 걸음씩 나아가는 것이 바로 인생이라는 생각 말이다.

그때부터 새벽형 인간이 된 것 같다. 그리고 나는 하버드 대학교 심리학 교수인 하워드 가드너(Howard Gardner)가 이야기하는 다중지능이론

가운데서도 자기성찰지능 면에서 약간 뛰어난 점이 있었다고 생각한다. 이를테면 '어떻게 하면 가장 효과적으로 공부할 수 있을까?' '내 몸과 마음이 언제 가장 활동적인가?' 등과 같은 질문에 대해서 스스로를 찬찬히 관찰하면서 자신을 움직이는 활동, 오늘날 용어로 이야기하면 자기경영에 대한 초벌 작업을 나름대로 행하고 있었다.

일례로, 새벽이나 오전에는 그렇게 왕성하던 나의 집중력이 일단 저녁밥을 먹고 나면 현저하게 떨어져버린다. 저녁 시간에 공부 집중력을 높이기 위해서 저녁 식사량을 절반으로도 줄여보는 등 다양한 실험을 감행했지만 한 인간이 이미 갖고 있는 생체적인 특성은 어떻게 해볼 도리가 없음을 깨달았다. 그러나 인간은 어떤 면에서 좀 우둔한 존재이기도 하다. 자신이 이미 유전적으로 물려받은 특성이 이러저러하다는 사실을 잘 알면서도 이를 바꾸어보기 위해서 무진장 노력하니 말이다.

내가 지난 30여 년 동안의 실험을 통해서 깨우친 진실은 '자신이 이미 물려받은 유전적 특성을 거스른 일은 성공하기 힘들다'는 것이다. 새벽이나 아침에 효율이 크게 오르는 사람이 저녁 시간대에 더 많은 일을 하기 위해 생활 패턴을 바꾸는 일은 어렵다. 저녁 시간대에 크게 효율이 오르는 사람이 새벽 이른 시간대에 일어나서 활동을 시작하도록 삶의 방식을 바꾸는 일은 더더욱 힘들다. 일본 작가의 《아침형 인간》이란 책이 인기를 끌 당시에도 내 믿음은 변함이 없었다. 오랜 실험을 통해서 나는 새벽과 아침 위주로 생활을 꾸려가고 있다. 그러나 지금도 저녁 시간을 어떻게 하면 좀더 효율적으로 사용할 수 있을까를 두고 고민하지만 특출한 방법을 찾기 힘들다. 차라리 마음 편안하게 저녁 시간 이후에는 두뇌를 쓰기보다는 단순작업을 한다. 여러분 가운데 효율적인 시간관리에 관심을 가진 이가 있다면 참고하길 바란다.

대학시절의 진로 결정과 관련해 한 가지 더 말해두고 싶다. 만약 내가 집안 형편을 고려해 진로를 수정했다면 어떠했을까? 물론 내가 그런 선택을 할 가능성은 거의 없었지만 어떤 사람은 부모 생각 때문에 그런 선택을 내릴 수도 있을 것이다. 집안이나 부모의 상황 때문에 자신의 목표나 바람을 수정하는 경우를 보곤 한다. 또한 부모가 나서서 자식에게 진로를 수정하라고 요구할 때도 있다. 지금 공부를 위해 외국으로 떠나야 하는데 집안 사정 때문에 연기를 한 것이 결국엔 유학 기회를 놓치게 할 뿐 아니라 삶의 방향을 크게 바꾸어버리기도 한다. 또는 병약한 부모 때문에 잠시 귀국해서 함께 머물기로 했다가 훗날 자기 길로 다시 복귀하지 못하는 사람들도 있다. 좀 냉정하다고 볼 수도 있겠으나 나의 주장은 확고하다. 나의 길은 나의 것이고 자식의 길은 자식의 것이다. 삶에는 때때로 단호함이 요구될 때가 있다. 때론 지금 놓친 기회가 삶의 방향을 영영 틀어버리는 경우를 알기에 나의 사정 때문에 내 자식에게 진로나 계획을 수정하라고 권할 생각은 추호도 없다. 가족의 일원이 그런 의향을 가졌다고 하더라도 '원래 계획대로 하라'고 나는 단호하게 말할 것이다.

자기주도적 학습과 인생경영 능력

요즘 유학 준비를 하는 학생들은 대부분 학원에 의존한다. 단기간에 성적을 올리기 위해서는 학원을 다니는 일이 필요하기도 하고 효과적이다. 내가 유학을 준비하던 시절의 학원은 오늘날과는 비교할 수 없을 정도로 수준이 떨어졌지만 제법 성황이었다. 그러나 안암동에서 학원까지 가는 길에 버리는 시간도 문제고 학원비도 만만치 않았기 때문에 거의 독학을 했다. 기출문제를 모두 풀어보고 나름의 방식대로 공부를 했다. 나는 무엇을 하든지 간에 스스로 알아서 척척해나가는 것을 당연하게 여긴다. 물론 혼자서 공부를 했기 때문에 시행착오도 많았고 노력한 것에 비해서 제대로 성적을 올릴 수 없었다. 그러나 혼자 해결해나가는 과정에서 나는 인생을 살아가는 데 중요한 능력을 키울 수 있었다. 그것은 바로 스스로 목표를 설정하고 추진하는 능력이다.

사회생활에서는 스스로 문제를 찾아내 어떻게 해결할지 계획하고 실행하는 일이 중요한데, 이 능력은 혼자서 공부를 해온 경험이 큰 역할을 했다고 생각한다. 기출문제를 풀며 효과적인 공부 방식을 찾아내 문제를 해결하고 나만의 성공 공식을 발견해내는 데 익숙해졌다. 훗날 직장생활을 할 때 새로운 과제를 찾아내고 기꺼이 위험을 감수하면서 나만의 해답이나 공식을 만들어내는 일을 당연하게 여겼던 것은 과외나 학원에 의존하지 않았기 때문이라고 생각한다.

3년이란 시간을 쪼개서 '이때까지는 무엇을 어느 정도 수준까지 올리고 이때까지는 무엇을 마무리하자'는 등의 목표 설정은 자원을 효과적으로 동원할 수 있는, 이른바 전략적 마인드를 갖추는 데도 크게 기여했다. 지금의 내가 주어진 일이 아무리 많아도 당황하지 않고 목표 달성을 위해서 가장 효과적인 방법을 찾아 조직적이고 체계적으로 노력하는 자세를 갖출 수 있게 된 데는 이런 훈련들이 결정적인 도움을 주었다. 물론 당시에 그런 능력을 발견한 것은 아니다. 본격적인 사회생활을 하면서 자신과 타인을 구분할 수 있는 강점을 찾아내게 되고, 그런 강점이 어떤 연유로 갖추어지게 되었는가를 생각하면서 인과관계를 유추해볼 수 있었다.

3년의 준비기간 동안 늘 규칙성이 유지되었던 것은 아니다. 생활의 리듬이 깨지고 슬럼프에 빠지는가 하면 미래의 모호함이 주는 걱정 때문에 고민에 빠진 적도 한두 번이 아니었다. 젊은 날에는 감정이 이성을 압도한다. 인생에 대한 기대수준은 높은데 현실이 이를 뒷받침해줄 수 없는 상황이라면 젊은이들의 심적 상태는 훨씬 변화가 심하다.

우리가 흔히 경제 지표가 오르고 내리는 것을 두고 변동성이란 단어를 사용하는데 인생에서 변동성이 무척 심한 기간은 20대의 청년기라 생각한다. 그 시기를 견뎌내면서 자신을 조심스럽게 다루고 원하는 결실을 만들어내는 일은 정말 어렵고 힘들다. 지금도 이따금 대학교를 방문하거나 대학생을 상대로 강연을 할 때, 그들로부터 고민을 털어놓는 이메일 등을 받을 때면 젊고 젊었던 그 시절을 떠올리곤 한다. 질문 중에는 어김없이 감정을 조절하는 법, 슬럼프를 극복하는 법 등이 빠지지 않는데 '세월 가면 조금씩 나아져요'라고 위안을 주기도 한다.

졸업 30년에 되돌아본 친구들

대학을 입학한 지 30주년이 되던 해에 함께 대학시절을 보낸 친구들을 만나 어떻게 변했는지, 어떻게 사는지 이런저런 대화를 나눌 기회가 있었다. 대학시절은 16~18년이라는 길고 긴 교육 투자의 끝자락에 속하는 시간대다. 나는 동기 모임에서 그 시기를 어떻게 보내고 어떤 진로를 선택하느냐가 중년과 그 이후의 인생에 오래 여운을 남긴다는 것을 확인할 수 있었다. 당시 동기들 가운데 대부분은 금융권에 종사하고 있었고, 행정고시와 같은 시험을 통해서 관직에 진출한 친구들, 삼성이나 현대 등과 같은 대기업그룹에 근무하는 친구들, KBS 등의 언론사에 들어간 친구들, 나처럼 학위과정을 선택한 친구들, 외국에서 MBA 등을 통해서 외자계기업에서 경력을 관리해온 친구들 등 각자가 정말 다양한 길을 걷고 있었다.

국내의 한 연구소가 55세 은퇴자들을 상대로 조사한 결과에 따르면 대부분 은퇴를 원하는 시점은 63세 정도지만 이보다 6~7년 정도 이른 55세 전후에 직업 세계에서 물러난다고 한다. 이미 대학 동기 가운데 임원이 되지 못한 친구들은 전직이나 다른 길을 모색하고 있었고 임원에 오른 친구들도 정년을 불과 몇 년 앞두고 있었다. 공공부문이 아니면 50대 중반 이후까지 조직생활을 계속하기는 힘들다. 물론 사람에 따라 다르겠지만 의사결정을 내리는 고위직에 오르지 않는 한 50대 중반은 조직을 떠나야 할 시점이다. 그러니 이후의 길고 긴 시간을 어떻게 보내야 하는가는 그들에게 주어진 또 하나의 도전 과제다.

우리는 직업세계에 머무는 동안 대부분의 시간을 일을 하면서 보낸다. 따라서 어디서 무엇을 하는가는 자기 자신의 정체성을 확보하는 일뿐만 아니라 자아실현과 성공적인 인생살이에서 차지하는 비중이 크다. 다행히 나는 졸업과 함께 어디에 서 있어야 하고, 얼마간의 시간이 흐른 다음에 학위를 마친 상태가 되어야 한다는 항로를 비교적 뚜렷하게 갖고 대학생활을 보냈다. 이렇게 대학생활 동안 중장기 목표를 갖고 있었다는 점은 이후의 인생을 만들어가는 데 큰 역할을 했다.

자기 생각을 갖고 사는 것과 자기 생각 없이 사는 일, 이 두 가지의 격차는 무척 크다. 군대에 간 큰아이가 두 번째 휴가를 나와서 "아버지, 제가 팍 늙어버린 것처럼 보이지 않으세요?"라며 농담을 했다. 나는 "그래, 좀 늙어야 하지 않겠니? 앞으로 무엇을 하고 살지, 무엇을 해야 할지를 군대에 있는 동안에도 열심히 생각하고 찾아야 한다"라고 이야기해주었다. 누구나 인생을 당당하고 자유롭게 살아가기를 원한다. 그러나 이는 젊은 날의 노고와 상당한 행운이 함께할 때 주어지는 영광의 면류관이지, 누구에게나 쉽게 허용되는 것은 아니다.

'만인은 자유롭게 태어났다'는 이야기를 한다. 물론 인간의 정치적 자유는 모든 사람에게 공평하게 주어진다. 그러나 명시적으로건 묵시적으로건 경제적 자유를 스스로의 힘으로 만들어낼 수 없다면 인생의 대다수는 부자유한 상태로 살아갈 수밖에 없다. 이처럼 중요한 사실을 인생 경험이 일천한 젊은 날에 깨우치기는 어렵다. 나는 완전함과 거리가 있지만 막연하게 그런 생각을 가질 수 있었던 이유를 생각해보면 두 가지로 압축된다.

하나는 인생이 어떠해야 한다는 자신의 판단이다. 즉, 자신이 인생에 대해서 어떤 기대수준을 갖느냐는 점이다. 이는 전적으로 자기 자신이 결정하기에 달려 있다. 어느 누구도 이를 강제하거나 강요할 수 없다. 나의 경우 '그냥 평범하게 살다가 가서는 안 된다'는 것을 어느 누구보다도 더 절실하게 주지했던 일이 젊은 날에 내가 선택한 중요한 결정이었다. 게다가 '그냥 이렇게 떠밀려가듯이 살면 자유롭게 혹은 더 잘사는 일은 불가능하다'는 사실에 눈을 뜨게 된 것도 커다란 결실이었다.

또 하나는 기대수준이다. 기대수준은 주변으로부터 영향을 받게 된다. 주위에 기대수준을 한껏 높여주는 친인척이나 형제의 삶이 있다면 이는 백 권의 책보다도 더 큰 영향을 발휘한다. 실제로 멋진 인생을 살아가는 사람들을 직접 보면 내가 인생에서 무엇을 기대할 것인가를 자연스럽게 생각할 수 있기 때문이다. 그러나 모두가 그런 좋은 기회를 가질 수는 없다. 더욱이 내가 20대였을 때는 그런 자극을 얻을 만한 강연이나 매스컴 그리고 책이 풍부하지 않았다. 그런데도 나의 기대수준을 한껏 높여 잡았던 것은 지금도 다소 의아하다. 주변에 역할모델로 삼을 만한 사람이 별로 없었기 때문이다. 그래서 지금도 이따금 "공 박사님의 롤모델(역할모델)은 누구세요?"라는 질문을 자주 받곤 하는데 딱히 떠오르는 사람이 없다.

승패, 누가 더 오래할 수 있는가

고등학교 때까지는 너나 할 것 없이 길은 하나다. 좋은 성적을 거둬서 자신이 가고 싶은 대학교에 진학하는 것. 주어진 시간 동안 누가 더 집중적인 노력을 하는가, 누가 더 나은 머리를 갖고 있는가 등에 의해서 입학하는 학교의 우열이 갈린다. 하지만 그 이후의 길고 긴 시간은 입시를 향해 줄달음치던 시절과는 완전히 다른 성격의 시간이다. 그야말로 무한 자유가 주어지는 셈이다. 그 시간 동안 자기 나름의 계획을 세워서 차근차근 준비를 해온 친구들과 그렇지 않은 친구들 사이에는 커다란 격차가 생길 수밖에 없다. 인생의 성과에 영향을 미치는 변수들이 여럿 있지만 자신의 앞날을 준비하는 대학시절을 어떻게 보냈는가라는 점도 무시할 수 없는 부분 가운데 하나라 생각한다.

사회적인 분위기나 주변 환경 등에 휩쓸린 나머지 자신의 앞날에 대한 고민에 소홀했던 친구들은 졸업과 함께 특별한 준비 없이 길을 걸어가게 된다. 그런 길이 좋고 나쁨을 얘기하는 것이 아니다. 다만 자신이 주도하지 못한 채 떠밀리다시피 가버리면 문제라는 뜻이다. 나는 젊은 날부터 항상 '주도적'이라는 단어에 대해 대단히 집착하는 편이었다. 자신이 주도해서 공부하고, 자신이 주도해서 계획을 세우고, 자신이 주도해서 노력을 하면서 만들어가는 것이 인생이라는 생각이 분명했다. 여기서 중요한 점은 주어지는 것이 아니라 '내가 만들어가는 것'

이라는 부분이다.

은퇴까지는 아직 시간이 남았지만 입학 30주년을 맞은 시점을 전후해서 친구들을 만나면서 많은 생각을 했다. 입학과 함께 모두가 청운(靑雲)의 꿈을 안고 시작했지만 오늘에 이르기까지 다들 너무나 많은 굴곡이 있었다. 기대를 모았던 친구인데 인생의 화려한 날에 두각을 드러내지 못하고 이름 없는 들꽃처럼 젊은 날을 보낸 친구들에게 못내 아쉬움을 느끼기도 한다. 하기야 삶이라는 것이 어디 원하는 대로, 기대하는 대로만 흘러가던가? 그래도 세상에 그 많고 많은 사람들 가운데서 친구라는 인연을 맺게 된 사람들이 자신이 원하는 만큼 죽죽 뻗어나가지 못한 점에 아쉬움이 드는 것은 어찌할 수 없다.

두 아이의 고교 졸업식에 참석했을 때 이런 생각을 했다. 높은 하늘을 배경으로 초록으로 가득 찬 교정에서 환하게 웃고 재잘거리는 아이들을 보면서, 같이 학교 문을 나서지만 10년, 20년, 30년의 세월이 흐르면 이들 사이에 얼마나 큰 격차가 벌어지게 될까? 어떤 사람은 영광의 길로, 또 어떤 사람은 좌절의 길로 가게 된다. 그래서 삶에 대해 겸허한 마음도 들지만 때론 애잔한 마음이 들기도 한다. 노력했지만 자신이 원하는 대로 잘 풀리지 않을 때도 있을 것이고, 하는 일마다 꼬여버린다고 할 정도로 매사가 엉키는 때도 있을 것이다. 열심히 노력해야 하겠지만 기도하는 자세로 살아갈 일이다.

한편 대학시절 비교적 빨리 철이 들었던 데는 외부적인 요인도 강하게 작용했다. 가세가 본격적으로 기울었기 때문이다. 대학교 1학년 겨울 방학 무렵에 닥친 집의 부도로 나는 '벼랑 끝에 선다'는 기분이 무엇인지 알게 되었다. 누군가가 도와줄 것이라는 의타심이 아닌 스스로 삶을 개척해나가야 한다는 절박감이 생겼다. 내 힘으로 일어서지 못한다면 모두가 가는 길을 갈 수밖에 없다는 위기감 때문에 대학시절 내내 더 계획적으로 시간을 보내게 되었다. 이 같은 위기감은 이후까지 지속되었고, 근래에는 조금 약화되긴 했지만 나의 삶 전편에 흐르는 일종의 배경 음악이 되었다. 지나친 긴장감은 사람을 쉽게 피로하게 하고 지치게 하는 단점이 있지만 적절한 위기감은 이완되지 않고 더 높고 더 나은 삶을 향해 가도록 자신에게 동기를 부여한다는 점에서 긍정적인 면을 갖고 있다.

이후 사회생활을 하면서 세상을 우습게 보는 똑똑한 사람들을 만날 기회가 여러 번 있었다. 이들은 주로 "한번 해볼까?"라는 말을 자주 했다. 위기감을 갖고 살아가는 사람들은 그런 말을 하지 않는다. 매사에 대해 한번 해본다는 것이 아니라 반드시 해야 하는가를 고민하고, 꼭 해야 한다면 성취해야 한다는 묵직한 책임감을 갖고 있다. 또한 늘 세상이 결코 만만치 않다는 사실을 어느 누구보다도 잘 알고 있다. 이런 것들은 학교 수업 혹은 독서를 통해서 쉽게 배울 수 있는 것이 아니다. 가세가 기울어서 그다지 넉넉한 대학생활을 보낼 수는 없었지만 그 부담감 때문에 평생을 가져갈 수 있는 삶에 대한 진지함과 팽팽한 위기감을 얻은 것은 내게 주어진 행운의 하나라고 생각한다. 이런 경험들로 인해 항상 세상의 일에는 밝은 면과 어두운 면이 함께한다는 것을 깨달았고 훗날 계획한 대로 일이 풀리지 않더라도 자신을 추스르고 가능한 밝은 면을 보기 위해 노력하는 삶의 자세를 갖게 되었다.

아무튼 인생에 대한 높은 기대수준과 아버지의 사업 실패로 인한 위기감과 절박감, 이 두 가지 축이 대학생활 동안 시간과 에너지를 흩어버리지 않고 선택과 집중을 하도록 유도했다. 주변에 아무리 좋은 사람들과 기회들이 있다고 해도 스스로 구하지 않으면 아무런 소용이 없다.

위기의 요소들도 스스로 무엇을 하고 살아야 할 것인가를 고민하도록 만들었다는 점에서 인생에서 버릴 만한 것은 없다고 본다.

　과거나 지금이나 대학 4년은 대개 부모가 자식에게 도움을 줄 수 있는 마지막 시기에 해당한다. 그 시기를 더 조직적으로 보낸 사람과 그렇지 않은 사람들 사이에는 커다란 격차가 생긴다. 물론 뒤늦게 깨달아서 지난 세월을 열심히 보충하는 경우도 있긴 하지만 그래도 아무런 부담 없이 전적으로 자기 자신을 만들어가는 일에 전력투구를 할 수 있는 기회는 흔치 않다. 할 수 있으면, 꼭 필요한 일이라면 무엇이든 일찍 시작해야 한다. 이런 점에서 대학시절을 어떻게 보내는가는 대단히 중요한 일임에 틀림없다. 해보지 않은 일에 대한 아쉬움을 가질 수도 있지만 나는 그 시절을 회상하면 별반 후회가 없다. 그 시절이 인생의 한 부분이었음에 틀림이 없지만 나는 그때를 인생이란 대항해를 준비하는 기간으로 삼았고, 그런 정의에 합당할 정도로 의미 있게 보냈다고 생각한다. 어쩌면 다른 대안이 없었기 때문에 그렇게 생활했다는 것이 더 정확한 표현이라 할 수 있다.

　이도 아니고 저도 아닌 식으로 어영부영 보내는 것이 가장 후회스러운 선택이다. 무엇을 추구하든지 간에 불확실하기는 매한가지다. 그런 속에서도 자신에 대한 믿음을 갖고 우직하게 밀어붙여서 자신이 원하는 소기의 성과를 얻을 수 있다면 대학시절을 제대로 보낸 것이다. 그런 성취에 큰 의미를 두지 않고 이것저것 많은 경험을 하는 데 비중을 둘 수도 있다. 그런 삶도 나름대로 의미가 있을 것이다. 많은 경험이 훗날 도움이 될 수 있기 때문이다. 각자가 자신의 상황에 맞는 선택을 하면 된다. 나는 경험보다는 성취에 큰 비중을 두었고 그것에 충실하게 20대의 초반부를 만들었다고 생각한다.

아내를 만나다

1980년 계엄군에 의해 대학이 점령당해 휴학에 들어갔을 때, 나는 유학을 준비하는 몇몇 대학 선배들과 함께 의정부 부근의 절에서 공부를 하고 있었다. 언제 학교가 열릴지 아무도 모르는 상황이었기 때문에 공부할 장소를 모색하다가 몇 사람이 함께 그곳에서 공부를 하기로 했다. 무더운 여름날, 절의 한구석에 자리를 잡고 공부를 하던 학생들이 20~30명 정도는 되었을 것이다. 사법고시를 준비하는 사람, 행정고시를 준비하는 사람, 유학 준비를 하는 사람, 각종 자격증을 준비하는 친구들로 나뉘어 있었다. 산사의 하루는 오로지 공부와 식사로만 이뤄졌다. 함께 식사를 하는 짧은 시간 동안에는 사적인 대화를 나누기도 했지만 대개는 좁은 방에서 자신의 미래를 향한 준비만 맹렬하게 했다.

그런데 물샐틈없이 돌아가는 생활 속에서도 젊은이들만의 예상치 못한 사건이 일어났다. 주말이 되면 이따금 의정부시 시내로 내려가 잠시 휴식 시간을 보내곤 했다. 시내버스를 타고 돌아와 컴컴한 시골 정거장에 내려 산사로 걸어 올라가던 모습을 지금 와 생각하니 모든 것이 암흑 속에 사로잡힌 젊은 날의 길에 등불을 밝히고 걸어왔던 광경과 흡사했다.

하지만 청춘을 이야기하는데 있어 연애를 빼놓을 수는 없지 않은가? 대학 초년 시절 이런저런 모임에서 여학생들을 만났지만 나는 그다지 인기가 없었던 것으로 기억한다. 재미있고 유쾌한 사람이기보다는 무거운 사람이었을 테니 말이다. 우연히 여러 대학교의 학생들이 함께 참가하는 모임에서 한 여학생을 만나게 되었다. 하지만 '저 사람 정말 괜찮은데. 그런데 나보다는 나이가 많겠지' 정도로 생각하고 넘어가고 말았다. 별반 오래 말을 주고받지도 않고 남들과 어울려서 이런저런 이야기를 나누고 헤어졌다. 그런데 의정부의 산사에서 공부를 하는데 자꾸 생각이 나는 것이었다. 한 선배에게 고민을 털어놓으니 "야, 아직 시간이 있으니 한번 사귀자고 해봐"라고 조언을 했다. 아마 그 선배가 그렇게 말하지 않아도 계속 생각이 나서 결국 그렇게 했을 듯싶다.

한여름의 더위가 맹렬한 어느 날, 나는 의정부 시내를 나와서 출발하기 전에 전화를 걸었다.

"잠시 나올 수 있어요?"

"어디로요?"

"신촌의 독수리 다방에서 오후 5시 정도면 어떠세요?"

훗날 그날 무슨 생각으로 나왔는지 물어보자 이런 대답이 돌아왔다.

"처음 모임에서 만났을 때 '아, 저 사람 괜찮다'라는 생각이 들었거든요. 나이 차가 있었지만 누구든 저 사람을 잡으면 큰 횡재하는 거라고 생각했어요."

나는 처음에 어떤 인상을 받았기에 그런 판단을 하게 되었느냐고 물었다.

"교련복(대학생들이 군사 훈련을 할 때 입는 옷)을 입고 있었지만 눈매가 만만치 않았어요."

지금 이 여성이 나와 동행하면서 8년 연애 기간과 결혼생활 22년을 함께한 배우자 서혜숙(徐惠淑)이다. 그렇게 우리는 만났다. 지금은 연상의 여인과 결혼하는 것이 신기한 일이 아니지만 당시로는 흔치 않은 일이었고, 결혼에 이르는 과정에선 우리 집의 반대가 심했다. 그러나 나는 그런 통념을 중요하게 생각하지 않았다. 이런 점에 있어서도 내가가진 특성이 뚜렷하게 드러난다. 다른 일에서도 여러 번 그런 특성을

148

보이지만 일단 내가 올바르다고 생각하면 다른 사람들이 어떻게 생각하느냐는 그렇게 중요하지 않다고 보는 것이다. 내가 올바르다고 생각하면 내 생각대로 처리하는 스타일이 바로 나란 사람의 가장 중요한 특성 가운데 하나다.

우리는 대학생활 내내 여느 젊은 연인들이 그렇듯이 업 다운을 반복하면서 연애했다. 주로 아내가 출장연애를 하는 식이었다. 아내가 아무래도 시간이 좀 더 있기 때문에 학교로 와서 잠시 만나고 돌아가는 식으로 만나기를 계속했다.

나는 다른 일도 마찬가지지만 연애도 대단히 진지하게 했다. 아내를 만나고 나서 얼마 지나지 않아, 그동안 만나고 있었던 지방의 한 여학생이 서울에 올라올 일이 생겼다. 학교 주변에서 만나고 그다음 날 다시 학교 교정에서 만날 약속을 했는데 양심상 도저히 나갈 수 없었다. 그래서 그냥 바람을 맞히고 말았다. 아마도 내가 이성 관계에서 비난(?) 받아야 할 일이 한 가지 있다면 그 일이 아닐까 싶다. 그 여학생은 9개월 정도 사귀어왔고 아내는 사귄 지가 1개월이 채 되지 않았는데, 아내를 만나는 일이 훨씬 편안하게 느껴졌다. 아무튼 세월이 흘러서 내가 매스컴을 통해서 이름이 어느 정도 알려지기 시작한 1999년경, 이제 두 아이의 엄마가 된 그 여학생이 사무실로 전화를 했다.

"소장님, 모르는 분이 전화를 했는데, ㅇㅇㅇ라고 합니다. 꼭 전화를 주었으면 한다는데요."

약간 놀랐다. 그러니까 20여 년 만에 연락이 된 셈이다. 바로 전화를 해서 별 생각 없이 약속을 했지만 그것 역시 지키지 못했다. 내가 약속을 취소하는 전화를 할 수 없어서 비서가 '급한 일 때문에 약속 장소에 나갈 수 없다'고 전하는 선에서 마무리했다. 뒤의 일도 제대로 처리하지 못한 경우에 해당하지만 '세월이 흘러서 옛 연인을 만나서 뭐하겠나?' 하는 생각이 들었기 때문이다. 여기서도 남자와 여자는 뚜렷한 차이를 보인다. 물론 남자와 여자를 일반화하는 데는 위험이 따르겠지만 남자는 과거에 별로 연연하지 않는 것 같다. 모든 것을 흘러가 버린 것으로 받아들이기에 과거의 좋았던 추억들이 지금의 자신에게 큰 의미가 없는 셈이다. 하지만 여성들은 좀 다르지 않을까 싶다. 남자들에 비해서 아름다운 추억에 대해 더 따뜻한 마음을 갖고 있을 것이다. 시간이 어디에 머물러 있는지 남녀 간에 다소의 차이가 있지 않을까 하는 생각을 해본다.

배우자의 조건

평생을 함께할 사람을 만나는 일은 우연이자 행운이라 할 수 있다. 언젠가 내 홈페이지에 '배우자 선택을 앞둔 딸에게'라는 칼럼을 올린 적이 있다. 예전과 지금의 배우자 선택 조건은 다르겠지만 내가 만일 딸을 둔 부모라면 어떤 부분을 매우 중요하게 생각할까? 작가나 강연자가 되면 '내가 만일 누구라면 어떻게 할까?'라는 질문을 자주 자신에게 던지게 된다.

딸에게는 이런 조언을 해주고 싶다. 남자의 외모에서 오는 매력은 오래가지 않는다는 것이다. 물론 다른 조건에다 외모까지 출중하면 더할 나위 없겠지만 말이다. 젊은 날의 남자나 여자 모두 미완성의 존재이지만 중요한 것은 그 사람이 가진 근본적인 특성이 변하지 않는다는 것이다. 남자가 가진 책임감과 성실함만큼 중요한 것이 있을까? 좀 고루하다고 생각할 수 있지만 두 가지가 있다면 가족을 책임질 수 있는 능력은 당연히 뒤를 따르게 된다. 두 가지를 갖춘 사람이라면 10대를 보낸 결과물도 웬만한 수준 이상일 것이다. 흔히 남녀가 만나 사랑에 빠지게 되면 상대방의 단점까지도 장점으로 보인다. 그래서 부모의 눈에 형편 없는 남자의 경우라도 딸은 '내가 바꿔가면서 살면 돼요' 하면서 설득하려 한다. 하지만 살아가면서 누구를 바꾼다는 것이 불가능한 일은 아니지만 성공 가능성이 극히 낮다. 사람은 좀처럼 쉽게 바뀌지 않는다. 언젠가 책을 읽다가 여성에 따라선 다소 언짢게 들릴 수 있는 글을 보았다. '여자는 남자의 경력에 투자한다'는 말이다. 하지만 배우자를 구하는 시점의 딸들이라면 이 '투자'의 깊은 뜻을 새겨볼 일이다.

아들만을 둔 부모의 입장에서는 아들에게 배우자를 선택하는 조건으로 뭘 권해야 할까를 생각해봤다. 여기서도 외모에 지나치게 비중을 두지 말라고 권하고 싶다. 남자는 젊은 나이건 늙은 나이건 간에 성적인 충동으로부터 자유롭지 않은 존재이기 때문에 여성의 외모에 더 매력을 느끼게 된다. 나는 이런 부분이 출산과 관련된 유전적인 특성과 관련되어 있다고 생각하는데 연구 결과도 이런 추론을 뒷받침해준다.

결혼을 생각하면 아이들을 생각하지 않을 수 없다. 절반은 남자 집에서 절반은 여자 집에서 영향을 받은 후세들이 태어난다. 그렇다면 배우자가 어떤 환경에서 성장해왔는지, 지금 어떤 환경에서 살고 있는지를 고려하지 않을 수 없다. 삶이란 돌연변이도 있지만 결국 축적되는 것이기 때문이다. 며느리를 구하는 과정에서 부모들이 아들의 배우자가 자라온 환경이나 현재의 상황이란 점에 비중을 두지 않을 수 없는 것은 결국 확률이라는 면에서 이해할 수 있을 것이다.

남자들에게 중요한 것은 두 가지일 것이다. 하나는 입신, 다른 하나는 자식이다. 결혼을 하면 남자는 책임을 지게 된다. 그리고 자신이 낳은 아이들에게 더 나은 환경을 제공하려는 강력한 욕망을 갖게 된다. 배우자 선택을 앞둔 남자들 가운데 '그런 것은 별반 중요하지 않아요'라고 말하는 사람도 있을지 모르지만, 경험으로 미루어보면 '난 달라요'는 진실과 가깝지 않다. 결혼을 하고 나면 남자들은 대부분 비슷비슷해진다. 그렇게 남자들은 유전적으로 코딩이 되어 있음에 틀림이 없다. 자신의 부모들이 자식들에게 더 나은 환경을 만들어주기 위해 노력해왔던 것처럼 자신 역시 더 나은 환경을 자식에게 물려주기 위해 헌신하게 된다. 이런 강력한 욕망들이 한편으론 역사 발전의 강력한 동인이 되기도 하고 개인의 성장에 추진력이 되기도 한다.

삶을 살아가면서 남자는 자신의 일에 엄청난 시간과 에너지를 쏟아붓는다. 일은 곧 남자의 일생이다. 그런 헌신의 결과물이 나라와 사회를 유익하게 만드는 일일 수도 있다. 하지만 대부분의 남자들에게 헌신의 대상이나 사랑의 대상은 우선적으로 아내와 아이들이다. 때문에 자신에게 꼭 맞는 멋진 아내를 만나는 일은 자신의 헌신과 노력이 헛되지 않도록 만드는 매우 중요한 의사 결정 가운데 하나다. 배우자를 구하는 아들에게 하나 더 추가하고 싶은 것이 있다면, 아내가 밝은 천성을 갖고 한발 뒤에서 늘 남편을 격려하는 사람이라면 더없이 좋다는 것이다. 언제 어디서나 "잘 될 거예요" "당신은 뭐든 잘할 수 있어요"라고 격려해주는 아내는 남편에게 천금과 같은 보물이 된다.

젊은 날, 사랑이란 열병을 앓으면서 사리분별이 흐려지는 경우도 있지만 삶은 생각보다 길다는 점을 기억해야 한다. 그리고 자신이 인생의 길에서 내리는 가장 중요한 의사결정 가운데 하나가 배우자 선택임을 잊지 않도록 해야 한다. 사랑이란 감정이 이성을 지나치게 압도하지 않도록 노력할 일이다. 그리고 부모의 경험이나 의견도 충분히 고려하는 것이 좋다고 생각한다.

세상의 모든 것은 변화한다

2009년 4월, 《소울메이트》라는 젊은이들을 위한 책을 낸 다음 성균관대학교에서 대규모 강연을 한 적이 있었다. 질의응답 시간만 무려 50분 정도 계속되었는데 수도방위사령부에서 장교를 하고 있는 한 젊은 분이 이런 질문을 던졌다.

"공 박사님, 다른 인생 고민은 다 들어주고 해결책을 줄 수 있습니다. 그런데 젊은 사병들이 여자와 헤어져서 울고불고 하는 일, 죽겠다고 야단을 치는 일은 도저히 해결방법이 없는데 이런 경우는 어떻게 조언을 해줘야 합니까? 장교로서는 정말 큰 고민거리 가운데 하나입니다."

"오늘 질문 가운데 가장 어려운 질문입니다. 특별한 방법은 없다고 봅니다. 저라면 '세상의 모든 것은 변한다. 그러나 마지막에는 너 자신만이 남는다'라는 이야기를 꼭 들려주고 싶은데요. 계절이든 남녀 관계든 영원한 것이 없지 않습니까? 다 변화해나가는 것이지요. 이런 삶의 진실을 이야기해주는 것 이상의 무엇을 할 수 있을까요?"

사랑에 빠지게 되면 특정 호르몬이 분비되어 우리 옛 속담처럼 '눈에 콩깍지가 쓰인' 상태가 된다. 누가 무엇이라 하더라도 귀에 들어오지 않고 오로지 그 사람만을 바라보게 된다. 그래서 연애관계가 자칫 잘못되면 목숨까지도 맞바꾸는 사건으로 번지지 않는가? 언젠가 어느 언론사에서 '다시 젊은 날로 돌아가면 무엇을 해보고 싶은가?'라는 질문을 중년들에게 던졌다. 그러자 나온 답은 예상 외로 '진실한 연애를 해보겠다'는 것이었다. 소설가 시오노 나나미는 연애와 관련해서 불후의 진실을 전한다.

"한 여인이 진정한 사랑을 단 한 번이라도 받아본다면 평생 동안 외롭지 않다."

남자에게는 그런 진실이 통하는지 알 수 없지만 어떻든 20대에는 미래 준비 못지않게 연애가 중요한 몫을 차지한다. 연애는 이성이나 합리보다는 감정이 더 앞서는 일이라서 앞서 산 사람들의 조언도 귀에 들어오지 않는다.

또한 연애는 대단한 감정기복과 함께한다. 때문에 제대로 된 연애 상대자를 만나더라도 힘이 들 때가 많은데, 그렇지 못한 상대방을 만나면 참담한 상황이 발생할 수도 있다. 서로 지나치게 붙어 지내는 나머지 미래를 준비하는 귀한 시간을 그냥 흘려 보내버릴 수도 있다. 그때는 그냥 함께 있는 것만으로 더할 나위 없이 행복하기 때문이다. 감정의 롤러코스터 타기는 사람마다 차이가 있겠지만 나의 경우는 심한 편이었다. 격정적인 것만큼 감정의 업과 다운이 강하다. 그래서 나는 절대 20대로 돌아가고 싶지 않다. 그때는 너무 모든 것이 불확실하고 감정적 기복이 심했기 때문이다. 연애에서 오는 지나친 감정 낭비로 미래 준비를 소홀히 하지 않도록 주의해야 한다는 점을 꼭 강조하고 싶다. 부실한 미래 준비는 반드시 훗날 비용을 지불하도록 만든다. 때론 막대한 비용청구서가 될 가능성이 높다는 점을 잊지 않아야 한다.

평생을 함께한 동행자

젊었던 우리 두 사람 앞에는 어려운 과제들이 첩첩이 쌓여 있었고 고비도 있었지만 인생의 길을 함께하기로 결정했다. 1980년에 만나서 오늘에 이르기까지 거의 30여 년 세월을 함께해왔다. 삶에는 자랑스러운 것들이 있지 않은가? 나는 실수 없이 다복한 가정을 꾸려온 것을 나의 자랑스러운 일로 꼽는 데 주저하지 않을 것이다.

대학 3학년 무렵 추석 때였다. 우리는 행주산성으로 데이트를 갔다. 그때는 신촌에서 버스를 타고 걷고 또 걸어 산 정상에 도착했다. 추석이라 한가한 벤치에 앉아서 이런저런 이야기를 나누었다. 가을날의 평화로움이 행복한 시간을 무한정 허용하는 것 같았다. 저멀리 김포공항쪽에서 하늘을 나는 비행기가 보였다. 당시는 영종도 공항이 없었기 때문에 김포공항에 국내선과 국제선 모두 함께 운행되고 있었다. 우리는 유학을 가서 공부를 마치고 그 후 인생을 함께 만들어가기로 했다. 세월이 흘러서 그 두 사람은 그때 언약과 같은 삶을 만들어냈다. 척박한 도회지에서 누군가의 도움 없이 삶의 뿌리를 굳건히 내리는 일이 쉽지는 않았지만 우리는 해냈다.

오늘날 젊은이들은 예전 세대에 비해서 쉽게 만나고 쉽게 헤어진다. 여러 사람들을 만나보면 비교할 수 있어서 아무래도 자신에게 꼭 맞는 반쪽을 구하는 일에 실수할 가능성이 낮아진다. 남자와 여자 모두에게 있어 이것은 정말 중요한 일이고, 특히 여자에게는 더더욱 그러하다고 생각한다. 세월이 아무리 흘러가더라도 남자는 스스로의 인생을 규정할 수 있는 데 비해서 여자는 주변에 의해 인생이 규정되는 경우가 많기 때문이다. 물론 이 점에 대해 오해가 없기를 바란다. 많은 여성들이 남성 못지않게 활동하는 시대가 되면서 과거에 비해서 많은 부분이 변화했다. 그럼에도 불구하고 여성과 남성 사이에 존재하는 구조적인 차이까지 완전히 부인할 수는 없을 것이다.

배우자를 선택하는 일은 인생에서 내려야 할 의사결정 가운데 정말 중요한 것에 속한다. 특정 시점에 특정한 사람을 만나서 가정을 이루는 일은 불가사의 그 자체라 해도 무리가 아니다. 그 만남이 인생 전반에 끼치는 영향은 측정할 수 없을 정도로 크다. 투자가 가능성을 보고 돈을 거는 일이라면 배우자를 구하는 일 역시 사람의 가능성을 보고 거는 일종의 투자다. 눈앞의 이익만 보다가 잘못 투자해 돈을 날리는 것처럼, 상대방의 앞날을 변별할 수 있는 능력이 없는 상태에서 눈앞의 매력에만 사로잡히면 실책을 범하기 쉽다.

언젠가 자신의 힘으로 세상에 당차게 일어선 아버지를 둔 한 여학생과 대화를 나눈 일이 있다. 그 학생은 "아버지처럼 스스로 힘으로 자신의 세계를 만들어가려는 그런 당찬 각오와 용기를 가진 사람을 만나기가 쉽지 않다"라고 말했다. 그런 일이 쉽다면 누가 고민을 할까? 매사에 서툴고 부족한 젊은이들이 자신에게 맞는 반쪽을 구하는 것은 벤처 투자보다 훨씬 더 위험한 일이다. 그러나 누구든 그런 선택을 하지 않을 수 없다.

아내와 나는 소망을 함께 나누면서 같은 방향을 보고 걸어왔다. 집을 장만하고, 아이를 낳아서 키우고, 경제적 기반을 튼튼히 하는 동안 서로가 서로에게 힘이 되어주었다. 언젠가 아내가 '부부란 각자가 최고의 삶을 살아갈 수 있도록 지켜봐주고 도와주는 관계'라고 이야기를 하는 것을 인상 깊게 들었다. 각자가 자신의 생을 당차게 꾸려가면서 상대방이 더 화려하게 꽃을 피울 수 있도록 돕는 것이 부부라고 생각한다. 그리고 그런 부부의 삶을 통해서 자식과 사회에 더 큰 유익함을 만들어낼 수 있다면 이보다 더 귀한 것이 있을까? 그런데 아무리 보아도 그런 만남에는 행운이 7할 이상의 역할을 한다는 생각이 든다. 세월이 갈수록 사람들은 점점 더 장기적인 계약관계를 맺는 일을 꺼린다. 계약 가운데 결혼처럼 초장기 계약에 해당하는 것도 드물다. 그러나 좋은 반려자를 만나서 서로서로 의지하면서 살아가는 것은 그 어떤 것보다도 의미가 있고 위안을 주는 일이라고 생각한다.

결혼은 좋은 사람을 만나 서로 늘 새로워지도록 노력하면서 오랫동안 해로하는 것이다. 두 사람으로 인해 사회에 긍정적인 효과와 업적을 남기고 가는 것이 부부의 의무이자 사명이라고 생각한다. 내 인생의 가장 큰 성취 가운데 하나가 바로 아내를 만난 것이다. 아내 역시 "내가 남편을 만난 것은 인생에서 가장 성공적인 일이다"라고 말할 것이다. 물론 이 답은 아내에게 확인한 다음 여기에 남기는 것임을 밝혀둔다.

호칭에 관한 에피소드

학창시절을 회상할 때면 몇몇 장면이 아직도 눈에 선하다. 주로 실수한 일이나 재미있는 에피소드다. 1학년 2학기 개강을 앞두고 수강 신청과목이 잘못된 것을 발견했다. 그래서 급히 학과사무실로 달려가서 40대 후반의 나이로 추측되는 담당자에게 이렇게 말했다.

"아저씨, 이 과목 신청이 잘못되었는데 고쳐주셨으면 좋겠습니다."

나는 최대한 정중하게 말했다. 그런데 전혀 기대 밖의 반응이 나왔다.

"학생, 내가 아저씨로 보이나? 어디서 배운 말버릇이야! 아저씨라니!"

갑작스런 반응에 나는 너무 당황했다.

"내가 아저씨로 보여? 뭘 부탁하려면 선생님이라고 하든지……. 내 알 바 아니니까 점심 먹고 난 다음에 다른 사람이 오면 물어봐."

순간 아차 싶었지만 이미 물은 엎질러진 상태였다. 상대방을 어떤 호칭으로 부를지 결정하는 것은 우리 사회에서 매우 중요한 일이다. 이 글을 쓰면서도 '아저씨'라는 호칭이 그렇게 잘못된 것인지 다시 한 번 생각을 해보게 된다. 아마도 그럴 때는 '김 과장님' '김 차장님'과 같은 호칭을 부르거나 학교에서 일하시는 분이니까 그냥 '선생님'이라고 부르는 것이 좋았을 것이다. 그런데 이런 호칭을 따로 배울 수 있는 곳이 없다. 그냥 이곳저곳에서 눈치껏 알아서 배워야 한다.

유학 시절에도 비슷한 실수가 있었다. 미국에서는 일반적으로 상대 방을 부를 때 '미스터'라는 단어를 많이 사용한다. 대통령에게도 '미스 터 프레지던트'라는 말을 사용하지 않는가? 그래서 나는 '미스터' 누구 라고 윗사람을 부르는 것이 별반 이상하다고 생각하지 않았다. 유학을 간 지 얼마 되지 않아 다른 유학생들과 함께 학교 테니스장에서 테니스 연습을 하고 있을 때였다. 그때 윗사람을 부를 때 '미스터 권'이라고 했 다. 그 후 나이 드신 분들의 분노와 항의 때문에 상당 기간 동안 힘들었 다. 호칭 문제는 우리 사회에서는 대단히 중요하다. 그래서 나는 항상 아이들에게 외국에 있을 때는 외국어 기준을, 한국에 있을 때는 한국어 기준을 따라야 한다고 누누이 강조하곤 한다.

한국어는 영어나 중국어와 같은 언어에 비해서 위계질서가 명확하 다. 때문에 우리는 어디를 가든 은연중에 나이나 직책 순서로 위계를 결정하는 성향이 있다. 그런 문화에 익숙하지 못한 사람이라면 '경우가 없다'거나 '버릇이 없다'는 말을 듣고, 다른 사람들에게 정당한 평가를 받지 못하게 된다.

상대방의 호칭에 대해서는 문제는 정말 신중해야 한다. 상대방의 입 장이 되어보면 이것을 충분히 이해할 수 있다. 예를 들어, 누군가 나를 '공병호 씨'라고 부르는 것은 '미스터 공'이라고 부르는 것과 같다. 그런 표현보다는 직책을 이용해서 '공병호 소장'이라고 부르거나 학위소유자에 대한 경칭으로 흔히 사용되는 '공병호 박사'라는 표현이 적합할 것이다. '박사'라는 호칭이 나왔으니 말이지만, 실업 상태에 있을 때 상대방이 내 직책에 대해서 특별히 고민할 필요 없이 부를 수 있다는 점에서 박사학위는 무척 유용했다. 어디서 무엇을 하건 '전직 누구'가 아닌 영원한 '공병호 박사'가 될 수 있으니까 말이다.

호칭 문제와 마찬가지로 이메일을 사용할 때도 상대방에게 어떤 어투와 어감을 지닌 문장을 전달하는가가 중요하다. 방송국에서 제법 오랫동안 프로그램을 맡아서 일할 때의 일이다. 그 프로그램의 젊은 작가는 나에게 항상 어린 친구들 사이에서나 쓰는 은어와 아이콘을 사용해 메일을 보냈는데 나는 그게 어색했다. 메일을 받는 사람이 이해를 한다면 문제가 되지 않을 수도 있으나 가능한 상대방을 고려해 서식, 글꼴, 형식을 정하는 것은 배려임과 동시에 자신에게 유익한 행동이다. 또한 모든 기록은 그 도구가 메일이건 트위터건 상대방의 의사에 따라 오래 남을 수 있으니 늘 정중한 표현을 쓸 필요가 있다. 나 역시 말, 글, 호칭, 어투 때문에 젊은 날에 불이익을 당한 사례가 있어 더욱 조심하게 된다.

무엇인가에 중독된다는 것

미국의 버락 오바마 대통령이 아직도 담배를 끊지 못했다는 소식을 〈뉴욕타임즈〉가 전한 바 있다. 그러면서 '대통령 직무 수행에 도움이 된다면 한시적으로나마 대통령이 백악관에서 담배를 피울 수 있도록 허용하면 어떨까'라는 조크성 조언을 하기도 했다. 오바마 대통령이 정체성의 혼란기였던 고등학교 시절에 배운 담배를 오랫동안 끊지 못하고 고민하는 것을 보면서 나는 결코 웃을 수 없었다. 소설가 최인호의 자전적 에세이에서 여러 번의 힘든 시행착오 끝에 결국 몸이 받아줄 수 없는 상태가 되어서야 담배를 끊었다는 이야기를 읽으면서 공감하고도 남음이 있었다.

이제는 담배의 해악이 많이 알려져 있고 젊은이들 사이에 담배를 권하는 분위기도 덜하며, 공공장소에서 흡연자들은 옹색하게 담배를 피울 수밖에 없는 환경이 조성되었다. 70년대와 80년대만 하더라도 우리 사회는 담배에 대해서 대단히 관대했다. 담배는 대학 입학과 함께 어른으로 대접을 받는 하나의 상징이기도 했다. 대학 1학년 때 나도 담배를 피우기 시작했다. 물론 나쁘다는 것을 알기 때문에 한두 대 정도 피웠고, 피우는 양을 줄이기 위해서 낱개로 파는 담배를 사서 피우기도 했다.

중독되는 모든 것들이 입문은 쉽지만 떠나기는 상상을 초월할 정도로 어렵다. 중독이 얼마나 겁나는 것인지를 나는 담배를 끊는 과정에서 배웠다. 니코틴 중독뿐 아니라 마약이나 사행성 오락 등으로 그 범위를 확장하면 중독의 엄청난 위력을 알 수 있다.

대학시절 몇 번 금연을 위해 노력했지만 실패했고, 유학을 하는 동안에도 여러 번 시도했지만 성공하지 못했다. 내가 유학할 당시 담배 가격은 만만치 않았다. 물론 요즘과는 비교할 수 없을 정도로 값싼 편이었지만 유학생에게는 부담이었다. 담배를 끊으려고 한 갑을 사서 며칠에 걸쳐 몇 개만 피우고 남은 것은 그대로 버리곤 했는데 며칠 지나면 다시 한 갑을 샀다. 며칠 이상 참지 못하게 하는 무서운 습관이었다.

조금씩 피우던 담배를 완전히 끊게 된 것은 2001년 10월, 내 사업을 시작하면서이니 20년 동안을 골초는 아니지만 이따금 한두 대씩 피울 준비가 된 상태로 보냈다. 군대 가는 아들에게 신신당부했던 점도 '절대로 담배를 배워서는 안 된다'는 것이었다. 대학을 들어가는 아이들에게도 마찬가지로 당부하고 싶다. 담배와의 오랜 전쟁을 통해 배운 점은 중독으로부터 자신을 보호하려면 그것이 복권이든 카지노든 경마든 게임이든 간에 아예 입문하지 않아야 한다는 것이다. 스스로 중독성이 있다고 판단되면 그 일은 아예 손을 대지 않는 것이 최선이다. 물론 그렇게 금욕적일 필요가 있는가라고 물을 수도 있지만 해악이 너무나 크기 때문에 차라리 지나치게 금욕적인 사람이라는 말을 듣는 편이 나을 것이다.

이따금 언론 기사를 통해, 노년의 나이에 사행성 오락에 손을 대 평생 모은 재산을 탕진했다는 사람을 보면 인간의 연약함과 중독이 가진 해악에 대해 다시 생각해보게 된다. '난 뭐든 이길 수 있어'라는 자신감을 갖기보다는 평소에 조심하는 것이 최선이라 생각한다. 그런데 중독은 해당 상품이나 서비스에게 지배를 받는 상태, 즉 노예 상태로 들어가는 것이다. 한 인간이 스스로 자유의지를 행사할 수 없는 그런 참담한 상황에 놓일 가능성은 인생 초년은 물론이고 노년까지 계속된다. 중독성 있는 상품이나 서비스를 판매하는 사람들은 자신의 이익에 충실하기에 우리 스스로가 중독의 늪에 빠져들지 않도록 주의하고 또 주의하는 수밖에 없다. 다시 한 번 강조하고 싶은 것은 나이가 든다고 해서 중독성 있는 상품이나 서비스로부터 결코 자유로울 수 없다는 점이다.

커닝과 실수, 그리고 규칙을 지키는 일

사람들은 '별일 있겠어'라고 생각하면서 규칙을 어기곤 한다. 사소하게 생각할 수 있는 일들은 세상에 부지기수로 많지만 그 작은 일이 전체를 망쳐버리는 경우도 많다. 그래서 세상에 사소하다고 생각하는 일은 있어도 진짜로 사소한 일은 없다. 특히 규칙을 지키는 것과 관련해서 우리 사회는 좀 느슨하다. 그래서 고위공직자의 인사 청문회가 열릴 때마다 '어떻게 고위직까지 올라갈 각오를 한 사람이 저런 사소한 부분을 깔끔하게 주의하지 못했을까'라는 의구심이 들 때가 있다. 왜 그럴까? 규칙을 지키는 일이 중요함을 어린 시절부터 배우지 못했고, 우리 사회에서 소소하게 보이는 규칙을 어기는 일들이 자연스럽게 이뤄지고 있기 때문일 것이다.

대학 4학년이 되던 해의 일이다. 4학년이 되면 졸업에 필요한 학점을 맞추기 위해 여러 과목을 들어야 한다. 그래서 학생들은 취업이나 시험 등에 대한 부담을 고려해 흥미가 떨어지긴 하지만 학점을 잘 주는 과목을 선택하게 된다. 그런 과목 가운데 하나가 '경제성장론'이었다. 대다수 학생들이 적당히 듣고 적당히 학점을 땄다. 그렇게 해서는 안 되지만 나 역시 대세를 따랐다. 그 대세란 부정한 방법으로 시험을 치르는 일을 말한다. 하지만 커닝하는 것도 초보이다 보니 늘 하던 사람은 걸리지 않고 나만 딱 걸리고 말았다. 조교가 시험지 상단에 표시를 하는 것 같았다. 그래도 4문제 가운데 3문제는 자신의 힘으로 썼고 나머지 한 문제만 옆 친구의 도움을 받았으니 학점에 큰 문제는 없을 거라 생각했다.

그렇게 학기가 끝나고 경기도 근처에서 유학 준비를 하고 있는데 친한 친구가 급히 전화를 했다. 교수님이 학점을 줄 수 없다고 했으니 빨리 학교로 가보라는 것이었다. 그 과목의 학점을 받지 못하면 졸업이 불가능할 수도 있었다. 다음 날 아침 일찍 출발해 교수실로 찾아갔다. 교문을 통과해서 정경대학 내에 있는 교수실까지 찾아가는 발걸음은 무겁기 짝이 없었다. 온갖 불운한 시나리오들의 머릿속을 헤집고 돌아다녔다. 살면서 깨우치게 된 것이지만 본인이 한껏 상상하는 것처럼 불행한 일들은 별로 발생하지 않는다. 그럼에도 불구하고 사람들은 늘 부정적인 생각에 압도된다. 아무튼 학점을 줄 것인가 말 것인가를 결정하는 것은 교수님의 손에 달려 있었다.

"자네 입장을 알겠네만 그렇게 해서 되겠나?"

"정말 죄송합니다. 저의 생각이 짧았습니다. 이번 한 번만 용서를 해주시면 다음부터 결코 그런 일이 없도록 하겠습니다."

결국 선처를 받았다. 그러나 어쭙잖게 커닝을 시도한 그 사건은 내 인생에서 큰 흠으로 남아 있다. 만일 그때 그 교수님이 학점을 주시지 않았다면 나는 제대로 졸업하지 못했을 것이다. 대학 4학년이면 자신의 행위에 대해 엄격하게 책임을 져야 하는 나이다. 당시 커닝 사건을 해결하면서 대세를 따른다는 것이 얼마나 위험한가를 다시 한 번 뼈저리게 느꼈다. 여기서 대세란 어떤 일에 대해 관행 혹은 통념으로 별 것 아니라고 생각하고 행동하는 경우를 말한다. 그러나 한번 문제가 발생하면 걷잡을 수 없을 정도로 커질 수도 있다. 대학시절에 고비가 있었다면 이 커닝 사건이지 않았을까 싶다.

남에게 책잡힐 짓이나 양심에 부끄러운 일이라면 결코 해서는 안 된다. 그것이 큰 흠이 되지 않더라도 작은 규칙을 어겨야 할 때가 있다면 '대세를 따르는데 별일 있겠어'라든지 '이번만 넘어가지'라는 식으로 자신을 합리화하지 않아야 한다. 사소한 일이 자신이 쌓아온 모든 것을 날려버리는 대형사건으로 확대될 수 있다. 때문에 나이를 먹어갈수록, 자리가 올라갈수록 법을 지키고 '타인이 이를 어떻게 생각할까'라는 생각까지 더해 행동한다면 흠 없는 인생을 살 수 있을 것이다. 특히 다른 사람을 도와줄 목적으로 잘못된 행동을 하지 않도록 주의해야 한다. 이 따금 다른 사람을 위해 무심코 한 행동이 자신에게는 치명적인 일격이 되어 돌아올 수 있기 때문이다.

국방의 의무를 다하지 못한 이유

"아버지가 다음 주에 ○○부대에 강연을 초청받았는데 이렇게 하면 되니?"

군에 있는 큰아들 면회를 갔을 때 군의 의전에 대해서 물어보았다. 이제는 군부대 강연 경험이 있기 때문에 의전이나 분위기에 익숙하지만 나는 군대를 다녀오지 않아 사전 조사가 필요했다.

나는 대학 4학년 여름에 신체검사를 받았는데, 양안이 마이너스 8과 9의 고도근시여서 군 입대 면제 판결을 받았다. 아마도 독자들 가운데 내가 안경을 쓴 모습의 사진을 본 사람은 거의 없을 것이다. 예전에 텔레비전 토론 프로그램에 자주 출연할 때나 책에 실린 사진에서도 안경을 쓰지 않고 콘택트렌즈를 착용했다. 1997년 무렵 오랜 고민 끝에 라식 수술을 해서 7~8년간은 안경을 쓰지 않은 상태에서도 일상 활동이 가능할 정도로 시력이 회복되었다. 당시 라식 수술을 받았던 몇몇 선배들의 사례를 참조해서 고심 끝에 수술을 받기는 했지만 이제는 라식 수술에 대해 좀 더 신중하라는 의견을 더하고 싶다. 특히 중요한 신체 부위에 대한 수술의 경우 수술 후유증에 대한 임상 결과가 오랜 시간을 두고 나타나기 때문에 안심할 수 없다. 게다가 라식 수술을 마치고 난 이후에도 안구의 구조는 계속해서 변화하기 때문에 처음의 효과가 계속 나타날지도 의문이다. 신체의 중요한 부분은 한번 손을 대고 나면 원상태로 복귀가 불가능하다.

때문에 눈에 손을 대는 일은 아주 예외적인 경우가 아니라면 시도할 만한 일이 아니다. 특히 라식 수술을 받은 이후에 야간에 눈부심 현상이 심했기 때문에 야간 운전에 큰 어려움을 겪었다. 물론 6~7년 동안 안경이나 콘택트렌즈를 끼지 않고 환한 세상을 볼 수 있었기 때문에 좋았지만 2005년을 전후해 다시 시력이 나빠지면서 안경을 착용하기 시작했고, 지금은 집안에서조차 안경을 끼지 않으면 일상생활이 불편할 정도가 되고 말았다.

나이가 들면서 시력이 현저하게 떨어지는 것은 큰 스트레스 중 하나다. 특히 모니터를 보면서 일을 많이 해야 하는 직업적 특성 때문인지 내 시력은 한 해가 다르게 나빠지고 있다. 규칙적인 운동으로 신체의 다른 부분은 강건하게 유지할 수 있지만 시력만은 그렇게 하기가 힘들어 늘 고민되는 과제다.

작년까지 대규모 대중 강연 등과 같이 사진이나 동영상이 남는 곳에서는 일회용 콘택트렌즈를 사용했는데 지금은 안경을 낀 상태로 다닐 뿐만 아니라 강연도 한다. 이제는 콘택트렌즈 사용을 완전히 포기했다. 시력 자체는 유전되지 않지만 내 견해는 안구의 구조 자체가 유전이 된다고 생각한다. 외가 쪽 사람들은 고도 근시에 가까운 안구 구조를 갖고 있기 때문에 나를 포함해서 대부분의 형제들, 특히 남자 형제들은 어김없이 중학교 1학년을 전후해서 급속한 속도로 고도근시가 진행되었다. 참고로 나의 두 아이 가운데 한 명은 대학 1학년을 마치고 현역에 입대해서 군복무를 마쳤고 다른 한 명은 입대를 앞두고 있다.

리어카로 이사하기와 운동

대학 3년간은 기숙사에 머물 수 있는 행운을 가졌지만, 방학 땐 기숙사에서 나와 하숙을 해야 했다. 요즘 같으면 차를 이용해서 간단한 옷가지나 책 등을 한 번에 옮겨 신속하게 이사를 끝내겠지만 당시엔 방학 때마다 이사하는 것이 큰 행사였다. 리어카를 이용해서 생활에 필요한 옷가지나 생활용품을 싣고 비탈길을 올라가 하숙집에 짐을 풀고 싸기를 몇 번 반복했다. 그러니까 1년에 네 번은 리어카로 이사를 해야 했는데, 문제는 리어카가 '누드' 이삿짐차라는 것이다. 무덤덤한 사람들은 별 느낌이 없겠지만 체면을 중시하는 사람들에겐 이런 일도 약간의 고통을 수반했다. 서울에서 자란 학생들은 그런 경험을 할 필요가 없었지만 시골에서 상경한 친구들은 대부분 그 어색한 경험을 하곤 했다. 요즘은 이삿짐을 전문으로 관리하는 업체들이 알아서 모든 것을 척척해주지만 그런 서비스 사업이 자리를 잡기 이전에는 용달차를 빌려서 가구를 잔뜩 싣고 시내를 가로지르는 광경을 자주 목격할 수 있었다. 가리고 싶은 부분들, 그러니까 고단한 일상의 삶을 영위하는 데 도움을 주는 잡다한 생필품들이 바깥으로 드러나는 경우가 종종 있었다. 지금도 가끔 광경을 보면 그 당시가 문득 문득 떠오른다.

한편 젊은 날에는 심한 감정 기복으로 생활리듬 또한 출렁거릴 때가 많다. 나는 체력을 단련하면서 이를 극복하는 방법을 찾아냈다. 나는 혼자서 하는 운동을 무척 좋아했는데, 지금도 그 습관이 남아서 혼자 일정한 속도로 정해진 거리를 꾸준히 뛰고 있다. 나는 무엇인가 하나를 하면 꾸준하게 오래하는 습관을 갖고 있다. 그것이 운동이든 음식이든 공부든 일이든 일단 해야 한다고 생각하면 꾸준히 하는 것은 자신이 있다. 달리기는 예나 지금이나 삶을 정리하고 스스로 결의를 다지는 데 큰 도움이 된다. 내가 지금 어디에 있는지, 뭘 하고 있는지, 제대로 하고 있는지를 뛰면서 점검할 수 있기 때문에 육체적인 건강뿐만 아니라 정신 건강을 유지하는 데도 도움이 된다. 새벽녘에 도서관에 도착해서 아침 공부를 마치고 나면 아침 식사 시간 전에 30분 정도 대운동장을 돌았다. 지금은 대운동장이 없어지고 말았지만 당시 고려대학교 본관 앞에는 큼직한 운동장이 자리하고 있었다. 한 교수님이 이런 농담을 한 적이 있었다.

"세계 어느 대학교를 방문하더라도 대학교의 중앙에 이처럼 큰 운동장이 있는 경우는 거의 없다."

훗날 세계의 여러 대학들을 방문하면서 보니 정말 대운동장이 학교의 중앙에 버티고 있는 곳은 없었다. 아무튼 대학시절 내내 그 운동장 덕을 톡톡히 봤다. 하지만 방학 때가 되면 기숙사를 나와야 했기 때문에 운동 이후에 몸을 씻을 수 있는 곳을 찾는 것이 고민이었다.

내가 찾아낸 곳은 학군단 건물 지하의 샤워실이었다. 당시 학군단 건물은 오늘날 경영대학의 뒤편에 위치해 중앙도서관에서 2~3분 거리에 있었다. 어떻게 발견하게 되었는지 정확하게 기억할 수는 없지만 그곳에는 대학생활 3년의 추억이 남아 있다. 오늘날은 어느 집에나 샤워 시설이 되어 있지만 당시에는 그런 곳이 흔하지 않았고, 몸을 충분히 씻기 위해서는 동네 목욕탕을 가야 했다. 목욕탕을 찾아가는 것은 성가실 뿐만 아니라 비용이 드는 일이었다. 한겨울, 새벽 공부를 마치고 하숙집의 식사 시간에 맞추어서 가기 전 내가 꼭 지켰던 의식은 눈이 소복이 쌓인 운동장을 뛰는 일이었다. 어느 정도 뛰고 나서 충분히 뜨거워진 몸으로 학군단 건물 지하의 샤워실로 향했다. 샤워실이라고는 하지만 온수 시설도 없고 그저 지하수로 몸을 간단하게 씻을 수 있도록 만든 공간이었다.

한번 생각해보라. 살을 에는 듯 추운 겨울날 새벽, 운동으로 후끈 달아오른 몸에 지하수를 끼얹는 일은 엄청난 인내를 요구했다. 그래서 나름대로 고안한 방법이 수건으로 냉수마찰을 하는 것이었다. 지표수와 달리 차가운 지하수로 몸 전체를 씻고 나면 상쾌하고 개운했다. 하지만 웬만한 인내심으로는 가능하지 않은 일이었다.

대학생활에 대한 글을 마무리하면서 젊은 세대들의 고민에 대해 생각해봤다. 사회가 안정되어간다는 것은 그만큼 기회를 잡을 가능성이 줄어든다는 뜻이다. 게다가 중국, 인도, 개도국 등이 모두 경제성장을 목표로 경쟁에 뛰어들면서 경쟁 강도와 속도는 과거와 비교할 수 없을 정도로 세지고 빨라졌다. 그런 경쟁에 모든 세대가 노출되어 있지만 특히 젊은 세대는 취업과 관련해서 더 힘든 상황에 놓여 있다. 그래서 젊은 세대들은 스스로 자신들이 자수성가할 가능성은 점점 줄어들고 있다고 말하고, 사회도 이런 생각들을 확대시키고 있다.

하지만 내 생각은 좀 다르다. 사람들이 할 수 없는 이유나 될 수 없는 이유를 찾으려면 금방 수십 가지를 떠올릴 수 있다. 어느 시대나 오랜 학창시절을 마무리하고 사회에 첫걸음을 내딛기 시작할 때면 첩첩산중에 있는 것 같다. '이렇게 작은 봉급을 받아서 뭘 어떻게 할 수 있을까?'라는 생각에 마음이 답답해지는 것은 어쩔 수 없다. 하지만 세월이 가면 그중에서 소수의 사람들은 세상에 자신의 존재감을 드러내는 데 성공한다. 이 세대만이 유독 그렇지 않을 까닭은 찾기 힘들다. 자수성가는 '우리 세대'가 하는 것이 아니라 '내가' 하는 것이다. 우리와 나를 구분할 수 있어야 한다. 때문에 '88만원 세대'와 같은 다소 감상적인 용어에 매몰되지 않도록 해야 한다. 게다가 이제까지 노력이 부족해서 남들이 부러워하거나 원하는 곳, 알려진 곳에서 시작할 수 없다면 작은 곳에서라도 시작하면 되고, 과거의 부족함을 채우기 위해서라도 두 배,

세 배 더 열심히 하면 된다. 문제는 밑바닥부터 기어서 정상까지 가려는 근성이나 끈기의 부족함에 있다.

요즘은 보는 것도 많고 즐길 수 있는 것도 많기 때문에 현재의 소소한 쾌락이나 즐거움을 뒤로 미루기 쉽지 않다. 한마디로 놀이 문화가 발전하면서 유혹이 너무 많아진 것이다. 하지만 현재를 다 즐기면서 어떻게 미래를 준비할 수 있는가? 따라서 기회 자체가 없다는 생각에 대해서는 동의할 수는 없다. 부모가 부유하지 않으면 비용을 더 많이 지불할 각오를 하면 된다. '남은 이런 것을 갖고 있고 이렇게 하는데 나는 이게 뭔가'라고 자책할 필요는 없다. 나처럼 '남은 남이고 나는 나다'라는 생각을 갖고, 모두가 각자의 책임하에 다른 길을 가는 것이 인생이라 생각하면 그만이다. 과감하게 미루어야 할 것과 포기해야 할 것을 정하고 나면 살 궁리가 생겨나는데 이게 쉽지 않다. 한마디로 현재를 포기할 수 없는 데서 어려움이 생기는 것이다.

3장

능력을 정확히 아는 것

운명이란 것이 있다. 정말 최선을 다했는데도 불구하고 원하는 목표에 다가서지 못하는 것을 두고 하는 말이다. 입학시험, 취업, 자격시험 등 인생에는 숱한 장애물들이 있는데 이 가운데 반드시 통과해야 하는 것이 있다. 그것을 통과하지 못하면 그다음 이야기를 쓸 수 없거나 전혀 다른 이야기를 써야 할 수도 있다.

나는 대학생활 중 3년을 꼬박 미국 유학을 준비하는 데 투자했다. 입학허가와 동시에 장학금도 받아야 했다. 두 가지 모두가 충족되지 않으면 다른 선택을 해야 하거나 다른 대안을 찾을 수밖에 없었다. 아무리 열심히 노력하더라도 합격 여부는 상대방이 결정한다. 어떤 기준으로 선발하는지 사전에 알 수는 없지만 학점, 과외활동, 상벌 상황, 영어시험 성적 등을 기본적으로 볼 것이다.

당시에도 초보적인 수준의 유학 학원들이 있었고, 일정한 비용을 지불하면 알아서 모든 것을 척척 대행해주었다. 풀 서비스를 제공받아서 쉽게 유학을 가는 사람들도 많았다. 나는 그렇게 할 만한 형편이 안 되기도 했지만 혼자서 차근차근 준비하는 것이 더 나은 선택이라고 생각했다. 그래서 학교를 선정하는 일부터 모든 프로세스를 직접 진행했다. 유학 준비가 마무리되고 난 다음에 이를 몇 페이지 분량으로 깨알같이 정리해서 후배들에게 넘겨주기도 했다. 이른바 유학 준비생을 위한 '족보'라는 것을 만들어서 다음에 유학을 준비하는 후배들이 시행착오 없이 그 절차에 따라서 준비할 수 있도록 한 것이다.

세월이 흐르고 난 다음에 '그때 만일 그 관문을 통과하지 못했다면 어떻게 되었을까?' 하고 생각해보곤 한다. 대학시절을 전부 걸고 고시 준비를 했지만 고배를 마시고 결국 다른 길을 택하는 동료나 선배도 많았다. 어차피 삶에서 모두가 원하는 시험을 척척 통과할 수는 없다. 사법고시나 행정고시는 당시에도 무척 인기를 끌었는데 열심히 했지만 고배를 마시는 사람은 행운을 차지한 사람보다 압도적으로 많았다. 사람은 장애물 경주를 하듯 인생의 고비를 하나하나 통과해야 원하는 모습에 가까운 삶을 만들 수 있다. 결정적인 관문을 통과하는 데는 노력과 더불어 운도 필요하다. '정말 열심히 했는데……'라는 아쉬움을 남긴 채 다른 길을 가는 것처럼 안타까운 일이 있겠는가? 그래서 옛말에도 '진인사대천명(盡人事待天命)'이란 말이 있지 않은가? 일은 사람이 도모하지만 이루도록 허락하는 것은 하늘이다. 젊은 날에는 모든 성취가 자신이 잘났기 때문이라고 생각하지만 나이가 들어가면서 '그건 그저 운이었고 하늘이 도왔을 뿐'이라는 말이 절로 나오게 된다.

모두 8군데의 미국 대학원에 지원해서 3군데는 거절, 2군데는 입학 허가, 3군데는 입학 허가와 장학금 지급이라는 결과를 얻었다. 그런데 지급하겠다는 장학금에 차이가 있었다. 라이스(Rice) 대학교에서 전액 장학금을 주겠다고 했기에 다른 고민 없이 그곳으로 결정했다. 그렇게 해서 한 학교와 인연을 맺었다. 당시의 집안 사정 등을 고려해서 가능한 부모님께 부담을 드리지 않는 선에서 결정해야 했기 때문에 다른 대안이 없었다. 사실 장학금을 받을 수 있었던 것은 큰 행운이었다. 나의 경제적 능력이 허락하는 한 그 혜택은 평생 갚아나갈 생각이다.

입학지원서를 내놓고 하루하루 기다림이 계속되었던 4월의 어느 날, 전액 장학금을 지급한다는 합격통지서를 받은 순간은 내 인생에서 가장 빛나는 환희의 시간이었다. 나는 그 통지서와 서류를 잘 보관해두었다. 그때부터 언젠가 과거를 회고하는 자서전을 쓸 것이고 그때 이 서류가 대단히 중요한 역할을 하게 될 것이라는 막연한 느낌이 있었기 때문이다. 그래서 입학과 졸업에 관련된 서류를 지나치다고 할 정도로 꼼꼼하게 모두 보관하고 있다. 예를 들어 학위를 마치고 난 다음에 그 과정에 들어간 돈에 대한 영수증이나 졸업식과 관련된 팸플릿, 증빙서류들을 모두 갖고 있다. 언젠가 그런 자료를 활용할 수 있는 시간이 올 것이라고 믿어 의심치 않았다. 막연하지만 우여곡절을 이따금 겪더라도 잘 풀려나갈 것이라는 느낌이 내 삶에서는 늘 함께해왔다. 이를 두고 낙관론이란 거창한 말을 쓸 수는 없지만 늘 내 삶에 긍정과 활력을 제공하고 역경과 좌절의 순간을 넘어서는 데도 큰 역할을 한 것은 사실이다.

시 험 에 대 한 단 상

대학 입시나 유학 준비, 학위 과정 등을 거치면서 '나는 학문적으로 뛰어난 능력을 갖고 있지 않다'는 생각을 갖게 되었다. 시험이란 부분적이

긴 하지만 한 사람의 능력이나 자질을 평가할 수 있는 도구다. 입시 준비는 정해진 시간 동안 좋은 점수를 내기 위해 노력하는 스포츠 경기와 같다. 절대 투입 시간 대비 성적으로 보면 된다. 투입하는 절대 시간에 비해서 성적이 평균이 나오면 보통의 능력을 가진 사람이다. 이따금 예외적인 능력을 가진 사람들도 있는데, 이들은 투입하는 절대 시간이나 노력이 얼마 되지 않는데도 대단한 성적이나 성과를 만들어낸다. 당연히 입시에서도 현저하게 좋은 성적을 거둔다. 이런 유형의 사람이 '열심히' 노력하는 근성까지 갖추면 걸출한 인물로 성장하게 된다. 나는 이들을 '은수저를 물고 태어난 사람'이라고 표현한다. 원래는 좋은 집안에서 태어났다는 뜻이지만 좋은 머리를 타고 난 사람들에게 이런 표현을 사용하는 것은 조금도 어색하지 않다. 유산 가운데 '머리'만 한 것이 어디 있겠는가?

나는 입시와 유학을 준비하는 과정에서 내 자신이 어느 정도의 능력을 갖고 있는 사람인가를 객관적으로 평가할 수 있었다. 그래서 나는 시험이 필요하다고 생각한다. 인생살이에서 가능하면 일찍 자신이 어떤 사람인지, 그러니까 자신이 머리가 아주 뛰어난 사람인지 아니면 다른 능력을 가진 사람인지를 정확하게 아는 일이 필요하다고 본다. 그런 평가가 없다면 모두들 자신을 대단한 사람이라고 착각하고 살게 된다. 이는 개인적으로 뿐만 아니라 사회적으로도 큰 낭비이자 손실을 가져온다.

'Know yourself!'(당신 자신을 알라)'라는 소크라테스의 그 유명한 명제가 왜 중요한가? 자신의 능력에 맞춰서 살아갈 수 있는 방법을 찾기 때문이다. 모두가 다 머리가 좋은 사람으로 태어날 수는 없다. 모두가 학문적으로 똑똑한 사람이 될 필요도 없다. 사람은 저마다의 특징이나 장점을 갖고 나게 마련이다. 그렇기 때문에 이를 가능한 빨리 알아차리는 일이 매우 중요하다. 저마다의 살길을 찾는다면 개인이나 사회 모두에게 좋은 일이다. 그렇게 살아야 개인도 행복하고 사회도 더 나아질 수 있다. 각자가 자신의 직분에 충실하게 살아가면 된다.

자신의 능력을 정확히 아는 것

'내가 학문적으로 그렇게 똑똑한 사람은 아니다'라는 스스로 내린 평가 덕분에 나는 분수에 맞게 살아갈 수 있었다. 내가 어떻게 살아가야 할 것인가에 대한 나름의 원칙도 정할 수 있었다. 그 원칙은 본업 이외에 투입되는 시간을 가능한 줄인다는 것이다. 그렇게 하면 본업에서는 어느 정도 이상의 성과를 거둘 수 있다. 그러나 다른 부분에 소홀히 하는 것은 어쩔 수 없다고 인정했다. 다른 부분까지 잘하려고 하면 본업에서조차 큰 성과를 거두기 힘들다는 사실을 나는 기꺼이 인정했다. 내가 모든 분야에서 다재다능한 면을 발휘할 수 없다는 사실을 겸허하게 인정하는 것에서부터 나름의 생존과 성장 전략을 찾았다고 생각한다. 그래서 후일의 직장생활에서도 다른 능력을 타고난 사람들이 다재다능함을 한껏 발휘하는 것을 크게 부러워하지 않을 수 있었다. 왜냐하면 그는 나와 타고난 것이 다르기 때문이다. 다른 재능을 타고나기 위해서는 아버지와 어머니를 바꾸어야 하지만 이는 불가능한 일이 아닌가?

나의 능력을 객관적으로 이해하고 있었기 때문에 유학생활과 직장생활에서 자만 때문에 발생할 수 있는 부작용을 최대한으로 줄일 수 있었다. 또한 처지나 상황을 정확히 이해하고 그저 주어지는 것이 없다는 사실을 스스로에게 끊임없이 주지시키는 동력이 되었다. 그것은 지금이 글을 쓰고 있는 순간까지도 세상이 결코 만만한 곳이 아니며, 내가 똑똑해서 여기까지 온 것이라는 오판을 막는 데 큰 역할을 했다. 이 같은 판단은 벤저민 프랭클린이 젊은 날, 친구에게 보낸 편지에 쓴 문장을 떠올리게 한다.

> 인간이 처해 있는 상황에는 항상 불편함이 있습니다. 그런데 인간은 지금 여기에 있는 불편함을 느끼지만 다른 곳에 있는 것은 보지도 느끼지도 못합니다. 따라서 우리는 깊이 생각하지 않고 상황을 자주 변화시킵니다. 그래서 더 나빠지는 경우가 많습니다.[15]

벤저민 프랭클린은 델라웨어 강을 따라 작은 배를 타고 이동 중이었다. 햇볕은 따가웠고 함께 배를 탄 사람들이 친절하지 않았던 탓에 그는 강가에 펼쳐진 아름다운 초원을 구경했다. 갑자기 그는 그 초원에서라면 커다란 나무 밑에 앉아서 주머니 속에 들어 있는 책을 읽으며 근사한 시간을 보낼 수 있을 거라는 생각이 들었다. 선장의 반대에도 불구하고 그는 내려달라고 했다. 마침내 배에서 내렸으나 그곳은 초원이 아니라 늪이었고, 나무를 향해 가는 동안 무릎까지 진흙에 빠졌다. 나무 그늘 아래 도착해서는 5분도 되지 않아 모기떼의 집중적인 공격을 받으며 생고생을 했다. 이때 벤저민 프랭클린은 중요한 교훈을 얻었다. 직접 그곳에 몸을 담지 않으면 모르는, 겉으로만 보기에 근사한 것들이 너무 많다는 사실이다.

우리는 모든 인생의 길을 다 가볼 수 없다. 가보지 않은 길, 가보았으면 좋았을 것이라고 생각하는 인생의 길을 늘 부러워한다. 그러나 막상 그렇게 부러워하던 곳에 들어가서 직접 체험해보면 겉으로 좋아보이던 것이 단순한 환상이었음을 알게 된다.

자기 길을 선택해서 자기 페이스에 맞추어서 살면 된다. 이따금 주위가 부러울 때도 있지만 부러움 때문에 깊은 생각 없이 뛰어드는 일은 없어야 한다. 곁눈질하지 않고 자기 길을 묵묵히 가다보면 좋은 일도 생긴다. 그런데 줏대가 약한 사람은 걸어가면서도 끊임없이 흔들리고 겉으로 보기에 근사한 길을 무작정 선택해서 낭패를 보기도 한다. 따라서 자기 페이스를 잃지 않고 꾸준히 나아가는 일은 정말 중요하다.

유학 생활의 시작

기술이 발전함에 따라 사람들이 거리(距離)에 대해 갖게 되는 감(感)은 달라진다. 오늘날은 외국에서 생활하거나 여행을 하는 것에 대해 별로 거리감을 갖지 않는다. 거의 실시간으로 해외에서 일어나고 있는 소식을 듣고 대화를 나눌 수 있기 때문이다. 하지만 30여 년 전에 외국은 대다수 사람들에겐 까마득히 먼 곳이었다. 내가 박사학위를 받은 라이스 대학교는 엔지니어링 분야가 강한 학교로 텍사스 주 휴스턴의 다운타운에서 얼마 떨어지지 않은 곳에 위치하고 있다. 미국의 어느 대학에 비해도 손색이 없을 정도로 아담하고 아름다운 캠퍼스를 갖고 있다. 100여 년 전 학교를 건립할 당시 학교의 팽창을 대비해서 넉넉한 부지를 확보하고 마스터플랜을 세운 다음, 이 계획에 따라 조형미를 철두철미하게 따져가면서 학교의 건물을 차근차근 만들어가는 모습은 우리나라의 대학교들이 건물을 확장해나갈 때와 대비되어 지금도 놀랍기만 하다.

1983년 8월 중순에 미국을 출발한 나는 LA를 거쳐서 휴스턴에 도착했다. 국제공항(현 조지 부시 국제공항) 문을 나서자 한 번도 경험해보지 못한 습기 많은 날씨가 온몸을 긴장시킬 정도로 낯설었다. 휴스턴을 비롯한 미국 남부는 에어컨의 발명이 없었다면 도저히 개척될 수 없었을 정도로 더위가 끔찍했다. 여름날엔 연일 섭씨 40도를 넘으니 "에어컨이 없을 때 휴스턴에는 사람들이 다들 어떻게 살았지?"라는 이야기가 절로 나온다. 윌리스 캐리어(Willis Carrier) 박사가 1906년에 취득한 '공기조절 설비'에 대한 특허에서 시작된 에어컨이 대중화되기 시작한 시점은 1950년대 이후였고, 이때부터 미국 남부 도시 역시 본격적인 성장세를 걷기 시작했다. 휴스턴은 이렇게 짧은 기간 동안 크게 성장한 도시였다.

유학 당시 나는 스물네 살이었고, 희망과 낙관으로 가득 차 있었다. 누구든 처음에 도착하면 이미 유학을 와서 자리 잡고 있던 선배들에게 신세를 지게 된다. 나 역시 먼저 와서 공부하고 있었던 사람들의 도움을 받았다. 유학 초기엔 원룸을 썼는데, 바로 옆방에는 건축과에 단기간 체류하면서 공부를 하던 사토라는 일본인이 살았다. 그리고 같은 아파트에는 싱글로 사는 한 할아버지가 있었는데, 초기 정착 단계에서 그분들이 정말 많은 도움을 주었다.

30여 년 전만 하더라도 한국과 미국의 국민소득과 생활수준 격차는 무척 컸다. 때문에 오늘날 이마트나 홈플러스 같은 대형할인점에 해당하는 타깃(TARGET)이나 케이마트(Kmart)는 놀라움 그 자체였다. 어떻게 이처럼 물건이 풍부할 수 있을까? 우리나라는 언제 이런 생활을 누릴 수 있을까? 그런 생각을 자주 했다. 그러나 이제 미국을 가더라도 크게 놀라운 것도 없고 사야 할 것도 없을 정도가 된 점을 생각하면 지난 30여 년 한국이 이룬 성장은 경이롭다 해도 과언이 아니다.

입학과 동시에 영어로 진행되는 수업을 제대로 듣는 일은 어려웠다. 외국생활을 하면서 들었던 생각은 인간의 언어 재능은 다양하다는 사실이다. 노력도 물론 중요하지만 언어 재능이 뛰어난 사람들의 학습 속도는 아주 빠르다. 그런데 나는 그런 능력을 갖고 있지 않았다.

졸업 이후 미국에서 직장을 잡을 것인가 아니면 곧바로 귀국할 것인가 등 목표를 어떻게 잡느냐에 따라서 본인이 유학하는 나라의 언어를 갈고닦는 데 보이는 열의가 달라질 수 있다고 생각한다. 예를 들어 현지인들과 경쟁해서 자신의 직업 경력을 좀 더 넓은 세상에서 만들겠다는 각오를 가진 유학생과 공부를 마친 다음 곧바로 귀국할 계획을 갖고 있는 유학생은 매사를 대하는 태도가 다르다. 이런 점에서 나는 그다지 현명하지 못했다. 물론 개인적인 사정이 있긴 했지만 시간을 갖고 첫 번째 직장을 미국에서 구한다고 생각했다면 현지화를 위해 더 노력했을 것이다. 세상에는 그때 하지 않으면 할 수 없는 것들이 있게 마련인데 당시에 지나치게 서둘러 공부를 마무리하기 위해 노력했던 점은 아쉽다. 나의 조급함이나 성급함이 그것에 크게 기여했음은 물론이다. 그때 인생 선배들의 조언이나 롤 모델이 있었다면 올바른 방향을 잡는 데 도움이 되었을 것이다.

유학생활에서 두 가지의 굵직한 도전 과제가 주어졌다. 하나는 1학년을 마친 다음 자격시험을 통과하는 일이고, 다른 하나는 논문 주제를 잡아서 원하는 시간 내에 학위를 마무리하는 것이었다. 사람은 저마다의 성격을 갖고 있는데 젊은 날의 나란 사람은 지나치게 자신을 몰아붙이는 데다 다가오는 일을 지나치게 걱정하는 스타일이었다. 1학년을 마무리하고 새 학기가 시작되기 전에 자격시험을 준비하던 때를 지금도 생생하게 기억하고 있다. 여름이 되면 학교는 조금 과장하자면 개미새끼 한 마리 볼 수 없을 정도로 텅 비어버린다. 바깥은 연일 불볕더위가 계속되어도 나는 스터디그룹과 같은 활동도 없이 오로지 시험 준비에만 몰두했다. 중앙도서관인 폰더런 도서관에서 문제를 풀고 외우고, 풀고 외우는 일을 반복했던 시간들이 주마등처럼 스쳐지나간다. 사람은 그런 도전을 하나하나 해결하면서 자신에 대한 믿음을 하나둘 쌓아가게 된다.

고비를 넘지 못한 클래스메이트

큰 학교와 작은 학교는 각각 장단점이 있다. 큰 학교는 전공이나 과목 등 선택의 폭이 넓다. 게다가 우선 큰 학교를 다니면 비교적 잘 짜인 캠퍼스 타운 덕분에 덜 외롭다. 그러나 작은 학교를 다니는 싱글들은 외로움을 많이 탈 수 있다. 방학이나 주말엔 학교 전체가 텅텅 비어버리니 말이다.

한국에서도 객지 생활을 오래했지만 이국땅에서 혼자 생활하면서 겪는 외로움은 차원이 다르다. 어쩌면 한국인들은 언제 어디서나 무리 속에서 성장한다고 볼 수 있다. 중학교, 고등학교, 대학교 등 어느 단계에서나 항상 동료를 만날 수 있다. 그러나 미국 생활은 완전히 달랐다. 일단 언어가 능숙하지 않기 때문에 친구를 사귀는 데도 한계가 있었다. 또한 미국의 라이프스타일은 개인주의가 뼈대를 이룬다. 때문에 각자 자기 앞가림을 알아서 해야 하고 결코 타인의 일에 대해서 간섭하지 않는다. 당시 10여 명 정도의 클래스메이트들이 있었지만 말 그대로 클래스에서 잠시 시간을 공유하는 정도에 불과했고 깊은 이야기를 나눌 수 있는 상황은 아니었다. 게다가 첫해는 공부량이 과중하기 때문에 말 그대로 살아남아야 한다는 생각밖에 없었다.

클래스메이트 중 키가 큰 인도 친구가 있었는데 수학을 잘하고 똑똑했다. 그런데 중간에 유쾌하지 못한 상태로 고향으로 돌아가고 말았다.

아마도 외로움과 여러 요인들이 겹치면서 심리적인 혼란을 극복하지 못했던 것 같다. 서로 살아남기에 급급한 시기였기 때문에 누구도 동료를 돌볼 여유가 없었고 그 친구의 상황도 알지 못했다. 고향으로 돌아가지 않을 수 없는, 심각한 상태가 되고 나서야 알게 되었다.

지금도 이따금 그 친구 생각이 난다. 세상을 살면서 사람이 크고 작은 기회를 갖는데, 인도에서 장학금을 받고 미국 유학길에 오른 것은 본인으로나 가족 전체에게 큰 희망이었을 것이다. 자신의 삶을 한 단계 끌어올릴 수 있는 일생일대의 기회가 되었을 수도 있었을 텐데 안타까운 생각이 든다. 이렇듯 살아가면서 우리는 크고 작은 도전을 받게 된다. 어떤 도전 과제를 맞든지 간에 그 순간에 모든 도전은 새롭다. 어제의 승리가 있었다면 그것은 그저 어제의 승리일 뿐이다. 오늘 맞는 도전 과제는 완전히 새롭다. 그런 도전 과제들을 슬기롭게 하나하나 원하는 대로 이뤄가면서 자신의 삶을 만들게 된다. 그런데 이제까지 아주 잘해왔다고 하더라도 어느 순간 삐끗하면 이제까지의 모든 성취들이 물거품이 되는 경우도 많다. 그래서 세월이 가면서 살아가는 일은 더더욱 아슬아슬하다는 생각을 하게 된다.

언어 구사능력과 뛰어난 학부교육

입학 동기들 가운데는 남미에서 온 친구도 있었고 독일에서 막 이민을 온 친구들도 있었다. 스페인어나 독일어가 모국어인 친구들은 한 학기 정도 지나면 현지인들과 대등할 정도로 영어를 구사한다. 아마도 일본이나 한국과 같은 아시아 출신들이 영어 구사능력에서 가장 애를 먹었던 것 같다. 유학을 좀 더 알차고 재미있게 보내는 것뿐만 아니라 인생 전체를 통해서 활동 무대를 결정함에 있어서 영어 능력은 필수적이다. 다행히 오늘날에는 조기 유학이나 이른 영어 공부 등을 통해서 영어 구사에 전혀 문제가 없는 학생들이 많은 듯해 다행스럽다. 유학생활을 경험하면서 나는 외국어 구사능력이 얼마나 유용한지 깊이 깨달았다.

나는 당시 대학원생들 가운데서는 나이가 적은 편이었기 때문에 라이스 대학교의 학부생들과 자주 어울렸다. 몇몇 친구들은 지금도 연락을 주고받는데, 이들과 함께 시간을 보내면서 그리고 명문학부생들을 주변에서 지켜보면서 제대로 된 미국 대학교의 학부 교육의 힘을 체험할 수 있었다. 누구든 좋은 것을 보면 부모를 생각하고 자식을 생각하지 않는가? 당시 내가 확고하게 굳혔던 생각 가운데 하나가 훗날 결혼해서 아이들을 갖게 되면 그들에게 더 좋은 교육을 제공하겠다는 것이었다.

돈을 버는 데도 때가 있지만 그 기간은 상대적으로 길다. 올해 벌지 못하면 내년에, 아니면 후년에 벌 수도 있다. 권력을 추구하는 일이나 자리를 올라가는 일은 시간 제약이 있다고 하지만 비교적 탄력적인 편이다. 하지만 평생을 살아가는 지적 토대를 구축하는 결정적 시기는 중학교, 고등학교 그리고 대학교 등이고, 그 시기라고 해야 불과 10여 년이다. 이 가운데서 고등학교와 대학교 시절은 무척 중요하다. 이 시기동안 스스로 생각할 수 있는 힘을 가질 수 있는 지적 토대를 구축하는 일은 매우 중요한데 여전히 우리 교육은 지나치게 입시에 치우쳐 있다. 그런데 문제는 공부를 가르치는 교사나 교수들 역시 자신들이 받았던 교육으로부터 자유로울 수가 없다는 점이다. 그래서 우리 교육이 여러 가지 제도 개선을 통해서 더 나은 실험을 거듭하고 있음에도 불구하고 입시 교육을 벗어나서 '생각하는 교육'에 무게 중심을 두기에는 시간이 더 많이 걸릴 것으로 보인다.

불볕더위와 에어컨 없는 차

집안이 유복한 사람들은 당연히 유학생활도 넉넉하고 편안했다. 나는 그런 편에 속하지 못했지만 가진 자와 가지지 못한 자를 나누거나 세상을 원망하는 생각은 추호도 하지 않았다. 나는 이따금 트위터에서 젊은 이들과 대화를 나누곤 한다. 그런데 가진 자와 그렇지 못한 자로 나눠진 세상에서, 재산에 따라 보이지 않는 신분이 세습화되는 현상 때문에 노력하더라도 기회가 없다고 단정 짓는 친구들이 많았다. 다른 생각을 가진 사람들도 있었지만 매우 드물었다. 젊은이들에게 더 이상 자수성가는 불가능한 일인가를 두고 대화를 나누던 중에 한 젊은이가 이런 트윗을 올렸다.

"가진 자 vs 못 가진 자로 사회를 규정하고 어느 줄에 설 것인가를 강요하는 것은 벗어나야 할 프레임입니다. 20대도 아이디어 하나로 성공할 수 있는 사회, 그런 성공이 또 다른 영감을 불러일으킬 수 있는 그런 방향으로 가야 합니다."-@sanjinss

이런 젊은이를 만날 때면 동지를 얻은 것처럼 반갑다. 젊음이란 무엇인가? 없으면 채우면 되고 부족하면 넉넉하도록 만들면 된다. 물론 그런 목표를 향해 가다보면 장애물도 만나겠지만 젊음은 이런 장애물조차 환영해야 하는 것 아닌가? 나는 유학생활이 빈곤하지는 않았지만 그다지 넉넉하지도 못했다. 평균 은행 잔고가 200~300달러를 넘어선 기억이 없다. 그렇지만 한 번도 환경을 탓하거나 처지를 비관하지 않았다. 무엇이든 내 힘으로 만들어가면 되고 힘이 들더라도 그 자체가 귀한 일이라고 생각했다. 부모에게 폐를 끼치는 일에 대해서 체질적인 알레르기 반응을 갖고 있던 나는 부족한 생활비를 벌기 위해서 방학이면 도서관에서 일을 하기도 하고, 대학생들의 공부나 채점 등을 돕기도 하고, 과외를 해서 부족한 생활비를 벌기도 했다.

여기서 중요한 것은 한 인간의 머릿속에 어떤 프레임을 갖고 살아가느냐다. 부자와 빈자로 나누는 이분법과 이들 사이에 상호 이동이 힘들다는 프레임을 택하고 있는 사람은 자신의 의지나 행동과는 관계없이 그것을 통해서 세상을 바라보고 이해하게 된다. 어쩌면 그런 프레임 때문에 자신의 행동과 생각, 운명이 결정될 수도 있다.

휴스턴 유학시절의 잊지 못할 에피소드가 한 가지 있다. 휴스톤은 꽤 넓다. 나는 일주일 단위로 시장을 갔는데 학교에서 세이프웨이와 같은 마켓은 꽤 멀어서, 자전거로 대략 30분 정도 달려야 하는 거리에 있었다. 내가 주로 이용하던 이동수단은 자전거였다. 중고로 구입한 자전거는 일반 자전거가 아니고 경기용 자전거였다. 그런데 이 자전거는 바퀴가 좁아 마찰력이 적기 때문에 비가 자주 내리는 날씨에는 미끄러져 넘어지는 경우가 잦았다. 이건 상당히 위험했다. 게다가 일주일 분의 식량과 보급품을 운반해야 하는데 운반도구는 유학 올 때 가져온 등산용 대형룩색이었다. 어떤 상황인지 쉽게 떠올릴 수 있을 것이다. 대형룩색에 물, 야채, 빵 등을 가득 채운 다음 경기용 자전거에 올라탄 사람을 상상해보자. 당연히 무게중심이 자전거를 탄 사람의 등 뒤쪽으로 쏠리게 된다. 자전거를 타고 가는 것만으로도 흔들거리는데 등에 멘 묵직한 물건으로 인해 무게중심이 등 뒤쪽으로 가 있으니 자전거 운전에 고난도 기술이 필요했다. 휴스턴에는 스콜이라 불리는 열대성 비가 자주 내렸으므로 장을 보러 갈 때마다 긴장해야 했다. 최악까지는 아니지만 일주일 분의 먹을 것을 확보하는 일은 어려운 과제였다.

그러다가 몇 학기가 지난 다음 친구한테서 싸구려 중고차를 구입했다. 연식이 얼마나 되었는지 알 수 없을 정도로 오래된 회색 도요타 코롤라였다. 그런데 이 차의 문제는 에어컨이 없다는 것이었다. 여름이면 평균 기온이 40도를 웃도는 상황에서 에어컨 없는 차를 타고 다니는 것은 대단한 인내를 요구했다. 이제껏 휴스턴에서 에어컨 없는 차를 타고 다닌 유학생이 있었는지 모르겠다. 게다가 갑자기 스콜이 내리면 창문을 닫아야 했는데, 그럴 때면 앞유리에 성에가 끼어 앞을 분간하기 힘들었다. 그 때문에 교차로에서 사고가 난 적도 있었다. 아무튼 이런 상황에서도 나는 굴하지 않았고, 세상에 대해 툴툴거리지도 않았으며, 누구를 원망하거나 탓하지 않았다.

새로운 곳을 둘러보는 즐거움

나는 새로운 것을 보고, 느끼고, 경험하는 일을 좋아한다. 특히 역사적 명소를 찾는 것을 좋아하는데 이는 역사에 대한 나의 관심과 맞물려 무척 사랑하는 일 가운데 하나다. 지금도 한국이건 외국이건 간에 새로운 장소를 방문하면 가까운 거리에 있는 역사적 명소를 찾아보고 그곳에 담긴 역사적 사실을 꼼꼼히 확인하고 메모하는 것을 좋아한다. 이런 특성은 이미 20대부터 갖고 있었고, 지금도 변함없는 나의 특성 혹은 습관 가운데 하나다. 이처럼 무엇이든 신기해하고 그것으로부터 무엇이든 배우려 하는 성격이 내가 지치지 않고 늘 씩씩하게 살아가는 이유일 것이다.

경제적 여유나 심리적 여유가 있었더라면 젊은 날 더 많은 여행을 하면서 안목이나 시야, 견문을 더 넓힐 수 있지 않았을까 하는 아쉬움이 있다. 유학할 당시 여름 방학을 이용해서 둘러보았던 서유럽의 주요 도시들은 나에게 강인한 인상을 남겼다. 눈에 비치는 모든 것들이 새롭고 신선했기에 여행 내내 쉼 없이 걷고 또 걸었다. 파리와 런던의 구석구석을 튼튼한 두 다리로 한없이 걸으면서 마치 스펀지가 물을 빨아들이듯이 보고 느끼는 모든 것들을 가슴에 쓸어 담았다. 언젠가 일본 건축가인 안도 다다오가 20대에 다녀온 유럽 여행에 대해 "추상적인 언어로 아는 것과 실제 체험으로 아는 것은 같은 지식이라도 그 깊이가 전혀 다르다. 20대 시절의 여행 기억은 내 인생에 둘도 없는 재산이 되었다"라고 한 것에 크게 공감했다. 젊은 날의 여행은 정말 소중한 자산이라 생각한다.

박사학위를 마무리했을 때 여유가 있었다면 자동차를 몰고 미국 전역을 둘러볼 수 있지 않았을까 싶다. 하지만 그런 사치는 나에게 허용되지 않았다. 그래서 휴스턴과 가까운 장소들을 찬찬히 둘러보는 데 그치고 말았다. 가보고 싶었던 곳들을 갈 수 없었던 아쉬움은 항상 내 마음 한켠을 차지하고 있었고 언젠가 여유가 생기면 반드시 실천에 옮기리라 마음먹었다. 아이들을 낳고 정신없이 기반을 닦는 동안 20여 년의 세월이 흘렀고, 마침내 내가 주도적으로 시간을 조절할 수 있게 된 것은 불과 몇 해 전이다. 그때부터 시간을 내서 미국 전역뿐만 아니라 그동안 가보고 싶었던 역사적 명소들을 찬찬히 둘러보고 있다.

몇 해 전 눈이 시리도록 아름다운 가을 낙엽으로 덮인 버몬트 주의 시골길을 가고 있었다. 옆자리의 아내는 잠을 자고 있고 차 안에는 클리프 리처드의 '비전'이란 올드 팝송이 나직하게 흐르고 있었다. '어쩌면 이다지도 가을 낙엽이 아름다울 수 있을까'라고 감탄하는 순간, 갑자기 눈시울이 붉어지면서 눈물이 흘러내렸다. '젊은 날 그토록 하고 싶었던 것을 이제 내 힘으로 할 수 있는 여유가 생겼구나'라는 생각 때문이었다. 물론 부모의 도움이 있어서 젊은 날부터 그런 즐거움을 누리는 것도 좋다. 하지만 만약 그렇게 하기 힘들다면 좌절하지 말라고 말하고 싶다. 평생을 통해서 부족한 점을 인식하고, 그것을 자신의 힘으로 이루어내는 것은 정말 가치 있는 일이다. 자신의 힘으로 무엇인가를 이뤄내는 것은 한 인간에게 자부심과 어려움을 헤쳐나갈 수 있는 강한 용기를 가져다주기 때문이다

학위과정이 끝나갈 즈음이었다. 뉴욕의 맨해튼에서 직장생활을 하던 친구가 전화를 했다.

"병호야, 뉴욕 구경은 해봤니?"

"이번에는 형편이 되지 않아서……. 이다음에 하지."

"이다음은 이다음이고, 내가 비행기 표를 보낼 테니까 시간 내서 귀국 전에 뉴욕 들렀다 가라. 내 집에서 생활하면 된다. 꼭 오는 거야!"

그렇게 친구가 보내준 왕복 비행기 표를 이용해서 뉴욕을 구경할 기회를 가졌다. 정신없이 직장생활을 하며 살아가는 친구의 모습을 곁에서 지켜보는 것도 또 다른 경험이었다. 사실 직장생활 경험이 없이 학교생활만 계속해온 나는 배를 타고 맨해튼을 향하는 수많은 직장인들의 바라보는 것만으로도 "와!" 하는 탄성이 나왔다. 그런데 그 친구(임석정 JP모간 한국대표)에게는 아직도 그 비행기 값을 지불하지 못한 상태다.

아쉬운 점들

이제 와서 아쉬운 점은 '더 느긋할 수도 있었을 텐데……' '더 불안감을 느끼지 않았을 수도 있었을 텐데……' 하는 것이다. 세상의 모든 것은 다 지나가게 마련인데 왜 그렇게 초조하고 불안했는지 모르겠다. 세월은 나에게 내가 가진 단점을 치유해주고 삶을 부드럽게 대하고 천천히

걸어갈 수 있도록 도와주었다. 그러나 당시 스물네 살 젊은이의 가슴은 혈기와 조급함, 격렬함으로 가득했다. 다른 사람들과 비교해봐도 평균을 넘어설 정도로 지나치게 자신을 몰아붙이는 성격을 갖고 있었다. 극한치까지 그렇게 몰아붙일 필요가 없었는데도 말이다.

물론 유학생활에서 자격시험에 반드시 통과하고 정해진 시간 내에 학위를 따겠다는 목표도 중요하다. 그러나 그것 못지않게 중요한 것은 유학생활의 순간순간도 삶의 한 부분이라는 점이다. 목표지향적인 인물들이 갖는 약점 가운데 하나는 지나치게 목표에 집착한 나머지 과정에서 얻을 수 있는 유익함의 상당 부분을 날려버린다는 것이다. 목적지를 향해서 앞만 보고 허겁지겁 달려가는 사람처럼 말이다. 삶은 그렇게 살아서는 안 된다. 순간순간도 다시는 돌아올 수 없을 정도로 귀하고 소중하다. 당시 나는 그런 것에 별로 개의치 않고 오로지 목표 또 목표만을 염두에 두었다.

'멈추고 장미의 향기를 맡아라(Stop and smell the roses)'라는 서양 속담이나 '인생의 모든 순간들이 다 꽃봉오리인 것처럼'이라는 정호승 시인의 시는 이를 아주 잘 표현한 글이다. 지나고 나면 모든 것이 스치듯이 가버리는 것이 삶의 순간인데, 젊은 날에는 이를 알아차리지 못하고 마치 질주하듯이 달려버렸다. 그래서 지금 나는 아이들에게 이런 말을 자주 한다.

"그래, 이뤄야 할 목표는 물론 중요하다. 그러나 생의 순간들은 다시 돌아오지 않는다. 그 순간들도 삶의 한 부분이니 소중하게 여겨라. 잠시 멈춰서 순간을 음미하는 일도 중요하다."

나는 수업이 끝나고 집으로 돌아가서 식사를 할 때도 서서 먹는 경우가 많았다. 밥까지 서서 먹어야 할 이유는 없는데 그 정도로 목표를 이루는 데만 급급했다. 잠이 밀려올 때면 집에 들어가서 어느 정도 휴식을 취한 다음 다시 하루를 시작했지만, 건축학과 사무실이 있는 대규모 교실에서 그냥 쓰러져서 잔 적이 많았다. 바닥은 딱딱한 카펫이었다. 그렇게 하지 않아도 자신이 원하는 것을 충분히 이룰 수 있었는데도 불구하고 지나칠 정도로 자신을 밀어붙이는 성향은 결코 버릴 수 없었다.

그러면 그 원인은 무엇일까? 중요한 것은 개인적인 성향이다. 어떤 목표를 성취하기 위해서 자신을 끝까지 몰아붙이는 성향은 계속되었고, 그 성향을 나름대로 조절할 수 있었던 것은 불과 3~4년 전의 일이다. 극한치까지 자신을 몰아붙이고 들볶는 습관은 원하는 목표를 성취하는 데 도움을 주었지만 인생에서 누릴 수 있는 행복감을 낮추는 데도 기여했다는 생각을 한다. 물론 그런 극성스러움이 있었기에 오늘 이런 글을 쓸 수 있게 되었을지도 모르지만 말이다.

또한 매진해가는 과정에서 부수적인 활동들은 과감히 포기해버렸다. 이런 점에서 지금은 완전히 다른 사람이 되었다고 생각한다. 당시에는 시험을 통과해야 한다고 마음을 먹으면 그것에 전부를 걸었다. 시험을 통과하는 데 필요한 것을 제외하면 다른 일들은 아무런 의미가 없었다. 그런데 이런 성향은 몸에 완전히 배어 제2의 천성처럼 자리를 잡고 있었다. 남들이 조금 고쳐보라도 권해도 새겨듣지 않았다. 아마 노력했어도 고치기가 힘들었을 것이다. 그 성향은 그만큼 절박했기에 생긴 것 같다. '꼭 해내야 한다'는 절박감 말이다.

한편 학위과정을 밟으면서 우리가 지나치게 오랜 시간 동안 시험공부에 젖어왔다는 사실을 뼈저리게 느꼈다. 글쓰기 훈련이 제대로 되어 있지 않았던 것이다. 한국어 글쓰기 훈련이 제대로 되어 있지 않다면 영어로 글을 쓰는 것은 더더욱 어렵다. 오늘날 한국의 명문 고교를 졸업한 많은 학생들이 명문 대학교로 진학하고 있는데, 수학이나 과학이 아니라 에세이를 많이 써야 하는 인문사회과학 분야의 과목에서 어느 정도 선전할 수 있는가는 의문이다. 근본적으로 한국과 미국은 교수 방법 자체가 다르다. 글쓰기 훈련이 제대로 되어 있지 않기 때문에 스스로 생각을 만드는 능력이란 면에서도 문제가 생길 수밖에 없었다. 유학을 통해 다시 한 번 나의 능력을 점검해보게 되었다.

1. 불안해하거나 조급해하지 마라 학교는 정답이 있는 세계지만 사회생활에서는 정답이 없을 수도 있고 여러 개 있을 수도 있다. 오늘날처럼 취업난이 심하면 20대의 젊은이들, 특히 대학을 다니는 젊은이들은 불안감 때문에 우왕좌왕하게 된다. 뿐만 아니라 대학을 졸업하고 직장을 잡더라도 앞이 마치 안개 속에 갇힌 것처럼 막막하게 느껴진다. 앞이 보이지 않는다는 것이다. 정도의 차이는 있겠지만 사회생활을 시작할 즈음 사람은 누구나 불안감을 강하게 느끼게 된다. 이때 불안감을 받아들이는 자세나 마음가짐이 중요하다. 정답이 있는 세계에서는 노력을 기울이면 기대한 결과물인 성과를 거둘 수 있다. 하지만 정답이 명확하지 않은 세계에서는 노력 대비 결과의 상관관계가 떨어진다. 이런 사실을 있는 그대로 받아들이면 된다. 노력하더라도 기대하는 결과에 대해선 확신할 수 없다. 다만 그런 결과를 얻기 위해 내가 처한 과정에 더 이상 할 수 없을 정도로 최대한 충실히 임한다고 생각하면 된다. 불안해하거나 조급해한다고 해서 문제 해결에 도움이 될 수 있는 방법은 거의 없다는 점을 명심하고 과정에 최대한 충실히 임하기 바란다.

2. 반듯한 세계관 확립에 투자하라 불확실함 속에서도 우리는 미래에 대한 기대감을 갖고 현재를 통해 미래를 만들어가게 된다. 따라서 '내가 만들어간다'는 믿음을 가질 수 있는가가 대단히 중요하다. 우리는 알게 모르게 '내가 만든다'는 믿음을 선택할 수도 있고 '상황이나 환경이 만든다'는 믿음을 가질 수도 있다. 두 가지 믿음은 한 인간이 가진 세계관의 뚜렷한 차이를 보여준다. 사람은 '세상을 바라보는 창(窓)'을 통해서 현실을 바라본다. 그 창이 밝은 빛의 창이라면 세상을 밝게 볼 것이고, 어두운 창이라면 세상을 어둡게 볼 것이다. 같은 현

실이지만 자신이 어떻게 바라보냐에 따라 세상은 전혀 다른 모습으로 보일 수 있다. 때문에 젊은 날 반듯한 세계관 혹은 건강한 세계관을 갖추기 위해 노력해야 한다. 원시본능이나 감정에 압도되지 않고 이성과 합리를 기준으로 세상을 있는 그대로 바라볼 수 있기 위해서는 당연히 일정한 지적 투자가 이뤄져야 한다. 그냥 반듯한 세계관을 가지긴 쉽지 않다. 마구잡이로 책을 많이 읽는 것이 아니라 반듯한 생각의 표준을 제공하는 저자들의 책을 선별해서 읽고 자기화하는 과정이 반드시 필요하다. 비뚤어지고 왜곡된 세계관은 한 개인의 말과 글뿐만 아니라 생각과 삶까지도 엉뚱한 방향으로 나아가도록 만든다. 누군가 세상을 한탄하고 항상 툴툴거리는 데 익숙하다면 그의 세계관을 살펴보라. 그러면 문제가 어디에 있는지를 알 수 있을 것이다.

3. 어디서 시작할지 결정하라 20대를 전반기와 후반기로 나눌 때 전반기에는 사회생활을 어디에서부터 시작할지를 결정해야 한다. 학교에 입학하고 얼마 동안은 어디서부터 사회생활을 시작할지 모색하는 기간이 될 것이다. 충분한 준비기간을 확보하기 위해서는 모색하는 기간을 최대한 줄이는 것이 좋다. 대학시절 내내 이것 조금 저것 조금 하다보면 어느새 졸업이 눈앞에 와 있다. 고민을 깊게 한다면 그만큼 모색 기간을 줄일 수 있을 것이다. 더불어 자신이 갖고 있는 선택 가능한 대안을 충분히 검토해야 한다. 각각의 대안이 갖고 있는 빛과 그림자를 하나하나 검토하다보면 자신의 장점, 단점, 한계, 형편, 장래성 등을 고려해서 어디에 시간과 에너지를 투입해야 할지 알 수 있을 것이다. 어디서부터 시작할지를 결정할 때 결정요소를 단순화해보면 결국 두 가지다. 자신이 내부적인 요인과 자신이 몸담고자 하는 분야의 장래성이다. 내부적인 요인은 중요한 제약조건에 해당한다. 지적 능력이 평균 수준에 불과한 사람이 고도의 지적 능력으로 경쟁해야 하는 분야에 뛰어든다면 결정의 순간부터 고행의 길에 들어섬을 뜻한다. 동시에 몸담을 분야의 장래성을 충분히 고려해야 한다.

일생일대의 대형투자 결정이라고 보면 된다.

4. 교두보를 확보하기 위해 투자하라 모색기가 끝나고 난 다음에는 집중적인 투자기가 기다린다. 취업난이 심해지는 이 시대에는 과거에 비해 전반적으로 투자 기간이 길어지고 있다. 일단은 첫발을 내디딜 수 있는 목표점을 정한 다음에 이를 달성하기 위해 자신이 할 수 있는 한 최선을 다해 그것에 도달하도록 노력해야 한다. 목표점도 최상, 중간, 대안 등 세 가지로 나누어 염두에 두어야 한다. 물론 최상을 향해 뛰어야겠지만 그럼에도 불구하고 최상의 것을 얻는 일이 쉽지 않다면 차선이나 차차선의 목표점에서도 사회생활을 시작한다는 생각을 해야 한다. '목표 달성을 위해 전력을 기울여라'라는 단순한 문장으로 표현하지만 이 시기 동안은 다양한 걸림돌이 기다리고 있다. 중간 중간에 자신이 가고 있는 목표점에 대한 회의도 생길 수 있고 '이렇게 많은 부분을 포기하면서 이렇게 열심히 해야 할 이유가 있는가'라는 의문도 떠오를 수 있다. 그래서 끝까지 완주해내기가 쉽지 않다. 중간에 더 쉬고 편안한 길을 찾아서 목표점을 바꾸는 경우도 자주 일어나게 된다. 이때 우리가 반드시 짚고 넘어가야 할 것은 목표점이 쉽고 편안한 곳이라면 그곳에서부터 시작하려는 사람은 여러분 말고도 수많은 사람들이 있을 것이라는 점이다. 좁고 어려운 길을 가라고 강하게 권하고 싶지는 않다. 하지만 되돌아보면 그런 선택들이 훗날 편안함과 안락함을 제공해주었음을 강조하고 싶다. 20대를 되돌아볼 때 힘든 고비를 잘 넘기고 끝까지 폭발적으로 자신의 에너지를 퍼부으면서 목표점까지 완주할 수 있다면 그 경험은 평생을 살면서 고비가 있을 때마다 자신을 일으켜 세워주는 자긍심의 원천이 된다.

5. 잘 맞는 배우자를 구하라 행복이란 관점에서 가장 큰 영향을 미치는 한 사람은 배우자다. 평균 수명을 90세 정도로 잡으면 결혼 후 거의 50~60년의 시간을 공유하는 사람이 바로 배우자다. 그리고 평생을 통해서 자신이 다룰 수 있

는 시간 가운데 많은 부분을 투입하는 것이 자식일 것이다. 자식 역시 결혼의 결과물이다. 그렇다면 20대에 내리는 의사결정 가운데서 중요한 부분은 바로 배우자를 선택하는 일이다. 사랑하는 젊은 연인들에게 사랑이란 이성이나 논리, 계산이 아니라 정염과 열정의 대상이 될 수 있기에 때로는 본능에 사로잡힌 나머지 결정적인 실책을 범하기도 한다. 따라서 자신에게 잘 맞는 배우자를 만나서 결혼에 이르는 길은 20대가 직면하게 되는 큰 도전과제이자 특권이기도 하다. 연인들의 만남에는 우연적인 요소도 많을 뿐만 아니라 감정의 흐름도 중요한 역할을 맡기 때문에 이성적인 기준이 전부는 아니다. 하지만 '어떤 기준으로 내 배우자를 고를 것인가?'라는 질문에 대해 스스로 앞서 살았던 사람들의 조언과 지혜를 참조해서 자신만의 기준을 만든다면 도움이 될 것이다. 게다가 결혼이란 것도 주고받는 관계임을 고려하면 세속적인 의미의 조건들이 중요한 역할을 하는 것은 사실이다. 세상의 모든 부모는 자식이 자신보다 덜 고생하고 더 잘살기를 바란다. 따라서 부모의 의견도 귀담아 듣는 것이 중요하다. 열정적인 연애기간을 거치고 나면 사랑하는 연인들도 일상의 생활인으로 살아가게 된다. 지나치게 정염의 노예가 되지 않도록 주의할 일이다. 우스갯소리지만 언젠가 '배우자 선택을 앞둔 딸에게'라는 주제로 트위터에서 열띤 의견교환을 했는데, 이때 한 분의 "신랑감의 성실함과 책임감, 중요하지요. 그런데 신랑 선택은 원시적 본능에 충실하니 허우대만 멀쩡한 놈팡이한테 걸리는 게 문제랍니다"라는 예리한 지적에 크게 웃었던 적이 있다.

6. 권리와 의무관계를 명확히 하라 20대의 후반기는 오랜 학교생활을 접고 사회생활을 시작하는 시기다. 숙제도 없고 부모의 간섭도 없을 뿐만 아니라 이때부터 본격적으로 자기주도적 인생경영이 시작된다. 회사에서의 시간이 파하고 나면 그때부터 자신의 시간과 에너지를 어떤 용도로 어떻게 사용할지는 전적으로 개인의 선택이고 책임이다. 이때 우리는 일을 어떻게 바라볼 것인지, 일

터에서 어떻게 일할 것인지에 대해 스스로 기준을 정하게 된다. 하지만 불행하게도 우리는 체계적으로 일에 대해 자신의 생각이나 관점을 정리할 기회를 갖지 못한다. 부모나 선배들을 바라보면서 일에 대한 자신의 생각을 갖게 되는데 자칫 '받은 돈만큼 일한다'는 생각을 가지기 쉽다. 게다가 타인을 위해 일하기 때문에 가능하면 일을 적게 하면 할수록 좋다는 생각을 가질 수도 있다. 우선은 남이 보든 보지 않든, 혹은 남이 자신의 일을 평가하든 평가하지 않든 간에 권리와 의무의 정의를 분명히 해야 한다. 내가 해야 하는 일은 무엇인가 그리고 내가 요구해야 할 일을 무엇인가를 명확히 해야 한다. 여기서 그치면 그저 평범한 직장인이나 약간 더 나은 직장인이 될 뿐이지만, 한 걸음 나아가 이왕 일을 하는 것이라면 자신이 할 수 있는 한도 내에서 최대한 잘해야 한다고 스스로 일에 대한 기준을 정리할 수 있다. 그 기준은 회사방침에 따라 돈을 더 주고 안 주고에 따라 흔들리지 않는다. 이런 기준을 갖는다면 단기적으로 손해를 보고 있다는 인상을 받을 수 있다. 하지만 절대로 그렇지 않다. 그런 기준을 가진 사람은 훗날 큰 보상을 한꺼번에 받는다. 20대엔 큰돈처럼 보이지만 인생 선배들의 입장에서 그렇게 크지 않은 돈을 두고 밥 먹듯이 전직을 하는 것이 과연 옳은지 스스로 생각해볼 일이다.

7. 패기를 갖되 겸손하게 처신하라 사회에는 이런저런 모순점과 비합리적인 일들이 많다. 사회의 한 부분인 조직도 마찬가지다. 때문에 입사 초년에는 의협심을 갖고 분노할 수도 있는 일이 자주 발생하게 된다. 마냥 기존 질서에 젖어들라는 이야기는 아니지만 교과서와 다른 현실에 지나친 분노와 좌절감, 불평을 털어놓지 않도록 해야 한다. 패기를 갖고 건설적인 대안을 제시해서 조직에 새로운 변화를 가져오는 주도자로서 스스로를 자리매김할 수 있어야 한다. 그리고 그런 변화를 만들 수 있는 자리에 섰을 때는 그런 불합리함과 모순이 존재하지 않도록 더욱 노력해야 한다. 본래 사회란 그런 모순점들이 중첩되어 있

고 이런 것들이 조금씩 나아지는 곳이라는 사실을 깨닫는 것은 나이가 주는 지혜다. 혁명의 길을 선택할 수도 있고 개선의 길을 선택할 수도 있다. 더욱이 신입시절에는 선배들이나 상사들의 약한 점들이 눈에 띄게 된다. 그렇기 때문에 좋은 교육을 받은 사람들의 경우엔 자칫 패기가 넘쳐 교만하거나 오만해 보일수 있다. 하지만 그런 젊은이에게 도움을 줄 수 있고 올라갈 수 있는 길을 열어주려고 하는 선배나 상사들도 많다. 윗사람들이 여러분을 돕지 않을 수 없을 정도로 처신해보면 어떨까?

제4부

30대,
결정의 순간

평생 동안 자신을 지켜줄 든든한 플랫폼을 만들어내야 하는 시기가 30대다. 어떤 분야에 미래를 투자할지 결정하고 이를 위해 꾸준히 노력해야 하는 시기이기도 하다. 이 과정에서 손해를 보는 듯한 기분도 이겨낼 수 있어야 하는데 나는 이 중요한 시기를 나만의 특별한 방법으로 개척했다.

1장

사회를 향한 첫발

"바다를 개척하는 데(近海, 근해) 많은 실패를 했다. 자식육성에 실패를 하면 눈을 옳게 감고 가지를 못할 것 같았는데 그 일부라도 한 것 같다."

1987년 5월 13일, 내가 유학을 마치고 귀국한 날 아버지가 쓰신 일기 일부를 옮겨보았다. 대학에 들어가는 해를 전후해 기울어진 가세 때문에 공부를 계속할 수 있을지 위협받는 상황에서 계획대로 박사과정까지 마친 것에는 운도 작용했지만 무엇보다 부모님의 희생과 헌신이 컸다. 또한 부모님이 남긴 긍정이라는 유산은 나 스스로 길을 개척하는 데 큰 역할을 했다고 생각한다.

하지만 삶이란 새로운 문제를 만나 해결해가는 과정의 연속이 아닌가? 어느 시대나 그렇지만 공부를 마친 다음에 첫 직장을 잡는 일은 만만치 않았다. 일자리를 갖지 못하는 것은 단순히 생계 수단이 없음을 넘어 인간의 존엄성마저 손상시킨다. 훗날 나름의 성취를 해가는 과정에서 세상을 우습게 보지 않고 지나칠 정도로 진지하고도 어렵게 대할 수 있었던 데는 구직을 위해 노력했던 초기의 쓰라린 경험이 큰 역할을 했음은 물론이다. 따라서 치명적인 실패가 아니라면 인생의 초년과 중년에는 예방주사를 맞는 셈치고 소소한 실패를 맛보는 일도 그다지 나쁘지 않다고 생각한다.

첫 직장 잡기의 어려움

무엇이든 직접 경험하는 것과 책을 통해 이해하는 것 사이에는 커다란 차이가 있다. 때문에 대학문을 나선 젊은이들이 취업난으로 쩔쩔매는 일이 남의 일 같지가 않다. 나도 첫 직장을 잡는 과정에서 여러 번의 고배를 마셨다. 쓰린 경험이 훗날 큰 재산이 된다는 것을 그 시절에 깨달았더라면 나는 더 의연하게 당시의 상황을 극복하기 위해 노력했을 것이다. 하지만 기대하는 것만큼 일이 척척 풀리지 않아서 가슴 졸이며 지냈다.

사람의 운이란 참으로 묘한 면이 있다. 귀국하고 나서 얼마 지나지 않아 서울의 어느 대학교를 직장으로 잡게 되었다. 학교를 방문해서 학과 교수님들과 인사를 나누기도 하고 재단 이사장의 아들을 만나기도 했다. 대학에 몸담는 일이 무척 힘들었던 시절이라 서울 시내에 적을 두는 것만으로도 정말 잘된 일이라고 친구들이나 친척들이 다들 축하해주었다. 그러나 어떻게 된 일인지 전임강사로 발령을 내기로 한 결정은 시간강사로 변경이 되고, 급기야 한 학기 강의를 마친 후에는 다음 학기 강의를 배정받지 못했다.

당시로서는 한 번도 사회생활 경험이 없었던 까닭에 '사내 정치'라는 것이 어떤 것인지를 전혀 알 수 없었다. 뒷날 알게 된 것이지만 주어진 자리를 두고 일부 교수진과 재단 사람들이 관여했는데 계파가 둘로 나누어져 있었던 모양이다. 결국 나를 밀던 사람들이 사내 정치에 실패함으로써 대학에 적을 두는 것이 없었던 일이 되고 말았다. 당시에 무난하게 대학에서 일을 하게 되었다면 내 인생은 어떻게 전개되었을까? 아마도 그 세상이 전부라고 생각하고 평생 교수를 하면서 살아가고 있었을 것임에 틀림없다. 물론 이따금 교직을 박차고 나와서 전직을 단행하는 사람들도 있지만 이는 소수 중의 소수에 속한다. 내가 그런 대열에 속하게 되었을 가능성은 별로 없었을 것이라고 생각한다.

한 사람의 인생에서 운이 차지하는 비중을 뼈저리게 체험한 일이긴 했지만 당시에는 그 사건의 의미가 얼마나 중요한지를 결코 깨달을 수 없었다. 나의 본격적인 인생은 마치 두루마리에 말린 긴 한시(漢詩)처럼 채 펼쳐지지 않았기 때문이다. 다만 너무나 큰 기회를 놓쳤기 때문에 후회와 아쉬움이 복합된 암울함이 남았을 뿐이었다. 당시 내가 몸담으려 했던 학교의 한 원로 교수님이 지금 가까운 곳에서 살고 계신다. 어느 봄날 국회로 가던 길에 그분과 우연히 동행할 기회가 있었다. 그분은 20년도 더 지난 시절의 이야기를 두고 이렇게 말씀하셨다.

"공 박사, 정말 그때 잘하셨어요. 그때 만약 우리 학교에 그냥 적을 두었다면 지금처럼 자유롭게 살아갈 수가 없었을 텐데 정말 잘된 일입니다. 교직이란 것이 물러날 때가 되면 학문으로 크게 남긴 것도 없고 그렇다고 해서 학생들을 크게 키운 것도 아니고 돈을 크게 번 것도 아니라 쓸쓸할 때가 많습니다. 대학 교육이 얼마나 학생들에게 도움이 되는지 의문을 가질 때도 많습니다. '우리가 학생들이 필요로 하는 것을 공급하고 있는가'라는 생각을 하지요. 아이들이 대학에서 배우는 것을 보면서 그런 생각이 들 때가 있습니다. 쓸모없는 지식을 배우는 데 너무 많은 시간을 흘려보내는 것 같거든요."

하지만 당시 젊었던 나는 무척 실망했다. 거의 100퍼센트 합격이 결정된 직장에서 사정상 뽑을 수 없다는 통보를 받는 것과 같은 일이었기 때문이다. 그때 내 나이는 스물일곱 살이었다. 그다음부터는 모교인 고려대학교에서 몇 과목을 가르치는 시간강사 생활을 시작하게 되었다. 공부를 하는 시기에는 확연한 목표가 정해져 있으니 미래 역시 예상 가능하다. 이만큼 노력하면 시험을 통과하고 이만큼 노력하면 학위를 받게 되고 이만큼 노력하면 연구 논문이 학회지에 실린다는 등의 일들이 계획대로 일어나는 것이다.

하지만 직장을 구하는 시기가 되면 자신이 통제할 수 없는 일들이 무척 많아진다. 결국 상대방이 나를 선택하는 것이기 때문에 아무리 열심히 하더라도 어떻게 해볼 도리가 없는 영역이 크게 늘어나게 된다. 채용 공고가 나온 곳은 이미 내정자가 있음을 알아차리는 데는 오랜 시간이 걸리지 않았다. 그리고 지금은 그런 일이 없겠지만 당시만 하더라도 일부 사립대학교의 경우에는 금전 거래도 있었던 것으로 보인다. 은사 가운데 한 분이 대화 중에 "세상이 아무리 그렇다고 하더라도 교수직을 두고 금전이 오고 가서야 되겠느냐"라고 한탄하시는 것을 들었다. 내 눈으로 직접 확인한 것은 아니지만 훗날 교수협의회 등에서 흘러나오는 진정 사건들을 접하면서 그런 일들이 드물지 않게 일어났음을 알 수 있었다. 올바른 일은 아니지만 자리는 제한되어 있으니 그 자리에 대한 권한을 쥔 사람은 '평생 고용 보장'이라는 권리를 팔 수 있다고 생각했을 것이다. 법적으로나 상식적으로 볼 때 교직이 매매의 대상이 될 수 없음은 물론이다. 하지만 도덕과 현실은 다르지 않은가?

아무튼 나는 서울뿐만 아니라 지방 대학교까지 서너 군데에 지원했지만, 결과는 실망스럽기 그지없었다. 지금은 강연 때문에 지방 대학교를 자주 방문하는데 이따금 '내가 이곳에 무난하게 취직이 되었더라면 어땠을까?'라는 질문을 던져본다. 삶에서 우연이란 요소가 차지하는 대목은 아무리 생각해봐도 불가사의하다. 젊은 날 어떤 선택을 했는가에 따라서 앞으로 어떻게 인생이 펼쳐질지는 가늠해보기도 힘든 신비로운 일이다. 그래서 나는 지금도 삶에 대해 깊은 경외감을 갖고 살고 있다. 내 생이 어떻게 전개될지, 또 어떤 방향으로 튀게 될지에 결론적인 표현을 사용할 수 없다.

세상에 경험해보지 않고는 알 수 없는 것들이 많은데, 그 가운데 하나가 실패를 거듭하면서 일자리를 알아보기 위해 안간힘을 쓰는 것이라고 생각한다. 단기적으로는 당사자뿐만 아니라 가족들에게도 무척 고통스런 일이다. 때문에 오늘날 많은 젊은이들이 학교를 졸업하고 번번이 취업전선에서 고배를 마시는 일은 본인은 물론 가족 전체에 어려움을 가져다줄 것이다. 나의 특별한 경험일 수도 있지만 인생 초년의 실패나 실수들이 반드시 나쁜 것만은 아니다. 오늘의 실패가 내일 나쁜 결과를 낳을지 더 좋은 결과를 낳을지 누구도 확신할 수 없다. 힘든 시기를 겪는 당사자는 이런 훈수를 두고 배부른 소리라고 치부해버릴 수도 있지만, 장기적으로 보면 실패의 순간이 운명의 수레바퀴를 어디로 향하게 할지 아무도 알 수 없다. 역경에 처하면 조금 멀리 보려 노력하고 한 템포 쉬었다 간다는 생각으로 임할 필요가 있다.

진로의 수정

학교로 가는 일이 벽에 부딪치면서 나는 진로를 수정하는 문제를 두고 고민하게 되었다. 우선 무슨 일이든지 일을 할 수 있다면 어디든 첫발을 내디뎌야 한다는 결론을 내렸다. 그리고 나서 곧바로 시작한 것이 민간 연구소나 국책연구소 쪽에서 자리를 구하는 일이었다. 삶에서 모든 일들이 척척 풀려나가는 것은 아니다. 다음 목표, 그다음 목표는 처음 정했던 것처럼 조준해서 사격을 하듯이 이뤄지지 않는다. 어쩌면 삶은 현재에 충실하면서 그다음 단계를 하나하나 찾아가는 것이라고 하는 편이 더 나을 것 같다. 그래서 나는 지금도 유연성이란 단어를 중요하게 여긴다. 목적지를 갈 때 지름길로 갈 수 없다면 돌아서 가면 된다. 취업을 하는 과정에서 내가 경험한 고통과 고뇌를 바탕으로 젊은이들과 직장인들의 취업과 전직에 조언을 할 수 있으리라고 누가 예상했겠는가?

지금도 첫 직장을 찾아 헤매던 시절의 흔적이 남아 있다. 자서전을 읽을 때마다 인생이 막 열리는 첫 직장의 경험에 대해 필요 이상의 관심을 갖기도 하고 동감하기도 하고 심지어는 감동하기도 하는 것이 그렇다. 미국의 40대 대통령을 지냈던 로널드 레이건 대통령의 전기에는 첫 직장을 잡던 시절의 애환이 고스란히 담겨 있다.

대공황의 여진이 계속되고 있었던 1932년 여름, 로널드 레이건은 지금의 대학 4년생들과 똑같은 고민을 하고 있었다. 장차 무엇을 할 것인가? 7년째 풀장의 인명구조원으로 일하면서 어렵사리 모은 돈으로 그는 원하는 일자리를 구하기 위해 시카고로 떠났다. 고향 일리노이 주 딕슨을 떠나 시카고로 가지만 풋내기에게 아나운서 자리를 제공하겠다고 나서는 사람은 물론 없었다. 훗날 그는 자서전에서 "나의 꿈은 차가운 현실에 부딪쳐 풀이 꺾인 채, 폭풍 속에 남의 차를 얻어 타고 고향 딕슨으로 다시 돌아오고 말았다. 나의 인생에서 기백이 바닥에 떨어진 일이 있었다면 빗속에서 지치고 실의에 빠져 호주머니는 텅 빈 채 딕슨으로 가는 차를 세워보려고 손가락을 내밀고 있던 날이었을 것이다"라고 회고한다. 이 대목을 읽을 때면 지금도 가슴이 저린다. 그러나 레이건의 불운은 거기에서 끝나지 않는다. 한번은 몽고메리 워드 회사가 주급 12.5달러의 운동용품 판매담당자를 구했다. 그가 뽑힐 가능성도 있었지만 결국 다른 사람에게 일자리를 뺏기고 말았다. 만일 그가 시카고에서 무난하게 일자리를 잡았다면 혹은 몽고메리 워드의 판매사원으로 취직했다면 그의 인생은 어떻게 변했을까? 로널드 레이건 대통령은 "인생이란 작고 하찮은 일처럼 보이는 일들이 모여 형성되는 경우도 많다"라고 이야기한다. 인생은 정말 그렇다. 그래서 어떤 순간이든 소홀히 할 수 없는 일이다.

1988년 9월의 어느 날, 임시로 어느 민간 기업에 몸을 담고 있었던 때였다. 당시 한국 사회는 올림픽 개최를 앞두고 열기가 후끈 달아오르고 있었다. 창 너머에서는 여고생들로 이루어진 군악대가 백화점 개점 축하 연주를 하고 있었다. 요직에 있는 사람들이 줄을 서서 개점 테이프를 끊는 광경을 사무실 유리창 너머로 지켜보면서 '아, 내 인생도 저처럼 언젠가 화려하게 꽃을 피울 수 있을까?'라는 상념에 젖었다. 세상은 올림픽 열기로 가득 차 있었지만 나의 마음은 제대로 된 직장을 잡지 못한 것 때문에 괴로웠다. 지금은 한국에서 최고로 번화한 거리가 된 강남대로변에 놓인 현대백화점 무역센터점이 문을 열던 광경을 길 건너편 빌딩의 사무실에서 지켜보고 있었던 당시 내 나이는 스물여덟 살이었고 결혼생활도 1년 가까이 되어 아내는 큰아이를 낳기 직전이었다. 지금은 강남 삼성역 주변이 대형 건물들로 빼곡하지만 당시만 하더라도 몇 개의 건물 이외에는 전체가 모두 공터였을 정도로 개발되지 않았던 시절의 이야기다.

1989년 봄, 여의도에 있었던 국책연구소인 국토개발연구원(지금의 국토연구원)에서 정규직이 아닌 임시직으로 일을 시작했다. 신생 연구부서가 생기면서 사람이 필요하게 되어 그 일을 하게 된 것이다. 당시는 연구소에 대해 노동조합의 영향력이 한창 커지던 시절이라서 연구소 생활도 그다지 평탄치 않았다. 나는 기존의 학위 소지자들이 갖고 있던 다양한 혜택들이 급속히 없어져버린 첫 번째 케이스에 속하게 되었다. 그리고 어느 국책연구소나 마찬가지지만 기존의 연구위원들과 연구원들 사이의 갈등이 심화되는 상황이었다. 과거에는 박사학위 소지자들에게 독립된 연구 공간이 주어졌지만 그런 프리미엄도 없어져 일반 회사원처럼 칸막이를 놓고 작업을 했다. 하지만 이것저것 따질 형편이 아니었다. 당시 학위를 마치고 신생 부서인 건설경제연구실에서 함께 일을 시작한 사람은 김흥수 박사(현 건설산업연구원 원장)과 양지청 박사(전 국회예산처 국장) 그리고 나 세 명이었다. 임시직으로 일한 지 6개월 정도 되었을 때 세 사람이 함께 책임연구원으로 임명되었다. 책임연구원이 된다는 것은 임시직에서 벗어나서 정규직이 됨을 뜻한다.

어렵게 구한 직장이라서 열심히 일했다. 주어진 연구 과제뿐만 아니라 필요한 것을 찾아서 논문을 쓰고 새로운 과제를 찾아서 무엇이든 할수 있다는 자세를 보였다. 그리고 이곳이 마지막 일터가 아니라는 생각이 분명했기 때문에 더더욱 열심히 했다. 당시에 기억나는 에피소드 가운데 하나는 12월, 어느 토요일 오후의 일이다. 눈발이 흩날리던 날이었는데 한참 일을 하다가 나와서 대로변에 세워 두었던 포니 자동차를 타기 위해 걷고 있었다. 당시 우리 집은 마포대교 건너에 있었는데 얼마나 일에 몰두한 채 길거리로 나왔는지 한동안 제정신이 아니었다. 그때 낯선 사람이 다가와 '집에 급하게 돌아가야 해서 돈이 필요한데 빌려줄 수 있냐'고 물었다. 나는 아무 의심 없이 전화번호를 받으면서 언제까지 꼭 돌려달라는 친절한 말과 함께 가지고 있는 돈 얼마를 건넸다. 10여 분 운전해 집에 와서야 내가 속았음을 알아차렸다. 얼마나 몰두하고 있었던지 미처 생각이 정리되지 않은 상태에서 나쁜 의도를 갖고 접근한 사람에게 속았던 셈이다. 이처럼 당시 나는 일에 몰입해 있는 시간이 많았다.

그러나 국토개발연구원은 경제학을 전공한 사람의 주무대가 아니다. 그곳은 대부분의 국책연구소들은 관련부처의 직간접적인 영향을 받는데, 그곳 역시 당시 건설부(현 국토해양부) 산하 조직이었기 때문에 국토계획이나 도시계획과 같은 분야를 전공한 사람이 주역이었다. 그리고 내가 보기에 특정 학교의 인맥들이 비교적 강한 터를 잡고 있었고, 국책연구소가 가질 수밖에 없는 한계 또한 그대로 갖고 있었다. 사회생활에서 끌어주고 밀어준다는 것이 무엇을 두고 하는 말인지를 직접 목격하는 귀중한 체험을 할 수 있었다.

짧은 시간이었지만 나는 그곳에 오래 머물 수 없음을 깨닫기 시작했고, 때문에 기회가 되면 언제든지 다른 곳으로 옮겨야겠다는 생각을 갖고 있었다. 이를 위해서라도 일단은 열심히 해야 그 결과를 갖고 다음 자리로 옮겨갈 수 있다는 생각이었다. 그러나 그런 기회가 주어질지는 아무도 모르는 일이다. 나의 강점 가운데 하나는 그런 불확실함 속에서도 항상 자신의 운명이 정말 멋진 방향으로 풀리게 될 것이라는, 근거 없는 낙관론을 믿는다는 것이다.

기회는 반드시 잡아야 한다

기회는 살며시 그리고 우연히 온다. 나 역시 이후의 삶에 결정적인 계기가 되는 전직 기회를 잡았다. 1990년 3월 초순, 한 경제신문을 읽다가 한국경제연구원에서 연구위원을 뽑는다는 공고를 우연히 본 것이다. 원서 마감일자는 3월 31일이었다. 모집공고를 보자마자 직감적으로 '이곳으로 바로 옮겨야겠다'는 판단을 내렸음은 물론이다. 이것저것 따지지 않았다는 것은 그만큼 언제든지 옮기겠다는 생각을 갖고 생활하고 있었음을 뜻한다.

이따금 내 저작물을 통해서 간간히 내 삶을 읽는 독자들은 빈틈없는 삶의 자세가 내 인생 전반을 지배하지 않았나 생각할 수도 있다. 삶은 우연과 필연이라는 씨줄과 날줄로 짜여 있기는 하지만 기회가 왔을 때 최선을 다해 기회를 잡고 차근차근 만들어가는 것이다. 그러니까 삶에서 '전략적인 계획에 따라서'와 같은 표현을 사용하는 데는 아무래도 무리한 면이 없지 않다고 생각한다. 내 인생의 전체 그림을 바꿀 수 있는 모집공고가 왜 그때 나왔을까? 정규직으로 일한 지 얼마 되지 않았는데 그런 기회를 잡는 것이 과연 올바른 일인가? 지원한다고 해서 뽑힐 수 있을까? 이런 질문 가운데서 어느 것 하나 확실한 답은 없다.

다만 기회가 왔을 때 본능에 따라서 도전해보는 길 이외에는 다른 대안이 없다는 것을 나는 잘 알고 있었다. 따라서 그런 순간이 오면 운명을 실험이라도 하듯 옳다고 생각하는 방향을 향해 과감히 자신을 던질 준비가 되어 있었다.

이 글을 쓰면서 빌 스트릭랜드(Bill Strickland)의 자서전을 읽은 적이 있다. 빌 스트릭랜드는 피츠버그의 빈민가에 '맨체스터 비트웰'이라는 기관을 세워서 빈곤층에 속한 수많은 사람들을 도우며 희망의 전도사로 활약했다. 자서전에서 밝힌 그의 인생에 대한 소회를 읽으면서 '그래, 바로 이것이 삶이야' 하며 동감했기에 여기에 소개한다.

우리 모두는 살면서 앞길이 보이지 않는 여행을 한다. 피츠버그 빈민가인 맨체스터의 일개 청년이었을 때, 나는 오늘날 내가 영위하는 삶으로 이어진 한 치 앞도 내다보이지 않는 그 길을 미리 계획하거나 상상하지 못했다. 나는 성공을 위해 결코 전략적 목표를 세우거나 몇몇 전통적 사고방식을 추종하지 않았다. 대신에 나는 기회에서 기회로 본능에 따라 움직였으며, 하나하나 차례로 의미 있는 경험을 추구했다. 그리고 가능성, 새로운 우정, 육감, 행운, 도중에 얻은 모든 지식과 기술들만 순전히 믿고 생의 진로를 엮었다. 우리 모두의 삶은 어느 정도 이와 같다고 생각한다. 뜻밖의 행운이나 예측하지 못한 기회는 우리 모두의 삶에서 커다란 역할을 한다.[16]

한 인물의 자서전이나 평전에는 삶에 대한 단상이나 경험에 대해 공감할 수 있는 부분이 많다. '나도 그랬어' '당신 말이 정말 맞아' 하며 동지의식을 느끼는 동시에 내 삶의 방식이 틀리지 않았음을 확인할 수 있기에 자서전이나 평전은 내가 즐기는 독서 장르이기도 하다.

신문에서 모집공고를 보면서 나는 이번 기회를 절대 놓쳐서는 안 된다고 생각했다. 그냥 직관적으로 다시 이런 기회가 오지 않을 것이고, 이 계기로 내 인생 방향이 완전히 바뀔 것 같다는 느낌이 들었다. 직관이라는 표현도 충분하지 않다. 온몸으로 이 기회를 놓칠 수 없다는 강한 충동과 열정이 끓어올랐다. 이제 무엇을 실행해야 할 것인지 연구해야 했다.

이때 비로소 '전략'이란 말이 등장한다. 단기적인 목표가 주어지면 내가 가진 자원을 총동원해야 한다. 그때 역시 마지막인 것처럼 필사적으로 돌진했다. 당시에 그 기회를 잡는 일을 얼마나 중요하게 여겼는지 나는 그때 신문에 난 모집공고를 스크랩해서 아직도 보관하고 있다.

첫 직장을 잡으면서 깨우친 하나의 사실은 누구도 나를 위해 대신 뛰어주지 않는다는 것이다. 자신의 이익은 자신이 구해야 하고 자신의 삶은 자신이 챙겨야 한다. 절친한 지인이나 선배에게 나를 잘 보살펴달라고 맡길 것인가? 자신의 운명은 스스로 통제할 수 있어야 한다. 이는 직장인으로서뿐만 아니라 생활인으로서도 반드시 지켜야 할 삶의 자세다.

전문가로서 초석 다지기

그때 전국경제인연합회의 산하단체였던 한국경제연구원의 원장은 지금은 고인이 된 SK(당시 선경그룹)의 최종현 전 회장이었다. 그러나 실질적 살림은 구석모 부원장이 총괄하고 있었고 당시는 조직을 막 확대하려던 시점이었다. 지원서를 제출하러 간 김에 나는 아예 작정을 하고 연구위원 선정에 영향을 미칠 주요인물을 만나 3시간 이상 이야기를 나눴다. 일단 상대방이 거부감을 갖지 않도록 하면서 내가 이 조직에 필요한 이유와 열심히 일하겠다는 굳은 각오를 충분히 전달했다. 그분은 "너무 걱정할 필요는 없을 거요"라며 문을 나서는 나를 격려했다. '이번에는 가능하겠구나'라는 생각에 기쁨을 억누를 수 없었던 그 순간을 떠올리면 지금도 가슴이 벅차다. 그동안 수많은 사람을 만났지만 나에게 희망의 빛을 보여준 그분은 오래 기억에 남아 있다.

인생의 갈림길에서 뜻밖의 행운이 맡는 역할을 결코 간과할 수 없다. 훗날 막내가 미국의 한 사립고등학교 입학을 위해서 노력할 때 내가 그런 이야기를 해준 적이 있다.

"인생에서 기회는 자주 오지는 않는다. 그래서 기회가 올 때면 전부를 던지듯이 그것을 잡아야 한다. 꼭 어떤 학교를 들어가고 싶다고 하더라도 그 학교가 너를 거부할 수 있다. 그래도 실망하지 말아라. 선택권은 그 사람들이 쥐고 있다. 네가 할 수 있는 일은 최선을 다해 준비하고 도전하는 것이다."

우리들의 인생이 길다고 하지만 20대 후반부터 30대 전체에 걸친 시간은 정말 중요한 시기다. 직업인으로서 대충이라도 무엇을 해야 할지 방향을 설정하고 그런 방향으로 나아갈 수 있는 기초를 닦을 수 있는 기간에 해당한다. 이런 기간 동안 주어지는 몇 번의 기회를 놓쳐버리는 일은 영영 자신이 가야 할 길로부터 멀어지는 것에 해당한다. 그런데 그런 기회는 한 번 크게 오는 것이 아니라 작은 기회들을 연속적으로 연결하면서 만들어진다. 때문에 마치 매듭을 지어가듯이, 하나하나 매듭을 연결해가는 과정이 끊어지면 그다음 기회는 아무 의미도 갖지 못하게 된다.

30대부터 지금까지의 모든 활동은 한국경제연구원이라는 민간연구소로 옮겨갈 수 있었기 때문에 가능했다. 내가 이직할 즈음 전 직장에서는 한창 노조와 사용자 사이의 갈등이 고조되고 있었다. 그 갈등의 중심에는 미국에서 학위를 받고 온 사람들과 국내에서 연구원으로 올라온 사람들이 있었다. 노조는 엘리베이터 맞은편에 대문짝만 한 대자보를 걸어 의사를 표출했다. 내 전직이 결정되고 난 다음 연구소 내에서는 '어렵게 입사시켰더니 금세 회사를 옮긴다'는 말들도 있었다. 이를 두고 미국에서 학위를 받은 사람들 측에서는 "학위 소지자에게 형편없는 대우를 하니까 그렇게 사람이 떠나지 않느냐"라고 주장했고 발끈한 노조 측은 대자보에 동자승이 보따리를 지고 절을 떠나는 코믹한 그림을 그리고 "절이 싫으면 중이 떠나면 돼"라는 문장을 큼직하게 적어두었다. 기억이란 것은 참으로 묘한 면이 있다. 당시에 전 직장에서의 수많은 기억은 모두 사라지고 몇몇 장면만 남아 있다. 그중 그 대자보와 보따리를 지고 떠나는 동자승의 모습은 아직도 선명하다.

전직을 앞둘 때 이런 말 저런 말이 있을 수 있다. 하지만 결국 변화를 시도하는 당사자가 판단하고 결정해야 하는 일이다. 이런 점에서 사람은 심지가 굳어야 한다고 생각한다. 지나치게 타인의 이야기에 귀를 많이 기울이거나 자기 주관이 없으면 결정적인 결단의 시기가 왔을 때 미적거리거나 기존의 시각을 따르게 된다. '너무 일찍 전직을 하는 것 아니냐'는 주변 사람들의 말에 귀 기울였다면 어떻게 되었을까'라는 생각을 해본다. 정말 아쉬움이 많았을 것이라는 느낌을 갖게 된다.

아무튼 나는 그렇게 떠나서 운 좋게도 새로운 터전에 자리를 잡게 되었다. 세상의 모든 것에는 때가 있다. 적시를 놓치고 나면 정말 소용없다. 때를 읽는 능력, 그런 때를 필사적으로 잡아내는 능력, 그것을 가능하게 하는, 무모해 보이는 도전정신이 오늘의 나를 이루었다고 생각한다. 물론 그 능력들도 초보 수준부터 시작해 점점 더 훌륭하게 다듬어졌다. 현장에서 배우고 실행하면서 얻은 소득이다.

인생에서 크고 작은 결정적 순간은 많지만 국책연구소를 떠나 민간 연구소를 향한 결정은 내 인생에 있어 결정적 터닝포인트였다.

결혼과 가정

"오직 장래 문제는 본인들이 알아서 할 것이다. 단 한 가지가 내 마음대로 안 되는 것 같으나 상대가 내 기대에 맞게끔 교육할 수밖에 없다고 생각한다."

1987년 5월 13일에 쓰신 아버지의 일기에서 당신의 결혼관을 엿볼수 있었다.

처가는 북한에서 내려온 사람들이라 집안이 단출했고 아내는 연상이어서 애당초 사귈 때부터 부모님으로부터 환영을 받지 못했다. 사귀는 기간이 길어지자 미진한 마음이 남아 있었지만 아버지는 결국 당사자의 의견을 존중하기로 하셨다. '단 한 가지가 내 마음대로 안 되는 것 같으나'라는 말은 내 결혼에 대한 약간의 실망감의 표현이었을 것이다.

결혼이란 내가 하는 것이기 때문에 나와 부모님의 의견이 충돌할 때는 결국 내 의견을 선택할 수밖에 없다. 아마도 내가 장남으로 태어났더라면 다른 선택을 했을지도 모른다. 막내로 났기 때문에 내가 옳다고 생각하는 바대로 하는 경우가 많았는데 이는 결혼뿐 아니라 다른 문제에서도 마찬가지였다. 그래서 부모님은 내가 대견하긴 하지만 섭섭하다고 느낄 때도 많았을 것 같다. 이런 생각도 내가 자식을 키우다보니 갖게 된 것이고 이전에는 꿈에도 생각하지 못했다. 나도 가끔 '내 자식을 이렇게 공을 들여서 키웠으니 반듯한 집안에 장가를 보내야겠다'고 마음을 먹게 된다. '부모가 되어야 비로소 그 심정을 이해한다'는 옛말은 틀리지 않다.

7년의 연애 끝에 우리는 1987년 10월 24일에 결혼을 했다. 신혼생활은 빈곤하지는 않았지만 여유롭지도 않았다. 아버지가 주신 1000만

원과 처가에서 얻은 500만 원으로 집을 구하다보니 원당까지 가봐야 했다. 당시 그 돈으로 서울에서 집을 구할 수는 없었다. 당시 아내와 찾아갔던 원당 주공아파트 옆에 지금의 연구소 부지가 들어섰으니 인연이란 참으로 이상하다. 나와 아내는 그 곁을 지나다니면서 옛이야기를 하곤 한다.

아버지는 부도의 후유증에서 웬만큼 회복된 상태였기 때문에 집을 마련해줄 수도 있는 형편이었지만 그렇게 하지 않으셨다. 학교를 졸업했으니 독립해야 하고 부모가 해줄 것은 없다는 신념이 분명하셨다. 사업 이외에는 다른 세상 물정을 잘 모르시는지라 1000만 원으로 알아서 살라고 하신 것이다. 나 역시 독립심이 강했고 부모님이 고생해서 자식을 키웠다는 것을 매우 잘 알고 있었다. 때문에 어려운 일이 있어도 절대 부모님께 말하지 않았고 나 스스로 처리하면 된다는 주의였다.

그런데 결혼을 전후해서 나에게는 경제력이 없었다. 그러니 그 모든 부담을 아내가 지게 되었다. 아내 역시 형편이 좋았던 것은 아니다. 장인어른은 북한에서 내려와 과자 공장을 하셨는데 장모님이 산후조리를 잘못한 까닭에 큰 병환을 얻어 사업을 일찍 접게 되었다. 얼마간 모아둔 돈으로 병구완을 하면서 자식을 키워야 하니 생활에 여유가 없었을 것이다. 처녀 시절에는 아내가 공무원으로 일하면서 가사를 책임졌다.

우리는 구기동에 신혼집을 마련하고 가난하다면 가난한 상태에서 결혼생활을 시작했다. 나는 시간강사로 아내는 박봉의 공무원으로 일했다. 거기에다 거의 확정되었던 첫 직장도 날아가버리고 나니 당시 나는 스스로를 '벽 안의 남자'라고 칭했다. 아내가 출근하면 강의 마치고 돌아와 혼자 집에 있었기 때문이다. 어쩌면 지금 하고 있는 생활의 원형이 그 당시 이미 시작되었다는 생각을 하게 된다.

당시 우리가 세들어 살고 있던 집의 주인은 상당한 재력가였다. 집의 보일러가 고장 나면 주인 할머니의 일을 돕는 사람이 와서 고쳐주고 가곤 했다. 그런데 부잣집 할머니를 보면서 '나도 부자가 되면 좋겠다'는 바람을 갖지 않은 것은 지금도 신기하다.

아내가 큰아이를 임신해 만삭이었을 때는 정릉에 살았는데 그 집도 산중턱에 있었다. 당시 한창 파스퇴르 우유가 인기를 끌었는데 가격도 무척 비쌌다. 아이를 가져 좋은 것만 먹어야 하니 아내도 파스퇴르 우유를 자주 마셨다. 대신 몇 백 원이라도 아끼기 위해 만삭의 몸으로 공무원연금매장까지 가서 우유를 사서 산중턱까지 들고 올라왔다.

어느 날은 운 좋게 공연 티켓이 생겨 뱃속의 아이에게 좋은 영향을 주겠다는 기대로 세종문화회관에서 오페라를 감상했다. 밤늦게 공연이 끝났는데 택시를 타지 못하고 버스를 타고 정릉으로 돌아왔다. 지금도 아내는 그때 무척 힘들었다는 말을 한다. 물론 나의 아버지 세대가 단칸 사글세방에서 고생하던 시절에는 비할 것도 못 되지만 우리 부부는 그렇게, 그야말로 바닥에서부터 차근차근 인생의 탑을 쌓아갔다.

1988년 9월에 큰아이가 태어나면서는 살림살이가 조금씩 풀렸다. 많든 적든 고정적인 수입이 생겼기 때문이다. 큰아이를 낳고 인생이 풀려가니 복덩이인 그 아이를 무척 사랑하게 되었다. 버락 오바마 대통령은 자서전에서 '한 집안에서 책임 있는 남자가 버티는 것이 무척 중요하다'고 말했는데 나 또한 고단한 신혼시절을 통해 그 중요성을 깨달았다.

본격적인 시작

흐드러지게 폈던 봄꽃들이 지고 초여름의 신록이 짙어지기 시작하던 무렵, 나만의 연구 공간이 있는 직장에서 일하고 싶다는 숙원을 이뤘다. 국토개발연구원의 업무를 정리하고 6월부터는 한국경제연구원으로 출근하기 시작했다. 당시 입사동기는 이승철 박사(현 전경련 전무), 김정호 박사(현 자유기업원 원장) 등이었고 6개월 후엔 두 명의 연구원이 더 채용되었다.

민간연구소는 사기업연구소에 비해 노동 강도가 낮다. 뿐만 아니라 여러 실험적인 업무를 시도해볼 수 있는 여유도 허락되었다. 어느 조직이나 마찬가지겠지만 친소 관계에 따라 사람들의 계파가 나눠지기 마련이다. 조직에서는 원만한 인간관계를 유지하며 다른 사람들과 적절히 보조를 맞춰가는 일이 무척 중요하다. 그렇지 않으면 늘 불협화음이 생긴다. 출세는 실력과 타인에게 호감을 주는 능력이 곱해진 것이라고 생각한다. 호감을 사는 법에는 여러 가지가 있겠지만 타인과 보조를 맞추는 것뿐만 아니라 건설적인 의미의 아부도 포함될 것이다.

조직의 리더가 성과에 대한 압박을 심하게 받고 있거나 스스로 자신을 입증해보고 싶어 하는 욕망이 강하다면 조직을 움직이는 원칙도 달라진다. 경쟁이 치열한 사기업은 대부분 성과에 가장 큰 비중을 둔다. 그곳 역시 인간관계를 배제하지는 않겠지만 성과 중심으로 조직이 돌아간다. 성과는 조직의 생존과 번영을 보장하는 유일무이한 버팀목이기 때문이다.

하지만 경쟁 강도가 낮은 산업에 속한 조직에서는 성과 외에도 다른 요소들이 무시할 수 없는 비중을 차지한다. 내가 30대 초중반을 보낸 곳은 대부분 반관반민 성격의 조직이었던 것에 반해 첫 직장은 국책연구소였기 때문에 완전히 공적인 성격의 조직이었다. 결국 나는 공적인 조직에서 직장생활을 시작, 반관반민 성격의 조직을 거쳐서 훗날 벤처기업이라는 사기업에 잠시 몸을 담았다가 자기 사업을 하는 것으로 인생의 항로를 바꿔왔다.

의도가 아닌 본능에 충실하게 기회를 따르다보니 40대까지 경험한 직업 포트폴리오가 다양하게 구성되었다. 이는 작가로 또 강연자로 활동하는 데 큰 도움이 되었다. 간접 경험이 아니라 직접 경험했던 것들이니 각각의 조직이 가진 특성과 구성원들을 속속들이 이해할 수 있었던 것이다.

요즘에는 편안하고 쉬운 직장을 구하는 풍조지만 직장생활 초년에는 훈련받는 셈치고 타이트한 분위기에서 일하는 것이 좋지 않을까 싶다. 취업준비생 중 쉽게 일할 수 있는 직장과 힘들지만 자신을 단련하는 데 도움이 되는 직장 사이에서 고민하는 사람이 있다면 당연히 어려운 길을 가라고 권하고 싶다. 30대를 어영부영 보내는 것은 직장인으로서 대단히 위험하다. 따라서 조직의 리더들은 젊은 친구들에게 기회를 주기 위해서라도 조직의 분위기가 느슨해지지 않도록 해야 할 책무를 진다. 다음은 30대를 바라보는 나의 시각을 담아 트위터에 올린 글이다.

"세월이 갈수록 이런 점을 깨우치게 돼요. 당신이 선택하라! 두 가지 중에서 하나를! 인생의 초년에 더 많은 비중을 지불할 것인지, 아니면 인생의 후년에 더 많은 비중을 지불할 것인지!"

2장
위험마저 즐기기

내가 몸담았던 연구소는 경제단체에서 받은 예산으로 필요한 일을 선택해서 추진하는 곳이었다. 사기업과 달리 연구소는 성과 지표가 모호할 때도 많다. 그러면 '무엇을 극대화해야 하는가'라는 과제가 남게 된다. 연구 활동을 평가하는 엄격한 측정 방법이나 제도가 없다면 얼마든지 적당한 수준에서 타협할 소지가 있다. 국책연구소나 경제단체 산하의 연구소들처럼 조직에 명확한 주인이 존재하지 않는 경우에는 엄격한 평가와 관리감독이 이뤄지기 힘들다. 따라서 이런 복합적인 환경에서는 조직을 이끄는 사람이나 구성원들 모두 나름의 계산에 따라 행동해야 할 것이다.

리더십에 대한 단상

내 경험상 조직의 장(長)은 세 가지 스타일로 나눌 수 있다. 첫 번째는 누가 시키지 않더라도 스스로 동기 부여가 되어서 완전연소에 가까운 상태로 자기 자신과 조직 구성원들을 이끌어가는 사람이다. 두 번째는 적당한 수준에서 타협해서 욕을 먹지 않을 수준에서 일을 하고 마는 사람이고, 세 번째는 노력을 하는 것 같지만 게으르다할 정도로 안일하게 조직을 이끄는 사람이다. 리더의 스타일은 세 가지 요소에 의해 결정된다. 업계의 환경, 성과에 대한 모니터링 시스템의 존재 여부와 보상 시스템, 리더의 가치관이 그것이다. 내가 처음 자리를 잡았던 곳의 기관장의 리더십 스타일은 두 번째와 세 번째의 중간 정도에 놓여 있었다. 물론 이런 평가는 사람마다 달라질 수 있다.

성과 창출에 대한 압박이 심한 곳에서는 모두가 열심히 일한다. 그 과정에서 제대로 훈련된 인재가 만들어진다. 일례로, 삼성그룹 출신들이 퇴사하더라도 다른 조직에서 환영받는 이유는 치열한 내부 경쟁을 통해 다져진 실력에 있을 것이다. 자율적으로 자신의 능력을 키울 수 있는 사람은 많지 않다. 때문에 한창 자신의 경력을 만들 시점에 어떤 곳에서 근무하느냐는 무척 중요하다.

성과를 창출하기 위한 스트레스가 큰 환경에서 30대와 40대를 보내는 것은 긴 인생살이에서 볼 때 멋진 선택이다. 초년에 느슨하게 직장생활을 한 사람은 후일 반드시 비용을 지불하게 된다. 그런 점에서 인생은 공평하다. 그래서 나는 자주 젊은이들이나 자식에게 초년에는 반드시 경쟁이 치열한 환경에 자신을 노출시키는 것이 좋다고 조언한다. 자신이 만들어낸 성과에 대해서 가혹한 평가가 내려지는 환경에서 열심히 하는 사람들도 있을 것이고 견디지 못해 그만두는 사람도 있을 것이다. 후자의 경우는 할 수 없지만 팍팍한 환경을 견뎌낸 사람들은 꽤 잘나가는 인재로 탈바꿈하게 된다.

연구소는 느슨한 분위기였지만 그로 인한 장점이 있었다. 그만큼 다양한 실험을 할 수 있었기 때문이다. 긴급한 업무가 계속되는 상태라면 현안 과제를 해결하는 데 급급할 수밖에 없지만, 여유가 있으면 주어진 과제 외의 다양한 주제에 대해서도 토론하고 고민할 수 있다. 당시 몇몇 동기들과 재벌 문제, 자유시장경제 문제, 지속적인 국가 번영의 문제, 큰 정부의 문제 등에 대한 열띤 토론과 논의를 할 수 있었던 것은 연구소 분위기가 자유로웠기 때문이다.

학위를 마치고 다소 느슨한 연구소 생활 자체를 무척 즐기는 사람들도 있었다. 그들은 겨울이면 스키, 여름이면 윈드서핑으로 시간을 보내면서 '어떻게 하면 재미있게 살 수 있을까'를 고민했다. 학위를 취득하는 일이 경력의 정점이었던 사람들을 만나는 일은 어렵지 않았다.

공부를 하는 동안은 주어진 목표가 분명하다. 그 목표를 위해 무엇을 해야 할지도 정해져 있다. 그러나 공부를 마치고 난 다음에는 목표가 없어지기 때문에 각자가 알아서 목표를 찾아내 이를 달성하기 위한 저마다의 방법을 실행에 옮겨야 한다. 학창시절 내내 과외를 받아 공부했던 사람들은 더더욱 스스로 목표를 설정하고 수단을 찾는 일이 쉽지 않을 것이다.

오늘날이야 보통의 일이지만 내가 어렸을 때는 대학교육을 받은 부모 밑에서 오랜 기간에 걸쳐 각종 악기를 배우는 것은 행운아에게만 가능한 일이었다. 부모가 만들어준 경력의 로드맵을 통해서 좋은 대학을 나오고 좋은 대학원에서 박사학위를 받을 수는 있다. 그러나 그다음에 어떤 인생을 만들어가는가 하는 것은 전혀 다른 차원의 문제다. 유복함이나 좋은 교육이 살아가는 데 큰 도움이 될 수는 있다. 그러나 오히려 교육수준이 높은 부모와 좋은 교육이 자식의 더 큰 성장에 걸림돌이 될 가능성도 얼마든지 있다. 그래서 현재를 기준으로 불평등하게 보이는 것들을 두고 지나치게 툴툴거릴 필요가 없다. 길게 보면 현재의 편안함과 안락함이 미래를 보장하지는 않기 때문이다.

필 요 한 인 재 가 될 수 있 는 가

연구소 생활을 하는 중에도 나는 여전히 내면적으로 고민이 '무척' 많았다. 여기서는 '무척'이라는 꾸밈말에 주목해야 한다. 고민의 핵심은 나 자신의 경쟁력, 즉 '내가 왜 존재해야 하는가' '앞으로는 무엇을 하면서 살아갈 것인가?' 등과 같은 것이었다. 단기적으로 보면 그런 고민들은 '내가 앞으로 이 직장에서 계속 필요한 사람으로 남아 있을 수 있는가' 와 관련된 것일 수도 있었겠으나, 길게 보면 '더 높은 곳을 향해 나아가는 데 필요한 그 무엇'에 관한 것이었다. 처음에는 후자보다도 전자, 즉 연구자로서 어떻게 계속해서 가치를 만들어낼 것인지에 대해 고민이 컸다. 이런 고민은 동료들 혹은 선배들과의 대화를 통해서 해결할 수 있는 일은 아니라고 생각했다. 왜냐하면 그들 역시 각자의 문제를 놓고 고심하고 있었을 것이기 때문이다.

이따금 나는 '당신의 멘토는 누구인가?'라는 질문을 받곤 한다. 하지만 젊은 날부터 딱히 멘토라고 생각하는 사람은 없었다. 그만큼 나는 나 스스로 문제를 설정하고 찾아가는 일을 매우 중시했고, 타인의 의견이나 조언은 참고로 했지만 그것에 좌우되지는 않았다.

내가 무엇을 해야 할지 찾기 위해 나는 몇 가지 방법을 택했다. 첫째, 일에 전부를 걸었다. 직장생활 초기 6~7년은 일에 미쳤다고 할 정도로 일에 매달렸다. 그것도 남이 시킨 것이 아니라 스스로 일을 찾아서 했다. 당시에 연구소에 몸담고 있었던 사람들의 생각은 대체로 두 가지였다. 하나는 봉급 받은 것만큼 일한다는 것이었고, 다른 하나는 회사가 주는 모든 일은 자신의 개인적인 자산을 축적하는 기회로 받아들인다는 것이었다. 이런 가치관 역시 각자가 자신의 일과 프로젝트에 어떤 의미를 부여하는가에 따라 달라지는 것이다. 어느 것도 타인이 강요할 수 없는 일이다.

새벽 4시에 일어나 아내와 함께 거의 매일 여의도에 있는 수영장을 다녔다. 운동을 마치고 바로 출근해 6시 30분 정도에는 업무를 시작했다. 전문가가 되는 지름길은 다른 사람들과는 확실하게 차별될 정도로 업무시간을 늘리는 것이다. 경제학에서는 '투입산출'이란 용어를 자주 사용한다. 삶에도 투입과 산출의 관계는 그대로 적용된다. 뛰어난 산출물을 빨리 거두려면 투입량을 크게 늘려야 한다. 나는 경쟁력을 확보하기 위해 새벽 시간, 출퇴근 시간, 주말 등을 모두 업무에 투입했다. 당시에 삶에서 얻었던 교훈은 '남들과 똑같이 일하고, 남들이 똑같이 놀고, 남들과 똑같이 쉬어서는 잘될 수 없다'는 것이었다.

둘째, 나를 더욱 몰아붙였다. 무엇에 쫓긴 듯 나를 무척 압박하면서 살았다. 더 성공하고 싶다는 야심, 그것도 간절한 야심 때문에 그랬을 것이다. 그러기 위해서는 '압축성장', 다시 말해 한정된 시간 동안 엄청난 일을 처리해야 했다. 나는 늘 긴장과 불안 상태에 있었는데 이는 목표와 현실의 격차를 줄이기 위한 동기로 작용했다. 사실 당시 나의 약점은 일을 하는 동안 지나치게 긴장을 많이 한다는 것이었다. '더 빨리, 더 많이, 더 잘'이라는 구호가 나를 지배하고 있었고, 그렇게 일을 하고 나면 피로를 쉽게 느꼈다. 실제로 퇴근 후에 집에서는 누워만 있어야 할 정도로 매일 나를 완전 연소시켰다. 어느 누가 시킨 것도 아니었고 그런다고 보상을 많이 받는 것도 아니었다.

그 시절 스트레스를 슬기롭게 극복할 수 있었던 데는 아내의 유쾌함이 큰 역할을 했다. 세월이 흘러 사석에서 한 대기업 대표의 자제분과 대화를 나눈 적이 있었다.

"어른은 집에 돌아오시면 어떠셨어요?"

"집에 돌아오시면 자주 누워서 안마를 받곤 하셨답니다. 워낙 일을 많이 하시다보니 집에 돌아오셔서는 이미 탈진해 예민한 상태였지요. 그래서 집안 분위기가 전체적으로 어두웠습니다."

나는 그 정도는 아니었겠지만 그 이야기를 들으면서 아이들과 아내의 심정을 잠시 헤아려보았고, 편안하지 않은 분위기에서도 유쾌하게 성장해준 아이들에게 감사하게 되었다. 일에 자신을 완전히 불태우다보니 예민해져 사소한 것에도 짜증이 나 화를 내곤 했다. 젊은 날엔 그런 약점이 많았다. 시간이 가면서 많이 개선되었지만 당시에는 일과 입신이라는 두 단어가 내 머리를 지배하고 있다.

셋째, 무엇이든 도전하고 실험했다. 기회는 그냥 주어지지 않는다. 이것저것을 시도해보면서 행운이 따를 때 기회를 발견할 수 있다. 그런 의미에서 '인생에서의 길은 찾아내는 것'이라는 표현은 아주 적합하다. '그걸 왜 해. 남는 것도 없는데'라는 생각은 스스로 기회를 포기하는 것과 같다. 이런 기회 저런 기회를 찾아서 부단히 도전하다보면 의외로 자신에게 대박을 가져다주는 기회를 발견하게 마련이다. 그래서 초년에는 그물을 아주 넓게 펼쳐야 한다. 그렇기 하기 위해서 부지런함은 필수고 요령을 피우지 않는 일도 무척 중요하다.

연구소에서 일하면서 1년에 한두 편의 보고서를 제출하며 대충 생활하다보면 시간은 금세 흘러가버릴 것이다. 전문가의 길을 간다는 것은 일정한 시간 내에 두뇌의 시냅스 구조를 바꾸는 대역사다. 그렇기 때문에 아무리 긴 시간 꾸준하게 일을 해도 쉽게 전문가가 되지는 않는다고 본다. 일정한 기간 동안 폭발적으로 업무해 집중해야 두뇌의 시냅스 구조를 아마추어용에서 전문가용으로 바꿀 수 있다.

뇌과학자인 모기 겐이치로[茂木健一郎]는 '뇌의 시냅스 연결이 바뀌는 것(학습)=지금까지와는 다른 자신이 되는 것'이라는 공식이 성립한다고 말한다. 그는 효과적인 학습이 이루어지기 위해서는 다음의 세 가지가 적용되어야 한다고 말하는데 미친 듯이 질주하던 나의 상황과 일치하는 부분이 많았다.

> 속도 작업의 스피드를 극한까지 끌어올리는 것, 분량 무조건 압도적인 작업량을 해치울 것, 몰입 주변의 잡음이 들리지 않을 정도로 열중할 것.[17]

그렇게 살아야 한다는 의무감도 있었지만 무엇보다 그렇게 사는 것이 좋았다. 새로운 것을 배우고 익힌 다음에 글로 남기고 그것으로 타인에게 영향력을 행사하는 일이 마음에 들었다. 의무감만으로 그 일을 하라고 했다면 계속하지 못했을 것이다.

모기 겐이치로는 "인간의 뇌는 어떤 행동을 취했을 때 도파민이 분비되었는지 세세하게 기억해서, 모든 일에서 그 쾌감을 재현하려고 한다"라고 말한다. 아무도 출근하지 않은 연구소의 문을 열고 내 연구실에 들어가 또 다른 자기 자신과 대면할 때의 쾌감을 나는 무척 즐겼다. 나만의 공간에서 글을 읽고 쓰면서 무엇인가를 만들어내는 시간을 좋아했다. 중요한 것은 그 상황과 행위 자체가 아니라 그로 인한 결과물로 다른 사람에게 영향을 끼치고 나에게 유익함을 주는 것에 더 큰 의미를 두고 있었다는 것이다. 한마디로 '읽힐' 수 있는 글에 스스로 대단한 비중을 두고 있었다. 아마 인정받고 싶은 욕구가 강했던 것 같다. 나는 삶의 가장 강한 원동력 중 하나가 물질적 욕구 외에 인정받고 싶은 욕구라고 생각한다. 아무리 봐도 안일함과 편안함을 떨쳐버리고 이상을 향해 정진할 수 있는 힘은 인정받고 싶은 욕구에서 비롯되는 것 같다.

재 벌 연 구

그저 일이라면 닥치는 대로 했다. 주어지는 일도 열심히 했고 조금이라도 가능성이 있는 일은 적극적으로 찾아서 했다. 첫 번째 언론에 소개된 것은 1990년 8월 30일에 한국경제신문사가 주관했던 "경쟁력 강화를 위한 산업개편 세미나"에서였다. 연세대학교 교수였던 정구현 교수가 '한국기업 다각화 전문화와 국제화'라는 주제로 첫 번째 발표를 하고 그다음에 내가 두 번째 주제인 '연구개발투자와 국제경쟁력'에 대한 연구 결과를 발표했다. 이후 나의 초기 연구 방향은 정부의 산업정책과 재벌 연구가 되었다.

1991년에 들어서자 재벌기업들의 문어발식 사업확장이 집중적인 비판을 받았다. 당시 재벌개혁을 주도했던 인물은 1990년부터 1992년까지 3년간 청와대 경제수석을 지낸 김종인 수석이었다. 당시 상공자원부(현재의 지식경제부)는 재벌들의 사업구조를 몇 개로 한정시키는 업종전문화 정책을 추진했다. 1993년 11월의 업종전문화 정책 고시 이후 1994년 1월에 상공자원부는 32개 기업집단의 118개 주력기업을 확정해 발표했다. 대기업그룹들은 정부의 업종전문화 정책에 따라 주력기업을 중심으로 기업의 분리 통합을 통한 사업구조 재편을 추진하도록 권고받았지만 1995년 김영삼 정부로 바뀌면서 이 제도는 결국 폐지되고 말았다.

그러나 초기에는 재벌들의 신규 사업 진출을 막고 기존의 주력사업을 위주로 사업을 재편하려는 업종전문화 정책은 상당한 힘을 얻었고, 추진하는 측에서도 소신을 갖고 밀어붙였다. 훗날 노태우 전 대통령과 김종익 전 수석은 업종전문화 정책의 추진 배경을 이렇게 설명했는데, 우선 그 정책에 대한 노태우 전 대통령의 견해는 다음과 같았다.

나는 대통령에 취임하면서 민주화와 개방화라는 두 개의 현안을 함께 추진해야만 했다. 때문에 나는 경제정책을 펴면서 국내 경제요인뿐 아니라 국제 사회의 변화요인도 함께 고려해야만 했다. 비록 늦은 감이 있으나 나는 1990년 7월 우루과이 라운드(UR)에 대한 행정 각 부처의 준비사항을 점검하고 재벌 문제를 다루게 됐다. 당시 한국 경제를 종합해보았을 때 무역규모가 세계 11위 국가였지만 우리나라는 세계 시장에서 '이것이 최고'라는 물품을 하나도 공급하지 못하는 실정이었다.

나는 재벌들이 선단(船團)식으로 기업을 거느리고 이것저것 다 하다보니 어느 하나도 경쟁력을 확보해 국제 시장에서 경쟁하기 힘들 것이라 판단했다. 그리해 이른바 주력업종제도를 시행했다. 나는 재벌들로 하여금 3개의 주력업종을 선택하게 하고, 그 이외의 업종은 여신을 규제하도록 했다. 그리고 청와대에서 매 분기별로 제조업 경쟁력 향상을 위한 대책회의를 열었다. 그러나 이 정책은 재벌들로부터 막강한 저항과 시간의 제약에 부딪쳐 원래 뜻대로 추진하지 못했다.

이러한 일련의 재벌정책을 가리켜 누군가 '재벌과의 전쟁'이라는 표현을 썼던 것으로 기억된다. 하지만 나나 정부가 재벌에 감정을 가질 이유가 없었다. 재벌들이 그동안 대한민국 경제에 기여한 사실에 대해서는 모두가 다 인정한다. 하지만 재벌들이 글로벌화하는 상황에서 새로운 방향으로 전환하지 않으면 기업 효율이 떨어질 수밖에 없고, 그렇게 되면 국민경제 전체의 효율이 떨어지므로, 자신들과 국가 모두를 위해서라도 구조조정을 해야 한다는 것이 당시의 경제정책 방향이었다.

그 사람들에 대한 적대감에서가 아니라, 한국경제 전체의 자본 배분의 효율을 생각하고, 그렇게 함으로써 대기업이 국제사회에서 경쟁력을 갖추라는 의미에서 추진한 것이었다.[18]

국가 전체의 자원 배분이란 측면에서 업종전문화 정책이 불가피하다는 논리는 어느 정도 타당성이 있다(나는 2011년에 발표한 《대한민국 기업흥망사》에서 외환위기 전후의 재벌 몰락사를 다루면서 업종전문화라는 방법이 아니더라도 재벌들의 과잉 부채에 대해선 어느 정도 정책 개입이 있었어야 했다고 생각했다. 이 점에 대해 나는 기업측의 입장에서 문제를 바라보았다). 나라 경제 전체를 고민해야 하는 정책 입안자의 입장에서는 그런 시각을 가질 수 있다. 그러나 기업을 움직이는 사람들은 본능적으로 리스크를 관리해나가야 한다. 지금은 불효자인 종목이 어느 순간의 효자로 탈바꿈할 수 있기 때문에 가능한 한 리스크를 분산시키려고 노력한다. 이런 점에서 나라 전체를 생각하는 사람과 개별 기업의 이익을 생각하는 사람들 사이에는 큰 시각 차이가 있을 수밖에 없다. 노태우 전 대통령의 언급에 대해 인터뷰 자리에 배석했던 김종인 전 수석은 이런 설명을 덧붙였다.

배석한 김종인 전 장관은 6공 시절 재벌정책 및 구조조정의 배경을 다음과 같이 보충설명했다.

"당시 정황으로 볼 때 UR 협상이 1990년대 초반에 마무리될 것으로 예상됐습니다. UR 협상이 끝나면 WTO 체제가 출범할 것이고, 이렇게 되면 경제 국경이 소멸돼 무한경쟁시대가 전개될 것은 불을 보듯 뻔했습니다. 이 경우 우리 기업이 해외나 국내에서 외국 기업과 똑같은 상황에서 경쟁해야 하는데, 우리나라 재벌은 40~50개나 되는 계열사를 거느리고 국제경쟁에 임할 수가 없는 상태였습니다. 재벌기업들은 규모가 방대하다 보니 어디서 이익이 나고 손해가 나는지조차 파악을 못하는 상태였습니다. 말하자면 관료조직 혹은 공산주의 경제의 콤비나트 비슷하게 되어버렸단 말이죠.

이런 문제를 시정하기 위해 주력업종제도를 도입해서 재벌기업들에게 "가장 자신 있는 업종 3개만 택하라"고 한 겁니다. 정부가 강력히 주력업종제도를 추진하자 재벌기업은 일부 학계와 언론 등을 동원해 방해공작을 펼쳤습니다. 결국 확실한 결과를 담보하지 못한 상황에서 정권이 이양됐습니다.

우리가 그토록 힘겹게 재벌들의 신규투자를 억제하고, 주력업종제도를 통해 강도 높은 구조조정을 펼쳤습니다만 김영삼 정권에 들어와 '신 한국'이니 '신 경제정책'이니 하면서 그동안 옭죄었던 재벌들의 투자욕구를 풀어놓았습니다. 그 결과 각 사업분야에서 중복 과잉투자 현상이 벌어진 겁니다."[19]

김종인 수석이 말한 '방해공작을 펼친 일부 학자와 언론' 중 가장 선봉에 섰던 인물이 나일 것이다. 누가 시킨 것도 아니고 재벌이 세운 연구소에서 일하고 있어서 나선 것도 아니었다. 얼마든지 숨어 있을 수도 있었고 정부에 대한 공세 수위를 조절할 수도 있었다. 연구소 분위기도 자유로웠으니 원하지 않으면 적당히 뭉개고 있다가 의견 발표를 하지 않을 수도 있었다. 당시 동료 대부분이 재벌을 옹호하는 것이 경력관리에 흠이 될까 봐 몸을 사리기도 했다. '저 친구는 재벌 논리를 옹호하는 친구였지'라는 낙인은 훗날 연구소를 떠나서 학교로 옮겨가는 데 하등 도움이 되지 않을 것이었기 때문이다. 말은 하지 않아도 서로 그런 입장을 존중해주는 분위기였고, 기관장 자신도 강하게 재벌의 입장을 두둔하는 듯한 주장이나 의견을 내는 데는 조심했다.

기꺼이 위험을 감수하다

나는 달랐다. 남들이 뭐라든 내가 옳다고 판단하면 기꺼이 나섰다. 30대 초반이었으니 젊었고 어느 누구보다도 열정적이었다. 불의라고 생각하거나 상대방이 올바르지 않다고 생각하면 어떤 비난에도 기꺼이 맞설 용기와 기백이 있었다. 결국 업종전문화 정책에 대해서 재계의 논리를 대변하는 위치에 섰다. 나는 정부가 나서서 자원배분에 깊이 간여하는 행위 자체가 올바른 일이 아니라고 생각했다. 또한 역사적으로 그런 산업 정책이 대부분 실패했고, 무엇보다도 앞으로 어떤 업종이 뜨고 몰락할지 모름에도 불구하고 기업가들이 미리 결정을 내리는 것은 옳지 않다고 생각했다.

재계에서는 정부 정책을 적극적으로 방어해야 할 필요가 있었고 이런 일에 내가 주도적으로 뛰어든 것이다. 누가 개입한 것도 아니고 스스로 잘못된 정책을 막아야겠다는 생각을 했을 뿐이다. 2개월 정도 야근을 밥 먹듯이 하면서 보고서를 준비했다. 늘 타이밍이 핵심이다. 정책이 논쟁의 초점이 되었을 때 그때 나서야 했다. 아무리 훌륭한 보고서라 하더라도 발표할 타이밍을 놓치면 아무 소용이 없다.

　정부의 정책 공세가 일방적인 지지를 얻고 있었고 기업 임원들은 '저건 아닌데……'라고 생각하면서도 반박을 하지 못하고 있었다. 그때 〈정부주도형 업종전문화 정책의 문제점과 개선방안〉(1991.3.21)이라는 보고서를 발표했다. 정부 주장과 정책의 문제점을 하나하나 반박하는 보고서였다. 이 보고서는 주요 언론에 크게 실리면서 정책에 대한 주의를 환기시키는 역할을 했다. '재벌 업종전문화에 공식 반기'라는 제목의 〈경향신문〉 기사는 이렇게 보도하고 있다.

　　재벌의 업종전문화 정책을 둘러싸고 재계와 정부의 마찰이 표면화되고 있는 가운데 전경련 부설 한국경제연구원이 21일 '정부주도형 업종전문화 정책의 문제점과 개선방안'이라는 방대한 양의 연구보고서(책임연구원 공병호 박사)를 공표, 이론대결국면으로 접어들었다. 이 보고서는 그동안 중구난방으로 표출되어온 재계의 반대입장을 이론적이고 논리적인 접근방식을 통해 일목요연하게 정리했다는 점에서 주목을 끌고 있다.

　　이 보고서는 특히 정부가 의도하는 업종전문화 정책은 전문화 자체의 참뜻을 '몰이해'한 데서 비롯된 것으로 전면부정하면서 정부가 재벌 대기업군에게 각각 2~3개의 주력업체를 선정하라고 요구하는 것은 기업으로 하여금 '미래의 불확실한 상금을 걸고 복권을 사는 행위와 똑같은 도박에 참여하라는 것과 마찬가지'라며 정부측을 통렬히 공박하고 있다. 이 보고서는 정치적 자의성이 개입될 가능성이 짙은 이 제도를 왜 정부가 중요한 시점에서 강행하려는가에 대한 의문을 제기, 정부의 의도에 대한 강한 불신감을 드러내고 있다.

　　이 보고서가 첫 번째로 지적한 문제점은 '정부안이 진정한 의미의 전문화

와는 아무런 관련이 없다'는 것이다.[20]

그 보고서는 마치 논고문처럼 정부 정책의 문제점을 조목조목 지적하고 있는 데다가 딱딱한 문체가 아니라 대중적인 글처럼 읽기 쉽게 썼기 때문에 반향이 무척 컸다. 재계에서 반대의 논리를 정렬할 수 있었음은 물론이다. 여론이 동요하자 정부측에서는 한덕수 상공부 산업정책 국장(전 총리 및 주미대사)이 정부 정책을 옹호하기 위해 나섰다. 그는 하버드 대학교 경제학박사 출신으로 논리가 선명한 엘리트 관료였다. 3월 15일 〈중앙경제신문〉에 업종전문화 정책의 불가피성을 옹호하는 한덕수 국장의 칼럼이 실렸다.

정부고위직이 쓴 칼럼에 다시 반박하는 글을 쓰는 건 전례가 없는 일이어서 위험한 모험이었다. 이것저것 지나치게 계산하고 재면서 사는 게 진정한 삶이겠는가? 필요한 일이면 나서고 손해와 위험도 감수해야 한다고 생각한다. 위험 없이 어떻게 성장할 수 있겠는가? 이런 생각에서 나는 〈중앙경제신문〉의 출입기자에게 전화했다. 단순히 내가 글을 쓰고 싶다고 말하는 데 그치지 않고 상대방의 입장에서 이야기를 했다.

"내가 글을 기고하면 독자들이 상당히 좋아할 것입니다. 왜냐하면 싸움이 되기 때문입니다. 몇 회라도 서로의 논리를 공박하는 방식을 시도해보기 바랍니다. 나는 지금 당장이라도 쓸 수 있습니다."

그렇게 해서 두 차례에 걸쳐 서로 의견에 반박하는 칼럼이 실렸다. 워낙 첨예하게 대립되는 주장이었기 때문에 논쟁 자체만으로도 사람들에게 강한 인상을 심어주었다. 그 사건으로 의도와는 관련 없이 '아, 그 사람'이라는 브랜드를 만들어냈음은 물론이다.

이는 나의 지적 용감함이 최초로 세상에 드러난 사건이었다. 덕분에

'저 연구소에 공병호라는 사람이 있다'는 인식을 심어주는 성과를 거뒀다. 자신을 마케팅하려는 의도는 아니었지만 내가 가진 것을 적극적으로 알리지 않으면 누가 알겠는가? 나를 알릴 기회란 좀처럼 주어지지도 않기 때문에 기회가 오면 본능적으로 잡아야 한다. 당시로서는 대단히 위험한 선택이었지만 결과적으로 성공했다고 생각한다. 논쟁이 뜨겁게 달아오르자 논쟁은 3회 정도에서 마감을 했다.

다만 논쟁이 계속되는 동안 연구소를 책임지고 있던 사람들은 재계와 정부 사이에서 꽤 곤혹스러웠을 것이다. 사실 반박하는 글을 쓸 때 글로도 표현할 수 없을 정도로 강한 열정을 느꼈다. '내가 반드시 이 일을 꼭 해야만 한다'는 마음 상태 말이다. 후끈하게 달아오른 듯한 기분과 치밀어 오르는 정의감이 없었다면 할 수 없었을 것이다. 때로는 열정이나 감정이 이성이나 논리를 압도하는 것도 필요하다. 이따금 젊은 날의 열정과 뜨거운 감정이 그립다. 세월이 가면 이성이나 논리가 열정과 같은 감정의 영역을 지배하기 때문이다.

누구든 처음부터 정교한 계획을 갖고 인생을 살아가진 않는다. 자신이 성취할 가능성이 있는 부분을 예측하고 이것에 대해 미리 착실히 준비해나가는 일이 필요하다. 그리고 자신을 드러내야 할 순간이 오면 주저 없이 행동해야 한다. 주변에서 위험을 걱정하고 만류하기도 할 테지만 다 들을 필요도 없고 들어서도 안 된다. 그런 조언은 안정적인 삶에는 도움이 될지 모르겠지만 입신에는 도움이 되지 않는다. 물살을 거스르는 용기와 저력이 있어야 목표와 현실의 간격을 줄일 수 있다.

준비하고 있으면 기회는 온다. 이 사건을 통해 다시 한 번 깨달은 진리다. 지나치게 몸을 사리고 잔머리를 굴리는 일은 입신에 도움이 되지 않는다는 사실도 배웠다. 아무도 '이게 당신의 것이요' 하며 손에 쥐어주지 않는다. 스스로 자기의 자리를 찾아서 만들어내야 한다. 문제는 기회가 자주 오지 않고, 어떤 사람에겐 영원히 오지 않을 수 있다는 것이다. 때문에 부든 명성이든 권력이든 간에 세상에 자신을 드러낼 수 있는 미세한 기회라도 주어지면 절대로 놓치지 않아야 한다.

3장
가능성의 모색

'길고 긴 인생에서 무엇을 하며 살 것인가?' 정년이 보장되지 않는 직장에 다니는 사람이라면 이런 고민을 해야 하며 답도 스스로 찾아야 한다. 나의 30대는 이 질문에 대한 답을 찾는 시기였다. 답을 찾는 것은 정체성을 확인하는 것과도 같았다. 내가 누구인지, 직장인으로 살아남을 수 있는지, 무엇을 추구해야 하는지 확실한 답을 얻어야 했던 것이다. 그리고 10년의 시간에 걸쳐 부분적인 답을 구하는 데 성공했다.

대체탄력성을 높여야 산다

앞서 말했듯 초기의 연구 주제는 산업정책과 한국의 재벌이다. 업종전문화 정책, 재벌의 효율성, 한국 재벌에 대한 연구 등을 통해서 어느 정도 성과를 내긴 했지만 한계가 있었다. 다시 말하면 특정 연구소에 지나치게 국한된 주제였던 것이다. 직장인의 경우 특정 회사에 국한된 지식이나 기술만 갖고 있다면 그 회사에 운명을 걸어야 할 것이다. 다른 회사에서는 그 지식이나 기술이 필요하지 않을 수도 있기 때문이다. 경쟁력 있는 직장인이 되려면 어느 곳에서나 사용할 수 있는 지식과 기술이 있으면 경쟁력 있는 직장인이 되어 더 좋은 곳으로 옮겨갈 수 있을 뿐만 아니라 협상력도 가질 수 있다. 경제학 용어로 말하자면 '대체탄력성'이 커야 한다는 것이다. 나는 대체탄력성의 중요성을 정확하게 파악하고 나의 선택가능성을 높이기 위해 늘 고민했다.

옮겨갈 수도 없고 협상력도 가질 수 없다면 이는 자신의 자유를 가질 수 없음을 뜻한다. 이런 점을 나는 직장 초년부터 분명히 파악하고 있었고, 어떻게 하면 내 자신의 선택 가능성을 더 넓힐 수 있을까 하는 고민이 많았다. 세월이 흘러서 30대 초반을 되돌아보면 그런 고민이 있었기 때문에 다른 가능성을 향해서 움직일 수 있었다고 생각한다.

특정 이익단체가 제공하는 자금으로 운영되는 조직의 앞날에 대해서도 확신이 서지 않았다. 전경련 존폐론은 정권이 바뀔 때마다 등장하는 단골 메뉴였다. 물론 전경련이 당장에 없어지지는 않을 테지만 10년, 20년이 흐르면 위상은 달라질 것이다. 그래서 내가 어떤 길을 찾을 것인가에 대한 고민은 끊이질 않았다.

'어떻게 살 것인가?' '어떻게 하면 좀더 잘살 수 있을까?'와 같은 생존형 질문은 인간을 움직이는 가장 강력한 동기다. 고민 끝에 두 가지 답을 찾았다. 하나는 현재 하고 있는 일에 절대 시간을 더 많이 투입하는 것이고 다른 하나는 새로운 실험을 시도함으로써 5년 혹은 10년 이후를 준비해나가는 것이었다. 이 답에는 역할모델이 있는 것도 아니었기 때문에 불확실성도 컸다.

동료들의 경우 연구소에 몇 년 머물다가 대학교로 옮겨가는 것이 경력관리의 전형이었지만 나는 달랐다. 대학에서 학생을 가르치는 일이 내 체질과는 맞지 않는다는 점, 정적인 생활에 매력을 느끼지 못하는 점, 대학에서 새로운 실험을 할 수 있는 가능성이 낮을 것이라는 점, 경제적으로 그다지 여유롭지 않을 것이라는 점, 무엇보다 30대에 깨우친 나의 성향 때문에 교수가 되는 길은 생각하지 않았다. 20대에 생각했던 것과 달리 나는 정적인 생활에 익숙지 않았을 뿐만 아니라 정해진 길을 따라가기보다는 새로운 길을 개척해가는 기업가 정신을 갖고 있었던 것이다.

대체탄력성이 높은 지식과 기술을 바탕으로 실력을 쌓고 경력관리를 하자는 목표가 정리되었다. 새벽시간과 주말시간을 모두 목표를 달성하는 데 쏟아부었다. 대중적인 글쓰기 능력 또한 그 시절의 노력으로 얻은 성과다. 당시에는 작가가 될 수 있다는 생각을 해보지 않았다. 그저 신문, 잡지 등 언론매체에 글을 실을 수 있는 기회가 오면 모두 잡았다. 원고지 10매, 즉 2000자 글쓰기를 수없이 반복하며 엄청난 원고량을 소화해냈다. 어느 토요일 오후, 연구실에서 원고 마감 시간을 지키기 위해 글을 쓰고 있는데 선배가 와서 말을 걸었다.

"공 박사, 원고료도 얼마 되지 않는데 그렇게 많은 원고를 써야 할 필요가 있나?"

"그냥 쓰는 겁니다. 당장 돈을 생각하면 큰 도움이 안 되죠. 그런데 자꾸 쓰다 보면 글 쓰는 훈련도 되고 소재 개발에도 도움이 되고 관찰하는 힘도 생기게 됩니다."

나는 언론에 글을 기고하는 것이 가져오는 다양한 이익을 알고 있었다. 모든 일은 가능성의 영역에 있다. 확실한 결과가 눈에 보인다면 모든 사람이 그 일을 하려고 뛰어들 것이다. 내가 기고했던 글 중에는 의견이나 주장을 실은 칼럼 외에 해외 신간을 요약해서 소개하는 글도 있었다.

당시 〈한국경제신문〉과 〈중앙경제신문〉은 외국의 최신간을 요약해서 제공하는 서비스를 경쟁적으로 시작했다. 〈한국경제신문〉의 경우에는 '다이제스트 해외 신서', 〈중앙경제신문〉은 격주간으로 소개하는 '세계의 신간, 세계의 신조류: 중앙경제신문이 엄선해 소개하는 세계 출판계의 주목받는 최선역저'라는 코너를 마련한 것이다.

1991년 7월 29일에 요약해 소개한 책은, 빌 클린턴 행정부에서 노동부 장관을 지냈고 하버드 대학교와 브랜다이스 대학교 교수를 지냈던 로버트 라이시(Robert Reich)의 《국가의 과제(The Work of Nations)》였다. 당시에는 원서를 빨리 읽고 사람들이 이해하기 쉽게 글을 쓸 수 있는 연구자들이 많지 않았다. 나는 이런 작은 틈새시장도 철두철미하게 이용했다. 이런 기회를 통해서 우선은 스스로 해외 유명 신간을 빠르게 읽을 수 있도록 압박할 수 있었다. 글이라는 것은 장기적인 투자이기 때문에 마감시간에 대한 압박감이 주어지면 때 더더욱 열심히 읽게 된다. 그렇지 않으면 영어책을 찾아서 꾸준히 읽는 일이 쉽지 않다. 이렇게 일부러 자기 자신이 읽지 않으면 안 되도록 혹은 하지 않으면 안 되도록 자꾸 기회를 만들어냈다. 덕분에 나는 해외 신간을 꾸준히 접하고 단시간에 읽어내는 능력을 키웠고 책 한 권을 원고지 30매로 요약해 빨리 써내는 훈련도 할 수 있었다. 무엇보다 나를 세상에 알릴 수 있었다는 것이 큰 이득이었다. 너무 자주 자신의 의견을 드러내는 사람의 칼럼은 시간이 지나면 식상해지지만 좋은 책을 소개하는 것은 사람들에게 신선함을 주는 동시에 나의 이름을 알리는 데도 도움이 된다는 것을 확신하고 있었다. 1990년대 초반부터 공병호라는 개인 브랜드(Personal

Brand) 마케팅을 시작했던 것이다. 당시 브랜드마케팅이라는 것은 생소한 개념이었는데, 나는 나를 알리지 않으면 팔리지 않을 것이고, 팔리지 않으면 아무 소용없다는 점을 알고 있었다. 주변에서 상업적 평판을 추구한다며 비판하기도 했지만 그다지 신경 쓰지 않았다. 내 신념에 따른 행동이었기 때문이다.

한편으로는 또 다른 가능성을 모색했다. 바로 일본에서 연구활동을 하는 것이었다. 무조건 일본어를 배우기 시작했다. 점심시간을 이용해서 학원에 다녔는데 1년 동안 점심은 거의 설렁탕이었다. 설렁탕은 기다리지 않고 바로 먹을 수 있는 음식이었기 때문이다.

그렇게 전력질주하며 일본어에 투자했고 일본에서 공부할 수 있는 기회가 왔다. 나고야 공과대학교 야나기마치 이사오[柳町功] 교수(현재 게이오 대학 교수)가 연구소를 방문했을 때 "언젠가 기회가 되면 일본에서 공부를 하고 싶은데 기회를 만들 수 없을까요?"라고 이야기해두었던 것이다. 물론 연구소 경력이 1년에 불과한데 해외에서 연구활동을 하는 것은 규정상으로도 힘들고 사례도 없었기 때문에 기대를 하지는 않았다. 그러나 야나기마치 교수는 일본에 돌아가자마자 희소식을 전했다. 1992년 7월부터 이듬해 3월까지 6개월간 나고야 대학교의 객원연구원으로 재직할 수 있을 뿐 아니라 일본 문부성 장학금을 받아 숙식도 해결할 수 있다는 것이다.

일 본 체 류 기 회 를 얻 다

1992년은 연구소에 입사한 지 2년째 되는 해였다. 대부분의 대학이나 연구소에는 안식년 제도가 있는데 7년 정도가 지나야 체류하면서 연구를 진행할 수 있다. 친한 동료에게 일본 초청을 받아 놓았다고 하니 불가능할 것 같다는 반응을 보였다. 가장 중요한 점은 어찌됐든 기관장을 설득하는 것이었다. 눈 뜨고 기회를 놓칠 수는 없었다. 길고 긴 대화 끝에 '연구소에서 해야 하는 모든 연구 과제는 물론이고 나고야 대학교에서 요구하는 연구 주제도 마무리한다'는 조건으로 허락을 받았다. 주위에서 모두 불가능하다고 생각하는 일도 나는 쉽게 포기하지 않고 늘 긍정적으로 생각한다. 장학금까지 받으면서 일본에서 연구를 하며 경험과 지식을 쌓는 것은 분명히 미래를 위한 단단한 토대가 될 것이었다. 이런 확신으로 윗사람을 설득한 것이다.

사실 지나고 보면 별일 아니지만 그 시점에서는 언제 윗사람을 만나야 하는지, 어떻게 설득해야 하는지, 반대하는 상황에 도달했을 때 어떻게 대응해야 하는지, 동료들 가운데 반대하는 사람들을 어떻게 설득할 것인지 등이 큰 난관이다. 미래는 늘 불확실하다. 누군가를 설득하는 일, 새로운 프로젝트를 추진하는 일, 기회를 잡는 일 등과 같이 불확실성이 높을 때는 개인의 믿음이나 신념이 매우 중요하다. 이런 믿음이나 신념은 용기를 낳고, 그 용기가 도전을 낳고, 결국 그런 도전들이 엮어지면서 인생의 작은 성공스토리들이 축적된다. 일정한 기간 동안 같은 조직에 머물렀다고 해도 사람마다 큰 차이가 나게 된다. 왜냐하면 개개인의 능력이나 역량은 어떤 일을 밀도 높게 이뤄내는 개개인의 태도와 노력에 따라 달라지기 때문이다.

재직하고 있는 연구소에서 맡긴 연구 주제와 일본 대학교에서 요구하는 과제를 모두 수행해야 했음에도 불구하고 나는 또 다른 일을 벌였다. 일본에 머무는 동안 한 경제신문에 '공병호의 일본통신'이라는 제목으로 12회에 걸쳐 글을 연재한 것이다. 일본에 가서도 글을 쓰는 일을 계속하고 싶었고 일본에서 전하는 소식이 연구원뿐 아니라 사회에도 도움이 될 것 같아서였다. 내가 가진 시간과 자원을 모두 쏟아부어야 직성이 풀리는 성격은 일본에 있다고 해서 달라지지 않았다.

1992년 11월 24일에 실린 '일본인의 본업 정신'이란 글을 일부 소개해보겠다.

주말 오후에 교토의 유명한 명승지인 기요미즈테라[淸水寺]를 찾았다. 억수 같은 장대비가 내리는 기요미즈테라는 수학여행 중인 학생들로 붐비고 있었다. 나는 여기서 무척 인상적인 광경을 목격하게 되었다. 스무 살남짓한 관광안내양들은 폭우에도 아랑곳하지 않고 열과 성을 다해 설명했다. 한 명만 그런 것이 아니었다. 모두가 열심이었다. 설명하는 사람과 듣는 사람 모두가 무엇에 홀린 듯이 열심이었다. 일본인의 '혼교[本業]'정신을 생각하게 하는 광경이었다. 그들은 무엇이나 열심이다. 특히 직업에 대한 헌신은 놀랄 만하다.
내 눈에 비친 평균적인 일본인들의 직업관은 본업정신으로 무장되어 있다고 해도 무리가 아니다. 본업정신이란 자기에게 주어진 일에 대한 최선을 다한다는 것을 말한다. 흔히 일본인들이 이야기하는 본업에는 최선을 다해 열심히 한다. 즉 '혼교'에 '잇쇼켄메이[一生懸命]'의 의미가 들어 있다. 주어진 일에 대한 헌신, 아마도 그것이 일본의 오늘을 있게 한 원동력 중 하나일 것이다.[21]

일본에 체류할 때 주중에는 열심히 글을 읽었고 주말에는 계획을 세워서 꼭 가봐야 할 곳들을 둘러보았다. 나고야는 일본 전국시대[戰國時代]의 중심지다. 도쿠가와 이에야스의 생가인 오카자키[岡崎] 성, 오다

노부나가의 출세를 가능하게 한 기후(岐阜) 성과 오사카 성이 가까운 거리에 있었다. 지금 생각하니 주말에 간단히 짐을 꾸려 일본의 유적지와 시골마을을 여행한 것은 선물 같은 휴식이었다. 이후 한국에 돌아와서는 다시 질주에 질주를 거듭했으니 그럴 여유가 없었다. '일본의 시골 구석구석을 둘러볼 시간을 언제 또 가질 수 있겠는가' 하는 생각으로 틈만 나면 기차와 도보를 이용한 여행길에 올랐다. 귀국하기 전에는 3주 동안 신칸센을 이용해 큐슈에서 홋카이도까지 혼자서 여행했다. 나고야 주변과 일본 전국을 주마간산 격으로 돌아다니면서 '이곳은 아내와 함께 꼭 다시 와봐야겠다'고 결심한 장소가 몇 군데 있었다. 바로 홋카이도의 하코다테와 삿포로였는데, 결국 일본을 가지 못한 지가 어느 새 20년이 되어간다.

'언제 다시 오면 되지' '언제 다시 하면 되지'라고 마음먹지만 젊은 날은 이렇게 속절없이 가버린다. 때문에 살아가는 동안 이 순간은 결코 다시 돌아오지 않는다는 겸허한 마음을 갖고 진지하게 부지런히 살아야 한다. 그 태도가 당장 실리적인 이익을 가져다주건 그렇지 않건 간에 진지하게 살아가는 것은 삶에 대한 가장 기본적인 태도다. 이런 점에서 보면 삶이란 인생이란 커다란 바구니를 차근차근 채워나가는 것과 같다고 할 수 있다. 어떤 이는 소중하고 귀한 것을 가득 채워 넣을 것이고 어떤 이는 허술하게 세월만 보내다가 텅 빈 바구니를 안고 생을 마감하게 될 것이다.

상업적 출판을 시도하다

"이것저것을 시도해보라. 그래야 무엇을 잘하는지 찾아낼 수 있다."

지금은 연구소에 종사하고 있는 사람들도 외부에 상업적 목적의 책을 내는 일이 가능하다. 물론 일부 연구소에서는 아직도 상업적 책을 펴내려면 복잡한 절차를 거쳐야 하고 누군가의 눈치도 봐야 할 것이다. 연구소에서 만들어낸 연구 결과물을 바탕으로 개인의 이익을 위한 글을 쓰는 것이 올바른 일인지에 대해 의문을 제기하는 사람이 반드시 있기 때문이다.

1990년대만 해도 그런 통념을 깨려는 시도를 했던 사람은 아무도 없었다. 통념이란 것이 참으로 무서운 것이다. 사람들은 대부분 명문화되어 있건 아니건 간에 통념에 대해서는 알아서 지킨다. 말로는 혁신이나 창조 등을 외치지만 이런저런 제약 조건들이 겹겹이 들어서 있기 때문에 용감한 사람들조차 스스로 자율규제를 하지 않을 수 없다. 업종전문화 정책 반박 보고서의 후속작업으로 나는 재벌 구조의 장점을 부각시키는 연구보고서를 준비하고 있었다. 그런데 정책당국자들이 갖고 있는 재벌관을 정면으로 뒤집는 보고서를 연구소 이름으로 내기가 힘들어졌다.

어렵게 연구를 했지만 연구보고서를 낼 수 없는 상황에 처하자 상업용 출판을 시도해보기로 결정했다. 그렇게 해서 1992년 9월 말에 선보인 책이 예명사에서 출간한 《재벌, 비난받아야 하는가》이다. 내가 나고야 대학교의 객원연구원으로 옮겨가는 시점을 전후해서 책을 출간했다. 파장이 생기더라도 이미 한국에 있지 않기 때문에 별반 문제가 없을 것이라는 계산을 하고 출간일을 조정했다. 제목 자체가 대단히 공격적이기 때문에 비난하는 사람들도 있었지만 다행히도 큰 소동이 일어나지는 않았다. 보고서 형식을 취한 글이지만 얼마든지 일반인들도 읽을 수 있도록 썼기 때문에 대중적인 글쓰기를 한 첫 책이라고 할 수 있다. 이 책의 서문에서 나는 책의 성격을 분명히 밝혔다.

우리 사회에서 재벌비판처럼 인기 있는 주제도 드물 것이다. 어떤 비판이라고 설득력을 가지기 위해서는 사실(fact)와 논리(logic)에 뿌리를 두어야 한다. 그러나 재벌비판의 많은 부분은 사실과 논리면에서 많은 문제점을 지니고 있다. 대부분은 지나치게 어두운 면만을 부각시키거나 과거지향적인 비판에 치우치고 있다. 어떤 경제현상이라도 밝은 면과 어두운 면이 있게 마련이다. 이 점에 있어서 재벌문제도 예외는 아니다. 그러나 우리 사회에서는 재벌의 부정적인 면만을 지나치게 강조하는 경향이 있다. 여기서 지식인의 역할이 매우 중요하다고 생각한다.[22]

상업용 출판에도 불구하고 연구소 안과 바깥에서 모두 물의를 일으키지 않았다는 사실에 용기를 얻었음은 물론이다. '앞으로 이렇게 하면 되겠구나'라는 확신이 든 것이다. 모든 일의 시작이 거창할 수는 없다. 머리로만 '이렇게 하면 어떨까, 저렇게 하면 어떨까?' 하며 갈등하는 것보다는 일단 한번 저질러 보는 것이 백 배 낫다. 이 또한 막내 성향에서 비롯된 것이지 않을까 싶다. 프랭크 설로웨이(Frank J. Sulloway)가 쓴 《타고난 반항아(Born to Rebel)》는 한 가족 내에서 후순위에 태어난 자들이 기존의 통념을 버리고 새로운 아이디어나 혁신을 받아들일 가능성이 훨씬 높다는 사실을 여러 사례로 입증해주고 있다. 연신 고개를 끄덕일 정도로 공감되는 내용들이 많았다. 첫째로 태어난 장남은 기존의 권위와 질서를 그대로 인정하는 성향이 강한 데 반해서 막내와 같은 후순위 출생자들은 현재의 상태에 의문을 제기하면서 '용감한 탐험자, 우상 파괴자, 역사의 이단자들'이 될 가능성이 높다는 점을 강조하고 있다.

대다수의 과학 혁신, 특히 급진적 혁신을 일으키고 옹호한 것은 후순위 출생자들이었다. 첫째들은 새로운 사상을 거부하는 경향이 있다. 특히 그 혁신이 오랫동안 널리 인정되던 원리들을 뒤엎는 것처럼 보일 때는 말이다. 급진적 혁명의 초기 단계에서 후순위 출생자들이 이단적 관점을 채택할 확률은 첫째들보다 5~15배 더 높았다. 기술적 혁명 과정에서 후순위 출생자들의 지지 가능성은 첫째들보다 2~3배 더 높았다. 출생 순서에 따른 차이는 나의 역사적 조사에 포함된 20개 이상의 국가에서 전부 발생했다.[23]

여기서 새로운 혁신은 사회 다수 사람들이 받아들이는 고정관념이나 통념, 관행이라는 단어로 대체해도 무리가 없을 것이다. 새로운 시도를 실행하는 데는 개인적인 흥미도 작용하겠지만 결코 무시할 수 없는 부분 가운데 하나가 바로 출생 순위라고 생각한다.

아무튼 이렇게 시작된 상업 출판은 1993년 10월에는 더 조직적으로 추진되었다. 1993년 10월에 선보인 책은 명진출판에서 출간한 《한국 기업흥망사》였는데 이 책은 상당히 큰 성공을 거두었다. 경제경영 베스트셀러가 되면서 오랫동안 사람들의 입에 회자되었기 때문이다. 이 책은 각종 신문이나 잡지 등에서도 주목을 받았다. 자신이 출간한 책이 오랫동안 베스트셀러로 자리를 잡는 것은 나에게 새로운 경험이었다.

대부분의 사람들은 책을 써서 베스트셀러로 인정받는 것을 유명한 사람들에게나 해당되는 일이라고 생각해버린다. 하지만 나는 처음부터 작가가 되려고 의도한 것이 아니었는데 베스트셀러 작가가 되었다. 당시 '나도 베스트셀러 작가가 될 수 있구나' 하며 무척 흥분했던 기억이 생생하다.

1993년 크리스마스이브, 한 모임 때문에 63빌딩에 갈 일이 있었다. 건물 1층에 있는 서점의 베스트셀러 코너에서 나와 아내는 커다란 광고판 아래 좋은 자리에 놓여 있는 《한국기업흥망사》를 보고 무척 기뻐했다. 계속해서 책을 출간하는 사이 그런 감정도 이제 익숙함과 담담함으로 변하고 말았지만 첫 경험이란 늘 기억에 오래 남는다. 《한국기업흥망사》는 말 그대로 1955년 이후 한국 기업들의 부침(浮沈)을 조사한 책인데, 내 글쓰기 경력에서 본격적인 대중서이자 상업적 성공을 거둔 첫 번째 책이기도 하다. 이 책도 돈을 벌어야겠다는 목적보다는 재벌의 부침을 대중들에게 알리는 목적이 컸고, 무엇보다 이 책으로 재벌기업에도 안정이 보장되지 않는다는 사실과 전문화를 강요할 필요가 없음을 강하게 주장하고 싶었다. 이처럼 40대 이전에 출간한 대중서들은 내가 갖고 있는 믿음과 주장, 의견을 입증하는 또 다른 수단으로 활용되었다.

　　짧은 연륜 속에서도 흥망성쇠를 거듭하며 경제개발의 신화를 만들어낸 우리 기업의 역사를 처음으로 정리한 《한국기업흥망사》(명진출판)가 출간됐다. 기업연구에 대한 진지한 연구성과와 독특한 시각으로 주목을 받고 있는 신예학자 공병호 씨(34, 한국경제연구원 연구위원)가 펴낸 이 책은 30여 년의 길지 않은 성상을 지나오는 동안 격심한 부침을 거듭해온 우리 기업의 산 역사이면서 역사가 남긴 값진 경험 속에서 찾아낸 교훈을 발판으로 삼아 국제화의 거친 소용돌이를 헤쳐나가기 위한 대안까지 제시, 크게 관심을 모으고 있다.[24]

　　경제개발 초기인 1965년 당시 우리나라 100등 안에 드는 기업 가운데

1991년에도 100등 안에 드는 기업은 몇 개나 될까. 답은 16개, 즉 26년의 기간 동안 우리나라 100대 기업의 생존율은 겨우 16퍼센트라는 얘기다. 그나마 10대 기업으로 범위를 좁히면 답은 '0'이다. 이렇듯 꼼꼼하게 그동안 통계수치를 인용, 우리 기업들이 얼마나 심한 부침을 겪었는가를 보여준다. 이 책의 의도는 우리 기업과 경제의 지나간 시대를 반추하는 데서 그치지 않는다. 이 책은 '특히 재벌기업의 2, 3세 경영이 늘어나면서 수성보다는 공격적 경영이 늘어날 것'이라고 전망하며 '연방경영'이라는 개념을 내놓는다. 아울러 이 책은 '리더의 선도 아래 전 조직이 자기 계획을 이루고 이를 제도화시켜야 한다'고 목소리를 높인다.[25]

《한국기업흥망사》는 최근 일고 있는 기업혁신과 관련, 한국형 기업혁신 모델을 정착시키기 위해선 기업지도자의 위기의식, 지도자의 조직혁신, 이에 호응하는 혁신그룹의 등장, 혁신그룹을 중심으로 한 혁신의 확산, 그리고 제도 정비라는 5개의 단계를 성공적으로 밟아야 한다는 주장을 펴고 있다.[26]

기업연구를 전문으로 하는 경제학박사가 국내 처음으로 한국 기업의 역사를 정리한 책이다. 저자 공병호 박사는 기업연구, 특히 대기업과 재벌 분야에 독특한 시각과 진지한 연구성과를 갖고 있어 주목받는 학자다. 저자는 이 책을 통해 지난 40여 년간 우리나라 국부가 어떻게 성장해왔으며 기업이 역사에 남기 위해서는 어떻게 해야 하는가라는 문제의식과 방법론을 제시하고 있다.[27]

사람들의 주목을 끌기도 했고 나의 보람도 컸던 책이었다. 2005년

삼성경제연구소에서 이와 관련된 추가적인 연구를 하기 전까지 한국기업의 부침에 대한 자료를 구할 때면 사람들은 이 책을 자료로 삼았다. 물론 연구대상은 다르지만 《한국기업흥망사》와 같은 장르로 대한민국 기업의 흥망사를 다룬 책이 2011년에 출간된 《대한민국 기업흥망사》다. 젊은 시절과 다름없이 지금까지도 스스로 새로운 주제를 찾아서 내 능력을 찾아가는 일을 계속하고 있다.

그런데 남이 시키지 않더라도 주도적으로 자신의 길을 찾는 과정에서 나는 흐릿하나마 내 자신의 삶의 방향을 차근차근 정립해가고 있었다. 나의 가능성은 바로 아카데미즘과 저널리즘의 중간에 있다는 그것이었다.

오피스 폴리틱스와 위기

여기서 에피소드 하나를 소개하려고 한다. 지나가고 나면 우스운 일이지만 당시로서는 대단히 심각한 일이었기 때문이다. 당시 한국경제연구원의 비상근 원장이었던 고 최종현 회장은 자주 젊은 박사들과 모임을 갖곤 했다. 그해 12월 초, 모임에서 그분이 전경련 부회장으로부터 나의 책 발간 소식을 들었다며 말을 건네셨다.

"공 박사, 책을 냈다면서? 아주 인기가 좋다던데."

"그렇지 않습니다. 단지 꼭 필요한 분들이 찾고 있다고 합니다."

그때 최 회장은 양복 상의에서 봉투를 꺼내 내밀었다. 금일봉인 셈이었는데 나는 당황해서 어찌할 바를 몰랐다.

"어떻게 제가 회장님으로부터 돈을 받을 수 있겠습니까?"

그때 곁에 서 있던 전경련 부회장님이 상황을 정리했다.

"그러지 말고 받아둬. 회장님이 주시는 것이니까."

아들 또래의 젊은 박사들을 자주 면담했던 최종현 회장은 내가 열심히 하는 모습을 보며 흐뭇하게 생각했던 것 같다.

아무튼 이렇게 칭찬을 받는 것 때문에 문제가 발생했다. 비슷한 주제로 연구를 해왔던 동료 한 사람이 내가 '자기 보고서에 있는 숫자 하나를 허락도 없이 사용했다'고 주장한 것이다. 아마도 재벌들의 소유지분의 평균치와 백분율을 말하는 것 같았다. 나는 '그런 사실이 없다'고 답했고 상대방은 '허락 없이 무단 사용했다'고 반박했다. 결국 그 사건은 인사위원회에까지 회부되었는데 자칫 잘못하면 조직에서 쫓겨나야 할 상황이었다.

당시에는 몰랐지만 이제 와서 생각해보니 나는 동료들에게 부담스러운 존재였을 것이다. 조직에서 혁신가 그룹에 속하는 사람은 자의반 타의반으로 주위 동료들에게 무언의 압박감을 제공할 수 있다. 지나치게 속도감 있게 움직이는 동료는 그 존재만으로도 주변 사람들을 불편하게 만드는 것이다. 당시에 그런 면을 잘 살피고 적당한 센스가 있었더라면 소외감을 느낄 수밖에 없는 동료들을 잘 위로하고 다독였을 것이다. 하지만 젊은 날의 나는 주위 사람들의 마음을 헤아리거나 배려하지 못했다. 각자 알아서 자신의 길을 가는 것이 옳다고만 생각했기 때문이다. 버락 오바마 대통령의 자서전을 보면, 그의 어머니는 "다른 사람이 너에게 그렇게 하면 너의 기분이 어떻겠니?"라는 질문을 반복하면서 공감능력을 강조했다고 한다. 30대에 공감능력이 부족했음을 알고 있기에 그 책을 읽으면서 그 중요성에 대해 생각했던 적이 있다.

그러나 타인을 배려하는 일조차 자신의 곳간이 넉넉할 때 가능한 일이지 않을까 싶다. 내 앞가림하는 데만 안간힘을 썼던 나는 주변을 돌아볼 여유가 없었다. 목표를 향해 앞만 보고 전력 질주할 뿐이었다. 아무튼 이렇게 해서 나 때문에 피해를 보았다는 일부 연구위원들, 상황이 어떻게 되어가는지를 지켜보자고 팔짱을 끼고 있는 다수의 사람들 사이에서 나는 곤경에 처하게 되었다. 어느 조직을 가더라도 '사내정치'라는 것이 있다. 게다가 요직을 차지하고 있는 고위직 연구위원 중 일부는 그다지 나에게 우호적이지 않았기 때문에 더 불리한 상황이었다. 최악의 경우 직장을 잃을 수도 있고 감봉이나 정직을 받을 수도 있었다.

조직생활에서 정치는 중요하다. 실력 못지않게 말이다. 정치를 배격하는 사람들도 있지만 사람들과 더불어 살아가는 것 자체가 정치다. 훗날 제프리 페퍼(Jeffrey Pfeffer)의 《권력의 경영(Managing with Power)》이란 책을 읽으면서 30대 초반에 이 책을 접했더라면 훨씬 슬기롭게 조직생활을 할 수 있지 않았을까 하는 생각을 했다. 아무튼 조직생활을 할 때는, 일군의 무리를 지어서 조직적으로 한 사람을 공격하는 상황은 피하는 것이 최선이다. 사내정치에 있어서 나는 다소 무지하기도 하고 순진하기도 했다. 그냥 실력만 있고 열심히만 해서는 결코 출세가 보장되지 않는다. 출세하려면 실력 곱하기 알파가 있어야 하는데, 여기서 알파를 제대로 조절하지 못하면 타인들에게 밀려날 수 있다.

어떻게 사건을 해결해야 할지 고민해보았지만 뾰족한 수가 떠오르질 않았다. 그때 한 국책연구원의 연구위원으로 있던 A와 연락이 닿아 부리나케 집까지 찾아가 도움을 청했다. A는 "자식들, 또 일을 쳤구먼" 하면서 대단히 냉철하게 문제를 진단하고 여러 대처방안을 가르쳐주었다. A는 정치권에 진출해서 지금은 합리적인 사고를 가진 중견 정치인으로 자리를 잡아 활약하고 있다.

집에서도 걱정이 무척 컸다. 아내는 최종현 회장과 친분이 깊었던 홍

사중 위원(당시 조선일보의 논설위원)을 찾아가 도움을 구했다. 아마도 홍 위원이 먼저 전화를 했던 것 같다. 아내가 자초지종을 말하자 홍 위원은 "어느 조직이나 앞서 나가는 사람이 있으면 늘 그런 일이 있게 마련"이라고 위로했다. 그리고 큰 걱정하지 말라고 하면서 돌려보냈다고 한다. 그 사건은 유야무야 끝나고 말았지만 세월이 흘러도 '사내정치' 하면 가장 먼저 떠오르는 사건이다. 이제 분노나 미움은 사라졌지만 이따금 그 사건의 주역들을 만날 때면 그때 기억이 생생하게 떠오른다.

앞서 나가다보면 적이 생기게 마련이다. 물론 가능한 적을 만들지 말아야 하겠지만 어쩔 수 없이 생겼다면 어떻게 해야 할까? '죽은 개는 차지 않는다'는 서양속담을 떠올리면 된다. 어떤 일을 하면 남들로부터 비난을 받거나 중상모략을 당하는 일이 많은데 이는 그만큼 그 사람이 열정적으로 일하고 있다는 증거이기도 하다는 뜻이다. 타인의 주의를 집중시킬 정도로 두각을 드러낼 때는 일정한 비용을 지불할 각오를 단단히 하고 살아야 한다. 심리적 갈등, 비난, 비판, 때로는 불이익 등과 같은 비용을 지불하고 싶지 않다면 타인과 어깨를 나란히 하고 앞서 나가지 않도록 해야 한다.

4장

멀리 보고 투자하기

연구소에서 일하며 자유시장경제에 대한 믿음을 공유했던 몇몇 동료 중 김정호 박사는 어느 날 나에게 한 편의 논문을 읽어보라고 권했다. 1974년 노벨경제학상 수상자인 프리드리히 폰 하이에크(Friedrich von Hayek) 교수의 논문 '인간가치의 3가지 근원'이었다. 영어 원문이 아니라 강원대학교 민경국 교수가 번역한 글이었는데[28] 그동안 읽어왔던 논문에 비해 상당히 난해했다. 김정호 박사를 만나서 무슨 글이 그렇게 어렵냐며 읽기는 읽었는데 무슨 소리를 하는 건지 도대체 알 수 없다고 투덜거리기도 했다. 그런데 그 논문을 몇 번 더 반복해서 읽다가 완전히 빠져들었다. 인간 근원에 대한 바꿀 수 없는 진실과 경제체제를 절묘하게 연결시킨 하이에크 교수의 논증에 대해 감탄하고 말았다. 며칠후 김정호 박사를 다시 만났을 때 나는 "여기에 시장이 있고 길이 있는 것 같다"라고 말했다.

고전적 자유주의와의 만남

산업정책과 재벌 연구를 넘어서서 앞으로 내가 어떤 길을 만들어갈지 결정하는 데 이 논문은 결정적인 역할을 했다. 한국어로 번역된 하이에크 저서들을 집중적으로 읽어나갔는데 이때 크게 기여했던 인물이 바로 민경국 교수다. 독일의 프라이부르크 대학교에서 공부했던 민경국 교수는 하이에크에 대한 해박한 지식을 갖고 있었을 뿐만 아니라 전후 독일의 부흥에 이바지했던 질서자유주의에 대해서도 깊은 지식을 갖고 있던 학자였다. 이후 《개인주의와 경제질서(Economic Order and Individualism)》나 《치명적 자만(Fatal Conceit)》 등과 같은 하이에크의 저술들을 집중적으로 탐구함과 아울러서 그에게 영향을 미쳤던 루드비히 폰 미제스(Ludwig von Mises) 등의 저술에 대한 공부를 집중적으로 했다. 한국경제연구원을 설립할 당시에 김진현 부원장(전 과학기술부 장관) 등이 미제스의 대표작 가운데 하나인 《자본주의 정신과 반자본주의 심리》와 마이클 노박의 저서들을 이미 우리나라에 소개한 바 있었지만 이후에는 그 활동의 맥이 끊어졌다.

'민주화가 전개되면서 우리나라가 맞닥뜨린 어려움의 원인은 무엇인가?'

'앞으로 한국 사회가 더욱더 번영의 길로 달려가기 위해서는 무엇을 어떻게 해야 하는가?'

이 같은 과제에 대해서 하이에크, 미제스, 밀턴 프리드먼, 제임스 뷰캐넌, 게리 베커 등을 중심으로 하는 세계관을 적극적으로 한국 사회에 소개하는 일은 누군가 반드시 해야 하는 일이었다. 오늘날 이른바 신자유주의라는 이름으로 비난을 받기 일쑤인 이 세계관은 개인의 선택과 책임을 매우 강조하고 있어서 국가에는 번영을, 조직에서는 성장을, 개인에게는 성공을 가져다주는 철학이다.

인간이 한 신앙을 깊게 받아들이면 신앙은 곧 그 사람이 된다. 수천만 리 떨어진 이역 땅에서 목숨을 걸고 선교 활동을 할 수 있는 힘도 신앙과 믿음이 없다면 불가능할 것이다. 독실한 신앙심을 가진 사람에 비할 바는 아니지만 나는 하이에크와 자유주의를 접하면서 이것이야말로 진리 중에서도 진리라는 확신을 갖게 되었다. 대학을 다닐 때 구조주의나 사회주의 등 숱한 사상의 유혹이 있기는 했지만 내 삶에 아무런 영향을 끼치지 못했다. 하지만 자유주의 사상은 완전히 다른 결과를 가져왔다.

아마도 개인적인 취향이나 유전적 특성이 크게 작용했을 것이다. 기질적으로 자유주의자의 성향을 갖고 있는 나의 철학은 이러했다.

"누구의 말을 맹신할 것도 없으며 각자 자신의 판단에 따라 선택하고 그 결과에 대해 엄중하게 책임을 지도록 하라! 그 결과가 좋을 수도 있고 나쁠 수도 있지만 환경에 툴툴거리고 불평불만을 늘어놓지 말 것이며, 운명조차도 자신의 책임으로 여겨라! 열심히 해서 스스로의 운명의 적극적으로 개척하라! 나라가 당신을 위해 무엇을 해줄 것인가를 기대하지 말고, 요구하지 마라!"

평소에 내가 가지고 있던 생활 철학이 진리임을 입증해준 것이 바로 자유주의자들의 책이었다. 그렇다면 자유주의 사상이란 무엇을 말하는가? 루드비히 폰 미제스는 자유주의를 가장 명료하게 설명하고 있다.

(전략) 자유주의는 완성된 주의나 고정된 독단이 아니기 때문이다. 그와는 반대로 자유주의는 과학적 가르침을 인간의 사회생활에 적용시키려

는 것이다. 자유주의는 전적으로 인간행위에 관한 주의 주장이다. 결론적으로 말하면 자유주의는 인류의 외부적이며 물질적인 복지를 증진시키는 것 이외에는 관심이 없으며, 인간의 내면적이며 정신적이고 형이상학적인 욕구들에 대해 직접적인 연관을 갖고 있지 않다. 자유주의가 인류에게 행복과 안심입명을 약속하는 것은 아니며, 단지 외적 사물들로 충족될 수 있는 인간의 모든 욕구를 가능한 한 풍부하게 채워줄 것을 약속하고 있을 뿐이다. 자유주의의 원리들을 실행에 옮기고 있는 사회를 흔히 자본가적 사회라고 부르며, 또 그러한 사회의 조건을 자본주의라 칭한다.[29]

확고한 사상적 토대

자유주의 원리를 믿는 사람들, 이른바 자유주의자들은 어떤 사람들인가? 그들은 자신의 헌신적인 노력에도 불구하고 그 결과가 설령 자신을 배반하는 상황이 발생하더라도 결코 타인에게 그 원인을 되돌리지 않으며 스스로 운명의 거친 파고 속에서 투쟁을 계속한다. 또한 결과가 빛이건 그림자이건 기꺼이 받아들인다. 미제스는 좌절을 앞에 두고 선택의 갈림길에 선 자를 위한 괴테의 지혜를 소개하고 있다.

아무도 자유로움이나 목숨을 누릴 자격이 없다. 그가 매일매일 그것들을 새롭게 쟁취하지 않는다면. 그러한 의지나 정신은 어떠한 지상의 불행으로도 소멸시킬 수 없다. 인생을 있는 그대로 받아들이며, 또 그것에 의해 압도되는 것을 허용치 않는 사람은 자신감이 깨어졌다고 해서 '목숨을 건져주는 거짓말'의 위안 속에서 도피처를 찾지는 않는다. 바라던 성공이 오지 않고 수년간의 피나는 노력을 통해 쌓아올린 것이 운명의 장난으로

순식간에 허물어진다 해도 그는 배전의 노력을 기울일 뿐이다. 그는 절망에 빠지지 않고도 파멸을 직시할 수 있는 것이다.[30]

자유주의 사상은 내가 살아오고 살아가기를 원하는 삶의 철학과 너무 유사했기 때문에 더더욱 매료되었다. 게다가 그것이 가진 과학적 엄밀함과 현실 적합성 때문에 쉽게 받아들일 수 있었다.

한 가지 재미있는 현상 가운데 하나는 자유주의적인 삶의 철학은 현업에서 성공을 위해 열심히 노력하는 사람들, 특히 자영업자나 기업의 오너라면 거의 갖고 있을 철학이라는 것이다. 그러나 스스로 위험을 부담한 경험이 없이 정해진 봉급을 받아가면서 생활하는 사람이라면 모두가 이러한 철학에 동감하기는 어려울 것이다. 그래서 배움이 많은 사람들 가운데는 의외로 이런 삶의 철학으로부터 동떨어진 사람들도 무시할 수 없을 정도로 많다.

자유주의 철학을 가진 사람들은 세상에 운이라는 것이 무시할 수 없을 만큼 중요하며 자신이 아무리 열심히 해도 실패할 가능성은 얼마든지 존재함을 잘 안다. 게다가 실패를 타인이나 사회적인 환경 탓으로 돌리지도 않는다. 비난을 퍼붓는 일은 정신건강에도 도움이 되지 않을 뿐만 아니라 옳은 일도 아니다. 이처럼 강건한 삶의 자세와 마음가짐이 얼마든지 삶의 철학이자 세상을 보는 가치관으로 정립될 수 있다는 점에서 매력적이었다.

한 걸음 나아가 이러한 철학을 갖고 살아가는 사람이 어떻게 잘되지 않을 수 있을까? 이러한 철학을 공유한 기업이나 단체가 어떻게 경쟁에서 승리하지 않을까? 이 철학이 한 사회의 시대정신으로 자리를 잡는다면 어떻게 물질적으로 풍요로운 사회가 되지 않을까? 개인, 조직,

국가, 한 걸음 나아가 인류가 번영으로 달려갈 수 있는 자유주의 사상 이야말로 진리 가운데 진리다.

'아는 즉시 행동하라'는 내 행동원칙 가운데 하나다. 정말 좋은 생각이라고 동감하는 수준에서 머물지 않고 이를 활용할 방법을 모색하는 것이다. 바로 이 점이 다음 단계를 향해서 움직이도록 만든다. 30대에 앞으로 무엇을 할 것인지를 고민하여 방황하던 중 훌륭한 사상가들을 만나 '내 생각이 올바르다'는 사실을 확인할 수 있었던 것은 대단한 행운이었다. 만일 그때가 아니라 몇 해나 흐른 뒤에 자유주의를 알게 되었다면 어땠을까? 설령 그런 세계관을 올바른 것으로 여기더라도 새로운 지적 투자를 하기에는 늦은 나이였을 것이다. 무엇인가를 간절히 찾아나섰던 시점에다 아직은 새로운 것을 배우고 익히면서 자신을 바꾸어나갈 수 있었던 나이에 멋진 스승들을 만날 수 있었다. 내 인생의 결정적 만남이었다고 불러도 손색이 없는 그런 사건이었다.

2004년 스티븐 핑커(Steven Pinker)의 명저 가운데 하나인 《빈 서판(The Blank Slate)》이 소개되었을 때, 그때 자유주의와의 만남이 나에게 어떤 영향을 주었는지를 다시 한 번 깨달았다. 버트런드 러셀(Bertrand Russell)은 "사람은 누구나 자신을 편안하게 해주는 확신의 구름에 둘러싸인 채 살아간다. 그 구름은 여름날의 파리떼처럼 그를 따라 이동한다"고 했다. 특히 지식인일수록 자신의 주장이나 의견에 토대가 되는 기반을 원한다. 스티븐 핑커는 이를 '빈 서판'이라고 불렀다. 중세 라틴어의 '타블라 라사(tabula rasa)'라는 말에서 온 '빈 서판'은 '깨끗이 닦아낸 서판'이라는 의미를 지니고 있다. 사회적인 분위기나 교육이 얼마든지 인간의 마음에 특별히 원하는 것을 마음대로 새겨 넣을 수 있다는 개념이다. 그러니 사람이 무엇을 본래부터 갖고 태어났는지는 아무런 의미가 없다. 스티븐 핑커는 이 주장이 과연 얼마나 타당성이 있는가를 논증하고 있다.

그 주장이 맞다면 사회주의가 승리할 수 있다. 그들은 교육을 통해서 얼마든지 사회주의적 인간의 탄생이 가능하다고 생각하기 때문이다. 게다가 20세기에 행해졌던 숱한 집단주의적인 개혁 조치들은 그 대부분이 빈 서판 이론에 바탕을 두고 있다. 교육이나 정부개입을 통해서 인종 차별, 성 차별, 계급 차별 등이 해소될 수 있다고 주장하고 그런 믿음에 따라 다양한 정책들을 만들어 실행에 옮겼다.

나는 빈 서판 이론에 맞설 수 있는, 인간의 타고난 본성을 인정하는 개인적 · 사회적 철학이 필요하다고 생각했고 그것은 바로 자유주의가 될 것이라고 믿었다. 인간본성을 아무런 치장이나 화장을 하지 않은 채 있는 그대로 바라보고 그것 위에 세상을 바라보는 관점과 이론을 정리하는 것이야말로 진리인 것이다.

자유주의적 시각으로 한국 사회와 주변을 둘러보면서 결국 한국 사회가 번영을 위해 해야 할 일에 대한 결론을 얻었다. 그리고 내가 그 일을 맡아서 하겠다고 결심했다. 남이 아니라 바로 내가 그런 변화의 주역이 되고자 했다. 이런 깨달음은 내 자신의 연구로도 연결되는데 초기 저작물 가운데 《시장경제란 무엇인가》(1996년), 《시장경제와 그 적들》(1997년), 《기업가》(1998년), 《시장경제와 민주주의》(1999년) 등과 같은 초기 저작들이 내가 가진 세계관을 체계적으로 정리한 책들이다. 이때 다져진 지적 토대는 세상과 인간을 자신이 보고 싶은 대로 보는 것이 아니라 있는 그대로 정확하게 바라보는 데 큰 역할을 해왔다.

자신의 시대는 반드시 온다

나는 때를 기다렸다. 그러다 나의 경력에서 빼놓을 수 없는 결정적 기회는, 아이디어와 열정을 기꺼이 수용하는 보스를 만난 것에서 왔다. 그것은 순전히 행운이었다. 직장생활을 하면서 단기적인 술수나 요령으로 승진하는 사람들을 종종 봤지만 대개 언젠가는 들통이 난다. 사실 사기업에서는 엄밀한 평가를 통해 승진을 결정하기 때문에 요령만으로 성공하기는 쉽지 않을 것이다. 그러나 연구소는 일단 성과를 측정하기가 힘들기 때문에 요령을 피우겠다는 마음을 먹은 사람에게는 더없이 훌륭한 환경이었다.

요령을 눈감아주는 기관장이 계속 자리를 차지하고 있다면 문제가 생기지 않겠지만 그럴 확률은 낮다. 드디어 한국경제연구원의 기관장 성격이 완벽하게 바뀌는 때가 왔다. 1995년 2월, 모두의 예상을 뒤덮고 새로운 기관장이 임명되었다. 손병두 상근 부원장(전 서강대 총장과 전 전경련 부회장)이 최종현 회장(비상근 원장)의 임명으로 연구원을 이끄는 실질적인 기관장이 되었다. 그동안의 연구소 경영에 불만이 있었던 수뇌부의 결정이라고 생각한다. 한마디로 연구소의 정권이 바뀌는 셈이었다.

정식 부임을 앞두고 손병두 부원장은 한두 번 연구원을 들렀던 것으로 기억한다. 조직의 현주소를 파악하기 위해서였는데 고위직 사람들보다는 조직을 잘 파악하고 있는 사람들을 만나서 여러 가지 정보를 수집했던 것 같다. 당시 연구소에는 이미 나와 뜻이 다른 계파가 형성되어버렸는데 그들도 새로 부임하는 기관장의 환심을 사기 위해 다양한 노력을 기울였을 것이다. 정권이 바뀌는 상황에서 아무것도 하지 않고 가만히 있는 것은 바보 같은 일이기 때문이다.

나 역시 승부사 기질을 발휘했다. 언젠가 때를 봐서 부원장을 만나야 겠다고 결심하고 계획을 세워 준비했다. 현재 연구소의 문제점은 무엇인지, 무엇을 해야 하는지, 어떻게 변화를 유도할 것인지에 대해 일목요연하게 정리해두었다. 그러던 어느 날 연구원을 방문한 부원장이 이런저런 일 때문에 늦게까지 사무실에 머문다는 소식을 듣고 사전약속도 없이 찾아갔다. 비서를 통해 잠시 짬을 내달라는 뜻을 전한 후 노크를 하고 사무실로 들어섰다. 나는 준비했던 자료를 바탕으로 연구소의 문제점과 해결책을 간단명료하지만 열정적으로 이야기했다. 나와 반대 입장에 서 있는 사람들이 새로 부임하는 기관장의 머리를 차지하기 전에 정확한 정보를 제공해야 한다고 생각했다. 물론 그 정보를 보고 어떻게 판단하느냐는 전적으로 보스의 능력과 자질에 달려 있는 문제였다. 당시 부원장이 나에게 면담 시간을 할애하고 의견을 경청해준 것은 아마도 1991년부터 시작된 활발한 언론 활동이 큰 역할을 했을 것으로 믿어 의심치 않는다. '공병호=한국경제연구원'이라는 등식이 상당 부분 통하던 때였기 때문이다.

손병두 부원장은 의견을 잘 듣고 필요한 일에 대해서 정확한 판단을 내리는 분이었기 때문에 부임 이후 일하는 연구자들에게 큰 힘을 실어주었다. 부임하자마자 사내 인테리어도 크게 바꾸었는데 가장 기억에 남는 건 연구소 현관에 내건 슬로건이었다.

'Change, Change and Change!'

이 구호는 앞으로 그가 펼칠 경영방식을 대내외에 명료하게 보여주고 있었다. 이후 부원장의 노선에 따를 수 없는 사람들 대부분이 연구소를 떠났음은 물론이다. 내 직장생활 중에서 가장 역동적이었던 시기가 손 부원장과 함께 활동했던 1995년 2월부터였다.

지금도 그런 기회가 나에게 주어진 것은 행운이라고 생각한다. 왜냐하면 그 기회가 너무 일찍 오거나 너무 늦게 왔다면 결코 이후의 스토리를 쓸 수 없었을 것이기 때문이다. 손 부원장이 부임했을 때 나는 1993년에 시작된 자유주의 관련 독서를 통해서 상당한 이론적인 무장이 되어 있었고, 무엇을 어떻게 해야 할지에 대해서도 나름대로 정확한 계획을 갖고 있었다.

'늘 준비하고 있어라! 그러면 기회는 반드시 온다'는 진리는 단순히 명언에 그치는 것이 아니라 내 삶의 가장 기본적인 원칙이다. 이런 원칙은 처음에는 그냥 선언으로 시작되지만 정말 이 원칙이 중요하다는 사실을 직접 경험하고 나면 하나의 믿음이자 신념으로 바뀌게 된다. 철두철미하게 준비되어 있지 않았다면 아무리 좋은 기회가 오더라도 잡을 수 없다. 놓쳐버린 기회처럼 인생에서 회한으로 남는 것도 드물 것이다.

손 부원장과 일하면서 조직의 리더가 얼마나 중요한 역할을 하는지 새삼 깨달았다. 리더가 하기에 따라서 젊은 사람들의 가능성은 크게 달라진다. 가장 왕성하게 성과를 내고 자신의 미래를 준비해야 할 시기에 무능한 리더를 만나는 일처럼 비극적인 일도 없다. 그래서 리더의 책임이 크다. 훗날 내가 리더가 되었을 때도 이때의 경험은 리더십을 다지는 소중한 자원이 되었다. 부하직원들이 안일하게 젊은 날을 보내게 해서는 안 된다는 리더십 원칙을 세운 것이다. 한때 편안하게 보낸 시간은 후회로만 남을 것이고, 그 시간은 결코 다시 돌아오지 않기 때문이다.

현대자동차 노사분규가 격렬하게 일어났던 어느 해의 일이다. 경제단체 명의로 노사분규의 문제점을 조목조목 지적하는 광고의 문안을 작성하는 일을 맡아서 하고 있었다. 새벽 일찍부터 연구실에서 문안을 작성하고 있을 때면 조찬 모임을 막 마치고 나온 손병두 부원장이 전화를 해서 "어떻게 되어가나? 이 부분은 이렇게 고치면 어떨까?" 하며 자상하게 일이 추진되는 상황을 점검하고 조언을 주었다. 이때도 사건이 하나 있었는데 당시 문안에 노조 전임자 숫자를 잘못 인용하는 바람에 부원장도 곤욕을 치르고 나는 서울지검으로부터 고소를 당해서 난생 처음으로 검찰청에서 조서까지 써야 했다. 그래도 특정 기업의 이익이 아니라 나라의 이익을 위한다는 일념으로 열심히 일했던 멋진 나날이었다.

손병두 부원장은 가치 있는 일이라면 무엇이든 밀어주는 스타일이었다. 그동안 갖고 있었던 나의 소신, 즉 '대한민국을 번영의 길로 이끌기 위해서는 사람들의 생각이나 판단에 긍정적인 영향을 미치는 것이 반드시 필요하다'는 생각에 부원장 역시 공감했다. 나는 어떤 주장을 펴거나 설득을 할 때 대단히 열정적이다. 나 자신 전부를 던지듯이 말하는 성향을 갖고 있다. 그 성향은 강연자와 작가로 활동하는 데 큰 도움이 되었다. 인생에서 젊은 날에 이렇게 열정적으로 무엇인가를 추구하는 것은 자신에게 이익이 되든 안 되든 무척 소중한 경험이다. 사람의 시계는 짧기 때문에 당장 이익이 되지 않으면 계산을 하게 된다. 언젠가는 반드시 투자의 대가로 돌려받을 수 있음에도 불구하고 많은 경우에는 눈앞에 놓인 이익에만 집착하기 때문에 측정할 수 없을 만큼 큰 이익을 놓치게 되는 경우가 있다. 따라서 조금 더 멀리 보고 투자할 필요가 있다.

5장

사회에 도움이 될 일

1995년 12월부터 한국경제연구원 내에 자유기업센터라는 조직을 만들어 시장경제에 대한 홍보와 교육작업을 시작했는데 내가 중추적인 역할을 맡게 되었다. 연구소의 아래층에 작은 연구 공간을 마련하고 몇몇 연구원들과 함께 일을 시작했다. 속도전을 즐겼던 내가 맨 처음에 한 일은 1988년 김진현 부원장이 추진했던 자유주의 연구의 일환인 '자유주의 시리즈' 출간이었다.

첫 번째 책은 제대로 법경제학을 공부하고 막 돌아온 김일중 박사(숭실대 교수)의 《규제와 재산권》이었다. 이후 1988년에 이미 출간된 바 있는 미제스의 《자본주의 정신과 반자본주의심리》, 커즈너의 《경쟁과 기업가정신》, 호페의 《사회주의와 자본주의》로 시리즈를 이어나갔다. 이 시리즈는 현재 70권을 넘어설 정도로 한국의 자유주의 사상 확장의 기초 작업이 되었다.

비엔나의 몽페를랭 소사이어티

새로운 연구 조직을 만드는 일은 흰 캔버스에 그림을 그리는 일에 비유할 수 있었다. 아무것도 없는 상태에서 조직의 그림을 어떻게 그려나갈지 결정해야 했다. 그때 내가 주목했던 것은 선진국에서는 자유주의 싱크탱크들이 어떻게 발전해갔는지 추적하는 일이었다. 그때 가장 많이 활용한 것이 인터넷이었다. 인터넷을 통해서 어떤 조직들이 활동하고 있으며, 이들은 누가 어떤 방향으로 어떻게 발전시켜 왔는가를 확인했다. 이때 대단히 중요한 사람을 만나게 되는데 바로 아틀라스 재단(Atlas foundation)의 조 쾅(Jo Kwong)이다. 중국계 미국인으로 활발한 성격을 지닌 그녀와는 지금까지 인연을 이어가고 있다. 아틀라스 재단은 전 세계에서 자유주의 싱크탱크들의 조직을 도와주는 임무를 수행하면서, 그들 사이의 네트워크를 촉진하고 있다. 이 단체의 설립과 관련해서는 신화적인 이야기가 전해온다.

하루는 양계업으로 크게 부를 축적한 앤터니 피셔(Antony Fisher) 경이 하이에크를 찾아가서 질문을 했다.

"내가 이 돈을 갖고 무엇을 해야 할까요? 정치가 세상을 바꾸는 데 크게 도움을 줄 수 있을 까요?"

하이에크는 만면에 웃음을 띠면서 '노'라고 단호하게 말했다. 대신 사람의 생각을 바꾸는 일에 돈의 일부를 투입하라는 제안을 하게 되고, 이렇게 해서 만들어진 것이 영국의 대처 혁명의 산실이었던 국제에너지기구(IEA)와 미국의 아틀라스 재단이다. 나는 이 재단에 실린 자료들을 꼼꼼하게 읽어보고 아담스미스 연구소, IEA, 미국의 FEE(경제교육재단) 등을 방문했다.

이렇게 일하다가 자유기업센터의 분리안에 결정적인 박차를 가할 수 있는 사건이 생긴다. 1996년 가을, 오스트리아 비엔나에서 열렸던 몽페를랭 소사이어티에 참석하게 된 것이다. 몽페를랭 소사이어티는 제2차 세계대전 후 1947년 하이에크의 주도하에 스위스 몽페를랭에서 만들어진 세계 자유주의자들의 연대 모임이다. 하이에크, 밀턴 프리드먼, 뷰캐넌, 게리 베커, 로버트 바로 등 당대를 풍미하던 자유주의 지식인들뿐만 아니라 이들의 주의 주장에 동조하는 기업가 및 일반인까지 모임에 참여하고 있다. 현재 이 모임은 500여 명의 회원으로 구성되어 있으며, 가입 절차도 까다로워서 회원들의 동의와 이사회의 결정이 있어야 했다. 전 세계를 순회하면서 4년마다 종합대회를 개최하는데, 1996년 가을에는 오스트리아학파의 산실인 비엔나에서 열렸다. 회원이 아닌 사람이 이 회의에 참석하기 위해서는 정회원의 동의가 있어야 하는데 이때 적극적으로 도움을 주었던 사람이 조 콩이다.

그녀는 아틀라스 재단의 역대 활동 가운데서 가장 극적인 사건 가운데 하나가 바로 자유기업센터와의 만남이었다고 회고한다. 자신들이 나서서 사람들을 섭외한 것이 아니라 웹사이트를 보고 정보와 도움을 구하기 위해서 우리가 직접 접촉했기 때문이다. 아틀라스 재단은 몽페를랭 소사이어티가 끝나면 항상 가까운 곳에서 소모임을 주관했는데, 비엔나 모임이 끝난 후 터키의 이스탄불에서 자유주의 네트워크를 열기로 예정되어 있었다. 나는 두 모임 모두 참석하기로 하고 준비 작업을 하고 있었다. 그런데 이런 생각이 들었다.

'나만 참가할 것이 아니라 보스와 함께 참가해서 그분이 직접 두 눈으로 보고 들으면 우리가 하고 있는 일이 얼마나 중요한지 확신할 수 있지 않을까? 혼자 다녀와서 아무리 잘 설명한다고 하더라도 설득하는

데는 한계가 있을 것이 아닌가?'

이런 생각에 손병두 부원장을 설득했고, 결국 몽페를랭 소사이어티에 함께 참가하기로 했다.

가을녘의 비엔나

일을 도모하는 사람들은 실무자이지만 일을 되도록 하는 사람은 결국 자원을 배분할 수 있는 힘을 가진 리더다. 이들을 움직일 수 없다면 아무리 멋진 아이디어도 실행될 수 없다. 손병두 부원장과 함께 일을 하면서 그분은 학습에 무척 능하다는 인상을 자주 받았다. 무엇이라도 좋은 것, 가치 있는 것, 새로운 것이라면 젊은 사람에게서라도 기꺼이 배울 준비가 되어 있는 분이었다. '이 젊은 사람들이 추진하는 일은 내가 밀어주어야 할 가치가 있는 일이다'라는 판단력을 갖춘 분이라는 것만으로도 대단히 큰 힘이 되었다.

그는 올바른 판단을 내렸고 자신이 사용할 수 있는 힘을 올바른 곳에 제대로 사용했기 때문에 나중에도 그를 기억하고 고마움을 표현하게 되는 것이다. 결국 우리 모두는 흘러간다. 그리고 만질 수 있는 것들은 결국 사라지게 된다. 그것이 돈이든 지위든 간에 말이다. 그러나 좋은 것이든 나쁜 것이든 기억이나 추억은 세월을 두고 남게 되고, 이처럼 기록으로도 남게 된다. 제대로 판단하여 우리의 임무를 적극적으로 밀어주었던 손 부원장에게 이후 내가 만들어낸 성취물에 대한 공을 돌리는 것은 당연하다고 생각한다.

우리는 오스트리아 비엔나로 출발했다. 비엔나의 가을은 을씨년스럽기 짝이 없었다. 그러나 일주일 동안 계속된 학회와 오스트리아 비엔나 자연사 박물관에서 열린 만찬회 등은 무척 인상적이었다. 열띤 토론이 벌어지는 발표장에서 손 부원장이 나에게 했던 말이 오랫동안 기억에 남는다.

"다른 일들은 별로 아쉬운 것이 없는데 아이들에게 바깥세상을 좀 더 일찍 접촉시켜주었더라면 좋았겠다는 생각이 드네."

아직 아이들이 어렸던 나는 스쳐 지나가듯 흘리는 그 말을 놓치지 않았다. 다른 많은 말들은 사라지고 말았지만 그 말은 여운을 남긴 채 오래오래 남게 되었다.

아무튼 이 여행을 통해서 손 부원장은 자신이 재임하고 있는 동안 어떤 일을 집중적으로 해주어야 할지에 대해서 확신을 갖게 되었다. 비엔나 모임이 끝난 후 그는 다른 행선지로 향하고 나는 아틀라스 재단의 소모임에 참석하러 이스탄불로 향했다. 터키는 우리나라에 비해서 경제적으로는 낙후되었지만 자유주의 네트워크의 모임을 직접 주관할 정도로 지적 수준은 상당히 높았다. 우리나라는 2008년에 아틀라스 재단의 네트워크 모임을 주최했는데, 이때 몽페를랭 소사이어티 모임은 도쿄에서 열렸다. 이런 점에서 보면 자유시장경제를 실물에서부터 받아들이고 이를 뒷받침할 수 있는 우리나라의 지적 토대는 개발도상국 수준에 머물고 있다는 생각이 들었다.

몽페를랭 소사이어티가 대단히 격식 있고 서구인들이 주축이 되어 있는 데 반해서 이 소모임은 신생국가들이 주축이 되었다. 그다지 큰 이익이 되지 않는 일임에도 불구하고 NGO 활동을 하듯 자유주의를 통해 조국을 성장시키고자 노력하는 사람들을 만나는 것 자체만으로도 무척 큰 도움이 되었다. 나는 개인적으로 역사에 무척 관심이 많다. 아시다시피 이스탄불은 동양과 서양이 만나는 장소로 오랜 역사를 가진 곳이기도 하다. 회의가 시작되기 이전에 이스탄불 시내 곳곳을 다리가 아플 정도로 걸어 다니면서 동로마가 남긴 유적 곳곳을 둘러보는 등 무척 의미 있는 시간을 보냈다. 언젠가 일본의 재야 학자인 다치바나 다카시[立花隆]가 쓴 젊은 날의 여행기를 읽다가 무척 부러워했던 적이 있다. 그는 나보다 10여 년 위의 사람인데도, 1960년대 일본이 한참 부흥기를 달릴 때 대학생활을 하며 세계 곳곳을 여행한 것을 한 권의 책으로 남길 정도였다. 나는 이런 여행을 통해서 내 자신이 유적이나 역사적 사실에 대해서 무척 흥미를 가지고 있다는 것을 알게 되었다. 조직을 떠나 나만의 길을 걸어갈 때가 되면 세계의 유산을 찾아다니며 취재와 이론을 결합한 글을 남길 수 있으면 좋겠다는 바람도 가지게 되었다.

이후 또 하나의 큰 행운이 함께했는데 손병두 부원장이 전경련 부회장으로 영전하게 된 사건이 그것이었다. 더 많은 자원을 배분할 수 있는 힘을 가진 자리에 앉게 되었다는 뜻이다. 만일 그가 그 자리에 오르지 못했다면 자유기업센터의 분리 작업은 훨씬 나중에 이뤄지거나 그저 한국경제연구원의 한 부서로 활동하는 수준에 그치고 말았을 것이다. 손 부원장을 설득하고 나서 다시 전경련 부회장을 설득하는 작업은 무척 어려웠을 것이기 때문이다. 뜻을 함께하고 해야 할 일을 공유하고 있던 사람이 전경련 부회장으로 임명된 것은 또 하나의 행운이었다. 그러나 그 행운도 실행과 더해지지 않으면 자신의 것으로 만들어낼 수 없다.

인생이란 특정한 목표를 향해 차근차근 나아가는 것이지만 때로는 어렴풋한 목표를 보고 순간순간 본능에 몸을 맡겨야 할 때도 있는 법이다. 손 부원장의 부회장 취임이 있고 난 후 얼마 지나지 않아 김정호 박사와 점심을 함께했다. 평소와 다를 것 없는 일상적인 식사시간이었다. 김정호가 박사가 남긴 《자유기업원 10년사》에는 이런 회고담이 등장한다.

기회는 예기치 못할 때에 찾아온다. 1997년 2월, 전경련의 최고위 실무 책임자인 부회장이 사퇴를 하고 손병두 부원장이 부회장으로 자리를 옮기게 된다. 전경련 부회장은 전경련의 돈을 움직일 수 있는 자리다. 그러면서 한경연의 부원장은 공석이 되어 버린다. 권력의 공백이 생긴 것이다. 공 박사와 나는 점심을 먹다가 이번이 기회라는 데에 의견의 일치를 본다. 이 기회를 이용해서 자유기업센터를 한국경제연구원으로부터 분리해서 독립된 조직으로 만들어야 한다. 공 박사는 역시 행동주의자였다. 그는 당장 결행하자고 했다. 안정된 직장을 던지고 새 출발을 한다는 것이 두려웠지만, 공 박사의 기세에 눌려 그러자고 했다. 비서실에 전화를 해서 손 부회장이 하이야트 호텔에서 점심을 먹고 있다는 것을 알아냈다. 그곳으로 가서 식당 앞에서 기다렸다. 그러고는 식사를 마치고 나오는 손 부회장을 붙들고 커피숍으로 가서 공 박사는 설득을 시작했다. 그리고 얻어냈다. 자유기업센터를 한국경제연구원에서 떼어내어 독립시켜주겠다는 것이었다. 그러나 한 가지가 더 남아 있었다. 당시의 전경련 회장은 고 최종현이었다. 지금은 SK로 이름이 바뀐 선경그룹의 회장이었다. 박사를 받기 전에 형이 불러서 사업을 물려받기는 했지만, 시카고 대학에서 경제학의 대학원 과정을 마친 사람이었다. 그래서인지 시장경제에 대한 신념이 대단히 강한 사람이었다. 게리 베커나 루카스 같은 유명한 시카고 대학 교수들을 초빙하는 것을 즐겼고, 한 달에 한 번씩 한국경제연구원의 박사들을 불러다가 시장경제에 대한 그의 지론을 설파하는 것을 좋아했던 사람이다. 그래서 우리도 최종현 회장과 대화를 나눌 기회를 여러 번 가질 수 있었다. 그를 설득하는 일이 남아 있었다. 며칠 후 공 박사와 나는 그가 회장으로 있는 워커힐 호텔에서 그와 접견할 수 있는 기회를 얻었고 그를 설득하는 데에도 성공했다. 그렇게 해서 자유기업센터라는 조직이 만들어지게 된다.[31]

이렇게 해서 만들어진 자유기업센터는 아홉 명뿐인 작은 조직으로 출범했다. 이사장직은 송자 전 연세대학교 총장이 맡아주었다. 세계의 자유주의 모임을 통해 자유기업센터를 한국경제연구원으로부터 분리해냈고, 1997년 4월 법적인 분리작업이 완성되어 정식으로 재단법인 자유기업센터가 설립되었다.

자유기업센터의 활동

"우리 모두는 지적 기업가다."

젊은 날 만났던 하이에크의 명문장 가운데 하나다. 나는 가장 저렴한 비용으로 자유주의 정신을 한국 사회에 확산시키고자 했다. 그래서 자유주의 정신을 공유하고 있는 지식인들에게 활동의 장을 제공함과 아울러 한국 사회가 번영의 길로 달려가는 데 도움을 줄 수 있는, 완전히 새로운 개념의 연구소를 염두에 두었다. 한마디로 월급을 받는 연구자들로 구성된 조직이 아니라 한 사람 한 사람이 일당백을 할 수 있는 지적 기업가들이 운영하는 연구소로 만들 생각이었다. 소수의 인력과 적은 예산으로 운영되지만 사회에 긍정적인 영향력을 행사하는 조직이 되겠다는 각오로 재단법인 자유기업센터가 만들어진 것이다.

우선 내부적인 행동지침을 정했다.

"No Fear! No Compromise! Least Cost!"

두려움 없이, 타협 없이 시장경제를 전파하겠으며, 또 최소의 비용으로 운영하겠다는 의미였다. 당시만 하더라도 정부의 정책에 대해 반대 의견을 내놓기가 쉽지 않았다. 게다가 자유주의는 친재벌과 동의어로도 사용될 수 있었기 때문에 그런 주장은 오해를 받을 수도 있었다. 지금도 70퍼센트의 복지론이 보수를 바탕으로 집권한 여당에서 나오고 있는 실정이다. 뒷감당을 하기 힘들 정도로 공공부문의 빚이 늘어나고 있지만 어느 곳 하나에서도 제대로 빚의 규모를 추계하고 이것의 문제점을 지적하는 곳이 없다. 나는 한국의 연구소들이 지나치게 많은 비용을 쓰면서도 그 역량을 제대로 발휘하지 못한다고 판단했다. 당시에 우리가 하는 연구를 10여 명(김정호, 최승노, 박종규, 이호열, 이완재, 권오성, 박종찬, 신백규, 박양균, 이채영, 신재화, 오현미 등)의 구성원들이 했다고 하면 사람들마다 놀라기 일쑤였다.

가장 먼저 시작한 작업은 한국 사회에서 제대로 된 자유주의 저작물들을 소개하는 작업이었다. 다른 연구소에서 5년에서 10년 정도에 걸릴 분량의 번역작업을 1~2년 내에 끝낼 정도로 맹렬하게 추진해갔다. 이 작업은 이미 씨앗이 뿌려진 지 오래되었지만 유야무야한 상태에 머물고 있던 일이었다. 아웅산에서 죽음을 당한 김재익 수석의 제안을 받아들여 1990년대 초 한국경제연구원 부원장으로 있던 김진현 씨가 '민간기업주의 발전전략 시리즈'라는 이름으로 시작한 바가 있다. 이때 출간된 책은 미제스의 《자본주의 정신과 반자본주의 심리》, 슘페터의 《경제발전론》, 마이클 노박의 《자본주의와 사회주의》 등 자유주의 고전들이었다. 맥락은 비슷했지만 진행속도는 과거와 비교할 수 없을 정도로 빨랐고 분량도 더 방대했다.

공 박사는 뛰어난 기업가였다. 새로운 조직을 만들자마자 결과물들이 쏟아져 나오기 시작했다. 가장 먼저 그리고 가장 큰 예산을 들인 일은 주옥같은 자유주의의 명저들을 한국 사회에 소개하는 일이었다. 하이에크(Hayek), 미제스(Mises), 에인랜드(Ayn Rand), 커즈너(Kirzner), 노스

(North), 뷰캐넌(Buchanan) 같은 자유주의자들의 저작물들을 한국어로 번역했고, '자유주의 시리즈'라는 시리즈명으로 출간했다. (중략) 공 박사의 새로운 일이 김진현 전 원장이 했던 사업의 연장선상에 있었던 것은 아니지만 어쨌든 비슷했던 것만은 사실이다. 하지만 그 규모와 속도 면에서 굉장한 도약을 이룬 사업이었다.[32]

자유기업원은 애초부터 연구보다는 적극적인 홍보에 더 비중을 둔 조직이었다. 그런 면에서 그때까지의 연구소들과는 상당한 차이가 있었다. 연구를 하기는 했지만 결국은 홍보를 염두에 둔 것이었다. 그런 노력의 일환으로 자유주의에 관한 짧은 글들을 팸플릿으로 제작해서 사방에 뿌렸다. '이야기 시리즈' '자유나라 시리즈' 같은 시리즈물들은 대중들을 타깃으로 한 것이었다. 은행의 객장에는 자유기업센터의 출판물들이 비치되었다. 지하철역에 자유기업센터를 알리는 대형광고판을 설치했고, 객차 내에서는 웹사이트를 알리는 광고를 시작했다. 점잖은 연구소로서는 상상도 할 수 없는 일이었다.

또한 1998년 5월부터는 획기적인 홍보 방법을 사용하기에 이른다. 팩스와 이메일을 사용해서 소비자들에게 뉴스레터를 전달했던 것이다. 그전까지 연구소가 자신의 연구결과나 사상을 알리기 위해서 택했던 방법은 연구보고서를 우편으로 보내거나 세미나를 하는 것뿐이었다. 자유기업센터는 고객이 될 만한 여론 주도층 인사들의 팩스 번호와 이메일 주소를 수집해서 매주 한 번씩 뉴스레터를 내보냈다.

자유기업센터의 활동은 훗날 삼성경제연구소의 성장과 발전에도 많은 시사점을 제공했다고 본다. 게다가 한국 사회에서 자유주의적 시각을 가진 지식인들에게 활동 무대를 제공한 점도 괄목할 만한 성과였다.

김영용, 전용덕, 안재욱, 민경국, 신중섭, 김인영, 김한응, 박효종, 김경환 등의 지식인들이 자유기업원의 지적 네트워크를 형성하는 중요한 포스트들인 셈이다. 이들의 대부분은 나중에 하이에크 소사이어티로 별도의 학회 조직을 결성하게 된다. 뿐만 아니라 대학생들을 대상으로 하는 논문 경진 대회, 대학생과 교사들을 대상으로 하는 방학 중 교육 프로그램 등의 행사도 만들어갔다. 이 모든 것이 나와 연구진들의 머리에서 나왔다.

자유기업센터가 설립되고 몇 달이 지나지 않아 외환위기가 닥쳤다. 수많은 기업들과 금융기관들이 도산의 위기에 처하게 되었으며 한국경제 또한 기로에 서 있었다. 문을 닫아걸고 도산하는 기업들을 소위 국민기업으로 보호할 것인가, 아니면 문을 활짝 열고 사유재산제와 시장경제를 확대할 것인가. 이에 대해 치열한 논쟁이 오갔고, 자유기업센터는 당연히 후자 쪽이었다. 당시에 대해 김정호 박사는 이런 이야기를 전해준다.

사회주의적 · 개인주의적 지식인 및 노조지도자들과의 논쟁에서 직설적으로 시장주의 논리를 밀고 나간 공병호 소장은 유명인사가 되었고, 자유기업센터 역시 더불어서 유명해져갔다. 지금도 내가 자유기업원장이라고 말을 꺼내면 공병호 박사가 하던 그 자유기업센터냐고 되묻는 사람이 많다. 그 정도로 자유기업센터는 공병호 박사의 이미지와 하나가 되어 유명해져갔다. 그러나 그렇게 높아져가는 이름은 좋은 이름만은 아니었다. 많은 사람들로부터 재벌의 앞잡이라는 확실한 낙인이 찍히게 되는 과정이기도 했다.[33]

아무튼 아주 적은 인력과 작은 예산을 갖고 새로운 개념의 연구소를 설립했고 이런 아이디어는 훗날 여타 연구소가 대중에게 다가서는 방법을 생각하는 데 큰 영향을 미쳤다고 생각한다. 뿐만 아니라 자유주의 전통이 일천한 한국 사회에서 그나마 그런 목소리를 일관되게 외치고 연구할 수 있는 기관인 자유기업원으로 발전시킨 일은 무척 의미가 크다는 생각이다. 세월이 흐르고 난 다음 누군가 나에게 '당신이 그동안 사회에 도움이 될 무슨 일을 했는가?'라고 묻는다면 나는 '자유기업센터와 자유주의 시리즈 등과 같은 것들을 만들어 한국 사회의 번영에 이바지하는 산파 역할을 했다'고 말할 것이다. 물론 한국 사회에서 누군가의 업적을 기억해주는 것이 드물긴 하지만 나는 스스로 그런 역할을 충실히 해왔다고 자부할 수 있다.

1. '무엇'을 하고 살아갈 것인지 결정하라 30대 초반은 뿌연 연기로 가득 찬 곳을 뚫고 지나가는 시기다. 그러나 머리에는 뚜렷한 '화두'가 살아 있어야 한다. 평생 동안 무엇을 하면서 살 것인가? 직업 세계는 물론이고 은퇴 이후에도 자신은 어디서 무엇을 하고 사는 사람이어야 하는가에 대한 '잠정적인' 해답을 찾아내야 한다. 여기서 '확정된' 해답이 아니라 '잠정적인' 해답임에 주목해야 한다. 시간이 지나서 그 답이 바뀔 수도 있다. 그럼에도 불구하고 뭘 해야 할지에 대해 감(感)을 잡고, 방향을 잡고, 더 나아가 목표를 설정할 수 있어야 한다. 세 가지가 순서대로 진행되겠지만 설령 마지막 단계까지 도달하지 못하더라도 최소한 첫 번째 내지 두 번째에 대한 해답은 가질 수 있어야 한다. 자신을 제대로 이해해야 하고, 자신이 일하고 있는 분야의 이모저모를 알아야 하고, 세상 변화를 읽을 수 있어야 제대로 된 해답을 얻을 수 있다. 그냥 남들이 하는 만큼 살면 질문에 대한 해답을 구하는 데 성공할 가능성이 낮다. 물론 요행이 따라서 해답을 얻는 사람들도 있겠지만 해답을 구하려는 치열함과 진지함이 없다면 그것에 다가설 수 없다. 흔히 불가에서는 화두에 대한 해답을 구하기 위해 '용맹정진(勇猛精進)'이라는 사자성어를 사용하기도 한다. 끈질기게 치열하게 도를 얻기 위한 자세를 말한다. 직장인으로서 30대는 이런 자세와 마음가짐이 있어야 인생 전체를 관류하는 목표를 세울 수 있다. 어느 누구도 '이게 당신의 길이요'라고 가르쳐주지 않는다. 조직의 입장이나 친구 혹은 선후배의 입장에선 여러분이 그 해답을 찾든 말든 별로 상관없다. 결국 자신의 문제일 뿐이다. 이런 해답을 찾는 사람은 살아야 할 이유와 동시에 열심히 살아야 할 이유를 찾는 데 성공할 것이다.

2. 평생을 가져갈 수 있는 플랫폼을 구축하라 튼튼하게 보이는 직장이 자신을 보호해줄 수 있는 것은 아니다. 직장 또한 계약이 끝나면 언젠가는 떠나야 하는데 그 시점을 대부분의 사람들은 미리 짐작할 수 있다. 조직에 머무는 시기뿐만 아니라 이후의 시기에도 자신을 보호해줄 수 있는 것은 자신만의 독창적인 '플랫폼'을 만들어내는 프로젝트를 성공시키는 일이다. 여기서 플랫폼은 직장인으로 생존과 성장에 꼭 필요한 지식, 기술, 노하우, 통찰력 등을 말한다. 자신의 플랫폼을 구축하는 데 실패한 사람은 평생 허덕거리면서 살아가게 되고 항상 자신의 운명을 타인의 손에 맡기게 된다. 어떤 플랫폼을 만들어야 하는지는 자신이 결정해야 하지만 30대의 10년은 폭발적인 투자로 플랫폼의 기초를 확실히 닦아야 할 시기다. 플랫폼을 정교하게 만들어가는 일은 평생을 통해 추진되어야 할 프로젝트이긴 하지만 골격이나 토대를 확고하게 다지는 시기는 40세를 전후한 시점이다. 이를 제대로 해내기 위해서는 자신의 미래에 대해 적절한 걱정이나 우려가 있어야 하고, 무엇을 포기할 것인지에 대해서도 자신만의 계획과 각오가 있어야 한다. 사실 당장 하지 않아도 되고 누구도 그 프로젝트를 수행하라고 요구하지 않기 때문에 끈기 있게 밀어붙이기는 쉽지 않다. 특히 오늘날처럼 주변에 재미와 유쾌함을 줄 수 있는 오락거리가 즐비한 상태에서 오랜 기간에 걸쳐 즐거움을 밀쳐두기는 어렵다. 힘들기 때문에 대다수가 이 프로젝트에 실패하는 것이다.

3. 자기 주관을 반드시 세워라 자기 생각이 없으면 평생 동안 남의 머슴살이를 하다 가게 된다. 친구 따라 강남 가는 식으로 세상 사람들이 가는 쪽에 무작정 보조를 맞춰가면서 살아가는 일은 위험하기 짝이 없다. 우리가 살아가는 자본주의의 구조적인 특성을 정확히 꿰뚫을 수 있어야 할 뿐만 아니라 자신이 몸담고 있는 조직의 특성도 정확히 파악할 수 있어야 한다. 뿐만 아니라 인간관계나 인간 자체에 대해서도 나름의 견해를 가져야 한다. 유행이나 다수 의견에

무작정 휩쓸릴 것이 아니라 현재와 미래에 대해 자신만의 견해를 갖고 있어야 한다. 현실에 대해서는 정확한 인식이 될 것이고 미래에 대해서는 예리한 통찰력과 선견력이 될 수 있을 것이다. 자기 생각이 있어야 자기 방식대로 세상을 살아가고 미래를 준비할 수 있다. 하지만 주관이란 그저 주어지는 것은 아니다. 주관을 가진 인간이 되기 위해서 부지런히 읽어야 하고 주관의 중요성을 깨우치고 이를 만들어내기 위해 노력해야 한다. 이때 깊은 고민 없이 얕은 정보에 의존해서 다수 의견에 무작정 동조하지 않아야 한다. 자기 생각 없이 행동하면 반드시 그만한 비용을 지불하게 된다.

4. 작은 기회를 소중히 하라 기회는 모두가 알아차릴 정도로 시끌벅적하게 다가오지 않는다. 조용하게 잠시 왔다가 사라져버린다. 그래서 하찮게 보이는 기회라도 놓치지 않고 하나하나 자신의 것으로 만들어가야 한다. 왜냐하면 결국 어제의 하찮은 기회가 오늘의 더 큰 기회를 만들어내는 경우가 많기 때문이다. 때로는 어제의 그 하찮은 기회가 없었다면 아예 오늘의 기회는 존재하지 않았을 수도 있다. 우리 모두는 기회의 고리를 하나하나 연결하면서 자신의 삶을 만들어간다. '그때 그 작은 기회를 잡지 못했다면 오늘이 있을 수나 있겠나'라는 생각이 들 때가 자주 있다. 그래서 삶을 살아가는 자세가 중요하다. 진지하고 성실하게 매사에 임하는 것은 기회를 잡는 확실한 방법이다. 기다리는 방법도 기회를 잡는 하나의 방법이지만 스스로 기회를 만들기 위해 좀 더 활발하게 움직여야 한다. 특히 30대는 위험을 감수하는 데 부담이 덜한 시기다. 조직 내의 위치를 미뤄보면 기회를 향해 도전을 감행하더라도 위험 부담이 상대적으로 작은 시기다. 아무도 기회를 잡기 위해 부지런히 움직이라고 요구하지 않겠지만 스스로 활발하게 움직여야 한다. 마치 저축을 하듯이 작은 기회들을 성공 경험으로 쌓아가야 한다.

5. 어디서 무얼 하든 자기 사업으로 여겨라 폭발적인 투자를 요구하는 30대에도

대충대충 때우듯이 살아갈 수 있고, 남들 하는 것만큼 하면서 살아갈 수도 있다. 한편 자신에게 주어지는 보상 여부에 크게 연연해하지 않고 마치 조직의 일을 자기 사업처럼 여기며 일할 수도 있다. 후자가 승리의 월계관을 차지하는 것은 당연하다. 그들은 길고 긴 삶에서 자신의 투자가 언젠가는 10배, 100배를 능가하는 대단한 혜택으로 돌아올 것을 확신하는 사람들이다. 이들은 당장 눈앞에 보이는 이익과 장기적인 이익을 구분할 줄 안다. 그런데 더 심각한 문제는 30대를 살아가는 삶의 자세에 있어서 앞의 두 부류에 속하는 사람들은 그런 자세나 마음가짐이 '제2의 천성'처럼 자리를 잡게 된다는 점이다. 그래서 30대 이후의 삶도 그런 자세나 마음가짐을 크게 벗어나기 어렵다. 무엇을 하든지 간에 내가 내 사업을 하고 있다고 자신을 설득할 수 있어야 한다. 놀라운 점은 이런 단순한 선택이 가져오는 변화가 자신감, 기쁨, 생산성, 추가적인 기회와 행운을 낳게 된다는 것이다. 여러분이 어디에서 무엇을 하든지 간에 내가 주인이고 주역이라는 생각을 확고히 갖고 임해야 한다.

6. **남들과 다르게 행동하라** 당신의 인생이 지금보다 크게 달라지길 기대하는가? 달라지는 것은 결과다. 그렇다면 당연히 결과(output)를 낳기 위한 투입(input)이 달라야 한다. 30대에 어떻게 살았는가는 이후의 삶에 지대한 영향을 끼친다. 왜냐하면 폭발적인 에너지를 동원할 수 있고 이를 이용해서 자신만의 독특한 플랫폼 만들기와 같은 프로젝트를 추진할 수 있기 때문이다. 자본가는 자본을 동원해 미래에 투자하는 사람이다. 그렇다면 여러분이 동원할 수 있는 자원은 무엇인가? 시간과 에너지다. 한정된 시간과 에너지를 체계적으로 어떻게 투자하는가에 따라 삶은 크게 달라진다. 그렇다면 스스로 자신의 주관과 계획에 따라서 시간과 에너지를 투입해야 한다. 남들이 다들 하는 방식이 아니라 자신의 방식을 찾아야 한다. 이런 점에서 보면 시간관리의 중요성은 아무리 강조해도 지나치지 않다. 40대 이후에 여러분의 삶이 어떠하리라고 예상하는가?

그곳에는 요행이 거의 없다. 지금 여러분의 시간을 어디에 얼마만큼 투자하고 있는가를 보면 40대 이후의 모습을 어렵지 않게 내다볼 수 있다. 시간의 보물창고는 주말이다. 남과 뚜렷하게 차이를 낼 수 있는 시간대다. 가족, 휴식, 미래준비라는 세 가지 영역에 걸쳐서 그야말로 전략적 의사결정을 내려야 할 영역이다. 뿐만 아니라 출퇴근을 전후한 시간, 일상의 소소한 자투리 시간에 이르기까지 여러분은 달라야 한다.

7. 10년 프로젝트를 추진하라 젊음은 그 자체가 아름다움이고 당당함이다. 그러나 우리 모두가 늘 젊은 상태를 유지할 수 없다. 세월이 가더라도 자기 자신이 더 자기를 좋아하고 타인도 자신을 좋아하게 만드는 것은 무엇일까? 이 문제에 대해 고민하고 이를 가능하게 하는 투자가 이루어져야 할 시점이 30대다. 30대의 사람들이라면 대개 가정을 이룬 상태에서 이것저것 해야 할 일이 참으로 많다. 어린아이를 키우는 데도 시간을 들여야 하고 인간관계를 유지하는 데도 시간이 필요하다. 그러나 복잡함을 단순함으로 변환시키면 무엇을 우선시해야 하는가에 대한 초점이 분명해진다. 가장 중요한 것은 누가 뭐라 해도 자신의 40대 이후를 정조준해서 자신만의 독보적인 위치를 확보할 수 있는 토대를 구축하는 일이다. 이를 성공시키는 여부는 전적으로 여러분 자신에게 달려 있음을 자각해야 한다. 30대는 남이 만들어준 자리에 취하지 않고 스스로 자리를 만들 수 있는 기초를 다져야 하는 시기다. 이를 두고 나는 '10년 이후를 준비하는 프로젝트'라는 이름을 붙이고 싶다. 인생에도 작전이 필요하다. 모든 시기에 맞는 작전이 있지만 특히 30대는 자신이 활용할 수 있는 시간과 에너지가 풍부하고 상대적으로 짊어져야 할 책임은 작은 시기다. 이 결정적인 시기를 잘 활용해야 한다. 절박함을 가지고서 말이다.

제5부

40대,
홀로서기

나의 40대 초반은 그동안 쌓아왔던 신뢰나 명성의 대부분을 날려버리는 것으로 시작되었다. 40년 동안 힘들게 노력하여 착실히 모은 돈을 잘못된 투자 결정으로 탕진한 셈이었다. 그리고 '이제 어떻게 살아가야 하는가'라는 새로운 과제가 내 앞에 주어졌다.

1장
사업의 세계는 냉정하다

앞에서 이야기한 바와 같이 40대에 막 접어들 무렵 나는 전직을 하게 되었다. 닷컴이라 불리는 인터넷서비스 기업들이 한참 유행하고 있을 때 인터넷서비스 기업의 사장으로 전직하게 된다. 문제는 이것저것 꼼꼼히 따져보지도 않고 무모하게 뛰어들었다는 점이다. 성급하게 뛰어들고 나서야 허둥대기 시작했다. '어, 우리가 뭘 팔아야 하지? 뭘 팔 수 있을까?'라는 의문이 생겼다. 개인이든 조직이든 확실히 팔 수 있는 것을 갖고 있어야 한다. 팔 것이 없다는 것은 재앙이나 마찬가지다. 그런데 내가 처한 상황이 재앙에 가까웠다.

2000년 닷컴 열풍 속에서 수많은 투자자들의 돈으로 설립된 인터넷 벤처기업의 실체는 상상을 뛰어넘을 정도로 우울했다. 당시 내가 이직한 회사는 투자자들의 돈을 받아서 사업을 시작한 후, 새로운 비즈니스 모델을 만들어 수익을 낼 만한 영역을 탐색하던 중이었다. 한마디로 미래의 가능성만 담보로 투자는 받았는데 돈을 벌 수 있는 상품이나 서비스를 찾아내지 못해 고심에 고심을 거듭하고 있었던 것이다. 제법 규모가 있는 포털사이트 성격의 인터넷 기업 CEO 직책을 맡은 나에게 주어진 첫 번째 과제는 이익을 낼 방법을 찾아내라는 것이었다.

그 회사의 비즈니스 모델은 몇 개의 제휴 사이트들이 고객정보를 공유하고, 하나의 사이트를 방문한 고객이 다른 사이트에도 들어가서 소비를 하도록 만드는 것이었다. 국내 최초의 허브형 포털사이트였다. 그런데 기존 경영진들은 수십억 원이나 되는 투자자본을 대부분 회원 확보를 위한 각종 이벤트 및 마케팅 비용, 인건비, 자재구입비 등에 사용해버렸다. 내가 일을 시작할 무렵에는 이미 은행 잔고가 바닥 나 있을 정도로 재정상태가 엉망이었다.

가라앉는 인터넷벤처기업의 CEO

고정적인 수입이 없는데 80명이 넘는 직원들에게 월급을 주면서 회사를 운영하는 것이 가능한 일인가? 밑 빠진 독에 물을 붓는 것처럼 현금 보유 상태는 하루가 다르게 바닥을 향해 내려가고 있었다.

"사장님, 이번 달 월급을 주기도 어려운데 어떻게든 대주주를 설득해서 증자를 받아야 합니다."

회계 담당 직원들은 일주일에 몇 번씩 추가적인 자본증자가 필요하다고 역설했다. 하지만 대주주도 더 이상 투자하는 것에 대해 회의적이었을 것이다. 70억 원이 넘는 돈을 투자했는데도 수익성이 보장되지 않은 상황이었으니 증자는커녕 손을 뗄 것인지 말 것인지를 고민하고 있었을 것이다. 그렇게 사업 세계에 뛰어들자마자 고난의 행군이 시작되었다.

그 외에도 문제점이 있었다. 창업 단계부터 사장직에 있었던 사람과 내가 당분간 공동사장으로 있어야 한다고 갑작스럽게 통보해온 것이다. 단기필마로 뛰어든 사장과 기존의 멤버들과 동고동락을 해온 임직원들 사이에서 신입 CEO의 입지는 좁았고 처신하기도 조심스러웠다. 새로 온 CEO에 대한 사내 분위기는 '우리가 아주 잘하고 있는데 대주주가 갑자기 새로운 사람을 내려보냈다'는 것이었다. 공동사장제라는 것이 이름은 근사하지만 실제로 제대로 돌아갈 수 없는 시스템이다. 조직은 작은데 사장이 두 사람이나 되니 조직은 삐꺽거릴 수밖에 없다. 한 사람은 오랜 기간 동안 동고동락한 사장이고 다른 한 사람은 낙하산 인사가 의심되는 사장이라면 갈등과 불협화음이 생기는 것이 당연하다.

연구소와 기업, 특히 벤처기업은 완전히 분위기가 달랐음에도 불구하고 나는 인사권을 가진 사람이 일단 명령하면 따를 것이라는 순진한 생각을 했다. 들어간 지 한 달이 채 되지 않아서 현재의 체제대로 회사를 끌어가는 것은 불가능하다는 결론을 내리고, 기존의 부사장을 다른 부서로 전출시키기로 결정했다. 그런데 그 소식을 전하자마자 핵심 멤버들이 대거 그만두겠다고 항명했다. 한 명 한 명 따로 만나서 설득해봤지만 여간 힘든 것이 아니었다. 특히 신생 인터넷기업이라 프로그래머들이 그동안 해온 작업을 서류로 문건화해놓지 않은 상태였다. 그중 핵심 멤버가 떠나버리고 그다음 일을 수습하려면 엄청난 비용과 시간을 들여야 했다. 핵심인 프로그래머가 작업 과정을 기록으로 남겨놓지 않은 채 퇴사하겠다고 위협하면 별 도리가 없었다.

떠나기로 결정한 사람의 마음을 돌리는 일은 거의 불가능하지만 내가 할 수 있는 시도는 모두 해보았다. 하지만 결국 프로그래머 대부분이 회사를 떠났다. 그중 네 명의 핵심 멤버는 초창기부터 사이트를 직접 만들었기 때문에 타격이 컸다. 아마 그들은 심혈을 기울여서 만든 비즈니스 모델로는 더 이상 사업이 불가능하다는 결론을 내리고 회사를 떠날 명분을 찾고 있었을지도 모른다. 이쯤에서 손을 털어버리는 것이 현명한 일이라고 판단했을 것이다. 나는 기존 부사장의 전출 명령을 내려 퇴사를 고민하던 사람들에게 좋은 명분을 제공한 셈이었다. '울고 싶은 아이에게 뺨을 때려준 격'이었다. 물론 이런 생각은 시간이 흐른 다음에 하게 된 것이다. 현행법에서는 특정 사이트에 가입한 회원들의 정보를 다른 기업에 제공하는 것이 불법이지만 당시에는 관련 법이 없었다. 여러 사이트를 제휴해서 고객정보를 공유하고 이를 바탕으로 상품이나 서비스를 판매한다는 사업 모델은 세월이 가면 존립할 수 없었다.

아무튼 과감한 인사 결정 때문에 큰 홍역을 치렀다. 만약 내가 더 정치적으로 행동했다면 큰 파열음을 피했을지도 모른다. 하지만 조직 내에서 사적인 네트워크로 연결된 사람들이 사장의 의도를 무시하고 자신들의 방식대로 회사를 끌어가는 상황이 계속된다면 회사가 정상화되기 힘들 것이라고 판단했다. 사람들의 조직에서는 눈에 보이지 않는 비공식적인 관계가 중요하다는 것을 크게 깨달은 사건이었다. 한편 창업자 출신인 공동사장이 물러나는 과정에서도 곤혹을 치러야 했다. 그는 언론계 출신이었기 때문에 이 사건에 대해 언론사는 그의 편이었다. 팔이란 안으로 굽게 마련이니 굴러들어온 돌이 박힌 돌을 빼냈다는 식으로 언론의 몰매를 맞았다.

아무튼 40세를 전후해서 충동이란 단어로밖에 표현할 수 없는 의사결정 때문에 나는 처음부터 기적이 일어나지 않는 한 실패가 뻔한 길로 뛰어들고 말았다. 공자는 40세를 두고 '이런저런 유혹에 흔들리지 말아야 한다'는 뜻으로 '불혹(不惑)'이라 표현했다. 공자는 한 제자가 '혹

(惑)'에 대해 묻자 '한순간의 분노를 참지 못해 그 화(禍)가 부모에게 미치게 되는 것'이라고 답한 바가 있다.《조선의 군주열전》의 저자 이한우는 '40세 불혹'에 대해 '제 성질 다스릴 줄 몰라 패가망신하지 않도록 조심해야 한다'는 새로운 의미를 더하기도 했다. 40세를 전후한 충동적인 전직이야말로 내 성질을 다스리지 못해 전부를 날려버리는 화를 초래한 경우가 아니고 무엇이었을까? 월급사장으로 사업에 뛰어든 지 얼마 지나지 않아 내가 큰 실수를 했다는 것을 깨달았지만 이미 버스는 떠났고 돌아가기엔 너무 늦어버렸다.

월급 사장과 오너

직장생활을 할 때는 언제나 깔끔하게 일해왔기 때문에 사업에 입문해서 겪은 일련의 사건들은 무척 곤혹스러웠다. 무엇보다 월급쟁이 사장과 오너 사이에는 주인과 대리인 문제가 필연적으로 발생할 수밖에 없다. 사업 운영이 불투명한 가운데서도 나는 돈을 구하기 위해서 수시로 오너와 그 주변 사람들을 만났다. 이렇게 자본증자를 요구하는 과정에서 이해관계가 충돌했다.

조직을 책임지고 있는 사람은 반드시 직원들에게 임금을 주어야 하고 이를 위해서는 무슨 수단이든 강구해야 한다고 생각한다. 월급조차 지불할 수 없는 사장은 당연히 그 자리를 내놓아야 한다. 그런데 고객의 호주머니에서 나오는 것이 아니라면 돈을 구하는 방법은 딱 한가지다. 그것은 새로운 주주를 물색하거나 기존 주주들이 추가적으로 돈을 내게 하는 것이다. 하지만 수십억 원을 투자받은 상태에서 수익을 내지 못하고 있으니 선뜻 돈을 더 내겠다는 투자자가 없었다. 그래도 일을 시작한 연초부터 9월까지는 자력회생할 수 있을 것이라는 기대감이 있었다. 오늘날 오픈마켓과 비슷한 개념인 중고전자제품을 중개하는 모델 등 다양한 수익원을 개발하느라 필사적인 노력을 했다. 그러나 수익을 제대로 내는 비즈니스 모델을 만들어내는 일은 어렵기 짝이 없었다. 당시 경쟁을 벌였던 포털사이트 가운데 네이버, 다음, 야후 정도가 살아남았고 네티앙, 라이코스, 드림위즈, 프리챌 등 수백억 원을 투입했던 사이트들은 사라졌거나 명맥만 겨우 유지하고 있다.

자신이 삶이라는 무대의 중심에 있지 않는 것이 어떤 것인가를 톡톡히 경험했던 시절이었다. 메이저리그가 아니라 마이너리그로 살아간다는 것이 어떤 것인지도 배웠다. 여름이 지나자 더 이상 돈을 투자하려는 사람들이 없었다. 이제 사장으로서 할 수 있는 일은 외부에서 수익모델을 구입하거나 헐값에라도 기업을 다른 사람에게 넘기는 것뿐이었다. 돈이 몰리는 세계에서는 늘 무지함을 이용하려는 사람들이 줄을 잇게 마련이다. 그럴싸한 사업 모델을 몇 장의 종이 위에 멋지게 포장한 다음에 20억 원, 30억 원에 팔려는 사람들이 줄을 섰다. 그런 비즈니스 모델에 관심을 갖는 사람들은 100억 원에 가까운 돈을 투자하고도 제대로 된 수익을 거두지 못해서 고심하고 있는 나와 같은 CEO들이었다. 이들에게는 별별 사람들이 다 몰린다. 한번은 상품권과 관련된 비즈니스 모델을 팔기 위해 접촉한 사람들이 있었는데 거래가 진지하게 진행되어갔다. 오너 측에서는 가격을 더 낮추어서 거래를 성사시켜보라고 했기 때문에 가격 협상만 남겨두고 있는 상황이었다.

어느 날 저녁, 그런 사업 모델을 팔려고 하는 사람에 돈을 댄 적이 있는 대주주에게서 저녁식사를 하자는 연락이 왔다. 그는 지금도 업계에서도 제법 이름이 알려져 있는, 사업 수완이 뛰어난 사업가다.

"실상 저는 돈을 버는 일에 대해서는 그렇게 연연하지 않습니다. 다른 사람들처럼 자식에게 사업을 물려주기 위해서 안간힘을 쓰지도 않습니다. 저는 사업이 반석에 올라가면 교육사업을 할 계획입니다. 이번에 거래가 잘 성사가 되면 공 박사님께 제가 갖고 있는 기업의 구주를 1퍼센트 드리도록 하겠습니다. 이번 거래가 잘 성사되도록 꼭 도와주시면 좋겠습니다."

수십억 원을 투자한 사람답게 그는 거래를 제안해왔다. 저녁식사에서 2차, 3차로 이어지는 취중에 들었던 이야기이기 때문에 나는 그냥 흘려들었다. 3차에는 그의 집까지 갈 정도였으니 절친한 관계를 만들기 위해 상대방이 얼마나 노력하는지 짐작할 수 있었다. 그러나 만일 그 거래가 성사되고 대가를 받았다면 아마도 나는 검찰청 포토라인에 섰을 것임에 틀림없다. 잘못된 판단을 하지 않아 검찰청 포토라인에 서지 않고 이렇게 살아갈 수 있는 것도 하늘의 도우심이라는 생각이 가끔 든다.

수뢰사건이라는 것은 거창한 게 아니라 한순간의 잘못된 판단 때문에 일어난다. 그때 자칫하면 평생을 만들어온 것을 날려버릴 수도 있었다. 그런데 아무리 치열하게 살아온 학자나 연구자, 정부 공직자라 하더라도 사업 세계에서 잔뼈가 굵은 사람들과는 아예 게임이 되지 않는다. 사업 세계에는 자신의 의도를 관철하기 위해 필요한 수단이나 방법을 강구하는 데 경지에 이른 사람들이 많기 때문이다. 처음 본 사이도 곧바로 형이 되고 아우가 되고 선배가 되고 후배가 되지만 이해관계가 끝나면 인간관계도 바로 정리되어버린다. 힐러리 클린턴은 자서전에서 '정치만큼 인간의 본성이 적나라하게 표출되는 곳은 없을 것'이라고 했지만, 사업 세계도 정치판 못지않다. 특히 결정적인 거래를 앞두고 주고받는 말에도 인간의 본성이 그대로 묻어난다.

사람들은 자본주의를 말할 때 '인간의 얼굴을 한 자본주의'나 '창조적 자본주의' 등 아름다운 수식어를 붙이길 좋아한다. 하지만 냉정하게도 자본주의에는 엄연한 계급이 존재한다. 자본을 가진 자와 그렇지 않은 자, 고용하는 자와 고용당하는 자가 그것이다. 지나치게 계급적인 시각으로 자본주의를 바라본다고 비판하는 사람도 있겠지만 세상에 본래 그리해야 한다는 당위(當爲)의 세계와 세상이 이렇게 돌아간다는 현실(現實)의 세계 사이에는 엄연한 차이가 있다. 자본가와 근로자 사이의 구분은 자본주의 체제가 존속하는 한 사라질 수가 없다. 지식근로자나 창조적 근로자 등과 같은 근사한 용어를 사용할 수도 있다. 그럼에도 불구하고 자본을 소유하고 있는 자와 그렇지 않은 자, 고용하는 자와 그렇지 않은 자 사이에 위계질서는 분명히 존재한다. 이 점을 분명히 아는 것이 세상살이에 도움이 될 것이다.

　자본을 가진 자가 되는 길은 말로 다할 수 없을 만큼 인고(忍苦)의 세월을 필요로 한다. 물론 부모의 유산으로 자본을 가진 자가 되는 경우도 있지만 자수성가하는 사람들은 엄청난 노력과 고통을 겪어야 하고 운도 따라야 한다. 그 노고에 대한 보상은 '자본을 가진 자'와 '고용하는 자'라는 계급이 되는 것이다. 한 회사가 망한다는 것은 사회적인 관점에서 보면 자원의 효율성이 나아지는 것이지만, 자본을 가진 자가 자식에게 임금노동자라는 계급을 물려주게 되는 것을 의미한다. 내가 사업 세계에서 깨우친 냉정한 한 가지 사실은 봉건사회나 왕조사회가 끝나고 세상엔 계급이 없어졌다고 하지만 자본주의에는 나름의 새로운 계급이 형성되어 있다는 것이다. 다만 과거와 다른 점은 그 계급이 개인의 노력에 따라 얼마든지 바뀔 수 있다는 것이다.

사업 세계에서 만난 인간 군상들

세상에 이런 사람도 있고 저런 사람도 있지만, 이익이 충돌하는 현장인 사업 세계에서는 더더욱 여러 유형의 사람을 만나게 된다. 돈 앞에 성인 군자가 없지 않은가? 한번은 만화와 관련된 사업을 하는 사람을 만난 적이 있었는데 '인간이 어떻게 저렇게까지 악해질 수 있을까?'라는 생각이 들 정도로 타인을 약탈하는 사람이었다. 그것도 부부가 함께 사업을 했는데 손발이 척척 맞아 부창부수(夫唱婦隨)였다. 그들은 회사를 세운 후 전문적인 만화가에게 직위를 주며 영입했고 그 사람의 무지를 이용해서 빚보증인으로 세웠다. 그리고 이를 무기로 삼았기 때문에 그 만화가는 빼도 박도 못하는 상황에 처해 있었다. 임금을 주기는커녕 보증을 무기로 만화가의 얼마 되지 않는 재산을 뺏을 음모를 꾸미는 사람들을 보면서 인간이 그토록 뻔뻔하게 영악해질 수 있다는 것에 소름이 끼쳤다. 그들은 재력가였음에도 불구하고 타인을 수탈하는 데 익숙했다.

내가 벤처업계를 떠난 후에도 한동안 그들은 전화 연락을 해왔는데 발신지는 대개 해외였다.

"공 박사님, 제가 필리핀 마닐라에 있어요. 곧 서울에 들어갈 텐데 몇 천만 원만 마련해서 보내줄 수 있습니까?"

그 사람은 내가 본인을 사악한 악당으로 보고 있음을 아는지 모르는지 한 번도 아니고 여러 번 필리핀에서 전화를 했다. 아마도 카지노에 빠지지 않았을까 싶다. 자신의 이익을 위해서는 타인에게 피해를 주고 자신의 양심을 팔아먹는 걸 아무렇지 않게 생각하는 인간 군상들을 목격한 것은 충격적인 경험이었다.

학계를 벗어나서 보니, 막 학위과정을 마친 사람들이 이해관계가 크게 충돌하지 않는 분야, 즉 학교나 연구소, 공직 등에서 펼치는 사내정치라는 것은 오히려 순진한 수준이라는 걸 알게 되었다. 사업을 하는 사람들은 속이려는 사람들로부터 자신을 보호하는 것에 훈련되어 있는데 그것만으로도 대단한 내공이다. 순진함은 교과서적으로는 좋은 말일지 모르지만 사회생활을 하는 데는 매우 위험한 것이다. 상대방에게 언제든지 이용당할 수 있는 여지를 제공하기 때문이다. 사업 세계의 사람들이 자신의 이익을 지키고 타인을 이용하는 기술은 수천 권의 책으로도 결코 배울 수 없는 것이었다. 인생을 살다보면 이처럼 직접 경험하지 않는 한 배울 수 없는 것들이 많은데 인간 본성에 대한 이해 또한 그렇다.

한편 항상 음모론적인 시각으로 세상을 바라보는 사람들을 만난 것은 대단한 경험이었다. 사람을 대하다보면 한 번쯤은 상대방의 의도를 의심해볼 수 있다. 그런데 늘 숨은 의도를 찾으려 하고 그것을 바탕으로 세상을 보는 사람들이 있다. 이런 사람과 함께 일하다보면 나 자신도 음모론에 물들게 될 것 같았다. 참고로 그는 학교 졸업 후 다른 경험 없이 굴지의 기업에서 근무하면서 기업에 대한 공격을 방어하거나 기획하는 업무를 주로 담당해왔다. 사람들을 판단하는 기준으로는 어디서 누구와 무슨 일을 해왔는가도 중요하다.

윗사람의 약점을 조직적으로 모으는 사람들도 있다. 윗사람이 되면 약점을 잡히지 않도록 무척 노력해야 하지만 가까운 사람이 작정하고 약점을 노린다면 방법이 없을 것 같다. 당시 상급자, 특히 오너의 측근이 음흉한 의도를 숨긴 채 차근차근 약점을 챙기는 경우를 보았다.

"제가 오래 있겠어요? 결정적인 순간에는 제 자신을 보호할 수 있어야 하지 않겠습니까? 그때 이런 자료가 요긴하게 사용될 수 있습니다. 공 박사님도 저를 좀 배우세요."

사기업의 비자금을 둘러싼 사건들이 터질 때마다 벤처기업에서 만 났던 몇몇 사람이 떠올랐다. 어떤 사람은 차 안에서 나눈 대화를 녹음 하고 그것을 갖고 경쟁자를 찾아가 거래를 하기도 했다. 모반이란 것 은 멀리 있는 사람이 아니라 아주 가까운 사람들로부터 일어나게 된다. 돌아가신 장모님이 '머리를 하늘에 둔 짐승은 돕지 않는다'는 농담 섞인 말씀을 자주 하셨는데 그때는 그게 무슨 뜻인지 알지 못했다. 측근이라 고 믿었던 사람이 당장의 이익을 위해 모반을 일으키는 것을 보면서 놀 라움과 동시에 기막힘으로 '후, 정말 대단하다' 하는 감탄이 절로 나왔 던 적도 있다.

결국 스스로 책잡히지 않도록 노력하는 일이 최선의 방법이지만 모 반하는 성향이 강한 사람을 측근에 두는 것은 대단히 위험하다는 생각 이 들었다. 옛사람들이 새 사람을 들일 때 사람의 됨됨이와 집안 분위 기 등을 보는 이유도 그래서였을 것이다. 그러나 사람의 속을 누가 속 속들이 알 수 있겠는가? 나는 세상에 첫걸음을 내딛는 후배들을 만나 게 되면 지나치게 타인을 믿는 어리석음을 범하지 말라는 이야기를 하 곤 한다. 비단 사회초년생에게만 해당하는 조언이겠는가? 조직생활을 마무리하고 홀로 세상과 맞서야 하는 사람에게도 반드시 해주고 싶은 말이다. 작은 속임에 넘어가면 그나마 다행이지만 큰 속임은 반드시 피 할 수 있어야 한다. 하지만 작은 속임을 당하면서 배우지 않고서는 사 람을 쉽게 믿는다는 것이 어떤 것인지를 잘 알 수가 없다. 인간은 자신 의 이익에 대단히 성실한 존재다. 덕과 예를 주장하는 사상가들의 이야 기를 믿고 싶지만 '인간불신의 철학'을 부르짖었던 한비자가 다른 사상 가들보다 인간을 정확히 보지 않았을까 하는 생각이 들기도 한다.

사장으로 일하면서 비용을 줄이기 위해서 사람을 내보내는 일을 여러 차례 시행했다. 회사에 오랫동안 근무하고 있던 직원들은 회사의 사정을 잘 알고 있었고, 스스로 지원해서 입사한 것이기 때문에 구조조정의 이유를 이해할 수 있다. 그런데 스카우트해서 입사한 경우라면 어떨까? 필사적으로 수익성 있는 사업을 찾는 과정에서, 좋은 직장에서 열심히 일하면서 전문성을 구축해온 사람들을 **빼내와야** 할 때가 있었다. 인간이 자신의 이익을 위해 얼마나 영악해질 수 있는가를 인재를 스카우트하면서 경험했다. 지금도 미안한 마음을 지울 수 없는 몇몇 사람들이 있다. 내가 스카우트하지 않았다면 그들은 비교적 안정적인 인생항로를 걸었을 것이다. 지금은 다들 어떻게 사는지 궁금하다.

스카우트는 대개 학교 후배들을 중심으로 벌어졌다. 그가 이곳에서 와서 잘 적응할 것인지는 다음 문제였다. 좋은 인재를 찾아 스카우트하느라 동분서주하는 사람에게 그런 문제는 안중에 없었다. 상대방이 사정이 어떻든 간에 일단 데려오는 것이 목적이기 때문이다. 스카우트당하는 사람은 알아서 자신을 스스로 보호해야 했다. 스스로를 보호하는 능력을 갖춘 사람들이 있었던 반면 그렇지 못한 사람들도 있었다. 특히 연구소에서 스카우트한 사람들 가운데는 연구 활동을 하도록 두는 것이 좋았을 법한 경우가 많았다.

그러나 나와 함께 스카우트를 수행했던 사람들은 무자비할 정도로 상대방을 유혹했고 책임질 수 없는 말로 화려한 미래를 펼쳐놓으니 다들 혹할 수밖에 없었다. 일단 스카우트된 사람이 제법 오랫동안 근무한다면 양심의 가책을 받지 않을 것이다. 그러나 그들이 멀쩡한 직장을 내팽개치고 나온 다음에 불과 6개월도 되지 않아서 비용을 줄이기 위한 구조조정 대상에 오른다면 어떻겠는가. 이처럼 말도 안 되는 일이 자주 일어났다.

그나마 나는 한편으론 '저렇게 데려오면 앞으로 어떻게 책임을 지지?'라는 걱정을 하고 있었지만 사기업에서 오랫동안 단련된 임원들 가운데 몇몇은 전혀 그런 생각이 없었다. 그야말로 얼굴에 철판을 깔고 자신조차 믿을 수 없었던 이야기로 상대방을 유혹하고 거창하게 직급을 부풀려 사람들을 데려오고야 말았다. 현업을 뛰어보지 않은 사람이라면 아무래도 사람을 낭만적으로 볼 가능성이 높다. 아무리 학식이 고매한 사람도 마찬가지라 생각한다. 스카우트 결정으로 일단 정글 속에 들어오고 나면 전직이란 어려운 결정을 내린 사람들을 보호해주는 사람은 아무도 없다. 그렇게 한 사람을 데려오기 위해 열성적으로 뛰어든 사람들조차 그 자리에 얼마나 있을지 모르기 때문이다.

일종의 인간 사냥꾼이었다는 표현을 사용하면 과할까? 이따금 그때 스카우트의 대상이 되었던 사람들이 이후에 어떤 길을 걸어가고 있을지 생각해본다. 그들이 그런 변화를 통해서 더 나은 삶을 개척하는 데 성공했다면 다행이지만 '그때 그 양반들의 감언이설에 속아서 내가 이런 고생을 하고 있다'고 생각하는 사람도 있을 것이다. 이 점은 지금도 가슴 아프게 생각하는 부분이다. 나 역시 자리가 자리인 만큼 회사의 생존을 위해서 후배들을 무작정 끌어들이는 데 일정한 역할을 담당할 수밖에 없었기 때문이다.

결국 자기 자신을 보호할 수 있는 유일한 존재는 형이나 아우, 선배나 후배가 아니라 바로 자기 자신임을 우리는 잊지 않아야 한다. 잘나갈 때야 모두 "우리가 남이가?"를 외친다. 하지만 위기의 순간이 오면 우리는 각자의 길을 걸어가게 된다. 이런 점에서 타인의 말만 믿고 전직을 결정하는 것만큼 위험한 일도 없다. 특히 인생의 어느 시점에서 전직을 결심하는 사람들은 주의하고 또 주의해야 한다. 스카우트 결정을 하기 전까지는 스카우트 대상자의 몸값이 한참 오르지만 일단 결정하고 나면 모든 힘은 상대방에게 옮겨간다. 때문에 '상대방도 내 마음과 같을 것'이라는 지나친 낙관 속에서 얼마간의 돈이나 허황된 약속을 기대하고 직장을 옮겨서는 안 된다. 그런데 보통 사람들은 직접 손을 데어봐야 뜨거운 줄 안다. 내가 그러했듯이 말이다. 나의 글이 직접 경험과 같은 큰 비용을 지불하지 않고서 전직의 빛과 그림자를 파악하는 데 도움이 되길 바란다.

인간은 의미를 찾는 존재

인간은 의미를 추구하는 존재다. 자신이 무슨 일을 하든 인간은 본능적으로 스스로에게 '이 일은 나에게 무엇인가?'라는 질문을 던지고 답을 구한다. 물론 먹고사는 문제로 매일 투쟁하고 있는 상황이라면 의미는 그다음의 일이다. 벤처기업에 뛰어들어 허겁지겁 살아남기 위해서 노력하는 과정에서 힘들었던 부분은 '이 일이 과연 무슨 의미가 있는가?'라는 회의가 불쑥불쑥 떠오르는 것이었다. 수익을 좇다보니 결국에는 성인물 콘텐츠를 제공하는 사업까지 했다. 공직에서 오랫동안 일하고 비교적 나를 잘 아는 분이 여러 사람이 동석한 자리에서 이렇게 말했다.

"아무리 급하다지만 공 박사가 그런 일까지 해서는 되겠어요? 주변에서 이런저런 이야기를 하는 사람들도 있는데……. 아무리 어려운 상황이라 하더라도 넘지 않아야 할 선이 있게 마련인데, 그런 방법으로 돈을 버는 일은 더 생각해보세요. 그리고 개인 이미지도 그렇지 않습니까?"

올바른 지적이었다. 그러나 막상 조직을 책임지는 위치에 선 사람이 이것저것 가려가면서 일을 할 수 있는 상황이 아니었다. 합법과 불법 사이를 아슬아슬하게 걸으면서 성인물 콘텐츠 사업은 계속 진행됐다.

최근 마이너 포털사이트의 사장이 구속되는 사건이 있었다. 사이트에 성인물 콘텐츠를 게재해서 이익을 취했다는 것이다. 그 기사를 보면서 사장 자신도 처음부터 그런 비즈니스를 할 생각은 없지 않았을까 추측해봤다. 수익 모델을 찾아내려고 애쓰던 중에 나온 고육지책이 아니었을까. 개인적으로는 원하지 않지만 조직을 책임지고 있기 때문에 해야 하는 일도 있으니 말이다. 그러나 보통 사람들은 '저 친구가 돈 때문에 저런 일까지 한다'고 생각할 것이다.

고된 일을 하더라도 보람이 있다면 얼마든지 견뎌낼 수 있다. 그러나 조직을 이끌 돈을 벌어들이기 위해, 한마디로 살아남기 위해 성인물까지 팔아야 하는 상황에 처하자 자괴감이 들었다. 내가 지금 무엇을 하고 있나 하는 생각까지 들었다. 하지만 어떻게든지 '저 친구 저렇게 하더니 꼴좋게 되었다'는 세인들의 평가만은 꼭 피하고 싶었다. '어떻게든지 몸을 다치지 않고 살아서 나갈 수 있어야 한다'는 각오만으로 버텼다. 그러다가도 직업의 의미, 생의 의미가 떠오를 때면 '참담함'이 느껴졌다.

비즈니스 모델을 찾던 중에 쇼핑몰에서 이른바 법인영업이란 것을 해본 적도 있다. 간단히 말해 추석이나 설과 같은 특별한 시기에 특정 기업의 선물을 대행해주는 것이다. 지금 기준으로 생각하면 성공 가능성이 거의 없는 일이었다. 그런 일에서는 이미 백화점, 할인점, 홈쇼핑 등이 연륜을 자랑하고 있었기 때문이다. 어느 기업이나 오랜 기간 동안 거래를 해왔던 거래선을 갖고 있었다. 그때 내가 잘 아는 기업인을 찾아가서 청탁을 한 적이 있다. 그 기업에서 사용하는 가벼운 물품들을 우리가 대행해서 공급하겠다는 것이었다. 일언지하에 거절당했음은 물론이다. 이제 와서 생각하면 제정신으로 부탁할 수 있는 사안은 아니었다. 그 기업의 입장에서 조금이라도 생각해보면 신생 기업, 그것도 내일을 확신할 수 없는 기업에게 어떻게 일감을 맡기겠는가? 그러나 가장은 가족을 책임져야 하고, 조직의 사장은 조직원들을 살려야 한다. 개인의 체면 등은 모두 후순위에 들어가는 상황이었다.

《살아야 한다. 나는 살아야 한다》는 책의 제목처럼 살아남을 수 있다면 무슨 일이든지 해야 하는 상황 속에서 의미를 찾을 수 없는 일을 나는 계속하고 있었다. 학창시절 이래 의미 없는 일을 만났던 적은 없었다. 힘든 일이라 하더라도 미래를 만들어가는 데서 의미를 찾을 수 있었기 때문이다. 그러나 벤처기업 사장으로 했던 일은 그저 생존하기 위해 노력하는 것이었을 뿐, 그것이 세상에 어떤 가치를 만들어낼 수 있는가에 대해서는 확신이 들지 않았다. 내가 하지 않아도, 내 조직이 하지 않아도 다른 사람이나 다른 조직이 얼마든지 할 수 있는 일이라면 굳이 당신이, 당신 조직이 할 필요가 없지 않은가?

당신 일에서 의미를 찾을 수 없다면

혹자는 배부른 소리라고 비판할 수 있지만 스스로의 일에 대해 그리고 삶에 대해 의미를 찾을 수 없다는 것만큼 난감한 일도 없었다. 항상 씩씩하고 열정적으로 보였던 나는 안에서부터 변해가고 있었다. 새벽 일찍 나와서 밤늦은 시간에 집으로 돌아가는 일은 30대 때와 다를 게 없었지만 표정은 점점 어두워졌다. 견뎌낼 수 없을 정도로 극심한 스트레스를 느낄 때는 수원의 용주사를 찾아서 마음을 다스리기도 했다.

가을이 깊어가던 어느 날, 용주사를 들렀다. 종교를 떠나서 절은 유년기의 추억도 있어서 자신을 추스르고 되돌아보기에 좋은 곳이었다. 청명한 가을 하늘 아래 찾아오는 사람도 없는 대웅전 앞뜰을 물끄러미 바라보면서 흘러가는 시간 속에서 내가 만들어가는 삶도 찰나에 지나지 않는다는 것, 그 찰나에 경험하는 희로애락은 얼마나 덧없는가를 깨달으며 자신을 추슬렀다. 사실 인간은 자신에게 주어진 역경과 좌절을 지나치게 크게 확대해서 받아들이는 성향이 있다. 다 지나가는 것인데 말이다.

그 와중에서 나는 회사를 매각하기 위해 사람들을 만나고 다녔다. 사실 수익성이 보장되고 미래가 창창한 회사라면 매각도 당당하게 할 수 있다. 그러나 어두운 속사정과 불투명한 미래를 잘 아는 사람의 입장에서는 꺼림칙한 일이다. 한마디로 가능성 없는 사업을 다른 사람에게 잘 포장해서 떠넘겨야 했으니 말이다. 사실 기업이 잘 운영되고 있다면 매각할 이유가 없다. 과감하게 기업을 인수했다가 기존 사업까지 위협을 받는 사례가 종종 발생하곤 한다. 아무리 철저하게 사전조사를 한다고 했어도 숨겨진 부채를 발견하지 못하는 경우가 있기 때문이다. 그래서 인수합병을 하기 전에는 당연히 신중할 수밖에 없다.

당시 인터넷 업계는 서로 실상이 공개된 것이나 마찬가지였다. 한 다리만 건너면 내부 사정을 다 파악할 수도 있었다. 그러나 다른 업계 사람들은 인티즌의 회원 수와 미래가치만 보고 솔깃해했다. 잘 모르는 분야에 투자하지 말아야 하는 것처럼 잘 모르는 사업에 뛰어드는 것도 주의하고 또 주의할 일이다. 그렇게 해서 한 중소 SI(System Integration, 시스템 통합)업체가 유력한 인수자로 등장했다. 오너 측과 인수하려는 기업

사이에 밀고 당기는 협상이 계속된 끝에 계약서가 체결되었고, 위약금 액도 일반적인 경우보다 훨씬 컸다. 매각이 끝나면 업계를 나와야겠다 는 생각도 굳혔다. 아무 의미를 부여할 수 없는 일에 몸 담아야 할 이유 가 없었다. 큰 꿈을 안고 뛰어들었던 벤처기업이었고 기대하는 성과를 거두지 못했기 때문에 스타일을 확실히 구긴 것은 사실이다. 뛰어들 때 는 잘못된 선택을 했지만 나갈 때는 적절한 시점을 택해서 현명하게 나 가야 한다고 생각했다.

물론 다른 계획이 있었던 것은 아니다. 다만 실패했다는 낙인을 피하 는 마지막 방법이 회사를 매각한 후 나 또한 떠나는 것이라고 생각했을 뿐이다. 그런데 인수자 측에서 기존 경영자까지 포함해서 인수하는 것 을 조건으로 요구했다. 내가 거절하면 계약이 무산될 것이었기 때문에 어쩔 수 없이 매각이 끝난 후에도 업계를 떠날 수 없는 상황에 놓였다. 당시 회사의 매각 관련 기사를 보면 기업 매각이나 전직이 어떻게 이루 어졌는가를 엿볼 수 있다.

1. 매각 결정

코스닥 등록 시스템통합(SI)업체인 코아정보시스템이 인터넷 포털업체인 인티즌을 인수한다. 코아정보시스템(사장 S)은 인티즌(사장 공병호)의 대주 주인 K 씨 등으로부터 인티즌 지분 63퍼센트를 인수하기로 했다고 2월 28일 발표했다. 대신 K씨 등은 주식매각 대금으로 코아정보 유상증자에 참여할 계획이다. 사실상 주식을 교환하는 셈이다.

인티즌 G 부사장은 "인수금액은 실사를 거쳐야 하지만 50억~60억 원이 될 것으로 보인다"고 말했다. 인수 절차가 마무리되면 공 사장은 코아정보 의 대표이사 사장, G부사장은 인티즌의 대표이사 사장을 맡게 된다. 사장

S씨는 코아정보의 1대 주주 지위를 유지하면서 회장직을 맡는다. 대주주 K씨는 인티즌의 주식가치를 높이기 위해 보유주식 104만 주 중 70만 주를 소각키로 했으며 두 회사의 2대 주주가 될 것으로 예상된다.[34]

2. 매각 무산

코스닥 등록업체인 코아정보시스템의 인티즌 인수가 무산됐다. 인티즌은 코아정보가 K씨 등이 보유하고 있는 인티즌의 지분 63퍼센트를 인수키로 하고 협상을 벌여왔으나 인수가액과 거래조건 등에 합의하지 못해 결렬됐다고 19일 밝혔다. 회사 측은 그러나 공병호 전 인티즌 사장의 코아정보 대표이사 선임은 여전히 유효하며 향후 공동 수주사업과 전략적 제휴를 통해 지속적인 협력관계를 유지해 나가기로 했다고 말했다. 인티즌 G사장은 "양사가 당초 주식인수 가격과 유상증자 가격 등에 대해 의향서를 교환한 뒤 실사를 통해 합의키로 했으나 실사 결과에 대한 입장차이가 크고 최근 코스닥 시장 하락 등으로 어려움이 있었다"고 말했다. G사장은 "양사의 인수합병은 앞으로 증시상황과 주변 여건이 개선될 경우 다시 논의할 수도 있을 것"이라고 덧붙였다.[35]

3. 사장직 사임

공병호 코아정보시스템 사장은 "23일 소프트뱅크 파이낸스 코리아가 코아정보시스템 인수를 확정함에 따라 사장직에서 물러나겠다"고 24일 밝혔다. 공 사장은 당분간 현업에서 손을 뗄 것으로 알려졌다. 공 사장은 지난해 3월 전국경제인연합회 산하 자유기업원에서 인티즌 대표로 옮기면서 벤처업계에 뛰어들어 관심을 모았고 올 3월 코아정보시스템 대표로 취임했다.[36]

기업매각 작업 무산되다

인수 계약이 체결되고 나서 일단 사무실을 인수하는 중소 SI기업으로 옮겨서 근무를 하기 시작했다. 그러나 지지부진하던 인수 체결 과정에서 매각하는 측이 계약을 틀어버리는 바람에 문제가 발생했다. 이런 문제를 막으려고 만들어놓았던 위약조건상 계약위반 시 원인 제공자가 지불해야 하는 위약금이 상당 액수에 해당했기 때문에 계약 파기의 책임을 둘러싸고 신경전도 치열해졌다.

파는 대상이 된 회사의 CEO로서 책임을 안고 나는 쌍방 간에 원만한 합의를 도출하기 위해 노력했다. 나는 기업을 넘기는 계약이 완결되고 나면 사업 세계를 떠나겠다는 마음을 먹고 있었지만, 결국 파는 측에서 위약금을 지불하지 않는 대신에 나를 코아정보시스템의 대표로 보내기로 했다. 이제 갑자기 중소 SI업체의 사장을 해야 하는 입장이 되었다. 원청 업체로부터 먹고살 만한 일거리를 수주해야 할 뿐만 아니라 원청 업체에 해당하는 은행을 비롯한 금융권에 잘 보여야 하는 직무를 수행하게 되었다.

대개의 코스닥 기업들이 그렇듯이 코아정보시스템은 하나의 아이템으로 코스닥에 상장하는 데 성공했다. 그러나 IT분야는 제품과 기술의 라이프 사이클이 짧기 때문에 계속해서 후속 상품을 내놓지 못하면 시장에서 퇴출되기 십상이다. 내가 입사할 시기에는 기술 트렌드가 아날로그에서 디지털로 바뀌면서 기술 개발의 기회를 한 템포 놓친 상태였다. 외형적으로는 각종 대형 컴퓨터 회사들에 기자재를 납품하는 것으로 되어 있었기 때문에 상장 붐을 타는 데는 무리가 없었다. 오너인 S씨는 코스닥에 돈이 몰리는 시절 운 좋게 상장에 성공한 사람이었다. 그는 증자로 거두어들인 돈으로 인터넷 기업을 인수해서 기업을 키울지 아니면 그동안의 경험을 바탕으로 상호금융과 같은 돈 장사에 뛰어들지 갈등을 했던 모양이다. 그런데 인터넷 기업 인수가 무산되면서 확장의 기회도 놓치게 되자 계속해서 사업을 하는 것에 대해서도 고민이 컸던 것으로 보인다.

S씨는 사업에 흥미를 잃어가고 있었다. 수주를 위해서 분투노력해야만 생존이 보장되는 업계에서 코스닥 상장 이후 계속해서 사업을 해나가기란 여간 힘든 일이 아니다. 그리고 오랫동안 경쟁사로 활동해온 동료들이 상장 이후 회사의 오너십을 경영권 프리미엄과 함께 넘기면서 상당한 현금을 확보해 유유자적하는 모습을 보며 더 흔들렸던 것 같다. 내가 S씨의 마음속으로 들어가 볼 수 없는 일이기 때문에 정확하게 당시의 상황을 묘사할 수는 없다. 다만 사업에 대한 흥미를 잃어버린 것만은 분명했다. 그래서 나는 이렇게 권했다.

"중소기업이란 것이 목숨을 걸고 해도 될까 말까인데 그냥 회사를 팔고 나가는 것이 좋겠습니다. 아마도 이처럼 좋은 가격에 회사를 팔고 나갈 수 있는 시점도 없을 것 같은데 그냥 팔고 이번 참에 기업을 접는 것이 좋겠습니다."

"그러면 나는 뭘 하지? 앞으로?"

"아, 인생을 좀 즐기는 것이지요. 지금까지 정말 고생이 많았는데요."

사실 그런 넋두리에도 불구하고 그는 뒤로는 이미 회사를 파는 계획을 상당 부분 진행시킨 상태였다. 내가 S씨의 회사에 합류한 것이 4월이었고, 회사가 팔린 시점이 6월이었으니 CEO가 모르는 사이에 이미 오너는 회사 매각을 진행하고 있었던 것이다. 아무튼 그렇게 해서 옮긴 회사생활도 회사가 팔리면서 종결되고 말았다.

회사 매각 관련해서 잊지 못하는 에피소드가 하나 있다. 인티즌 매각은 무산됐지만 나를 코아정보시스템 CEO로 채용하면서 고용계약서를 한 장 작성했는데, 이직 보너스로 S씨가 소유하고 있던 주식의 일부를 제공하기로 했다. 여기에는 조건이 하나 있었는데 그것은 내가 몸담고 있던 인터넷 기업의 인수가 완결될 경우에 실행된다는 것이었다. 그러나 앞에서 이야기한 바와 같이 인터넷 기업의 인수가 무산되고 나서 나는 S씨가 세운 회사의 사장을 맡게 되었다. 인수가 무산된 다음 한두 번 정도 지나가는 소리로 고용계약서를 다시 작성해야 하지 않겠냐고 물었지만 S씨는 조금 있다가 하자는 답만 되풀이했다. 나도 '뭐 별일이 있겠어?'라고 생각해 그냥 넘어갔다.

코아정보시스템의 매각 계약이 체결되기 바로 하루 전날 오너인 S씨가 나를 불렀다.

"공 박사, 예전에 그 쓴 고용계약서 있잖아. 그거 내일 복사해서 한 장 가져다주면 어때?"

"그러죠."

왜 그 복사본을 달라고 했는지 이유를 아는 데는 얼마 걸리지 않았다. 계약이 체결되는 날 나는 오너를 찾아갔다.

"회사가 팔리고 나면 제가 떠나야 할 텐데 계약서에 명기된 대로 구주를 언제 넘겨주실 겁니까?"

그는 묵묵부답이었다.

"대신에 내가 장학금으로 얼마를 주면 어떨까?"

"잘 알겠습니다."

그 길로 돌아 나와서 이후 S씨를 만난 일이 없다. 그는 처음부터 그 계약을 이행할 마음이 없었던 것이다. S씨는 가장 적절한 타이밍을 선택해서 회사를 파는 데 성공했다. 그는 상장 차익을 자신의 재산으로 만드는 데 성공했지만 이후 우회상장 등과 같은 테마로 사용되던 그 회사는 껍데기만 남는 기업으로 전락하고 만다.

그래도 미련이 남아서 S씨와 맺은 계약서를 평소에 알고 지내던 변호사를 보여주었더니 그분 말씀이 이랬다.

"일단 문건만으로 보면 공 박사가 잘못한 겁니다. 상황이 바뀌면 어떤 경우든지 다시 고용계약서를 써야지요. 그러나 정황은 충분히 이해가 됩니다. 다만 소송 시간이 길 것이고 잃어버릴 평판을 생각하면 그냥 접는 것이 좋겠습니다."

월마트 창업자 샘 월튼은 사업을 실컷 키워놓았지만 계약서에 한 구절을 잘못 기록하는 바람에 5년간 만들어온 사업 기반을 완전히 날려버렸다고 한다. 물론 그는 그 사건을 계기로 더 이상 계약서 때문에 손해를 보지 않았다.

이 사건 이후에 나는 타인을 대함에 있어서 어떤 부분을 유의해야 하는지, 사람이란 어떤 존재인지를 나름대로 깨닫게 되었다. 이런 경험이 사업 세계를 떠나고 난 다음에 비슷한 상황이 발생했을 때 쉽게 타인의 의도에 말려들지 않고 상대방의 저의를 읽는 데 도움이 되었음은 물론이다. 살면서 타인에게 속임을 당하는 일은 없는 것이 가장 좋다. 그러나 그런 일들이 완전히 없을 수는 없다. 다만 그런 일이 발생했을 때 단기간의 결실에 대해서 지나치게 연연하는 것은 올바른 일이 아니라고 본다. 실패나 실수로부터도 얼마든지 배움을 선택할 수 있다. 아무튼 이 땅의 사업 세계에서 지나친 순진함은 곧바로 바보라는 뜻임을 잊지 않아야 한다. 잘 짜인 조직에서 수십 년을 승승장구해온 사람이라 할지라도 자기 사업에서 크게 성공한 사람이 드문 데는 본인의 능력 부족이나 불운도 한 부분을 차지하겠지만 스스로를 보호하는 데 실패한 것이 원인이라고 본다. 야무지지 않으면 언제든지 일격을 당할 수 있음은 사업 세계에서 얻은 교훈 중 하나다.

접대 골프와 접대 술

여기서 영업 이야기를 꺼내지 않을 수 없다. 내가 몸담았던 회사는 은행을 상대로 전산 장비와 프로그램을 판매했다. 은행은 여러 중소기업 가운데 조건이 가장 좋은 곳을 선택하는 위치에 있다. 그러다 보니 의사결정에 영향력을 발휘할 수 있는 은행 사람들과 인간적인 친분관계를 유지해야 하고, 이런 데서 성공할 수 있어야만 사업을 영위해나갈 수 있다. 오늘날에는 영업 방식도 많은 변화가 있을 것으로 믿어 의심치 않는다. 하지만 고만고만한 차이를 나타내는 중소기업들 가운데 여러분이라면 누구를 선택하겠는가? 결국 어느 정도의 품질을 만족시킬 수 있는 업체라면 개인적인 친분이 의사결정에서 대단히 중요한 몫을 차지할 것임에 틀림이 없다. 그리고 꼭 일과 관련되지 않더라도 일상적으로 좋은 관계를 유지해야 한다. 아마도 정도의 차이는 있을지라도 수주와 관련해서는 대부분의 비즈니스가 이렇게 운영되지 않을까 싶다.

나는 술을 잘하는 편이 아니다. 그러나 술을 마셔야 하고 골프를 쳐야 하고, 골프를 친 다음에 다시 술을 마셔야 했다. 술자리에서도 친분관계를 돈독히 하기 위해서 2차, 3차까지 갔고, 다음 날 술이 깨지 않아 사우나로 출근해 컨디션을 조절해야 하는 경우도 많았다. 수주 전에 임하는 중소기업 사장이나 임원들의 위치는 철두철미하게 '을의 인생'이다. 자신을 낮추고 상대방의 비위를 맞추기 위해 최선을 다해야 한다. 물론 그 자리에서 내가 해야 할 일이 무엇인지를 잘 알기에 그렇게 했다. 그러나 타인에게 청탁하기를 싫어하고 주관이 뚜렷하며 자신의 방식대로 살아가는 기질을 가진 사람이 다른 특성을 요구하는 분야에서 일을 하는 것은 쉽지 않은 선택이었다. 이런 전쟁터에서 승리한 사람들이 이 땅에 있는 대다수의 성공한 사업가들일 것이다. 그들을 존경하지 않을 수 없다.

해야만 한다면 할 수 있다. 그러나 선택 가능하다면 자신에게 잘 맞는 일을 하고 살아야 한다. '을의 인생'으로 살아가는, 짧지만 굵었던 경험은 힘들었지만 그 이후에 내가 어떤 삶을 살아가야 할지, 어떤 요구는 거부하고 어떤 요구는 받아들여야 할지를 결정하는 데 큰 도움이 되었다.

'갑의 인생'과 '을의 인생'은 완전히 다르다. 자수성가한 사업가들은 대부분 처음에는 '을의 인생'에서 출발한다. 싫어하는 일을 충분히 해야 그에 대한 대가로 좋아하는 일을 할 수 있게 된다. 그러나 세상에 '갑의 인생'만으로 살아가는 사람들이 얼마나 되겠는가. 대부분 '을의 인생'을 살다가 짧은 시간 동안 '갑의 인생'을 살 것이다.

사장직을 맡은 지 얼마 되지 않아 사건이 하나 터졌다. 당시 영종도 신공항의 금전출납기 관련 소프트웨어 개발 사업도 하고 있었는데 개항을 며칠 앞두고 시험운전 중에 뭔가 잘못된 것이다. 당시 나는 일의 전후를 정확하게 파악하지 못한 상태였기 때문에 몹시 당황했다. 에러가 계속 발생하자 발주처인 은행에서 항의성 전화가 빗발쳤고 급박한 상황이 전개되었다. 나는 은행을 직접 방문해서 책임자를 만나 사과하고 직원들과 함께 철야를 해야 할 정도로 연신 업무에 매달렸다. 전산직은 겉으로 화려하게 보이지만 정말 고된 직업이고 보수도 일에 비해 턱없이 낮다. 이런 환경 때문에 한국은 하드웨어에선 성과를 내지만 소프트웨어에서는 성과를 내지 못하는 것 같다. 현장에서 바라본 직원들의 업무는 '저렇게 일을 해도 되는가?' 싶을 정도로 고강도였고 장시간이 걸렸다. 그래서 전산직 종사자들의 수명이 짧다. 정작 우리는 스마트폰이나 각종 PC에서 다양한 소프트웨어들의 효용을 한껏 누리고 있지만 정작 이를 개발하는 사람들을 제대로 대접하지 못하고 있는 것이 사실이다.

스트레스는 대부분 통제력을 상실할 때 발생한다. 공부를 하는 과정에서는 스스로 상황을 통제할 수 있다. 그러나 사업 세계에서 일어나는 많은 일들은 스스로 통제할 수 없는 것이다. 예상치 못한 상황이 갑자기 발생했을 때 지나치게 스트레스를 받지 않고 이를 수습해나가는 것이 사업가에게는 무척 중요한 덕목이다. 그래서 학교생활에서의 모범생들이 사업 세계에서는 더 힘들 수 있다. 모범생은 주어진 상황을 완전히 통제할 수 있는 상황에서 최고의 성과를 올릴 수 있는 사람들이기 때문이다.

그러나 사업가들은 모호함과 불확실함 속에서도 의사결정을 내릴 수 있어야 하고 상황을 주도적으로 통제할 수 있어야 한다. 낙천적인 기질, 유연함, 순발력 등 학교에서 가르쳐줄 수 없는 능력이 요구되니 특정 사업에 체질적으로 맞는 사람이 있고 그렇지 않은 사람이 있을 것이다. 물론 훈련을 통해서 그런 자질을 배울 수도 있고, 한 해 두 해 그런 일을 하다보면 그런 능력이 강화될 수도 있을 것이다. 그럼에도 불구하고 타고난 능력이 그런 일에 적합하다면 이 얼마나 멋진가?

특히 중소기업 사업자는 '형님, 아우님' 하면서 누구와도 서슴지 않고 사귀는 뛰어난 적응력이 있어야 성공할 가능성이 높다. 세상 기준으로 다소 고지식하고 따지기를 좋아하고, 통제되지 않는 상황에서 쉽게 당황하는 사람들은 사업가 기질이 있는지 스스로 되물어봐야 한다. 사람은 자기에게 맞는 옷이라는 게 있다. 특히 시스템이 잘 짜인 회사가 아닌 중소기업의 경우는 더더욱 그렇다.

한 분야에서 뛰어난 두각을 나타낸 사람은 다른 분야에서도 잘할 가능성이 높지만 자신감만 믿기보다는 스스로의 능력을 엄밀하게 평가해보는 것이 좋다. 특히 가능한 한 완전히 다른 상황에 자신을 노출시키는 경우라면 지나친 자신감을 제어해야 실수를 줄일 수 있다. 다른 분야에서 특별히 요구되는 자질이 무엇인지를 파악하고 과도한 자신감을 버린 뒤 자신이 그런 능력을 갖고 있는지 면밀히 따져봐야 한다. 다재다능하지만 신중하지 못한 사람은 오만함 때문에 큰 비용을 치러야 한다. 자신을 잘 아는 일은 아무리 강조해도 지나친 법이 없다.

그렇게 나는 사업 세계에 뛰어든 끝에 큰 성과를 거두지 못하고 물러나고 말았다. 출근 마지막날, 나는 수행 기사와 함께 수원의 용주사로 떠나서 소래 포구로 갔다. 석양이 내려앉는 서해안을 바라보면서 '어쩌면 내 인생도 저렇게 내려앉는 것이 아닐까'라는 깊은 상념에 잠겼다. 또한 '내 인생이 어쩌다가 이렇게 꼬여버렸을까?'라는 회한이 머리를 뒤덮었다. 그때가 2001년 8월이었다. 1년 8개월 만에 밀려나듯 사업 세계를 떠났고 나의 40대 초반은 그동안 쌓아왔던 신뢰나 명성의 대부분을 날려버리는 것으로 시작되었다. 40년 동안 힘들게 노력하며 착실히 모은 돈을 잘못된 투자 결정으로 탕진한 셈이었다. 그리고 '이제 어떻게 살아가야 하는가'라는 새로운 과제가 내 앞에 주어지게 되었다.

2장
자식을 어떻게 키울 것인가

40대는 직업과 사회생활에서는 자신의 입지를 굳혀가는 시기이자 가정에서는 자식 교육에 성공을 추구하는 시기다.

'자식을 어떻게 키울 것인가?'

어느 부모나 이런 문제로 고심하지만 정답은 없다. 내가 박사과정을 밟았던 라이스 대학교는 학부 프로그램이 무척 우수해서 '남부의 하버드'로 불린다. 유학생활을 하는 내내 학부생들이 공부에 푹 빠질 수 있는 환경이 무척 부러웠다. 그리고 두 가지는 반드시 내 자식에게 해주어야겠다고 결심했다. 하나는 어떻게든 학부 교육을 미국에서 받게 하는 것이고 다른 하나는 영어 핸디캡을 완전히 극복하도록 기회를 주는 것이었다. 물론 나와 똑같은 시기에 유학을 한 동료 중에는 아이들의 정체성 문제 때문에 다른 선택을 하는 사람들도 있었다. 그들은 중고등학교 시절을 영어권 국가에서 보내더라도 정체성 문제나 인맥 문제 때문에 외국에 있는 아이들을 일부러 한국 대학에 입학시키기도 하는데, 미래를 정확히 알 수 없는 우리들로서는 어느 것이 정답인지 알 수 없다.

나는 다른 어느 부모 못지않게 교육이 중요하다고 생각했기에 나만의 교육 원칙과 소신으로 아이들을 키웠다. 한창 고비를 맞으며 40대에 접어들었을 때는 아이들의 교육에 있어서도 가장 중요한 시기였다. 당시 큰 아이는 막 중학교에 입학했고 막내는 초등학교 3학년이었다.

자신의 교육 원칙에 충실함

우리 부부는 모두 맞벌이를 해왔고 강남 지역에 거주하지도 않았다. 친인척 가운데서 해외로 나가 공부한 사람도 드물었기 때문에 역할모델을 갖기가 쉽지 않았다. 따라서 자식교육에 있어서도 내가 갖고 있는 원칙에 충실히 따랐고, 그 때문에 시행착오도 경험할 수밖에 없었다. 이런 점에서 보면 강남은, 장기적인 효과는 두고 봐야 하겠지만 단기적으로는 아이들 교육에서 확실히 비교우위가 있는 곳이다. 아이들 교육에서는 정보가 중요하다. 그리고 앞서 아이들을 키워본 사람들의 시행착오를 직접 듣고 정보를 나눌 수 있다는 면에서 그렇다.

1999년 10월경, 아내가 직무 관련 공부를 위해 2년 정도 미국에서 유학하는 계획을 세웠다. 여기에는 두 가지 목적이 있었는데 하나는 아이들의 영어였다. 영어를 가장 잘 습득할 수 있는 연령대는 중학교 1년을 넘기기 전이라고 생각했다. 막내는 어린 감이 있었지만 크게 신경을 쓰지 않았다. 큰아이를 중심으로 모든 의사결정을 내렸고 막내는 무엇이든 알아서 척척 잘 처리해내리라는 절대적인 믿음이 있었다.

큰아이를 중심으로 의사결정을 내리는 데는 다른 이유도 있다. 대개 첫아이는 키우면서 시행착오를 많이 할 뿐만 아니라 경제적 형편도 상대적으로 힘들다. 때문에 둘째에 비해서 좀 애잔한 감정이 있다. 늘 곤곤하기 짝이 없는 신혼생활 틈에 낳아서 키운 큰아이에 대해서 많은 사람들이 약간의 부채의식을 갖고 있을 것이다. 나도 이런 감정을 갖고 있었다. 반면에 둘째는 대부분 살림이 자리를 잡은 상태에서 키우기 때문에 심적 부담감은 다소 적어진다.

다른 한 가지 목적은 아내가 공부를 좀더 하고 싶어 했고, 처녀 때 입사했던 직장의 근무연수가 21년을 넘어서고 있었기 때문에 재충전을 하면서 앞으로의 길을 구상해보는 것도 좋다고 생각했다. 다행히 아내는 결혼 전 혼자 외국생활을 해본 경험이 있어서 얼마든지 아이들 둘을 데리고 유학생활을 하는 데 무리가 없었다.

결혼을 해서 살다보니 '백짓장도 맞들면 낫다'는 속담에 공감하는 때가 많았다. 내가 일에 전력투구할 수 있었던 것은 그만큼 아내가 다른 부분을 많이 커버했기 때문이었다. 그래서 자신에게 꼭 맞는 배우자를 구하는 일은 대단한 행운이다. 만일 두 사람 가운데 한쪽이 지나치게 기울면 그 나머지 부분은 다른 한 사람이 모두 책임져야 하기 때문에 그만큼 힘들겠다는 생각을 해본다. 그럼에도 불구하고 주위 부부들 중 남자 혹은 여자가 한쪽의 부족한 부분을 전적으로 떠맡아서 생활하는 경우도 있다. 나의 결혼생활을 되돌아볼 때 내가 여러 이유 때문에 도맡아 할 수 없는 부분을 아내가 챙겨준 것은 무척 감사하고 다행한 일이었다. 그리고 그 혜택은 나뿐만 아니라 아이들에게도 돌아간다. 그래서 '결혼은 서로 힘이 되어줄 수 있는 비슷비슷한 사람들끼리 만나서 하는 것이 좋다'고 믿는다.

베들레헴에 둥지를 트다

아이들이 정착할 장소는 첫 번째로 안전해야 했다. 또한 가능하다면 한국인들이 없어야 했다. 주로 인터넷을 통해서 정보를 검색했는데 적절한 지역을 찾는 데는 대학에 있는 둘째 형님의 조언이 큰 역할을 했다.

한국인들이 그다지 많지 않은 곳을 이곳저곳 찾다가 펜실베이니아의 베들레헴이란 작은 도시로 유학을 가기로 결정했다. 이곳은 유서 깊은 베들레헴 철강회사와 리하이 대학교가 있는 안정적인 곳이었다. 8월 말에 아이들이 출발하기로 했는데 내가 회사를 물러난 것이 8월의 초의 일이었다. 가장이 직장을 잃어버렸다는 것은 고정적인 수입이 끊긴다는 뜻이다. 그래도 나는 돈이야 다음에 벌면 되지만 아이들 교육은 때가 있다고 생각하고 계획대로 실행했다. 아이들이 출국한 후 며칠 있다가 나는 무거운 마음을 안고 미국에 도착했다. 하지만 직장이 있었더라면 아이들이 정착하는 초기에 내가 전혀 도움을 주지 못했을 것이다.

아내와 아이들은 일단 친구 집에서 신세를 졌다. 우선 2년 동안 살 집을 장만하는 일이 급선무였다. 아침 일찍 두 아이를 남겨 두고 아내와 나는 친구의 아내가 건네 준 커피를 들고 집을 나섰다. 뉴저지 주를 지나서 필라델피아의 도로를 달렸다. 베들레헴까지는 2시간이나 걸렸다.

차를 장만하는 일, 집을 구해 렌트 계약을 하는 일, 아이들의 학교를 알아보는 일, 가구를 이것저것 정리해주는 일 등 할 일이 많았다. 교육청을 들러서 아이들의 학교도 배정받았다. 학군을 정확하게 알아보고 집을 구했지만 큰아이가 상당히 열악한 학교에 배정되고 말았다. 한국도 공교육에 문제가 있지만 미국의 가난한 지역에 있는 중학교 교육이 얼마나 부실한지 생생하게 목격할 수 있었다. 리하이 인근에 있었던 이 학교는 거의 70퍼센트 이상의 학생이 스페인어를 모국어로 사용했고 공부에 대한 열의도 별로 없었다. 그래서 나는 원래 아이를 보내고 싶었던 이스트 힐 중학교의 교장선생님을 직접 만났다. 그분의 도움으로 큰아이는 괜찮은 학교로 옮겨갈 수 있었다. 미국은 괜찮은 사립학교, 괜찮은 공립학교, 그렇지 못한 공립학교 사이의 격차가 상상할 수 없을 정도로 크다. 그는 이후 우리 가족이 정착하는 데 큰 도움을 주었고 지금까지도 종종 연락을 주고받는다.

케이마트에서 조립용 가구를 사오고 사람들이 자기 집 앞 차고에서 차고세일(Garage Sale)을 하는 것을 둘러보면서 필요한 것들을 구입했다. 토요일과 일요일, 우리 부부는 동네 곳곳의 차고세일을 돌아보면서 필요한 물건들을 싼 가격에 구입했다. 여담이지만 나는 조직을 떠나서 살림이 어느 정도 궤도를 달리기 시작할 때까지 아파트의 재활용품을 버리는 곳에 나와 있는 책꽂이와 책상들을 자주 사용했다. 내가 지금 쓰고 있는 책상은 중국산인데 튼튼하기 이를 데 없고 크기도 엄청 크다. 이런 책상은 구하기도 힘들다. 그 책상은 아이들이 2년 동안 엄마하고 지내면서 밥상으로 쓰던 것이었는데, 우리 집이 힘들었던 시절 각자 자신의 길을 개척하기 위해 노력하던 시점을 늘 상기시켜 준다는 장점도 있다. 나는 이 책상 앞에서 내 자신에게 조용히 타이르곤 한다. '어렵고 힘들었던 그 시절을 잊지 않도록 해야 한다'는 사실 말이다.

아이들과의 추억

한참 가구를 조립하다가 막내와 함께 저녁시간에 차를 몰고 케이마트를 방문했다. 나는 전구와 가구 소품들을 고른 후 스타벅스 아이스커피 6개들이 팩도 하나 들고 나왔다. 그런데 계산대를 향하다가 그냥 팩은 사지 않기로 마음먹었다.

"아빠, 팩 갖고 가야죠."

"다음에 마시지 뭐."

막내는 그 광경을 오래오래 기억하고 있었다. 당시에 그걸 아껴야 할 정도의 상황은 아니었다. 그러나 직업도 없고 한국으로 돌아가서 무엇을 해야 할지 아무것도 결정되지 않은 상태에서 내 마음은 늘 불편했다. 이 일은 나의 심적 상태를 상징적으로 보여주었다.

세월이 많이 흘렀지만 스타벅스 아이스커피 팩은 오래도록 내 기억 속에 남아 있다. 지금은 정말 흔하고 흔해져서 고속도로 휴게소에서도 스타벅스 아이스커피를 마실 수 있다. 지금도 그 커피를 볼 때마다 직장을 잃어버리고 혼란스러운 상태에서 아이들의 미국 생활을 도와주었던 나의 모습이 떠오른다. 그리고 내가 여기까지 오게 된 것에 대해서 정말 감사한 마음을 갖곤 한다.

나는 이따금 어려웠던 시절을 머릿속에 떠올릴 때가 있다. 물론 그 어려움은 상대적인 것이기 때문에 '그것이 뭐 어려운가?'라고 반문할 수도 있다. 그러나 월급생활을 하던 사람에게 있어 정기적으로 들어오는 보수가 끊어지는 것이 무엇을 뜻하는가를 상기시켜준 사건이었다. 그래서 나는 지금도 안정이라든지 안심이라는 말을 쉽게 받아들이지 못한다. 지나치다고 할 정도로 '준비, 준비 또 준비'라는 단어가 내 뇌리를 떠나지 않는 데는 이런 사연들도 한 몫을 담당했음에 틀림없다.

짐을 정리해주고 다시 한국으로 돌아가려니 아이들과 아내가 걱정이 되었다. 공부를 해야 하는 아내에게 있어 영어가 서툰 아이들을 돌보는 일은 쉽지 않을 것이었다. 게다가 미국 유학은 아이들의 자발적인 의사를 존중해서 이루어진 것이 아닌, 떠나기 3주 전에 일방적으로 통보하고 데리고 간 상태였다. 막내는 어리지만 욕심이 많아서 적응해나가는 데는 아무런 문제가 없을 것이라 생각했다. 그러나 큰아이는 여전히 '왜 내가 여기서 이렇게 지내야 하는지' 잘 이해하지 못하고 있었기에 앞으로 잘 적응해나갈지에 대해서도 걱정이 앞섰다. 큰아이가 스스로 마음을 잡고 미국 생활에 뿌리를 내리는 데는 제법 시간이 걸렸고, 그 과정에서 아이뿐 아니라 아내도 마음고생을 많이 했다. 아이들의 경우에는 아직 '철이 덜 들었다'고 이야기하는 편이 나을 것 같다. 세월이 흘러 반듯하게 성장한 큰아이를 생각할 때마다 정말 감사한다.

무엇보다 내 마음을 어둡게 한 것은 내가 무엇을 하고 살지에 대해서 아무런 확실한 계획이 없었다는 점이다. 결국 누구도 자신을 대신해줄 수 없다. 직장을 잃거나 은퇴를 하거나 어떤 상황에 처하든지 간에 결국 스스로를 추스르고 일어서야 한다. 이것은 자신이 온전히 담당해야 할 삶의 한 부분이다.

아이들에게 조금이라도 도움이 되기 위해서 화장실, 식당 등에 영어 격언을 갈아넣을 수 있는 액자를 걸어주었다. 나는 영어 속담이나 격언을 영어와 한국어로 꼼꼼히 정리해서 수십 장을 만들어주고 올 정도로 극성을 떨었다. 이것이 한국 부모의 자식 사랑일 것이다. 그런 범주에서 보면 나 자신 또한 유전자의 세례로부터 결코 자유롭지 못했다.

썰렁한 그레이하운드 버스터미널에서 우리 가족은 포옹을 하고 헤어졌다. 아버지는 아버지의 길을, 자식은 자식의 길을 간다. 버스가 움직이기 시작하자 우리는 서로 보이지 않을 때까지 손을 흔들었다. 착잡한 마음이 앞섰다. 베들레헴을 떠난 버스는 이스톤을 거쳐서 맨해튼의 중앙터미널까지 달렸다. 내가 처해 있는 상황처럼 주변도 온통 잿빛으로 보였다. 이스톤 정거장에서 40대 중반의 한 남자와 40대 후반 혹은 50대 초반으로 보이는 남자가 긴 포옹을 하고 서로 등을 두드리면서 헤어졌다. 그중 젊은 사람이 내 옆 좌석에 앉았다.

"어디 가세요?"

"휴가를 내서 형님을 보러 잠시 내려왔어요. 저는 미시건에 살거든요."

"뭘 하시는데요?"

"요리사입니다."

이런 저런 대화를 나누는 사이에 어느새 버스는 맨해튼에 들어서고 있었다.

결국 삶의 길은 혼자서 가는 것이다. 무리 속에 있을 때는 모두가 함께 가는 것처럼 느끼지만 무리를 벗어나는 순간 '아, 이것이 삶이구나'라는 사실을 뼈저리게 느끼게 된다. 유학을 가서 혼자서 어둠을 헤치고 나오기 위해 노력할 때, 가족을 떠나서 홀로 새로운 세계를 개척할 때, 조직을 떠나서 살아갈 때. 이 모든 것은 혼자 가는 길이다. 정상적인 직장생활을 하는 사람이라면 아마도 직장을 떠나서 2막의 인생을 펼치게 될 때 비로소 '아, 내가 혼자구나'라는 사실을 난생 처음 느끼게 될 수도 있다.

자식 농사에 대한 단상

배움에는 때가 있다. 훗날 천금을 가지더라도 배움의 시기를 놓치면 그때는 아이들에게 어떤 교육 기회를 제공하더라도 그 효과가 크게 떨어진다. 사는 동안 중대한 의사결정을 해야 할 때가 있는데 실직 상태에도 개의치 않고 두 아이들에게 최고의 교육 기회를 제공하겠다고 결정한 것에 대해 스스로 자긍심을 갖고 있다. 아이들이 그 교육 덕분에 무엇이 되는가는 중요하지 않다. 선진국의 좋은 교육을 제공한 것만으로도 무형의 유산을 물려줬다고 할 수 있다. 아이들을 바깥으로 내보낼 때는 경제적인 면에서 유학을 보낼 형편이 결코 아니었다.

여러분이 생각해보면 충분히 예상 가능한 이야기다. 부모에게 큰 유산을 물려받지 않고 10여 년 정도 직장생활을 했다면 고작 갖고 있는 것이 집과 얼마 정도의 금융자산이 아니겠는가? 2년 후 아내가 귀국할 즈음에 어떻게 할 것인가에 대해서는 구체적인 계획이 없었다. 하지만 나는 분명히 내 자신의 입장을 정리하고 있었다. 아이들이 미국의 사립 기숙학교에서 마음껏 공부하고 미래를 준비할 수 있도록 뒷바라지한다는 것이 그것이었다. 이 세상 어느 나라의 부모가 자신이 가진 모든 것을 털어서 아이들 뒷바라지를 할 수 있을까? 자신의 몸이 산산이 부서지더라도 아이들에게 더 나은 미래를 만들어주기 위해 헌신할까? 다른 나라 부모들은 상세히 알 수는 없지만 한국인의 유전자 속에는 그런 자식사랑이 깊이 각인되어 있다고 생각한다. 나는 그런 부모 가운데 하나였다. 자식 교육을 위해서는 어떤 희생도 감수해내겠다는 각오와 마음가짐을 가진 부모 말이다.

더욱이 나는 한 집안이 온전히 일어서는 데는 3대가 걸린다는 말을 굳게 믿고 있다. 따라서 할아버지 세대에 이어서 아버지 세대의 희생과 헌신이 불가피하다고 생각하는 전통적인 아버지관(觀)을 가진 남자이기도 하다. 2년 후, 아내가 미국생활을 끝내고 직장에 복귀할 때 큰아이는 미국에서 사립고교를 다녔고, 이후 대학에 입학해 군복무를 마친 후 복학했다. 막내는 초등학교 4학년 2학기 되는 어린 시절부터 혼자서 기숙 초등학교와 중학교, 고등학교를 다녔다. 그리고 이제 대학 1년을 마치고 곧 군에 입대할 예정이다. 이따금 나는 막내에게 "네가 받은 교육은 전 세계 사람들 가운데 0.0001퍼센트만이 받은 것이다. 책임감을 갖고 살아야 한다"라는 말로 자신이 누리고 있는 것을 절대로 당연하게 여기지 않도록 강조하고 또 강조한다. 나의 교육관대로 다 실천하지는 못했지만 노력은 많이 했다. 정보가 부족해 아이들 교육에 시행착오를 겪는 일도 많았지만 지름길 대신 곧은길을 가면서 얻은 것도 많았다고 생각한다.

내가 갖고 있는 자식 교육관을 정리해보는 것이 여러분에게 도움이 될 것이라고 생각한다. 아래는 대부분 누구를 본받은 게 아니라 스스로 생각해서 정리한 것이다.

1. 아버지가 자식 교육에 일정한 시간과 에너지를 투입해야 한다 아이들에게 큰 길을 잡아주는 것은 아버지의 몫이라고 생각한다. 물론 30대나 40대는 모두가 분주하기 때문에 시간을 내기가 쉽지 않다. 하지만 시간이 없어서가 아니라 아이들 교육이 아버지가 시간과 에너지를 투입해야 할 만큼 중요하지 않다고 생각하고 있지는 않은지 점검해봐야 한다.

2. 부모의 안목이나 시야가 중요하다 참 똑똑한 아이인데 기회를 갖지 못하는 사례를 주변에서 보곤 한다. 단순히 경제적인 문제가 아니라 아버지나 어머니가 가진 생각 때문에 아이들의 앞길을 막는 경우가 있다. 예를 들어 '딸아이는 집에서 끼우고 키워야 한다'는 등과 같은 생각이 그렇다. 부모 스스로 안목이나 시야를 넓히기 위해 노력해야 하고 자신의 경험이 때로는 아이들에게 족쇄가 될 수 있음을 알고 있어야 한다. 때문에 자신이 가진 선입견이나 편견을 깨는 노력도 함께 해야 한다.

3. 부모의 삶에 감동이 있어야 한다 아이들은 부모의 뒷모습을 보고 자란다. 아이들은 부모가 어떻게 살아가고 있는지를 잘 알고 있다. 게으름을 피우고 매사를 대충대충 하고 오락을 지나치게 가까이 하면서 더 나은 삶을 위해 노력하지 않는 부모가 아이들의 마음을 움직이기는 쉽지 않다. 감동이란 마음에서 일어나는 미묘한 변화다. '우리 아버지를 생각하면 열심히 하지 않을 수 없다'는 생각이 들 정도로 부모가 진지하게 열심히 살아야 한다. 이것은 내가 아버지한테서 가장 크게 배운 교훈이다. '우리 아버지는 내가 도와주어야 한다'는 생각이 들게 해야 한다.

4. 반듯한 세계관을 물려주어야 한다 영어 성적도 중요하고 수학 성적도 중요하다. 그러나 부모님 그늘을 떠나서 스스로 삶을 개척해나가기 위해서는 삶의 주체가 바로 자신이라는 것을 일깨워주어야 한다. 그리고 세상을 바라보는 좋은 생각의 틀을 갖도록 도와줘야 한다. 세상을 원망하고 세상에 그 책임을 돌리면서 늘 툴툴거리고 왜곡된 역사관이나 경제관을 갖지 않도록 양서를 권하고 함께 대화할 수 있어야 한다. 그것은 아버지가 물려줄 수 있는 중요한 무형의 유산에 해당한다.

5. 홀로서기를 적극적으로 도와야 한다 큰 나무 밑에서는 작은 나무가 자라기 힘들다. 부모가 재력이 있거나 유명인이라면 오히려 그것이 아이들에게 부담감이 되거나 의타심을 조장할 수 있다. 한마디로 각자의 계정을 일찍부터 독립 계정으로 만들 필요가 있다. 특히 스스로 성공한 사람들이라면 이 부분을 필요 이상으로 강조할 필요가 있다. 우리 모두는 각자의 인생을 산다. 아버지는 아버지의 인생을, 아들은 아들의 인생을, 딸은 딸의 인생을 스스로 개척해간다는 생각이 집안의 가풍(家風)이 되어야 한다. 누군가에게 의지하거나 의탁하지 않도록 만드는 것의 중요성은 아무리 강조해도 지나치지 않다.

6. 방임보다는 적절한 관리가 행해져야 한다 유능한 상사가 부하들을 대할 때와 마찬가지로 중간중간 학업이든 무엇이든 간에 약속하거나 계획을 세운 것이 제대로 지켜지고 있는가를 점검할 필요가 있다. 스스로 성공적인 학창시절이나 사회생활을 해온 부모들 가운데 '알아서 잘하겠지'라는 믿음에 바탕을 두고 지나친 방임형 교육을 했다가 어려움을 겪는 경우를 이따금씩 본다. 계획을 세우고 이 계획들이 제대로 진행되고 있는지를 확인한다는 것만으로 아이들에게 큰 자극을 줄 수 있다.

7. 영어에 대해서는 각별한 관심이 필요하다 나는 《영어만은 꼭 유산으로 물려주자》는 책을 쓴 적이 있는데, 이론이나 경험으로 미루어보면 영어를 습득하는 능력은 중학교 1년을 전후해 결정되는 것 같다. 그 시점 이전에 집중적인 이중언어 교육을 받은 경우와 그렇지 않은 경우에 모국어이외에 언어를 배우는 것의 효과는 크게 달라진다. 투자의 효율성이란 면에서 반드시 염두에 두어야 할 점이다. 물론 언어 재능을 타고 난 아이들은 예외가 될 수 있다.

8. 좋은 습관은 가질 수 있도록 도와주어야 한다 사회생활을 하면서 결국 성공하는 인물과 그렇지 않은 인물들 사이에는 실력의 격차도 있지만 튼실하면서 좋은 습관을 갖추고 있는가의 여부가 중요하게 작용한다. 주도적으로 학습하는 습관, 무엇이든 읽는 것을 좋아하는 습관, 감사하는 습관, 반듯하게 앉고 걷는 습관, 윗사람을 정중하게 대하는 습관, 정리정돈하는 습관, 고운 말을 사용하는 습관 등 우리가 반드시 지켜야 할 습관들은 반복을 통해서 만들어진다.

9. 악기든 운동이든 어떤 것을 배울 때 끝까지 하도록 돕는다 계획을 세워서 일단 시작한 일이라면 특별한 일이 없는 한 끝까지 마무리하도록 해야 한다. 특히 악기는 험난하고 변화무쌍한 세상을 스스로 헤쳐나가는 데 큰

위안이 된다. 음악은 삶의 균형을 유지하고 자신을 성찰할 기회를 제공한다. 배우는 데 오랜 시간이 걸리는 것일수록 하다가 그만두지 않도록 힘을 모아볼 일이다. 삶은 생각보다 길기 때문이다.

10. 인생에 대한 기대수준을 높여준다 평범한 삶을 살아가는 일도 그 나름대로 보람이 있는 일이다. 그러나 많은 경우 그런 삶은 스스로 자신의 한계를 미리부터 정해버리는 것이기도 하다. 자신의 가능성을 한껏 발휘해서 자신과 가족, 조직과 사회를 돕는 일의 중요성을 알고 이를 주도해가는 한 사람으로 스스로 자리매김할 수 있도록 돕는 일을 부모가 해야 한다. 기대는 바람으로 끝나지 않도록 작은 성공이라도 자주 경험할 수 있도록 도와준다.

11. 때로는 기다림이 필요하다 부모의 바람대로 척척 알아서 해주는 아이들도 있다. 하지만 모든 아이들에게 이를 기대할 수는 없는 일이다. 때로는 철이 드는 데 시간이 걸리는 아이가 있는데, 다른 사람들은 몰라도 부모는 조바심을 내지 말고 믿고 기다려줄 수 있어야 한다. 늦게 깬 아이들도 얼마든지 걸출한 인물이 될 수 있기 때문이다.

12. 지혜와 배움을 사랑하는 가풍을 만든다 사회는 어떻게 할 수 없더라도 부모는, 특히 아버지는 자신의 주도하에 집안 분위기를 만들어갈 수 있다. 기업문화가 CEO로부터 시작되듯이 가풍 역시 아버지로부터 시작된다. 세상에 대해 호기심을 갖고 늘 새로운 것을 배우고 익히며 특히 활자매체를 가까이 하면서 읽는 것을 좋아하는 아이들을 만든다면 정말 대단한 습관을 물려주는 것이라 하겠다.

3장

1인 기업가로 홀로 서다

사회생활에서의 인간관계는 주로 이해관계에 따라 이루어진다. 한 직장에 오래 근무하다보면 인간관계 역시 오래 지속될 것으로 여겨지지만 실은 그렇지 않다. 서로의 이해관계가 끝난 뒤에는 소원해지는 것이 사회에서 만나는 사람들의 관계이기 때문이다. 그렇기에 현직에서 물러나면 사회에서 맺었던 관계의 대부분이 정리되고, 자연히 어려울 때 도움을 요청할 만한 사람도 줄어든다.

한국 남자들은 대부분 인간관계에 지나치게 많은 시간을 투입하고 있고, 또 투입하지 않을 수 없는 상황에 있다. 자의 반 타의 반으로 관계의 끈을 유지하는 데 막대한 시간과 에너지를 쏟지만 정작 내가 필요할 때 이들 중 도움의 손길을 내밀 사람은 얼마나 될까? 내 개인적인 경험으로 보자면 그 수는 무척 적지만, 어느 경우에나 그렇다고 절대적이라고 단정할 수는 없으므로 이 질문에 대한 답은 여러분 개개인에게 맡긴다. 다만 분명한 것은, 넓고 넓은 인간관계를 맺었던 사람일수록 현직에서 물러난 뒤에는 '이렇게 하려고 그동안 그 많은 시간과 에너지를 인간관계를 맺고 유지하는 데 투입한 걸까?' 하며 기운 빠지는 경우들이 많다는 사실이다.

인간관계에서의 큰 실수

직장을 그만두게 되었을 때 내게 도움의 손길을 내밀었던 사람이 한 명 있다. 일본에서 교편을 잡고 있는 H교수인데 그분은 1993년 일본 나고야 대학교에 객원연구원으로 있을 때부터 나와 교분을 나눠왔다. 회사에서 물러날 즈음 나는 H교수에게 "무엇을 해야 할지 잠시 생각해볼 여유를 가지고 싶은데, 가능하다면 몇 개월 정도 일본에 체류할 기회를 마련해줄 수 있겠습니까?"라고 물었다. 급한 부탁이었기에 H교수는 아마도 나름의 인맥을 총동원했을 것이다. 덕분에 내게는 9월 초순에 일본에 도착하여 3개월 정도 머물 수 있는 자격이 마련되어 거의 확정단계에까지 이르렀다.

하지만 사람의 마음이란 늘 변하기 마련이다. 사실 당시 내 마음은 지극히 유동적이었다. 무엇을 어떻게 해야 할지를 정확하게 정리할 수 없었고, 어디서부터 어떻게 시작해야 할지조차 떠오르지 않는 막막한 상황이기도 했다.

'지금 일본에 가서 몇 개월 머문다고 해결될 게 뭐가 있는가? 일본에서 생활하는 것도 대단히 불안하기 짝이 없을 텐데……. 결례가 되더라도 사정을 설명하고 곧바로 일을 시작하는 게 좋을 거야.'

나는 이런 생각 끝에 H교수에게 급하게 다시 이메일을 보냈다. 많은 노력을 들여 나를 위한 자리를 만들어준 분에 대한 신의를 저버린 것이다. H교수가 난처한 입장에 빠지게 되었음은 물론이다. 그분의 격앙된 이메일을 받자 미안한 마음은 한층 더 깊어졌지만 잘못된 의사결정에 의해 벌어진 일이니 실례가 되더라도 다시 되돌릴 수는 없다는 결론을 내렸다. 되돌아보면 약속을 어기거나 하는 등으로 타인을 난처하게 만든 기억이 몇 안 되는데, 당시에 어려운 부탁을 들어준 H교수에게만큼은 너무나 큰 실례를 범한 것이 사실이다.

시간을 아껴야 한다는 생각이 든 나는 일단 일본행 계획을 접고 곧바로 일을 하기로 결정했다.

"노트북 구입 197만 원, CI 용역비 50만 원, 8월과 9월 생활비 300만 원, 국민은행 잔고……."

2001년 9월 24일 금전출납부에 적힌 사항을 옮겨보았다. 공부방에 노트북을 한 대 놓고, 곁에는 팩스와 복사 겸용 복합기를 한 대 놓은 상태에서 일을 시작했다. 훗날 워렌 버핏이 침실 바로 옆방에서 투자조합을 시작하던 당시를 정리했던 글을 읽으면서 '다들 이렇게 시작하는구나'라는 생각을 했던 적이 있다. 2001년 9월 말부터 채워지기 시작한 달력의 맨 위쪽에는 'Nobody is Coming(아무도 오지 않는다)'는 문장이 큼직하게 만년필로 적혀 있는데, 이 한 문장이 당시 나의 심경을 드러내고 있다.

내 인생은 어디로

일을 시작한 지 며칠 지나지 않은 2001년 10월 1일, 추석이 찾아왔다. 이른 시간에 서울 근교에 있는 장모님의 산소에 들렀다. 어둠이 채 가시지 않은 야트막한 산소에 앉아서 잠시 생각에 잠겼다. '사위 사랑은 장모다'라는 옛말이 있지 않는가. 함께한 시간은 그리 길지 않았지만 딸이 나이 어린 남자와 결혼한다고 할 때도 선뜻 "나이가 무슨 대수냐? 똑똑하면 되지"라는 말로 내게 무한한 신뢰를 주었던 장모님에 대한 기억, '잘나가던 내가 어쩌다 이렇게 되어버렸을까?'라는 생각에 주체할 수 없는 눈물이 흘러내렸다.

지금 생각해보면 그 시기는 특히나 내 인생이 어떻게 풀려나갈지에 대해 나 자신은 물론 어느 누구도 알 수 없었던 시절이었다. 그러나 나는 자신에 대한 믿음을 한 번도 잃어본 적이 없고, 늘 열심히 성실하게 생활해왔으니 이번에도 어떤 식으로든 잘 풀려나갈 것이라는 사실에 대해 추호도 의심하지 않았다.

이런 믿음과 용기는 삶에 있어 참으로 중요하다. 역경이나 좌절의 순간이 왔을 때 이를 헤쳐나갈 수 있는 용기는 어느 날 '오늘부터 용기를 가지자' 하고 마음먹어 생기는 것이 아니다. 그보다는 지금까지 자신이 살아온 자취에 달려 있다고 보는 편이 옳다. 마치 벽돌을 쌓아가듯 착실히 자신의 삶을 만들어온 사람이라면 그런 습성이 몸에 배어 있을 것이고, 그것을 반복적으로 실행에 옮기다보면 예전에 해왔던 것과 비슷한 결과를 앞으로도 얻을 수 있다는 예상이 얼마든지 가능하기 때문이다. 어떤 일에 대해 타인이 "그건 가능할 거요"라고 말해주는 것과 스스로 '그건 가능할 것이다'라고 믿는 것은 매우 다르다. 그리고 당연한 말이겠지만 전자보다는 후자가 더욱 중요하다.

새로운 확신과 용기를 갖고 시작한 일은 신문에 이렇게 소개되었다.

공병호(孔柄渼·41·사진) 전 자유기업원장이 다음 달 5일 '공병호경영연구소'를 새로 만든다. 이 연구소는 공 박사가 사는 서울 강서구 가양동 아파트(55평형)에 마련된다. 거실은 접견실로 쓰고 다른 두 방에는 초고속통신망을 설치해 사무실로 사용한다는 것. 이는 대학에서 화학을 전공했던 부인이 최근 수질오염 공부를 위해 두 아들과 함께 미국으로 유학을 떠나 집이 비었기 때문이다.(중략)

공 박사는 "전문직의 가정 사무실(홈오피스)화는 정보화의 발달로 예견된 일이며 나처럼 아이디어를 만드는 사람에게는 자유롭고 편하며 타인에게 노출이 안 돼 집중할 수 있는 장점이 있다"고 말했다. 미국 라이스 대학교 경제학박사인 그는 20대부터 '한국에서는 왜 세계적인 석학이 나오지 않을까' 하는 생각을 했으며 특히 프랑수아 미테랑 전 프랑스 대통령의 특별 보좌관을 하면서도 왕성한 저술활동을 했던 자크 아탈리에 큰 감명을 받았다. '시장경제의 전도사'라 불리는 그는 "앞으로 경영부터 국가, 세계의 경영까지 다루고 강연 출판(집필) 컨설팅 등에 주력할 계획"이라며 "자기관리가 부족한 30, 40대를 위해 곧 개인의 시간 및 금전관리 등을 다룬 자기경영 시리즈 3권을 출간한다"고 밝혔다. 그는 자유기업원을 그만둔 뒤 민간기업인 인티즌 대표를 거쳐 7월 24일까지 코아정보 대표를 지냈다.[37]

직장을 떠나서 행한 첫 번째 강연은 10월 11일의 무안군청 주최 강연회였다. 그리고 그다음 날 워커힐 호텔에서 INKE라는 단체의 주제 발표를 맡았고, 23일부터 30일까지는 울산 현대자동차에서 강연 등을 하며 내 삶은 서서히 궤도를 찾아가기 시작했다. 동시에 그간 내가 해온 자기관리 경험과 기법들을 체계화한 《공병호의 자기경영노트》라는 책을 집필하기 시작했다.

삶이라는 것이 늘 처음에 짠 계획대로 척척 진행되는 것은 아니다. 계획을 세워도 변화가 생기기 마련이다. 때문에 정교한 계획을 세우는 데 많은 시간을 투입하기보다는 막연한 계획이라도 우선 세워봐야 하고, 당장 할 수 있는 것들부터 하나씩 실천해가는 것이 중요하다. 그러다보면 점점 자신감이 생김은 물론 앞날도 보이고 계획 역시 정교해진다. 조직을 떠나서 새로운 삶을 일구기 시작했을 때, 나는 작은 것들을 하나하나 이뤄가면서 내 자신의 길을 찾겠다고 굳게 결심했다.

나는 무엇을 하더라도 집중해서 밀어붙인다. 이런 습관과 특성은 어떤 특정 환경에서 만들어지는 것이 아니고, 어느 누가 강요할 수 있는 것도 아니며, 다른 누가 빼앗아갈 수 있는 것 또한 아니다. 불황이나 실직 등은 누구에게나 닥칠 수 있는 변수인데, 그런 상황에서 자신을 추스르고 일어서는 것은 결국 자신의 문제다. 나는 이따금 이런 이야기를 주변 사람들, 특히 젊은이들에게 자주 해준다.

"부모님과 가족들은 네가 잘못되면 마음 아파하겠지만, 다른 사람들은 늘 바쁜 데다가 자기를 중심으로 보기 때문에 네가 잘 되든 그렇지 않든 솔직히 별 관심이 없다. 결국 너를 위해 울고 웃어야 할 사람은 바로 너 자신뿐이다."

자기 일의 실마리를 잡다

이따금 "1인 기업가로 살아갈 계획을 언제부터 가졌는가?"라는 질문을 받는다. 그런데 나는 작가 혹은 강연자로 생활해나가겠다고 구체적으로 계획한 적이 없다. 이런 점에서 삶은 늘 의외성을 갖고 있다. 사업 초기에 비서 업무를 맡았던 이채영 연구원이 미국에서 교직에 있는데 2003년에 잠시 귀국하게 되어 만날 기회가 있었다. 그때 나와 그간 내가 잊어버렸던 기억들 가운데 중요한 것을 하나 회상시켜 주었다.

"박사님이 구체적으로 이야기를 하지는 않으셨지만 언젠가 때가 오면 일본의 오마에 겐이치, 영국의 찰스 핸디, 프랑스의 기 소르망, 미국의 톰 피터스처럼 자유롭게 살아가고 싶다고 하셨죠."

말이라는 것은 평소에 갖고 있던 생각을 드러내는 것이다. 나는 지나칠 정도로 분주하게 앞을 향해 달려가는 스타일의 사람이기 때문에 구체적으로 내가 무엇을 어떻게 이야기했는지를 알 수 없을 때가 있다. 하지만 함께 일했던 사람들은 내가 무슨 이야기를 했는가를 정확하게 알려준다. 구체적인 계획을 세우진 않았지만 나는 예전부터 인생의 어느 시점이 되면 조직을 떠나 자유롭게 살아가겠다는 소망을 가졌던 것이다.

홀로서기를 시작한 다음 얼마가지 않아서 나는 멋진 책을 한 권 만났다. 내가 선택한 삶이 올바른 길이었음을 확인해 준 그 책은 《코끼리와 벼룩》이었다. 나보다 열 살이 늦은 50대 초에 조직을 떠나서 혼자의 삶을 개척하기 시작한 영국의 경영 그루, 찰스 핸디의 이야기는 내 선택에 확신을 더하는 데 도움을 주었다.

동기들은 요즘 한두 명씩 오랫동안 일해온 조직을 떠나고 있다. 기업에서 임원급으로 승진하면 4~5년 정도 더 일할 수 있는 가능성이 있지만, 부장이나 차장급 고참으로 일하다가 조직을 떠나는 친구들을 보면서 나는 남보다 10여 년 정도 앞서 길을 걸었다는 생각을 한다.

당시 홀로서기를 할 생각은 어떻게 했을까? 나는 '준비, 준비 또 준비'라는 말을 앞에서도 여러 번 했다. 홀로서기를 향한 결정을 하면서 생각이 꼬리에 꼬리를 물었다.

'내 나이가 지금 마흔 하나다. 그렇다면 앞으로 가장 황금기는 10년이 채 안 되는데, 이를 어떻게 보내는 것이 최적의 투자일까? 다시 조직으로 돌아가서 기관장과 같은 자리를 맡는다고 해도 길어야 10년인데 그다음에는 어떻게 하지? 그렇게 할 바에야 육체적으로나 정신적으로 가장 왕성한 시기를 내 자신을 위해 투자하는 것이 어떨까? 그래, 그 길이 올바른 길이 될 것이다.'

이런 판단에서 당시로서는 생소한 길을 선택하게 된다. 그래서 사람들은 나를 '1인 기업가'의 대표주자라고 한다. 우리 모두는 언젠가는 '1인 기업가'로 살아야 한다. 직장인들의 체감 정년은 점점 짧아지고 있다. 지금 기준으로 사기업의 경우엔 50대 중반에 조금 못 미치는 실정이며 앞으로도 점차 짧아질 전망이다. 그렇다면 누구든지 조직을 떠나면 어떤 형태로든 1인 기업가로 살아갈 각오와 준비를 해야 한다.

이런 생각을 바탕으로 한 책이 바로 2001년 12월에 출간한 《공병호의 자기경영노트》, 2002년 8월에 출간한 《공병호의 자기경영 실천프로그램》, 2003년 1월에 출간한 《1인 기업가로 홀로서기》다.

'공병호경영연구소'의 설립

안철수 박사는 개인 이름을 사명으로 내걸고 사업을 시작한 대표적인 사업가다. 기업이 아니라 작가와 강연자로서 나보다 조금 앞서 자신의 이름을 내걸고 지식사업을 시작한 사람으로는 '구본형변화경영연구소'의 구본형 소장이 있다. 나 역시 이런저런 고민 없이 내 이름을 걸고 지식사업을 시작하기로 마음먹었다.

사업체명은 향후의 집필이나 강연의 범위를 고려해서 정해야 했다. 자기경영에서 시작해서 조직경영, 비영리단체경영, 국가경영의 범위까지 확대해나갈 것이라는 생각을 분명히 했다. 나를 두고 흔히 자기계발

전문가라고 칭하는 사람들도 있지만 자기계발은 내 여러 관심 주제 중 하나일 뿐이다. 원래 연구소 생활에서는 주로 조직경영과 국가경영에 대한 부분에 더 많은 시간과 에너지를 투입했다. 말하자면 비즈니스 포트폴리오의 범위를 좁힌 것이 아니라 이제껏 활동해오던 것에다 자기경영을 더하는 형식으로 확장시켜 일을 시작한 것이다. 시작 당시부터 자기계발서뿐만 아니라 경제경영서와 인문학에 이르기까지 폭넓은 콘텐츠 생산을 계획하고 있었다.

구본형 소장은 내가 본보기로 삼을 수 있는 좋은 모델이었다. 당시에는 자기계발에 대한 책을 꾸준히 쓸 수 있는 작가들이 별로 없었는데, 그는 그 분야에서 보기 드문 국내 작가였다. 해외 작가는 넘쳤지만 국내 작가군은 오늘날과 달리 손에 꼽을 정도였고 그중에서도 구본형 소장은 압도적인 우위를 차지하고 있었다. 후발주자가 시장에서 자리를 잡을 수 있는 힘은 어디로부터 나올까? 그것은 선발주자와의 차별화에 있다. 구본형 소장은 인문학 배경을, 나는 경제학 배경을 가지고 있었다. 구본형 소장은 다소 추상적이고 인문학적인 접근을 하고 있으므로, 나는 대단히 구체적이고 실용적인 해법을 제시하는 것으로 차별화의 포인트를 잡았다. 우연히 독서를 하다가 서동진 씨의 책을 읽었는데 그 책은 한국에서 자기계발 혹은 성공학 저술을 소재로 한 연세대학교 박사학위 논문을 대중서로 발간한 것이었다. 그는 한국에서 중요한 자기계발서 저자인 구본형 소장과 나를 비교분석했다.

지난 20년간 한국에서 베스트셀러 목록의 수위를 차지한 책들은 대부분 '자기계발'이란 이름으로 분류되는 서적들이었다. 스티븐 코비의 《성공하는 사람을 위한 7가지 습관》은 1990년대 내내 매년 빠짐없이 베스트셀러의 지위를 차지했다. (중략) 직장인 예절과 같은 문제들을 다루는 간단한 예법서이거나 직장인으로서 성공하는 법에 관한 실용적인 자조지침서들에 불과했던 자기계발서들은 이제 삶의 모든 영역을 망라한다고 해도 과언이 아닐 만큼 세부적인 문제들을 다룬다. 한편 공병호, 구본형 등 이른바 국내파 자기계발 분야의 구루들이 등장했고 이들이 출간한 책들은 모두 베스트셀러가 됐다. 그리고 이들은 시간당 수백만 원을 호가하는 거액의 강사료를 받으며 기업과 대학, 정부기관, 교육시설 등에서 강의를 하고 있다. (중략) 우리는 자기계발 분야를 대표하는 인물이라고 할 공병호와 구본형의 주요 저작들에 관심을 기울일 것이다. 이들은 1990년대 중반부터 거의 매년 끊임없이 자기계발 담론을 주도했다고 해도 과언이 아닐 주요한 텍스트들을 쏟아냈고 각기 스스로를 '1인 기업가'로 부르며 자신의 이름을 딴 브랜드화한 자기계발 테크닉을 상품으로 판매한다. 그런 점에서 그들은 모두 자기계발 산업에 속한 이들의 존경과 부러움을 사고 있지만, 실제 그들의 주장은 현재 자기관리나 자기경영이란 이름으로 알려진 모든 텍스트를 되풀이하고 요약하는 것일 뿐이다.

그럼에도 두 명이 자기계발 분야의 한국판 '구루'로 추앙받고 인기를 누리게 된 것은 바로 그들의 스타일에 있다고 할 수 있다. 즉 공병호식 혹은 구본형식의 자기계발 담론의 담론적 스타일이 있는 것이다. 구본형은 조잡하고 유치한 것이기는 하지만 숱한 문화예술가들의 말이나 저술을 인용, 참조하고 나열한다. 숫제 그는 자신의 말미에 자신이 인용한 인물들의 사전을 수록하기도 한다. (중략)

따라서 구본형은 1990년대 이후 등장한 이른바 '자기경영'류의 자기계발 담론의 특성, 즉 치부의 기술로서의 성공학이 아니라 자유의 테크놀로지로서의 '자기경영'을 대표한다고 볼 수 있다.

이런 점에서 구본형과 공병호는 서로 차이를 보인다. 공병호가 쓴 글 가운데 상당 부분이 그렇듯이, 그는 이른바 자유주의와 시장경제를 공공연하게 옹호하는 이념적인 지식인으로서 경제질서나 정부정책 같은 거시적인 대상을 분석하면서 이를 자기계발 텍스트와 결합한다. 반신좌욕과 비타민 섭취를 이야기하면서 그는 동시에 구조조정과 다운사이징, 지식기반경제를 이야기한다. 그런 점에서 두 저자들은 다른 취향, 다른 특성의 독자들을 겨냥한다. 그럼에도 불구하고 두 저자들의 자기계발 텍스트는 영업, 판매직을 비롯한 서비스 분야에 종사하는 노동자들이나 아니면 자영업자들이 주로 소비하던 자기계발 담론을 '고급화'하는 데 결정적인 기여를 했다고 볼 수 있다. 어쨌든 두 저자는 서로 다른 스타일로 1990년대 후반 이후 한국사회의 자기계발 담론을 대표했던 인물이라 할 수 있다. 자기계발에 관련한 수많은 동호회나 소모임 등에서 이들의 주장은 엄청난 권위를 누리고 또 숭배받는다.[38]

1인 기업이라고 하지만 조직 관리를 제외하면 전략, 마케팅, 세일즈, 연구개발 등의 일은 일반 기업에서 하는 것과 비슷하다. 나는 혼자 힘으로 반드시 일어서야 한다는 절박감이 있었기 때문에 3~4년에 할 일을 1년 안에 해내는 엄청난 업무집중도를 발휘했다. 오로지 읽고 쓰고 말하는 일들의 연속이었다.

사업은 크든 작든 상대방에게 가치를 제공할 수 있어야 한다. 그리고 그 가치라는 것은 경쟁사를 압도할 수 있을 정도가 되어야 수요를 유지할 수 있다. 가게를 하든 기업을 하든 나처럼 1인 기업을 하든 간에 팔릴 수 있는 '그 무엇'이 있어야 한다. 팔릴 수 있는 것을 만들어내기 위해 기업은 계속해서 연구개발에 투자해야 하고 개인은 학습에 투자해야 한다. 그래서 우선 부지런함과 엄격한 자기조절 능력이 없으면 성공한 1인 기업으로 자리 잡을 수 없다.

1인 기업 혹은 1인 기업가는 지식 중심의 사회에서 직장을 다니는 사람들이 궁극적인 지향점으로 고려할 만큼 의미 있는 용어다. 50대 중반 혹은 60대 초반부터 직업 세계를 떠나면 그 뒤로는 최소 20년에서 최대 30년에 이르는 시간이 남아 있다. 그 시기를 어떻게 보내느냐는 화려한 젊은 날 못지않게 인생에서 중요하다. 때문에 은퇴를 할 즈음이 되었을 때 타인에게 가치를 제공할 수 있는 능력이나 스킬을 스스로 만들어내는 것은 개인이 짊어져야 할 책무다. 때문에 조직에 머물고 있는 동안 그런 생각을 갖고 준비하면서 살아야 한다.

조직생활에서 요구하는 이런저런 의무를 수행하면서도 그 의무 이상으로 고민하고 그것을 은퇴 이후의 삶으로 어떻게 연결할 수 있을 것인가를 구상해야 한다. 직업 세계에서 자신이 쌓아가는 지식, 정보, 인맥, 숙련도 등은 이용하기에 따라서 얼마든지 상품화가 가능하다. 이런 것들을 제대로 준비하지 못한 직장인들은 대개 세 가지 상황 가운데 하나에 빠지게 된다. 하나는 경제적인 문제가 해결되는 경우라 하더라도 막대한 시간을 어떻게 사용할지 몰라 무료함에 빠지는 것이다. 게다가 경제적인 문제가 해결되지 않았다면 새로운 수익원을 구하는 과정에서 자신이 확실히 알지 못하는 분야에 돈과 시간을 투자해 재정적인 위험에 처할 수 있다. 마지막으로 스스로 자신의 삶에 만족하지 못할 뿐만 아니라 그로 인해 가족과도 불협화음이 생길 수 있다. 언젠가 고등학교 교사를 하다가 은퇴해서 아흔을 앞둔 분이 기고한 글을 읽은 적이 있다. 그는 노년을 맞는 사람들에게 주는 경고로 글을 마무리했다.

누구나 늙는다. 그러나 난 준비 없이 노후를 맞았다. 그러고 보니 모든 게 후회뿐이다. 65세 정년퇴직하고 직업 없이 산 게 벌써 20여 년이다. 지금 이나마 앞으로 무엇을 하며 살지, 무엇을 남기고 떠날지를 곰곰이 생각해 본다.[39]

짐 콜린스는 "성공이란 세월이 흘러갈수록 점점 주변 사람들이 자신을 좋아하는 것"이라고 했다. 젊은 날이나 중년과 그 이후가 아무리 화려했다 하더라도 주변에 사람이 없다면 결코 성공적인 인생이라 부를 수 없을 것이다. 나는 짐 콜린스가 갖고 있는 성공에 대한 정의를 더 한층 확대한 개념으로 받아들였다. 나는 '성공은 세월이 흘러갈수록 내 자신과 주변 사람들이 나를 점점 더 좋아하고 존경하는 것'이라고 생각한다.

때문에 직업 세계 전반을 통해서 은퇴 이후를 생각하는 것은 누구에게나 중요한 일이다. 내가 처음부터 지금의 모습을 예상하고 적극적으로 준비해왔던 것은 아니다. 다만 '세상이 변해감에 따라 내가 가진 능력이 쓸모없는 것이 되면 어떻게 할 것인가? 그러면 나는 무엇을 준비해야 하는가?'라는 질문을 끊임없이 던졌다.

또 당장 직장에서 주어진 일뿐만 아니라 도전해볼 수 있는 기회가 있으면 무엇이든 했다. 예를 들어 외부 강연을 하거나 책을 쓰거나 기고를 하는 것 등을 통해 나를 끊임없이 실험했다. 그 덕분에 40대 초반에 불시에 실직했음에도 불구하고 혼자 힘으로 당당하게 일어설 수 있었다. 물론 1인 기업가로 활동할 수 있는 사회적인 인프라가 구축되는 시점에서 일을 시작할 수 있었다는 것은 행운이었다. 여기서 사회적 인프라란 인터넷 기반이 조성되어 어디서든 손쉽고 빠르게 일할 수 있는 환경을 말한다. 때문에 나는 지금도 내 자신이 혼자서 무엇이든 할 수 있는 환경이 마련된 대단한 시대에 태어났음에 깊이 감사한다. 시대를 잘 만났기에 이렇게 살아갈 수 있게 되었다.

'1인 기업가' 인생모델의 선구자

정보통신 인프라가 제대로 깔려 있지 않은 상태였다면 그 많은 책이나 관련 자료를 구하기 위해서 일일이 담당자에게 전화를 하고 서점이나 도서관을 뒤지며 시간과 비용을 투자해야 했을 것이다. 하지만 나는 막 인터넷이 활성화되는 시점에 시장에 뛰어들었기 때문에 조그만 책상에 앉아서 한두 대의 컴퓨터만으로도 세상의 많은 정보를 끌어다 사용할 수 있었다. 정보가 충분하다는 말로는 부족할 정도로 흘러넘치는 시대를 만난 것이다.

그러나 아무리 좋은 인프라가 깔리고 활동하기 좋은 시대에 태어났다고 하더라도 준비가 되어 있지 않다면 소용없다. 다행히 나는 혼자서 세상을 헤치고 나아갈 준비가 어느 정도 되어 있었다. 남들처럼 학위를 마치고 대학을 가서 평생을 봉직하거나 연구소에 머무는 데 멈추지 않고 스스로 길을 개척했다.

자기 브랜드를 갖고 지식을 생산해서 유통시키는 '지적 기업가'라는 직업을 택하여 한국의 대표적인 1인 기업가로 일어선 것이다. 또한 하나의 본받을 만한 인생 모델을 제시했다는 점에서도 의미가 있다. 독자나 일반 사람들이 나를 보며 '아, 저렇게 인생을 만들어가는 길도 있구나. 사회적인 영향력을 행사할 수도 있고 경제적으로도 자유로워지겠구나' 하는 생각을 할 수 있을 것이다. 남이 만들어놓은 길을 따라가는 일은 쉽다. 스스로 길을 만들어가면서 타인들에게 길을 제시하는 것은 만만치 않은 일이다. 내가 지난 10여 년간 만들어낸 새로운 길은 인생에서 가능한 또 하나의 '인생 비즈니스 모델'이라고 생각한다.

그러나 조직을 떠나서 누구에게 보고할 필요도 없고, 누구의 입장을 고려할 필요도 없으며, 누구의 영향력이나 지시 또는 명령을 받을 필요도 없는 자유에는 당연히 지불해야 할 대가가 따른다. 자신의 주력 상품이 항상 시장에서 수요를 만들어낼 수 있도록 노력해야 한다는 것이다. 늘 이런 문제에 대한 고뇌를 기꺼이 받아들이지 않는다면 1인 기업가의 길을 갈 수 없다.

타인의 돈을 받고 무엇인가를 파는 일이 얼마나 힘든가? 조직이라면 약간의 느슨함이나 게으름도 허용된다. 그러나 1인 기업가의 나태함은 그대로 노출되게 마련이다. 때문에 일정 수준에 도달할 때까지 스님이나 신부님에 필적할 정도로 자신의 업에 대한 구도자적인 자세나 마음가짐을 가져야 한다. 그러지 않고선 경쟁력을 유지하기 힘들다. 자신이 하는 일에 지치지 않고 자신의 주력 상품에 대한 경쟁력을 지속적으로 만들어낼 수 있는가? 정말 만만치 않은 일이다. 따라서 언제 어디서나 자신의 생활을 주도적으로 해나갈 수 있는 습관이 몸에 완전히 배어 있어야 한다.

어찌 보면 '습관'보다는 '습성'이라는 단어를 사용하는 것이 나을 듯하다. 언제 어디서나 자신을 지켜줄 수 있는 습성을 갖고 있다면 실직이든 전직이든 은퇴든 어떤 환경 속에서도 자신을 추스르고 새로 시작할 수 있다. 그러면 떠나온 조직을 탓하고 세상을 탓할 필요도 없어진다. 가혹하게 들릴지 모르지만 어쩌면 책임의 상당 부분은 그 길고 길었던 직장생활 동안 스스로 미래에 대한 준비를 게을리했던 자기 자신에게 있을 것이다. 이 부분에서 나와 생각이 다른 분들도 많을 것이다. 그러나 나의 생각은 단호하다. 어느 누구에게 책임을 돌릴 것 없이 자신의 살길은 스스로 구할 수 있어야 한다.

시대의 흐름을 타다

한때 국내에서도 다니엘 핑크(Daniel Pink)의 《프리에이전트의 시대가 오고 있다(Free Agent Nation)》라는 책이 화제가 되었다. 미국에서 진행되고 있는 직업 시장의 변화를 다룬 이 책은 직업 시장이 어떤 변모를 겪고 있는지, 앞으로 어떤 변화를 경험하게 될지를 적절하게 지적하고 있다. 이 책이 제시하는 '프리에이전트'는 특정 조직과 지속적인 계약관계를 맺지 않고 프로젝트 단위로 계약을 맺어서 활동하는 직장인들을 말한다. 전속관계가 아니기 때문에 특정 기업의 부침과 자신의 운명을 일치시킬 필요가 없다는 것이 장점이다. 그러나 전속관계가 아니라는 것은 쉽게 말해 비정규직이라는 뜻이다. 1인 기업가 역시 비정규직처럼 언제든지 계약관계가 해지될 수 있다.

오늘날처럼 변화의 속도가 가속화되는 시대에는 기업도 핵심 기능을 제외하고는 아웃소싱을 한다. 따라서 조직의 중심이 아니라 외곽에 머물면서 아웃소싱 서비스를 제공하는 사람들이 늘어날 것이다. 그런데 1인 기업가와 비정규직의 확실한 차이는 브랜드다. '어, 그 사람, 그 분야에서 최고지'라는 인정을 받을 수 있다는 점이 브랜드의 힘이다.

그러면 그러한 브랜드력은 어디서 나오는가? 바로 주력 상품이 가진 경쟁력에 있다. 남들이 쉽게 복사해서 짝퉁 상품을 만들어낼 수 있다면, 다시 말해 누구나 할 수 있는 일을 하는 사람이라면 헐값으로 취급 받을 수밖에 없다. 때문에 1인 기업가에게 핵심적으로 필요한 것은 '독특함, 독특함, 그리고 독특함'이다. 그렇게 자신을 입지시킬 수 있다면 협상력은 상대방이 아니라 내가 쥐게 된다. 게다가 거래처를 여러 군데 가질 수 있기 때문에 경기 변동에 대해서도 리스크를 최대한 줄여나갈 수 있다. 협상력을 가지면 제대로 된 가격에 자신의 상품이나 서비스를 판매할 수 있다.

독특함을 만들어내기 위해서는 자신만의 특별한 '지식공장'이 있어야 한다. 세스 고딘은 '지식공장'이란 용어 대신에 '플랫폼'이란 용어를 사용한다. 고객들이 절실히 필요로 하는 것을 만들어낼 수 있는 플랫폼이 직장에 머무는 동안 여러분의 두뇌 속에 웬만큼 만들어져 있어야 한다. 타인들이 좀처럼 복사할 수 없는 특별한 능력이 있다면 '1인 기업가'로서도 확고한 자리를 차지할 수 있을 것이다.

타인을 설득하는 능력, 세일즈하는 능력, 미래를 내다보는 능력, 기회를 포착하는 능력, 새로운 아이디어를 만들어내는 능력, 특별한 콘텐츠를 만들어내는 능력 등은 남들이 좀처럼 베낄 수 없는 것들이다. 이들을 두고 세스 고딘은 '감정노동'이란 용어를 사용하기도 한다. 단순히 몸으로 때우거나 책이나 강연을 통해 배워서 행할 수 있는 것이 아니라 감정으로 일할 때만이 발휘되는 능력을 말한다. 물론 이런 감정노동을 만들어내기 위해 자격증이나 어학능력 등이 필요할 수도 있다. 하지만 이들은 궁극적으로 남이 복사할 수 없는 감정노동을 만들어내기 위한 지적 인프라에 해당한다. 이런 '플랫폼'을 만들어내기 위해서는 현직에 머무는 동안 최소한 10여 년 정도의 집중적인 선행 투자가 필요하다는 주장이 바로 '10년 법칙'이다.

남들이 일정 기간 동안 열심히 수험공부를 하면 쉽게 딸 수 있는 자격증, 남들이 쉽게 가질 수 있는 특정 업계에서의 경험, 손쉽게 할 수 있는 컴퓨터 작동 기술이나 파워포인트, 엑셀 사용 등은 직장을 그만 둔 후에는 별로 도움이 되지 않는다. 그보다는 남과 확실히 구분할 수 있는 '감정노동'에서부터 비롯되는 '그 무엇'을 갖고 있어야 한다. 오늘날 많은 직장인들이 주말에도 자신의 미래를 위해서 도서관에서 시간을 보낸다고 한다. 자신의 시간과 에너지를 어디에 투자할 것인가를 고민할 때 반드시 생각할 것이 있다. 바로 "남들이 다 할 수 있는 것 말고, 당신만이 할 수 있는 게 무엇인가요?"라는 질문에 답하는 것이다.

한편 나는 어떻게 사업 포트폴리오를 구성해왔는가? 우선 내가 잘할 수 있는 일, 즉 강연에서부터 기초를 시작했다. 처음에는 기업체 강연부터 시작했지만 그 대상과 범위를 계속 확장시켜왔다. 기업체 강연부지나치게 의존하면 경제 위기가 닥칠 경우 큰 타격을 받게 된다. 강연 시장에서 기업체 강연 의존도가 필요 이상으로 높았던 사람들 중에는 경제위기 때마다 힘들었던 사람들이 많다. 모든 비즈니스의 기초에는 '비즈니스는 리스크 관리다'라는 대명제가 놓여 있다. 어쩌면 인생 자체가 리스크 관리라 할 수 있다. 때문에 시간이나 에너지가 여유가 있을 때 가능한 위험을 다각화할 수 있도록 노력해야 한다.

나는 리스크 관리를 본능적으로 이해하고 그것의 중요성을 체득하고 있었다. 그래서 1인 기업가 생활의 초기 단계부터 기업체 강연에 대한 의존도를 줄이고 정부기관이나 공공단체, 학교, 학원, 학생 등 거의 모든 계층으로 강연 대상을 확대해왔다.

핵심은 독특한 콘텐츠 생산

이따금 나의 주력 상품이 가치사슬 중에서 어디 정도 위치에 있는가를 점검해본다. 작가의 경우, 전자책이 활성화되더라도 가치사슬의 핵심에 자신을 포지셔닝하고 있다면 그만큼 타격을 받을 가능성이 낮다. 내가 가장 중요하게 여기는 것은 계속해서 고객들이 원하는 콘텐츠를 생산해내는 일이다. 대상에 맞는 책을 집필함으로써 강연 소재를 발굴하고, 내가 말하는 것들이 모두 충분히 실현 가능하다는 것을 사람들에게 입증할 필요가 있다.

나는 호기심 가는 모든 주제에 대해서 꾸준히 책을 써왔다. 책을 쓰는 과정은 학습과정의 일환으로 이해하면 된다. 특정 주제에 대해 관심이 있지만 잘 모르거나 정리가 되지 않으면 책을 쓰면서 공부를 하게 되고 정리도 하게 된다. 그런데 이처럼 다양한 책 쓰기는 또 다른 점에서 유용한 면이 있다. 그것은 다양한 주제들이 주는 즐거움이다. 나는 무엇을 하든지 지치면 안 된다는 생각을 한다. 사람이 무너지는 것은 외부의 환경이 변화해서가 아니라 스스로 재미나 흥미를 잃어버리기 때문이다. 자신이 추구하는 결과물을 주목하면서 나아갈 필요도 있지만 그것 못지않게 중요한 것은 무엇을 하든지 재미있게 하는 방법을 나름대로 익히는 일이라 생각한다.

재미나 흥미는 어디로부터 오는가? 다양성이나 새로움을 더함으로써 가능해진다. 오락이나 취미에서 재미를 찾을 수도 있겠지만 일을 하면서 재미가 샘솟는다면 그보다 더 완벽한 게 있겠는가? 새로운 것을 배우고 익히는 것은 스스로 지치지 않고 싫증나지 않도록 해주는 중요한 요소 가운데 하나다. 이런 필요성 때문에 1년에 평균 다섯 권 정도의 책을 펴냈다. 2011년 2월 현재, 2001년 10월 이후 내가 쓴 책은 모두 73권이고, 1996년 이후에 쓴 책은 모두 97권이다. 이 책들은 모두 새로운 주제에 대한 흥미나 호기심에서부터 비롯된 것이다. 자기경영, 기업경영, 국가경영, 사회평론, 리더십, 에세이를 비롯해 어린이, 중고교생, 대학생, 학부모를 위한 서적 등 다양한 주제와 독자를 염두에 두고 썼다. 이처럼 다양한 주제를 다루면서 스스로 재미를 만들어낼 수 있고, 고객층을 넓힐 수 있을 뿐만 아니라 많은 사람들과의 공감대를 형성할 수 있었다.

한편 처음 1년 동안은 그야말로 물리적으로 '1인 기업가'였다. 혼자서 전화를 받고 강연 섭외를 하는 등의 일을 모두 처리했기 때문이다. 찰스 핸디는 강연료 등을 협상하는 능력이 없어서 아내가 매니저 역할을 했다고 한다. 나는 서비스를 제공하고 그 대가를 받는다는 것에 상당한 자신감이 있었다. 그러니까 지나치게 값싼 가격을 부르면 특별한 경우가 아닐 경우 참석하지 않았다. 혹자는 이를 두고 비난하기도 하지만 나의 원칙은 '내가 가지고 있는 것은 시간이고 그 시간을 내 의지대로 쓰는 것은 나의 자유'였다. 무엇을 하든 나는 내가 가진 원칙에 입각해서 행동하려고 노력하는 편이다. 누가 뭐라 해도 내가 올바른 일이라 생각하면 그것에 맞추어서 행동했고 이를 타인의 잣대에 맞춰 바꾸지 않았다.

그러나 물리적인 1인 기업가는 비효율성이 컸다. 창업 1년이 지난 후 전화업무나 일정관리 등을 처리해줄 직원을 고용했고, 업무량이 방대해지면서 프로젝트 베이스로 연구를 도와주는 사람들을 단기간 계약형태로 고용했지만 기본적인 구조는 1인 기업가의 원형을 유지했다. 이같은 유형은 짐 콜린스가 피터 드러커 교수에게서 얻은 조언의 내용과 매우 유사하다.

짐 콜린스가 '내가 조직을 키워야 될지 말아야 할지 모르겠다'고 털어놓자 피터 드러커는 단호하게 말했다.

"당신은 무엇을 원하는가? 더 많은 돈을 원하는가? 그렇다면 조직을 키워라. 하지만 당신 자신 또한 리서치보다는 돈을 벌기 위해서 상대방에게 아쉬운 소리를 하고 다녀야 할 것이다. 그러나 당신이 발휘하고자 하는 것이 영향력이라면 조직을 키워선 안 된다. 그 점을 분명히 알아야 한다."

요컨대 내가 가장 중요하게 여기는 것은 콘텐츠를 생산하는 능력이다. 앞으로도 이 같은 점은 변함이 없을 것이다. 강연이나 기고, 기업자문 등 거의 모든 활동은 콘텐츠 생산 능력으로부터 파생된 것들이다. 때문에 내가 움직이고 있는 업의 본질은 콘텐츠 생산 능력에 있다고 할 수 있다. 업의 본질을 명확히 하고 나면 제한된 시간이나 에너지, 돈을 어디에 얼마만큼 투자해야 하는지도 분명해진다.

강연 시장에서 두각을 드러내다

초기에 강연이 어느 정도 이루어졌는지에 대한 통계는 찾을 수 없지만, 2007년부터는 모든 자료를 홈페이지에 남겼기 때문에 기록을 확인할 수 있다. 외부 강연 횟수를 살펴보니 2007년에 254회, 2008년에 219회, 2009년에 257회, 2010년에 240회를 했다. 전국의 거의 모든 장소에서 강연했다고 보면 된다. 기업체에서 임직원을 상대로 하는 강연, 지방자치단체의 문화회관 등에서 하는 대중강연, 대학교에서 대학생들을 상대로 하는 강연, 학원 등에서 학부모나 학생들을 상대로 하는 강연 등 어디서나 나는 재미있게 강연을 한다. 고객층도 초등학생부터 노인에 이르기까지 거의 전 계층을 망라하고 있다. 작가라는 직업은 글을 통해 타인의 삶에 긍정적인 영향을 미친다는 보람을 주는데 강연의 효과는 그보다 더 큰 것 같다. 강연을 하는 중에도 그 효과를 빠르게 확인할 수 있다. 삶에서 결정적인 시기에 특정인을 만나 삶의 항로를 바꾸거나 의미를 찾을 수 있다면 얼마나 대단한 일인가? 강연은 이를 가능하게 하는 활동 가운데 하나다.

강연을 잘하기 위해서는 충실한 콘텐츠 생산 능력도 필요하지만 교감하는 능력 또한 매우 중요하다. 오늘 강연회에 참석한 분들이 어떤 어려움을 겪고 있는지, 이분들에게 어떤 이야기를 해야 하는지 등은 공부를 열심히 한다고 해서 얻을 수 있는 것이 아니다. 뛰어난 학자들이 모두 훌륭한 강연자는 아니며 뛰어난 작가가 모두 훌륭한 연사는 아니다. 말하는 능력과 글을 쓰는 능력은 다르기 때문이다. 세스 고딘은 강연하는 일에 대해 "사람들 앞에서 말을 하려면 사회적 지능이 필요하다. 사람들과 교감하고 그들의 관심사에 대해 이야기하고 설득할 수 있어야 한다. 이런 일은 어렵다. 이는 유전적으로 조건화되어 있지 않기 때문이다"라고 말한다. 정확한 표현이다. 강연장에 들어가기 전에 청중들을 예상하는 일, 강연이 진행되는 중에도 시시각각으로 청중들의 반응을 보면서 때로는 본능적으로 때로는 이성적으로 콘텐츠를 바꾸어가는 능력은 고난도의 '노하우'를 필요로 한다.

내가 그동안 만들어낸 나만의 플랫폼이 생산하는 중요한 생산품 가운데 다섯 손가락 안에 드는 것은 청중들을 예상하고 시시각각 읽어내는 능력이라 할 수 있다. 이런 능력은 날이 갈수록 더욱더 정교해지고 있다. 약간의 타고난 장점에 끊임없는 훈련을 거치면서 탄탄하게 만들어가게 된 능력 가운데 하나라고 생각한다. 그래서 나는 내 자신의 강연을 두고 '맞춤형 강연'이라고 이름 붙인다. 청중들의 특성에 맞추어서 그들의 필요를 정확하게 조준하는 강연이기 때문이다.

나는 강연 원칙이 비교적 뚜렷하다. 웃음을 주는 강연은 다른 강연자나 매체에서도 많이 구할 수 있다는 것이 나의 지론이다. 사실 스스로 유머감각이 부족하다는 것을 잘 알고 있기 때문에 이런 이야기를 할 수도 있다. 그래서 구체적인 정보나 지식, 실용적인 솔루션을 제시하는 것을 강연의 중요한 목표로 삼고 있다. 그러니까 다른 강연자와 차별화를 시도하는 부분 가운데 하나라고 보면 된다. 결국 나의 경쟁력은 모두 차별화라는 한 단어로 통한다고 볼 수 있다.

'어떻게 하면 타인과 차별화할 수 있을까?'

나는 이런 질문을 자주 던지지만 그 답 역시 자신의 특장점을 면밀히 파악해서 스스로 얻어낸다. 내가 가진 장점과 강점은 무엇인가? 그것을 바탕으로 자신의 논리를 설득하는 것이 바로 나의 특징이다. 여기에다 강연 스킬도 독특하다. 다른 사람들은 대부분 파워포인트라는 시각 자료를 많이 사용하고, 그 자료가 주체가 되는 경우도 많다. 그러나 나는 환하게 조명을 켠 상태에서 내가 주인이 되어 말한다. 태블릿 PC를 통해 가끔 디지털 칠판을 쓸 뿐이다. 그렇게 강연하는 사람을 나는 아직 목격하지 못했다. 강연 스타일에 있어서도 예외 없이 나만의 방식이 만들어냈다. 처음에 파워포인트를 쓰면서 이건 내 스타일이 아니라는 의심을 했는데, 이때 아내의 조언이 나의 강연 스타일을 정하는 데 결정적이었다.

"당신에게는 당신이 주인공이 되는 강연이 가장 잘 어울려요."

파워포인트 강연을 하는 것을 내가 피했던 이유 중 하나는 강연이 일정한 틀에 머물 수밖에 없다는 한계점을 인식했기 때문이다. 물론 톰 피터스(Tom Peters)는 파워포인트를 활용하면서도 자신만의 독특한 강연 스타일을 발휘한다. 톰 피터스가 방한했을 때 그가 어떤 스타일로 강의하는가를 보기 위해 나는 그의 강연회에 일부러 참석했다. 파워포인트를 흐름에 맞게 만들고 그것을 풀어가면서 하는 강연이 인상적이었다. 하지만 일방적으로 듣는 강연의 특성을 벗어나지 못한 점은 아쉬웠다.

나는 강연록도 독특하게 만들어냈다. 강연록은 대부분 차 안에서 이동하면서 스케치하는 형식으로 만들어진다. 재미있게 하는 창조 활동 가운데 하나다. 변화를 좋아하고 무엇인가 새로운 것을 만들어내는 것을 좋아해서 강연록을 만드는 작업에서도 그 특성을 이용하고 있다. 그래서 나는 이동 중에 쉬는 시간이 짧은 편이다. 강연을 마치고 나면 그 다음 주 강연 스케줄에 맞춰서 새로운 강연록을 만든다. 물론 통계자료가 많이 들어가는 강연은 컴퓨터로 만들기도 한다.

전국을 돌아다니면서 많은 장소를 방문하고 다양한 사람들을 만나는 일은 여행에 필적할 정도로 자극을 주기도 하고 즐거움을 선사하기도 한다. 다양한 분들을 만나는 것 자체가 상대방을 이해하는 능력을 날로 높여주고 있음은 물론이다. 게다가 콘텐츠를 계속해서 만들어내는 능력을 기반으로 다양한 주제를 다룰 수 있는 강연자는 드물고, 상대방의 요구에 따라 맞춤형 강연을 할 수 있는 사람도 흔하지 않다고 본다. 잠시 텔레비전 등의 도움으로 어느 날 갑자기 '붕' 하고 떠올랐다가 사라져버리는 강연자도 많다. 반면에 강연 시장에서 오랜 기간 동안의 학습과 훈련, 집필 등을 바탕으로 하고 있는 강연자는 흔치 않다. 어쩌면 거의 없다고 해야 할 것이다.

사업 포트폴리오의 다각화

지금 하고 있는 일에 무엇을 추가할 수 있을까? 기업이 신상품을 위해 고심하는 것과 마찬가지로 '1인 기업가'들 역시 새로운 사업을 구상하게 된다. 그런데 마땅히 할 만한 아이디어를 잡기도 어려울 뿐만 아니라 엄두가 나지 않는다. 1인 기업가의 대표주자로서 내가 만들어낸 독특한 사업 가운데 하나가 개인이 자신의 삶을 조직화해서 최고의 성과와 역량, 행복을 만들어내는 방법을 가르치는 일이었다. 물론 '데일카네기 프로그램'이나 '스티븐 코비의 성공하는 사람의 7가지 습관' '나폴레온 힐의 피닉스 프로그램' 등은 국내에도 소개되어 있다. 이 프로그램들의 목표는 조금씩 다르지만 이미 미국 시장에서 오랜 기간 동안 검증을 받은 모델들을 국내로 수입해서 사용한다는 공통점이 있다.

한번은 내가 학원 업계에서 오랜 경험을 가진 분과 대화를 나누고 있었다.

"내가 '공병호의 자기경영 아카데미'라는 이름으로 삶을 조직화하는 지식과 스킬을 상품화하고 싶은데 가능할까요?"

"글쎄요. 공 박사님이 지명도가 있긴 하지만 성공 가능성은 별로 높지 않을 겁니다. 우리나라 사람들은 아직 자기 돈을 내고 살아가는 방법을 배우는 데 익숙하지 않거든요."

새로운 사업 아이디어는 그것이 무엇이든 주변 사람들로부터 통념에 근거한 평가를 받게 된다. 때문에 이 첫 번째 고비를 넘지 못하면 사업화 단계까지 가기가 힘들다. 그래서 어떤 분야에서든 통념이나 고정관념의 틀을 벗어나서 새로운 영역을 개척한 사람들은 창조자라는 찬사를 받을 수 있다. 2004년 10월에 나는 '제1기 공병호의 자기경영아카데미'라는 이름을 걸고 일반인들을 모아서 교육을 실시했다. 점심 식사 시간 1시간을 제외하고 8시간 동안 내가 직접 강연하는 프로그램을 선보인 것이다. 시작할 당시만 하더라도 이 프로그램이 얼마나 계속될지 나 자신도 확신할 수 없었다. 모든 상품이나 서비스는 시장에 대한 수요를 예상하고 선을 보이지만 대부분은 살아남지 못한다.

실험정신이나 청년정신이 없으면 어떤 시도도 할 수 없기에 일단 한 번 해보는 것이 중요하다. 독서를 중심으로 온라인 교육 역시 홈페이지에서 서비스를 시작했지만 사후서비스를 계속 해야 하는 데 비해 수익성이 별로 크지 않아서 시도하다가 말았다. 이 같은 시행착오를 각오하지 않고서 새로운 상품을 찾아내는 것은 힘들다. 이런 점에서 하이에크의 '경쟁은 발견적 절차다'라는 말은 명언이다. 고객의 필요나 욕망은 발견될 때까지 기다리고 있는 것이라고 보면 된다. 일단 시도해보기 전에는 그것이 얼마나 성공할 수 있을지 아무도 모른다.

일반인 제1기의 모임은 파주 금촌의 어느 아파트에서 열렸다. 20여 명이 참가한 교육이었는데 이후 30명 규모로 확대되어 지금까지 78기(2010년 12월 기준)까지 계속 운영되고 있다. 처음에는 일반인에게 교육을 시작했지만 10여 차례가 진행되면서 이런 생각을 하게 되었다.

'이런 프로그램을 어른이 되기 전에 접할 수 있다면 더 낫지 않을까?'

그래서 2005년 고등학교 프로그램을 시작하고, 이후 중학생과 초등학생 5·6학년 반을 개설했다. 이들 프로그램 가운데 지금 가장 활성화된 프로그램이 '중학생 자기경영 아카데미'고, 그다음이 '고교생 자기경영 아카데미'와 '일반인 자기경영 아카데미'다. 중간에 대학생 아카데미를 실시한 적도 있지만 호응이 높지 않아서 대학생들도 일반인 프로그램에 포함시켜서 실시했다. 2010년 12월을 기준으로 하면 중학생

자기경영 아카데미는 106회, 고교생 자기경영 아카데미는 90회, 일반인 자기경영 아카데미는 78회, 초등학생 자기경영 아카데미는 35회를 열었다.

처음 시작할 때는 나를 포함해서 누구도 자신의 이름을 단 자기계발 프로그램이 이 정도로 성공할 수 있으리란 생각을 하지 못했다. 이 프로그램에 대해서 상당한 자부심을 가지는 것은 내가 스스로 만들었다는 생각 때문이다. 다시 말해 나는 미국을 중심으로 하는 다른 선진국에서 수입해서 사용하는 프로그램이 아니라 내 머리와 경험에서 우러나오는 실용지식을 체계화해서 상품화에 성공한 것이다. 자기경영 프로그램이 앞으로 얼마나 지속될지 알 수 없다. 물론 이것이 성공하면서 ○○○스피치, ○○성공학 등 비슷한 프로그램들이 등장했지만, 최초로 자기계발 아카데미가 사업화될 수 있다고 판단하고 도전해서 성공시킨 멋진 사례라고 생각한다.

그런데 이런 일을 경험하면서 내가 갖게 된 생각은 모든 아이디어는 처음에 미숙한 형태로 시작된다는 것이다. '이런 것은 어떨까?'라는 엉성한 제안 수준에서 시작되지만 이것이 발전하면서 또 다른 아이디어를 낳고, 그 아이디어는 또 다른 아이디어로 연결되면서 근사한 프로그램으로 자리 잡게 된다.

자기경영 아카데미의 광고에는 독특한 점이 있다. 마치 선거에 출마한 사람들이 자신의 이름을 알리기 위해 광고를 하는 것처럼 반을 잘라 큼직한 사진을 넣고, 나머지에 프로그램을 소개하는 5단 하단의 통광고를 만들어 〈조선일보〉〈중앙일보〉〈동아일보〉〈한국경제신문〉〈매일경제신문〉과 같은 언론매체에 광고했다. 처음에는 지하철 광고도 해봤다. 개인 프로그램을 이처럼 광고를 하면서 알리는 경우는 거의 없었다. 나는 이처럼 계속해서 새로운 시도를 해가면서 영역을 개척해왔다. 이런 의사결정이 어느 누구의 간섭 없이 나 스스로 선택하고 그 결과에 대해 책임을 지는 패턴으로 운영된다.

전직의 기회들

"세상에 버릴 만한 경험이 어디에 있겠는가?"

40대를 전후한 전직 경험에서 막대한 비용을 지불한 까닭에 나는 언제 나아가야 할지, 언제 나아가지 말아야 할지를 잘 알게 되었다. 그리고 가능하다면 인생에서도 불필요한 위험에 자신을 노출시켜선 안 된다는 사실을 알게 되었다. 필요한 위험과 그렇지 않은 위험을 구분하는 것뿐만 아니라 명확하게 불필요한 위험에 대해서는 스스로를 삼갈 수 있는 신중함과 지혜가 생겼다.

젊은 날의 격정은 세월과 함께 서서히 수그러들게 마련이다. 특히 지난 10여 년 동안 내게는 몇 차례 전직의 기회가 주어졌는데, 40대를 전후해 혹독한 비용을 지불하지 않았더라면 아마 전직을 쉽게 생각했을 것이다. 비용을 지불하지 않고 배울 수 있다면 얼마나 좋겠는가? 하지만 설령 그런 배움의 시간에 스스로 생각하기에도 참담한 비용을 지불했다고 하더라도 툴툴 털어버리고 일어나면 된다.

선거 시즌이 되면 어김없이 이런저런 이야기로 유혹하며 정계 진출을 권하는 사람들도 있다. 사람들의 호의를 악의로 이해할 필요는 없지만 친소관계를 떠나서 새로운 세계를 향한 입문을 권하는 사람들은 대부분 스스로의 이익에 따라 충실하게 움직인다. 조금만 상대방의 입장에서 생각해보면 도저히 새로운 세계로의 입문을 권유할 수 없을 텐데,

어김없이 사지(死地)에 가까운 곳으로 오랜 친분을 유지해온 사람들을 이끄는 경우에는 이따금 섭섭하게 여겨진다. 아마도 40대의 전직 경험이 없었다면 나도 쉽게 그런 유혹에 빠졌을 가능성을 완전히 배제할 수 없다.

한번은 6선을 한 원로정치인이, 정치 입문 30년에 남은 것은 1억 2000만 원 정도의 재산밖에 없다며 아내와 아들에게 미안하다는 소회를 담아 쓴 글을 본 적이 있다. '민족과 국가를 위한다'는 대의명분을 따라 사는 것도 의미 있는 인생이다. 다만 젊은 날에 정치에 입문해서 자식과 가족들이 가질 수 있었던 기회를 스스로를 위해 다 써버리는 것이 과연 현명한 일인지에 대해서는 회의가 든다. 아이들에게 한창 배움의 기회를 넓혀줘야 할 시기는 한 번 놓치고 나면 돌아오지 않는다.

'과연 내가 해야 하는 일이 정치인가'라는 질문에 대해 명확한 답을 내놓을 수 없다면 함부로 정치에 뛰어들어서는 안 된다고 생각한다. 정치뿐만 아니라 새로운 업종에 뛰어들 때는 반드시 '의미'라는 부분에 대해서 스스로 확신이 서야 한다. 단순히 돈을 벌기 위해서, 권력을 갖기 위해서, 명성을 갖기 위해서 새로운 업종에 뛰어드는 것에는 상당한 위험이 따른다. 스스로 확실한 의미 부여가 가능할 때 몰입할 수 있고, 몰입해야 재미를 만들어낼 수 있고, 재미있게 해야 큰 성과를 창출할 수 있다. 40대를 전후한 전직 경험은 책에서는 도저히 배울 수 없는 그런 큰 교훈을 주었다. 바로 스스로 의미 부여를 확실히 할 수 없다면 결코 새로운 업종에 뛰어들어선 안 된다는 것이다.

화려한 조건으로 전직 권유가 왔을 때 차분하게 상황을 파악하고 세상 기준이 아닌 자신의 기준에 따라 처신하는 것이 나이가 들면서 갖게 된 지혜라고 생각한다. 그리고 그것이 지난 10년 동안 외부로 표현되지 않은 내가 갖게 된 소득이라면 소득이라 할 수 있다.

한번은 이런 일도 있었다.

"회장님이 급히 찾으시는데요."

나를 찾는 전화가 여러 번 왔다는 이야기를 듣고 순간 '음, 이건 인사 문제겠구나'라는 생각이 스쳐 지나갔다. 지인들에게 전화를 걸어서 상황을 물어보았다.

"무슨 일인가요?"

"아마도 인사 관련 문제일 것입니다."

한 굴지의 경제단체를 책임지는 자리에 대한 제안일 것이라고 생각했다. 그런 요구가 있을 때도 인사권자를 만나기 전에 자신의 입장을 분명히 해두어야 한다. 왜 갈 수 없는가에 대한 스스로의 입장을 명확히 이해시키고 상대방의 입장을 배려해 괜찮은 후보자를 몇몇 추천해 주면 된다.

"호의는 고맙습니다만, 제가 지금 벌여 놓은 일이 몇 해 정도 더 해야 깔끔하게 마무리가 됩니다. 연구소를 건축하기 위해 마무리하지 못한 일들이 있기 때문에 이번에 회장님의 청에 응하기가 힘듭니다. 이렇게 기회를 주셨는데 호의를 받아들이지 못하게 되어서 정말 죄송합니다. 제가 아니더라도 이 자리에는 A씨, 저 자리에는 B씨와 C씨가 괜찮을 것입니다. 한번 검토해보시기 바랍니다."

여러 번의 권유가 있었지만 결국 후보자들에 대한 상세한 정보와 의견을 제시하는 선에서 만남을 마치고 나왔다. 누구나 부러워하는 자리였지만 내가 갈 수 없었던 이유는 몇 가지로 정리할 수 있다.

무슨 일이건 시작이 있다면 끝이 있어야 한다는 것이 첫 번째 이유였다. 그렇게 다른 자리에 대한 제안을 받을 때마다 나는 인생에서 '매듭

지음'의 중요성을 다시 한 번 깨닫는다. 좋은 기회가 왔다 하더라도 하던 일을 끝내지 못한 채로 자리를 옮기는 것은 바람직하지 않다. 일에 대한 계획을 세웠다면 그 일을 자신이 기대하는 수준 정도로 완전히 매듭을 지어 놓는 것이 직업인의 윤리다.

두 번째로, 아이들과 아내가 유학생활을 하고 있던 시기였기 때문에 보수가 현저히 줄어드는 자리로 옮기기는 힘들었다. 그러나 경제적인 이유만이 전부는 아니었다. 그동안의 경험을 통해서 나는 이해관계를 조정하는 자리보다는 내 능력을 한껏 발휘할 수 있는 곳에서 일해야 한다는 것을 깨달았다. 젊은 날에는 어쩔 수 없는 상황이었지만 이제는 가야 할 자리, 가지 않아야 할 자리를 구별할 줄 알았다.

또 다른 하나의 이유는 사람은 되도록 한 길(one way)을 걸어야 한다고 생각했기 때문이다. 인생은 짧다. 직접 혹은 간접으로라도 이미 한 번 경험해본 자리는 피하는 것이 좋다. 익숙한 분야이니 일을 잘할 수는 있겠지만 삶은 한 꺼풀씩 벗어가는 기분이 들도록 살아야 한다는 것이 내 생각이다.

앞으로도 전직에 대한 가능성이 닫혀 있지는 않다. '꼭 이 길로만 가야 한다'거나 '절대로 저 길은 아니다'라는 식으로 생각하지 않는다. 그러나 이제는 내가 '선택할 수 있는 위치'에 있다는 점을 결코 잊지 않으려고 한다. 그리고 시간이란 한정되어 있음을 기억하고 내가 꼭 해야 할 일인지, 내가 스스로 의미를 부여할 수 있는 일인지를 꼼꼼히 따져보고 진퇴를 결정할 생각이다. 그래도 흐뭇한 것은 젊은 날의 격정은 어느 사이엔가 사라지고 차분하게 상황을 관조하면서 제3자의 문제처럼 볼 수 있는 능력이 생겼다는 것이다. 그만큼 성장한 자신에게 감사하게 생각한다.

인생은 원-웨이

잠깐 인생을 돌아보면 학교에서 공부를 하며 보낸 시간이 17년이고, 직업 세계에 뛰어든 지는 햇수로 24년이 되었다. 24년 중 조직에 들어가기 전 1년 6개월 남짓 시간을 보냈고 본격적인 조직생활로 12년 6개월을 보냈다. 그리고 지금 조직을 떠나서 만 10년째 연구소를 꾸리고 있다. 그러니까 조직생활을 한 만큼의 시간을 '1인 기업가'의 대표주자로 뛰어온 것이다.

작가로서 강연자로서 확고한 자신의 브랜드를 갖게 되었고 세상 기준으로 웬만큼 자리를 잡게 되었다. 10년이라면 물리적으로 그렇게 긴 시간은 아니지만 집중력 있게 사용하는 사람에게는 무척 긴 시간이다. 이 시간 동안에도 상승기와 하강기가 있었다. 작가로서는 자신이 쓴 책이 기대한 만큼 선전하는 것이 가장 큰 기쁨인데, 때로는 기대를 저버리는 책도 있게 마련이다. 일이 잘 풀리지 않는 순간이 왔을 때 이를 어떻게 해석하고 극복해가는가가 무척 중요하다.

아무리 좋은 음식이라도 자주 먹으면 물리지 않는가? 자유로운 생활에도 위기의 조짐이 생겨날 때가 있다. 자유로운 생활도 반복되다보면 일상이 반복되는 것과 비슷해진다. 이때 지치지 않고 무료함을 즐거움을 바꿀 수 있어야 작가로 오래갈 수 있다.

앞으로도 장르에 크게 구애받지 않고 글을 쓸 예정이다. 출발점은 자기계발서였지만 앞으로는 인문학적인 방향으로 글을 쓰게 되지 않을까 싶다. 아마도 곧 인문학에 관한 책들을 시리즈 형식으로 펴낼 수 있을 것이다. 작가로서 다루고 싶은 영역에는 어떤 계획이나 제한이 없다. 나 자신의 흥미가 흘러가는 방향에 따라서 자연스럽게 움직일 예정이다. 작가로서도 흥미가 나를 어디로 이끌어가는지 두고 볼 작정이다. 시간이 가면 갈수록 베스트셀러에 대한 집착이나 욕망은 점점 줄어든다. 이유는 명확하다. 글을 쓰는 사람은 최선을 다해 쓰지만 이를 읽는 사람은 독자들이기 때문이다. 아무리 노력해도 독자의 취향을 만족시킬 수 없는 경우도 있는데, 이렇게 되면 상업적인 성공과는 조금 거리가 생겨날 수도 있다.

나는 책을 낼 때 최소한 출판사가 손해를 보지 않았으면 좋겠다는 바람을 갖고 있다. 큰돈을 벌겠다는 욕심을 접어버린 지는 오래되었다. 작가 스스로 생각하기에 아주 좋은 주제이고 잘 쓴 책이라 하더라도 독자들이 외면할 때가 있는 것을 보면 책은 나름의 운명을 갖고 있다는 생각을 자주 하게 된다. 내가 다행스럽게 생각하는 것은 지금까지 출간한 책 가운데 출판사에 손해를 끼친 책은 드물다는 점이다. 고정 독자들이 형성되어 있고 그들이 꾸준히 읽어주는 덕택에 내가 원하는 주제를 골라서 마음껏 책을 쓸 수 있게 되었다. 이런 사실에 대해서는 그저 고맙고 감사한 마음뿐이다.

나는 독자들이 흥미를 가질 법한 주제와 내가 흥미를 가지는 주제가 합쳐질 때 글을 쓴다. 아무리 독자들의 흥미를 끄는 주제라 하더라도 스스로 재미를 느끼지 못하면 의욕이 생기지 않기 때문에 글을 쓰지 못한다. 나에게 글쓰기는 세상을 체계적으로 이해하는 한 가지 방법이기 때문이다. 그냥 말로 하는 이해와 글을 쓰면서 하는 이해는 그 정도가 다르다. 이 주제에 대해서 독자들도 알고 싶어 하고 나도 알고 싶어 한다는 생각이 들면 일필휘지로 글을 써 내려가게 된다. 아무튼 실용서적을 전문으로 쓰는 작가로서 어느 정도 이름을 알렸다는 것은 자랑스러운 일이고 지난 10년 동안 열심히 달려온 나 자신에게 '수고했다'는 말을 해주고 싶다.

한편 강연은 또 다른 의미를 지니고 있다. 강연이란 일정한 장소에서 정해진 숫자의 청중들을 대상으로 자신의 의견과 비전을 전달하는 것이다. 강연장에서 나는 내가 사람들과 소통, 즉 공감하는 능력이 있다는 것을 깨달았다. 예전에도 막연하게 소통능력이 있다는 것은 알았지만 사람들과 이야기하는 데 문제가 없는 정도라고 생각했다. 그런데 강연장에서 그야말로 다양한 청중들, 즉 주부, 노인, 대학생, 중고교생 등 어떤 계층을 상대로 해도 감동을 만들어낼 수 있었기 때문에 스스로 '아, 내가 이런 능력을 갖고 있구나' 하고 깨달았다. 자신의 비전과 신념, 지식과 지혜를 전파하는 강연자는 또 다른 의미에서 '정치를 하는 사람'과 같다는 생각이 든다. 내가 가진 영향력을 이용해서 다른 사람에게 감동을 주고, 그 감동이 삶의 방식이나 일을 하는 태도 등을 바꾼다. 이것은 정말 아무나 할 수 있는 일이 아니라고 생각한다.

강연자 중에는 좌중을 폭소로 몰아넣으며 재미있게 강연하는 분들이 있는데 그런 분들을 보면 부럽다. 내 강연을 들었던 분 중에서 강연을 원하는 곳과 강연자를 연결시켜주는 일을 오랫동안 해온 분이 있었는데 강연이 끝나고 나에게 이런 말을 했다.

"청중을 웃기지 않으면서 마지막 순간까지 카리스마로 청중을 몰입시킬 수 있는 능력은 정말 대단한 것입니다. 농담이 아니라 공 박사님은 그런 능력을 갖고 계세요. 그러니 많이 웃기지 못하는 부분에 대해서 고민할 필요가 전혀 없습니다."

아무튼 강연은 하나하나 늘 새로운 도전이다. 이는 늘 적정한 긴장감을 유지하도록 만들어준다. 어제 강연장에서 선전했다고 해서 오늘 강연장에서도 잘하리라는 보장은 없다. 게다가 모든 강연에서 기대하는 성과를 거두기도 힘든 일이다. 이따금 여러 가지 조건들이 조합되어 강연에 실패할 때도 있다. 그럴 때면 툴툴 털고 일어서야 한다. 세상에는 여러 가지 직업이 있지만 늘 새로운 사람을 만나서 새로운 장소에서 무엇인가를 이야기할 수 있는 직업은 정말 드물다. 그런 점에서 강연이란 무척 흥분되는 일임에 틀림없다.

강연, 작가, 자기경영 아카데미 운영자, 칼럼니스트, 몇 군데의 사외이사 등과 같은 사업 포트폴리오를 갖고 있는 나는 세상 기준으로 어느정도 성공했다. 그러나 직업의 성격상 늘 새로운 것을 만들어내야 하고 그것에 따라서 성적표가 달라지는 삶을 살아가고 있다. 10년 세월 동안 좋은 날도 있고 우울한 날도 있었지만 이러한 기복을 적절히 조절할 수 있어야 미래의 성공도 보장될 것이다. 잠시 반짝 성공하는 사람들은 승자가 아니다. 길고 긴 인생 동안 오래토록 자신의 초심을 유지할 수 있어야 진정한 승자다. 이들은 특별한 힘을 가진 사람들이다. 나는 한때 잠시 반짝이는 사람이 아니라 10년, 20년이 지나서도 시대의 변화에 맞추어서 늘 독자들이나 청중들이 원하는 콘텐츠로 승부할 수 있는 사람이 되길 바란다.

무엇보다 지금 생활이 가져다주는 가장 큰 묘미는 자유인으로 살아갈 수 있다는 점이다. 생계를 유지할 수 있고 어느 정도 경제적 자유까지 누리면서 자유롭게 살아갈 수 있는 직업은 세상에 흔치 않다. 그런 점에서 나는 10년의 노력을 통해서 자유롭게 살아갈 수 있는 삶을 만들어냈다. 또한 매일 매일 축적해가는 삶이기에 영원한 현역으로 뛸 수 있다는 장점이 있다. 그러나 늘 세상에는 빛과 어둠이 존재하게 마련이다. 나는 자유로움을 얻은 대신 조직의 리더라면 누릴 수 있는 몇 가지의 즐거움, 즉 명령과 지시와 같은 권력, 조직의 리더에게 주어진 명성과 안락함을 포기했다. 더불어 복잡한 인간관계와 이해관계를 고민하지 않아도 되는 대신에 고즈넉함과 약간의 외로움을 견뎌야 한다. 아무튼 나는 앞으로도 계속해서 더 높은 곳을 향해 전진해나갈 예정이다. 직업인으로서뿐만 아니라 생활인으로서 '완벽함' '탁월함(excellence)'을 목표로 두고 더욱더 자신을 갈고 닦을 예정이다. 나의 출발지는 경제경영 분야였지만 세월이 갈수록 문학, 철학, 역사를 아우르는 명실상부한 '르네상스인'으로 나 자신을 업그레이드해나갈 것이다.

| 40대에 해야 할 일 |

1. 자신의 능력을 한껏 발휘하라 차근차근 인생의 계단을 밟아온 사람이라면 40대는 능력을 최대한 발휘할 수 있는 인생의 황금기다. 조직과 사업에서 모두 큰 성과를 이룰 수 있는 10년이기 때문에 중요한 의미를 지닌 시기다. 물론 30대를 제대로 보낸 사람들에게 해당되는 이야기다. 30대에 능력을 제대로 쌓지 못한 사람에겐 능력을 쌓는 마지막 기회이기도 하다. 예외도 있겠지만 이 시기가 끝나갈 즈음이 되면 재력이나 지위, 명성에서 사람 사이의 우열이 크게 갈린다. 여한 없이 자신의 능력을 발휘할 수 있도록 자신이 하고 있는 일에 고도의 집중력을 발휘할 수 있어야 하고, 최대한의 시간을 투입할 수 있어야 한다. 안테나를 높이 세우고 자신에게 다가오는 크고 작은 기회들을 예리하게 포착해 이를 하나하나 성취해 나아가야 한다. 머뭇거리지 말고 거침없이 나아가야 한다. 여러분의 성취목록을 가득 채울 수 있도록 열정적으로 일하고 또 일해야 한다. 이런 성취를 통해서 직업적인 면에서뿐만 아니라 경제적인 면에서도 굳건한 토대를 마련해야 한다.

2. 도전해야 할 일이라면 과감히 도전하라 인생의 어느 순간인들 도전의 기회가 없겠는가? 하지만 40대는 도전이란 면에서 특별한 의미를 갖고 있다. 자신의 현재 위치에서 계속 상층부를 향해 나아갈 것인지, 다른 조직으로 옮길 것인지, 자기 사업을 할 것인지를 결정할 수 있는 시기이기도 하다. 어느 시점에서나 자기 사업을 시작할 수는 있지만 40대는 다른 연령층에 비해서 자기 사업의 시행착오를 줄일 수 있는 시기이기도 하다. 자기 사업은 대단히 위험한 일이기에 선뜻 결정을 내릴 수 없다. 그러나 어느 정도 준비가 되어 있고 꼭 자기 사업을 해야겠다고 판단한다면 40대가 좋은 시기라고 생각한다. 이따금 50대에

도 창업 대열에 뛰어들어서 좋은 성과를 거두는 사람들도 있기 때문에 단정적인 결론은 피해야 한다. 하지만 나는 40대에 뭔가 결론을 내려야 한다고 본다. 조직에서 계속해서 성장하는 삶을 살아갈 것인가 아니면 자신의 일을 만들어낼 것인가를 과감히 결정해야 한다. 나는 정교한 계획도 없는 상태로 '1인 기업가'의 길을 선택했지만 되돌아보면 이미 홀로서기를 위해 많은 준비를 해왔다. 꼭 도전해야 한다고 생각하고 도전하고 싶다면 이 시기를 놓치지 않도록 하라. 그러나 결심은 단단히 해야 한다. 자기 사업을 시작하고 나서 10여 년 정도는 365일 내내 일할 각오를 해야 한다. '한번 해볼까'는 필패의 길이다. 망하는 것에 대한 두려움이나 참담함을 항상 염두에 두고 결정해야 한다. 마지막으로 꼭 언급하고 싶은 것은 타인을 지나치게 믿지 말고 필요 이상의 위험한 투자로 재정적인 타격을 입지 않도록 주의해야 하는 것이다. 큰 타격을 입고 나면 이후 이를 회복하기가 만만치 않기 때문이다.

3. 밸런스를 유지하라 균형을 유지하는 일은 쉽지 않지만 40대는 외적인 성공과 내면적인 성장을 동시에 추구해야 하는 시기다. 물론 무게중심은 당연히 일과 성취에 두어야 한다. 하지만 그런 맹렬함이 가져올 수 있는 부작용을 미리미리 주의해서 다스려야 할 때다. 40대는 땅 위에 높이 솟아오른 큰 나무와 같다고 생각하면 된다. 폭풍우가 몰아쳤을 때 뿌리가 얕은 나무는 지상 위에서 아무리 튼실하게 보이더라도 넘어진다. 때문에 뿌리를 내리는 일도 신경 써야 한다. 직업적 성장과 함께 틈틈이 내적인 성장을 도모한다면 더할 나위 없이 이상적이다. 해야 할 일들이 엄청나게 많은데 어떻게 자아성찰의 시간을 확보할 수 있냐고 반문할 수도 있다. 하지만 무엇인가에 몰두해서 열심히 한다고 해서 그 밖의 일들을 할 수 없는 것은 결코 아니다. 내가 꼭 해야 할 일들, 꼭 필요한 일들과 그렇지 않은 일들을 세심히 구분할 수 있다면 얼마든지 내면의 성장을 돕기 위한 시간을 만들어낼 수 있다. 그렇다면 왜 내적인 성찰과 성장

을 추구하는 일이 힘든가? 40대에 있는 사람들은 성찰이라는 것 자체가 불필요할 뿐만 아니라 사치스럽다고 여기기 때문에 시간을 내지 않는다. 인생을 뿌리 깊은 나무와 같이 만들어내는 프로젝트를 40대에 추진하다고 생각하고 자신을 돌아볼 수 있는 독서시간, 명상시간, 기도시간, 성찰시간 등을 반드시 삶의 한 부분으로 만들어야 한다.

4. 정체성 문제를 소홀히 하지 마라 40대의 어느 날 '나는 누구인가?' '내가 무엇을 향해 이렇게 열심히 살고 있나?' '내가 이렇게 열심히 사는 것이 과연 올바른 일인가?' 등과 같은 질문이 쏟아지며 정체성에 대한 회의감이 들 수 있다. 물론 그런 갈등 없이 조용히 넘어갈 수 있다면 다행이지만 여러분들이 앞을 향해 줄기차게 달리던 중에 이런 문제가 발생한다 해도 절대로 당황할 필요가 없다. 누구든지 그런 상황에 처할 수 있음을 인정하고 전문가나 책, 지인들의 도움을 청하라. 문제를 문제로 받아들이고, 자신만의 독특한 상황이 아니라 이 시기에 누구든지 경험할 수 있는 문제로 인정할 수 있다면 그 중압감에서 벗어나게 될 것이다. 인생의 반환점을 앞두고 다시 한 번 신발 끈을 동여맬 수 있는 기회라고 생각하면 된다. 다만 이처럼 예상치 못한 급격한 변화를 맞았을 때 충동적인 행동으로 표출되지 않도록 주의해야 한다. 삶은 늘 문제를 해결해가는 과정이며 여러분이 이제껏 삶에서 만나는 문제들을 하나하나 잘 해결해온 것처럼 이번 문제도 잘 해결할 수 있다는 믿음을 갖길 바란다. 예방조치로 40대의 남자와 여자의 심리적 변화를 다룬 책을 미리 읽고 공부한다면 자신의 심리적 변화에 대한 이해도를 높일 수 있다. 무지하면 그만큼 많은 비용을 지불한다는 사실을 잊지 않도록 해야 할 것이다.

5. 건강 관리에 유념하라 40대 중반을 전후하면 확연히 신체적인 변화를 경험하게 된다. 눈이 침침해지다가 드디어 노안(老眼)이 오게 된다. 사람에 따라 그 시점은 다르지만 나처럼 눈을 많이 사용하는 사람에게 그런 변화는 심리적으로

큰 부담이다. 외모의 변화도 마찬가지다. 가을녘에 낙엽이 하나둘 물드는 것처럼 머리가 회색으로 흰색으로 변색되어 가는 것을 지켜보면서 '내가 정말 나이가 들어가는구나'라는 생각을 갖지 않을 수 없다. 애써 무시하려도 하지만 결국에는 염색을 시작하게 된다. 뱃살이 생기고 벗은 몸을 볼 때면 무너져내린다는 생각이 들기도 할 것이다. 이럴 때 의기소침함을 털어버리고 본격적으로 자신의 몸매를 관리하는 등 건강에 투자해야 한다. 뱃살은 꾸준히 걷거나 뛰는 것만으로도 상당 부분 해소할 수 있다. 스트레칭, 걷기, 푸시업, 덤벨이나 아령 들기 등을 적절히 활용하면 얼마든지 탄탄한 근육을 유지할 수 있다. 그리고 시간이 나면 무조건 걷거나 뛰자. 하체의 강건함이 유지되면 자신감도 생기고 활기차게 생활할 수 있다. 앉으면 죽고 움직이면 산다는 말이 있지 않은가? 작은 노트를 준비해서 운동량을 적어가면서 건강에 본격적인 투자를 시작하라.

6. 은퇴를 생각하라 40대는 누가 그렇게 하라고 권하지 않더라도 자연히 인생의 중후반기를 생각하게 되는 시기다. 직장에 몸담고 있는 사람이라면 체감 정년은 대개 50대 중반으로 보면 된다. 어쩌면 그 시기도 후하다. 막연한 은퇴가 아니라 자신의 입장에서 은퇴 이후, 이모작 인생에 대해 구체적인 방법을 생각하고 대비책을 마련해야 할 시기다. 인생 전반에 걸쳐서 어떻게 활발하게 살아갈 것인가를 고민해온 사람이라면 이모작 인생에 대해서 어느 정도 계획을 마련하고 있을 것이다. 그러나 그렇지 못한 사람들의 경우가 문제다. 은퇴 이후의 시간을 생산적으로 보내야 하는 중요한 프로젝트가 자신의 손에 전적으로 달려 있음을 생각하면 절대로 가만히 있을 수 없다. 그야말로 부모나 선생님도 없이 혼자서 맞서야 하는 시기다. 우선 지금 하고 있고 이제껏 해왔던 일을 중심으로, 시장에서 수요가 있는지의 여부와 그 가능성을 고려해야 한다. 완전히 새로운 분야에서 새롭게 시작하는 일은 취미로 가능할 수 있을지 모르지만 일이나 사업으로는 문제가 있다. 인생 후반기는 일, 봉사, 취미 등 몇 가지 활동

들 사이에 적절한 균형을 유지하는 것이 이상적이다. 그러나 그 모든 것의 기초에 경제적인 여력이 있어야 함은 물론이다. 다수의 사람들이 인생 후반전에서 경제적으로 여유를 부릴 만한 상황이 되지 못한다는 점을 고려하면, 은퇴 이후에도 어느 시점까지 경제활동을 계속하는 부분에 초점을 맞추어야 한다. 찰스 핸디는 "은퇴 이후에 큰돈이 아니더라도 돈을 벌 수 있는 부분이 자신에 대한 자존감을 심어준다"라고 했다. 이 조언을 귀담아들어야 한다.

7. 자식 교육에도 관심을 가져라 세상의 모든 부모의 소망은 아이들을 반듯하게 키우는 것이다. 그런 소망에도 불구하고 부모, 특히 아버지가 적절한 시간과 노력을 기울이고 있는가에 대해서는 깊이 생각해봐야 한다. 40대의 가장들은 무척 바쁘다. 그러나 아이들의 교육이란 면에서도 중요한 시기다. 남자 나이 서른 살을 전후해서 아이를 갖게 되면 40대는 아이들이 중·고등학교를 거쳐 대학을 다닐 시점이다. 부모에게도 중요한 시기이지만 아이들도 일생일대의 중요한 시기에 해당한다. 좋은 아버지 혹은 어머니가 되는 방법이 무엇인지를 생각해보고, 필요하다면 책을 읽고 세미나도 참가해야 한다. 아이들에게 해야 할 일과 하지 말아야 할 일을 확실히 구분해줘야 하고, 가능한 오락이나 재미에 빠지지 않고 열심히 미래를 준비할 수 있도록 도와줘야 한다. 진로를 지도함에 있어서 아버지나 어머니의 안목이나 시야가 매우 중요하다. 돈은 이다음에 벌수도 있지만 아이들 교육에는 분명히 때가 있다고 말하지 않는가? 훌륭하게 잘 키운 아이들은 인생의 중후반기에 부모의 큰 기쁨과 자부심의 원천이 된다. 그리고 그들이 스스로 자립해서 살아가는 것만으로도 부모의 부담은 크게 줄어든다. 따라서 자식 교육에 적절한 시간과 에너지, 정성을 쏟는 일은 일종의 선행투자라고 생각하면 된다.

나에게 권하는 7가지,
나에게 금하는 7가지

지난 50여 년의 삶을 정리하다보니, 내 삶의 중심에서 '충동'이란 단어를 빼놓고 이야기하기 힘들었다. 한 인간이 가진 충동이란 기질이 자칫 파괴적인 면으로 흘러갈 수 있음에도 불구하고 이를 잘 다스려 건설적인 면을 향하도록 한 점에 대해 자신뿐만 아니라 모두에게 감사한다. 삶의 고비마다 순간 끓어오르는 격정에 압도되지 않고 용케도 자신을 올바른 방향으로 나아갈 수 있게 한 점에도 안도의 한숨을 쉬게 된다. 나이 드는 것의 좋은 점 중 하나는 '충동으로부터의 자유'를 얻는다는 것이다. 물론 아직 완전함과는 한참 거리가 멀지만 말이다. 지난날에서 다행스런 점은 내가 충동적인 기질을 가졌지만 임상심리학자 스콧 딕먼(Scott Dickman)이 말한 '실용적 충동성'이 강했다는 것이다. 실용적 충동성이 강한 사람은 다음과 같은 다섯 가지 특성을 갖는데, 앞으로도 이 특징들을 계속해서 갖고 살아가려 한다.

1. 올바른 지향을 유지하면서도 동시에 위험을 감수하는 것.

2. 올바른 지향을 향한 도전 과정에서도 자신의 판단력이 틀릴 수 있음을 인정하는 것.

3. 교만하지 않고 판단력이 올바른지 끊임없이 재점검하는 것.

4. 현재 가고 있는 길이 답이 아닐 수 있으며, 어딘가에 올바른 길이 존재할 수 있다는 사실을 상기하는 것.

5. 틀렸음을 알아차린 이후에도 무작정 충동을 좇지 않고 궤도를 즉시 수정하는 것.

'인명은 재천'이라는 말이 있지만 날로 증가하는 평균수명으로 미루어보면 최소한 30여 년 그리고 잘하면 50여 년 정도의 날이 더 있을 것으로 믿어 의심치 않는다. 그러나 어느 누가 사람의 앞일을 알 수 있겠는가? 다만 이제껏 그래왔던 것처럼 앞으로도 더더욱 충실하게 삶의 시간을 채워나갈 작정이다. 60대와 그 이후의 시간은 잠시 미뤄놓는다고 하더라도, 50대의 새로운 10년을 맞으면서 나 자신에게 권하고 싶은 일곱 가지와 피해야 할 일곱 가지가 있다. 이 7권(勸)과 7금(禁)을 정리하면서 이 글을 마무리하고자 한다.

7권(七勸)

1. **직업인으로 계속해서 갈고닦는다** 우리 모두는 각자의 길을 간다. 아내, 아이들, 친구, 동료들 다 마찬가지다. 스스로에게 자존감과 자긍심을 심어줄 수 있는 것은 자신이 오랫동안 꼭 필요한 사람으로 남는 것이다. 직업인으로서 세상이 필요로 하는 가치를 만들어낼 수 있도록 실력을 꾸준히 갈고닦아나가는 일만큼 중요한 것이 어

디에 있겠는가?

2. 은퇴 이후를 착실히 준비한다 날로 길어지는 수명을 생각하면 지금의 50대는 전통적인 의미의 은퇴를 재정립해야 할 시기다. 주변에서 앞서 간 사람들의 사례도 살펴보고 전문가들의 조언도 참조해서 현역에 있는 동안 구체적인 준비에 들어가야 한다. 여러 가지 준비 가운데서 컴퓨터와 모바일기기의 사용에 익숙해지는 것도 빼놓을 수 없는 일이다.

3. 인격적 성장을 위해 노력한다 나이가 자동적으로 반듯한 사람을 만들어주는 것은 아니다. 소소한 것부터 큰 것에 이르기까지 자신의 언행을 가다듬어 부하직원이나 동료들에게 늘 용기와 위안을 줄 수 있는 사람이 되어야 한다. 인격적 성장의 또 다른 한 면은 유한한 삶과 죽음에 대한 입장을 정리하는 것이다. 또한 생전에 유언장을 작성하는 일도 필요하다.

4. 건강에 우선적으로 투자한다 누구도 대신해줄 수 없는 것이 건강이다. 때문에 시간 배분의 최우선을 건강에 대한 투자에 둔다. 꾸준한 운동도 반드시 필요하지만 자신의 건강 상태에 대해 지나친 자신감을 갖지 않도록 한다. 사전 예방과 전문가의 도움으로 조심조심 운전하는 기분으로 생활한다. 몸을 함부로 하지 않도록 하고 절대로 무리하지 않는다.

5. 생활인으로서 균형감각을 잃지 않는다 일과 성취에 대한 욕심이 앞서기도 하겠지만 '균형'라는 단어를 자신에게 주지시킨다. 일, 휴식, 사회생활, 가족, 현재, 미래 사이에서 적절한 균형감각을 유지해나감으로써 젊은 날처럼 지나치게 특정 부분에 시간과 에너지가 쏠리지 않도록 주의한다. 장기적인 불균형이 건강에 부담이 되

지 않도록 특히 조심한다.

6. **삶의 속도와 강도를 조절한다** 잘 쉬는 것과 잘 노는 것이 일과 적절히 조화를 이루도록 한다. 의도적으로 삶의 속도를 늦추기도 하고 일의 강도를 낮추기도 하면서 생활에 변화를 주고 육체적이고 심리적인 부담을 덜어준다. 과거에 생활의 무게추가 미래를 향한 투자에 치우쳤다면 이제부터는 투자와 행복 사이에서 중심을 잡을 때다.

7. **유연해지도록 한다** 몸과 마음이 모두 유연해지도록 노력한다. 나이 들어감이 자신도 모르는 사이에 육체의 동맥경화뿐만 아니라 마음의 완고함을 낳을 수 있음에 주의한다. 자식들과 잘 지낼 수 있도록 노력하는 일이 곧바로 젊은 세대와 잘 지낼 수 있는 지름길이다. 그들의 입장에서 이해하려고 노력하다보면 배워야 할 일과 즐거운 일들이 참으로 많아질 것이다.

7금(七禁)

1. **과욕을 부리지 않는다** 이제 얼마 가지 않아서 자신의 시대가 저문다는 사실을 받아들여야 한다. 자신이 내리는 의사결정이 지나친 욕심에서부터 나오는 것이 아닌지 주의해서 살펴봐야 한다. 50대는 과욕을 거두어들여야 할 때라고 생각한다. 누구든 이 시기엔 자신이 뭘 잘할 수 있는지 알고 있기 때문에 가급적이면 충동적인 의사결정을 피해야 한다.

2. **타인의 길을 기웃거리지 않는다** 가능하면 이제까지 걸어온 길을 더욱 심화시키는 것이 좋다. 물론 예외가 있을 수 있다. 특히 새로운

길로 나아가기를 원한다면 자신뿐만 아니라 주변 사람들이 납득할 수 있는 이유가 있어야 한다. 가보지 않은 길에 대한 아쉬움은 누구에게나 있지만 막연하게 타인의 길을 부러워하는 것은 아닌지 자기 자신에게 정직할 수 있어야 한다.

3. **실수하지 않는다** 젊은 날의 실수는 젊음이란 이름으로 용인될 수 있다. 나이가 들어서 하는 말이나 행동의 실수 때문에 그동안 쌓아 올렸던 성취를 갉아먹는 경우를 종종 볼 수 있다. 또한 과욕이나 과신 때문에 돌이킬 수 없을 정도의 재정적 타격을 입는 일도 주의해야 한다. 타인에 대한 지나친 믿음이나 타인의 불순한 의도를 파악하지 못해 벌어지는 실수를 피해야 한다.

4. **나이를 권세로 삼지 않는다** '내가 그때는 말이야'라는 말이 입에서 나오지 않도록 한다. 옛날이야기만 잔뜩 늘어놓는 중늙은이가 되지 않도록 각별히 조심한다. 과거가 아니라 현재에 대해 이야기할 수 있어야 하며, '내가 나이가 많으니까 내 말을 따라야 해'라는 어투나 뉘앙스는 풍기지 않도록 해야 한다.

5. **툴툴거리지 않는다** 특별한 노력을 하지 않으면 누구든 나이가 들면서 잔소리와 군소리가 늘어난다. 집에서뿐만 아니라 직장에서도 마찬가지 현상이 벌어진다. 꼭 필요한 말은 상대방의 앞에서 하고 뒤에서 툴툴대지 않도록 해야 한다. 자식이든 아내든 부하직원이든 잔소리와 군소리 때문에 사이가 멀어질 수 있다는 사실을 명심해야 한다.

6. **노하지 않는다** 자신의 시대가 저물어갈 뿐만 아니라 신체적인 변화도 확연해지기 때문에 누구든 섭섭함을 자주 느낀다. 그 대상은 사람일 때도 있고 사회일 때도 있다. 이때 쉽게 화를 내기도 하고

토라질 수도 있다. 나이가 든 인간의 성숙함은 분노를 조절할 수 있음에 비례한다. 세상이나 인간의 불완전함을 기꺼이 받아들이고 매사를 관대하게 보면 된다.

7. **간섭하지 않는다** 주변 사람들에 대해 '잘할 수 있을까'라는 노파심이 드는 경우라도 일단 믿고 맡겨보라. 자신이 반드시 책임져야 할 대상이 아니고 상대방으로부터 요청을 받지 않은 경우라면, 먼저 나서서 충고나 조언을 하는 것은 삼가는 것이 좋다. 물론 상대방이 요청할 때조차도 대안을 제시하되 선택은 상대방이 하게 하는 지혜를 발휘하라.

누군가 나에게 '당신에게 인생은 무엇이냐?'라고 묻는다면, 나는 '인생은 탁월함을 향한 전진이자 탁월함을 향해 도(道)를 닦아 가는 여행길이다' 라고 답하고 싶습니다. 어느 누구도 영원히 그 경지에 도달할 수는 없지만 누구든 한 분야를 선택해서 계속 정진(精進)해볼 만큼 가치 있는 것이 탁월함이라고 말하고 싶습니다. 설령 자신의 소망하는 결실을 모두 달성할 수 없을지라도 목적지를 향해 가는 과정에서 우리는 성취, 쾌락, 유쾌함, 즐거움, 의미를 가질 수 있기 때문에 누구든 삶을 치열하게 사는 것은 선택이 아니라 필수라고 답하고 싶습니다.

—공병호

| 유년기와 10대 시절 |

아버지

한 평생을 오롯이 바다를 상대로 사업을 하였던 아버지. 인간이란 그것이 긍정적이든 부정적이든 간에 부모와 그 조상들이 남긴 유전적 특성으로부터 자유로울 수 없다. 어쩌면 그 특성들처럼 오래 오래 강력하게 영향을 미치는 것도 없을 것이다. 아버지는 영원한 '혁신가'였으며, 아버지의 특성은 나에게 깊은 흔적을 남겼다.

어머니

혁신적이었던 아버지를 도와서 평생 동안 칠남매를 키우고 열심히 살았던 어머니를 떠올릴 때면 가슴 한 곁에 항상 울림이 있다. 대학을 졸업하던 1983년 봄날 집의 옥상에서 찍었던 사진이다. 아버지가 부도 이후에 한참 재기를 위해 노력하던 때라서 통영 외곽으로 밀려나 있던 집의 옥상으로, 뒤편으로 통영항이 보인다.

어린 시절
빛바랜 사진첩에 남아 있는 가장 오래된 사진이다. 감나무와 큼직한 장독대가 있던 통영 항남동의 한옥에서 부모님은 칠남매를 낳고 사업을 일으키고 사업 실패라는 좌절을 맛보았다.

셋째 누나와 막내 누나, 두 형과 함께
초등학교 2학년 무렵의 사진이다. 어린 시절의 모습이지만 똘망똘망한 눈망울에서 강력한 성취동기를 이미 갖고 있었음을 짐작할 수 있다. 살아가면서 사람의 본질이란 크게 변함이 없다는 생각이 들 때가 자주 있다.

늘 도움을 주었던 둘째 누나와 함께
두 살 차이인 손 위의 형(영남대 교수)과 나는 자주 싸우면서 컸다. 형은 늘 후덕하고 나는 늘 투쟁적이었기 때문에 싸움이 잦아들 날이 없었다. 물론 형은 늘 이해하는 편이었고 나는 늘 싸움을 거는 쪽이었다. 장년이 되기까지 나는 '충동'이란 단어로부터 자유롭지 않았다.

통영항의 전경이 내려다보이는 미륵산 중턱
눈을 감으면 가장 많이 떠오르는 장소다. 시간이 늘 느릿느릿
흘러가던 시절. 유소년기의 가장 큰 추억이 서린 곳이 숱하게
오르고 내렸던 미륵산 중턱에 있는 소풍 장소다. 늘 보물찾기에
서 자신에게 행운이 함께 하길 기도하는 장소이기도 하다. 초등
학교 5학년 무렵의 사진이다.

큰 누님의 결혼을 앞두고 찍었던 유일한 가족 사진
중앙에 아버지, 그 곁에 어머니 그리고 3남 4녀로 이루어진 가족이다. 큰 누님의 결혼을 앞두고 온 가족이 사진관
에 출동하기로 결정한 일이 없었다면 이 사진도 없었을 것이다. 아들을 귀하게 여기던 시절이라 어머니께서 4명의
누나를 낳고 마음고생을 하셨다.

초등학교 6학년 소풍길

초등학교 6학년 때의 사진으로 임봉호 선생님과 친구들과 함께 미륵산 중턱의 소풍길에 찍은 사진이다. 졸업반
이었기 때문에 특별히 사진을 찍었던 것으로 기억한다. 저곳에서 통영항을 바라보면 정말 아름답다. 바닷가의
아름다운 풍광이 감성을 풍부하게 만들어주는데 큰 역할을 했다.

논산 관촉사에서 부모님과 함께

1970년 초등학교 4학년, 경부고속도로가 개통되
고 얼마 되지 않아서 방문했던 논산 관촉사다. 아
버지의 친구들과 함께 한 드문 여행길에서 털털
거리는 전세버스를 타고 가면서 고속도로를 난생
처음 달렸다. 지난해 가을, 다시 찾은 관촉사에서
당시 부모님의 나이가 지금의 내 나이보다 훨씬
젊었음을 기억하고 새삼 가버린 세월을 느꼈다.

영원히 계속될 것만 같았던 젊은 날
1981년 봄, 모교에서 찍은 사진이다. 20대
는 진로에 대한 불안감과 불확실함 때문에
고민이 많은 시기다. 그럼에도 불구하고
미래에 대한 믿음을 잃지 않고 나는 전진
하고 또 전진해 졸업과 함께 도약의 티켓
을 거머쥐는 데 성공했다.

고등학교 동문들과 함께
젊은 날의 꿈들을 갖고 생활하던 시절이다. 오늘날 젊은이들도 그렇지만 당시 나 역시 '앞으로 무엇을 하고 살아
야 하는가?' 와 '내가 열심히 하면 졸업과 함께 목적지에 도달할 수 있을까?'를 심각하게 고민했다. 누군가 다시
그 시절로 돌아가겠냐고 묻는다면 단호히 '노'라고 말할 것이다. 너무 불확실하고 불안정했던 시절이었다. 안개가
자욱이 주변을 둘러싸고 있었던 것만 같은 시절이다.

친구와 함께

1982년 초가을, 대학 동기 이승철(전경련 전무)과 함께 찍은 사진이다. '더 빠르게'라는 모토 아래 속도를 내서 달리는 나와 달리 친구는 완급을 조절하면서 '천천히' 나아가는 특성을 갖고 있다. 두 사람은 인생에 대해 서로 다른 가치관과 전략을 갖고 있지만 친구가 되었다.

유럽 여행과 런던

1985년 봄방학, 20대 중반에 유럽을 만났다. 젊은 날, 유럽의 주요 도시들을 여행하면서 스펀지처럼 빨아들인 경험들이 내 삶의 구석구석까지 영향을 미치게 된다. 유럽의 곳곳을 걷고 걷고 또 걸었다. 역사를 비롯한 인문학 공부를 좋아하게 된 것이나 최근에 고전 읽기와 쓰기를 본격적으로 시작하게 된 것도 당시의 영향이 컸다.

젊은 연인들
"다정한 연인이 손에 손을 잡고 걸어가는 길,
저기 멀리서 우리의 낙원이 손짓하면 우리를 부르네.
길은 험하고 비바람 거세도 서로를 위하며,
눈보라 속에도 손목을 꼭 잡고 따스한 온기를 나누리.
이 세상 모든 것 내게서 멀어져 가도
언제까지나 너무나 내게 남으리……."
-서울대 트리오의 〈젊은 연인들〉

네덜란드 스키폴 공항의 만남
1985년의 봄, 유럽 여행 중에 네덜란드 스키폴 공항
에서 결혼 전의 아내와 다시 만났다. 1980년에 만나
사랑하고 결혼하고 아이를 낳아 키우고 더 나은 날들
을 그리면서 우리는 오늘까지 함께 걸어왔다.

정겨운 마을, 네덜란드 델프트
델프트에서 공부를 하고 있던 결혼 전의 아내와 함께
찍은 사진이다. 헤이그와 로테르담 중간에 위치란 유
서 깊은 마을 델프트는 네덜란드에서도 아름다운 마
을로 손꼽히는 곳이다.

맨해튼이 저 멀리 보이는 출근길
1987년 봄, 학위를 마치고 귀국하기 전에 맨해튼의
직장으로 출근하던 친구를 따라나선 길이다. 저 멀
리 9·11테러로 무너져 내린 월드 트레이드센터가 보
인다.

라이스 대학에서 박사학위를 받던 날
1987년 5월. 누구에게나 인생에는 기념비적인 순간들이 있다. 오랜 학교생활에 종지부를 찍던 날이며, 혼자 힘
으로 모든 것을 해낸 순간이다. 자신에 대해 큰 자긍심을 가졌던 순간이기도 하다. 삶은 늘 시작이어야 하고 도
전이어야 한다. 그리고 걸맞은 성취의 길이기도 해야 한다. 눈을 감으면 통영항만큼이나 자주 떠오르는 광경이
학위를 따기 위해 공부하던 교정과 그 주변이다.

하이에크와 자유기업센터

1999년, 자유기업센터(CFE) 회의실에서 김정호 원장(자유기업원)와 함께 찍은 사진이다. 탄탄한 이론적 배경과 논리적 사고로 한국의 자유주의 확산에 큰 기여를 한 김정호 원장이 함께하였기에 오늘의 자유기업원이 가능했다. 좌측에는 하이에크 교수 사진이, 우측에는 연구원의 설립을 가능하게 하였던 최종현 전경련 회장의 사진이 걸려 있다.

자유기업센터의 초기 멤버들

자유기업센터에서 함께 활동하였던 사람들이다. 뒷줄 왼쪽부터 유영석, 신백규, 이완재, 김영신, 이호열, 권오승, 박종찬, 오현이, 최승노, 김양균이며, 아래 왼쪽부터 이정영, 고옥선, 최혜경, 손희진, 박종규다. 이 사진에는 김정호 박사와 초기에 함께했던 이채영, 신재화가 빠져 있다. (호칭 생략)

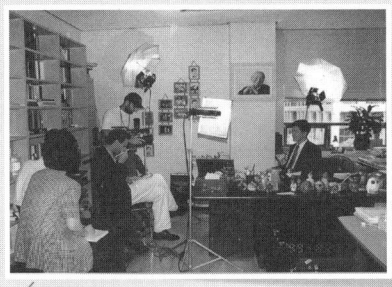

연구실 풍경

자유기업센터 소장으로 일하던 당시 연구실에서 외신 기자와 인터뷰를 행하는 장면이다. 연구실 정면에서 하이에크의 사진이 걸려 있고 책상 위에는 지혜의 상징인 세계 곳곳이 '올빼미(owl)' 장식이 놓여 있다.

몽페를랭 소사이어티, 워싱턴 D.C.
1998년 가을, 워싱턴 D.C.에서 열렸던 몽페를랭 소사이어티(Mont Pelerin Society) 만찬이 시작되기 전 담소를 나누던 사진이다. 오른쪽은 미국의 대표적인 싱크탱크 케이토 연구소의 크레인 소장이다.

터키 이스탄불의 추억
1996년 가을, 터키의 이스탄불에서 열렸던 '자유주의 네트워크' 모임 중 가졌던 휴식 시간이다. 옆의 동료는 체코슬로바키아의 '자유주의 연구소' 소장인 지리 슈와르쯔다.

제임스 뷰캐넌 교수와의 재회
1998년 가을, 워싱턴 D.C.에서 가까운 조지 메이슨 대학교에 재직하고 있던 제임스 뷰캐넌 교수를 다시 만났다. 그는 두 해 전에 자유기업센터의 초청으로 서울을 방문한 적이 있다. 공공선택학파의 태두로 노벨경제학상을 수상했다.

자유주의 싱크탱크, 케이토 연구소
1999년 6월, 워싱턴 DC에 소재한 케이토(Cato)에서 컨퍼런스에서 발표하고 있는 장면이다. 케이토 연구소는 헤리티지 재단, 미국기업연구소 등과 함께 미국 내 대표적인 자유주의 싱크탱크로서 에드워드 크레인 소장의 지휘 아래 영향력을 크게 확대했다.

아이들의 어린 시절

통영에 아버지를 보러 갔을 때 찍었던 사진이다. 큰 아이와 작은 아이를 힘껏 안고 있던 나의 모습에서 '책임
감'이란 한 단어를 떠올리게 된다. 그 단어가 제법 굴곡이 있었던 30대와 40대를 지탱해 주었던 키워드 가운
데 하나였다. 아버지가 된다는 것은 전혀 새로운 경험이자 엄청난 책임감을 짊어지는 것을 뜻한다. 내가 아버
지에 횃불을 넘겨받았던 것처럼 다음 세대에게 더 멋진 횃불을 넘겨주어야 한다는 연결과 지속을 생각하게
하는 사진이다.

열심히 살아가게 만드는 사람들

1998년 여름, 민수(라이스 대학교), 현수(시카고 대학교)와 함께한 사진이다. 아버지가 선이 굵은 인생을 살아가는 것은 아이들에게 긍정적인 영향력을 발휘하기도 하지만 때로는 부정적인 영향력을 발휘하기도 한다. 다행히도 '홀로서기'를 중시하는 집안의 분위기대로 각자는 자신의 길을 뚜벅뚜벅 걸어가고 있다.

청중들 앞에서 말하기를 좋아하는 사람

어린 시절 나는 동네 친구들을 모아두고 서울에 갔다온 이야기를 자주 하곤 했다. 그런데 내가 처음으로 서울을 가본 것이 중학교 1학년 때였으니까 지금 용어로 표현하면 '픽션'에 기반을 둔 이야기를 한 셈이다. 그런 재능이 훗날 빛을 발해 강연자로, 작가로 성공하게 만들지 나 자신을 포함해서 어느 누가 알 수 있었겠는가? 강연자로 활동하면서 내가 청중들과의 동감 능력이 제법 괜찮고 동시에 이야기를 풀어내는 재주가 있음을 깨닫게 되었다. 그 능력의 뿌리를 추적해보았을 때 이미 아득한 어린 시절까지 그 흔적이 남아 있음을 알게 되었다. 나에게 강연은 집필과 더불어 직업이자 취미이자 특기다.

(＊ 표기된 저작물은 어린이 책)

2010년

12월 《대한민국 기업흥망사》

10월 《우문현답》

8월 《모바일혁명》

5월 《인생강독》

3월 《대한민국의 성장통》

2009년

12월 《내공》

8월 《서른셋 태봉씨, 출세를 향해 뛰다》

6월 《벽을 넘는 기술》

3월 《소울메이트》

2월 《사장학》

2008년

11월 《3년 후, 세계는 그리고 한국은》

9월 《인생의 기술》

5월 《미래 인재의 조건》

8월《우리 아이 10년 프로젝트》*

7월《슈퍼스타》(고정욱 공저)*

3월《다이아몬드》(고정욱 공저)*

1월《오아시스》(고정욱 공저)*

2007년

10월《한국 10년의 선택》

7월《공병호의 변화경영》

7월《공병호의 창조경영》

4월《에스프레소, 그 행복한 사치》

4월《어린이 생각 계획표》

2006년

12월《인생은 경제학이다》

12월《영어만은 꼭 유산으로 물려주자》

10월《희망리더십》

7월《공병호의 초콜릿》

2월《10년 법칙》

12월《지식플러스 머니머니 경제사》*

10월《열두 살에 처음 만난 경제사 교과서》*

2005년

12월《부자의 생각 빈자의 생각》

6월《한국 번영의 길》

1월《10년 후 세계》

12월《공병호의 10대를 위한 자기경영노트》[*]

8월《성공을 꿈꾸는 10대들의 위대한 준비》[*]

7월《10년 후 성공하는 아이, 이렇게 키워라》[*]

2004년

12월《기록하는 리더가 되라》

11월《성찰》

6월《10년 후, 한국》

5월《나를 혁명하는 13가지 황금률》

5월《이런 간부는 사표를 써라》

5월《핵심만 골라 읽는 실용독서의 기술》

2월《주말경쟁력을 높여라》

3월《어린이를 위한 협상의 법칙》[*]

2003년

12월《3040, 희망에 베팅하라》

11월《두뇌가동률을 높여라》

8월《공병호의 독서노트: 창업자편》

6월《공병호의 독서노트: 경영법칙편》

4월《공병호의 독서노트: 미국편》

3월《공병호의 독서노트: 창의력편》,

7월《내 꿈을 이루는 아이 & 남의 꿈을 쫓는 아이》[*]

6월《키라의 경제 어드벤처 고대편 1, 2, 3》[*]

5월《대화를 잘하는 아이 & 대화를 못하는 아이》*

2월《친구가 따르는 아이 & 친구를 따라가는 아이》*

2002년

8월《공병호의 자기경영 실천 프로그램》

6월《황금의 씨앗을 뿌려라》

1월《1인 기업가로 홀로서기》

2001년

12월《공병호의 자기경영노트》

1993년~1999년

1999년 2월《시장경제와 민주주의》

1998년 3월《기업가》

1997년 1월《시장경제와 그 적들》

1996년 5월《시장경제란 무엇인가》

1997년《갈등하는 본능》(김정호 공저)

1993년 10월《한국기업흥망사》

1992년 9월《재벌, 비난받아야 하는가》

주석

1) 마르틴 그레이(Martin Grey), 《살아야 한다, 나는 살아야 한다(For Those I Loved)》, 21세기북스, p.34

2) 세스 고딘(Seth Godin), 《린치핀(Linchpin)》, 21세기북스, p.152

3) 박원순, 〈탐욕이라는 이름의 열차에서 내리고 나서〉, 안철수 · 박경철 외, 《내 인생의 결정적 순간》, 이미지박스, p.81

4) 마르틴 그레이, 같은 책, pp.402~403

5) 세스 고딘, 같은 책, p.274

6) 이나리, '공병호의 대변신', 〈신동아〉, 2001년 12월호, pp.196~207

7) 찰스 핸디(Charles Handy), 《포트폴리오 인생(Myself nd Other Important Matters)》. 에이지21, p.27~28

8) 이경수, 김진세, 《마흔의 심리학》, 위즈덤하우스, p.21

9) 같은 책, pp.27~28

10) 김기자(한산신문), "통영골목길(근현대): 무교동 낙지가 통영산이라고?–박영규 통영수협 상임이사", blog.daum.net/tong0/7800970

11) 위와 동일

12) 김대영, "통영의 옛모습들", blog.daum.net/kdy1224/8291887

13) 신정록, "APEC 정상회의: 어릴 적 미 교회서 바지 나눠줘 줄었는데…", 〈조선일보〉, 2010.11.15

14) 공병호, "인생에서 대충 넘어가는 법은 없다", 〈월간조선〉, 2010년 11월호, pp.400~403

15) 벤저민 프랭클린(Benjamin Franklin), 《덕의 기술(The Art of Virtue)》, 21세기북스, p.80

16) 빌 스트릭랜드(Bill Strickland), 빈스 로스(Vince Rause), 《피츠버그의 빈민가에 핀 꽃(Make the Impossible Possible)》, 에이지21, pp.138~139

17) 모기 겐이치로, 《뇌가 기뻐하는 공부법》, 이아소, p.72

18) 조갑제, '노태우 육성회고록(3)–6공 경제 비사: 재벌 구조개혁과 총수들의 저항', 〈월간조선〉, 1999년 7월호

19) 위와 동일

20) 정윤영, '재벌 업종전문화에 공식 반기', 〈경향신문〉, 1990.3.21

21) 공병호, '일본인의 본업 정신', 공병호의 일본통신, 〈내외경제신문〉, 1992.11.24

22) 공병호, 《재벌, 비난받아야 하는가》, 예명사, 1992.9

23) 프랭크 설로웨이(Frank J. Sulloway), 《타고난 반항아(Born to Rebel)》, 사이언스북스, p.90

24) 백창현, '국내기업 부침사 첫 정리 관심', 〈한국경제〉, 1993.11.16

25) 〈조선일보〉, 1993.11.27

26) 〈동아일보〉, 1993.11.16

27) 〈중앙일보〉, 1993.11.24

28) 프리드리히 폰 하이에크(Friedrich von Hayek), '인간가치의 3가지 근원', 《자본주의냐 사회주의냐》, 문예출판사, 1990, pp.7~66.

29) 루드비히 폰 미제스(Ludwig von Mises), 《자유주의(Liberalism)》, 한국경제연구원, pp.31~43

30) 같은 책, pp.49~50

31) 김정호, 《자유기업원 10년사》, 2007년, 미발표자료

32) 같은 책

33) 같은 책

34) 천광암, '코아정보 인티즌 인수', 2001.2.28

35) '인터넷: 코아정보, 인티즌 인수 무산', 〈연합뉴스〉, 2001.4.19

36) 문권모, '인사: 공병호 코아정보시스템 사장 사임', 〈동아일보〉, 2001.7.24

37) 김상철, "마켓피플: '연구소' 여는 공병호 전 자유기업원장", 〈동아일보〉, 2001.9.29

38) 서동진, 《자유의 의지 자기계발의 의지: 신자유주의 한국사회에서 자기계발하는 주체의 탄생》, 돌베개, 2009, pp.263~264, 282~284.

39) 조옥현(전 인천고 교사), "Essay: 아흔 살을 눈앞에 두고 보니", 〈조선일보〉, 2010.11.11

KI신서 3233

공병호의 인생 이야기
나는 탁월함에 미쳤다

1판 1쇄 발행 2011년 3월 22일
1판 2쇄 발행 2011년 3월 28일

지은이 공병호
펴낸이 김영곤 **펴낸곳** (주)북이십일 21세기북스
출판콘텐츠사업부문장 정성진 **출판개발본부장** 김성수 **경제경영팀장** 류혜정
마케팅영업본부장 최창규 **마케팅** 김보미 김현유 강서영 **영업** 이경희 우세웅 박민형
출판등록 2000년 5월 6일 제10-1965호
주소 (우 413-756) 경기도 파주시 교하읍 문발리 파주출판단지 518-3
대표전화 031-955-2100 **팩스** 031-955-2151 **이메일** book21@book21.co.kr
홈페이지 www.book21.com **트위터** @21cbook **블로그** b.book21.com

ISBN 978-89-509-2989-3 13320
책값은 뒤표지에 있습니다.